Este vislumbre rico, caloroso e pessoal na vida de um raro servo do Senhor é primoroso. O alcance do vasto interesse e contribuição de R.C. Sproul, associado ao irresistível encanto de sua personalidade, exige um biógrafo que é um historiador da igreja, teólogo e amigo íntimo. Stephen Nichols é a melhor escolha, como esta obra demonstra. Ele colocou em páginas uma história que revela verdadeiramente R.C. Sproul — um relato que vive e respira o homem que amamos como nosso mestre e amigo. Haverá outros biógrafos de R.C. Sproul, mas não posso imaginar alguém que se aproxime deste.

John MacArthur, pastor, Grace Community Church, Sun Valley, California; Chanceler emérito, The Master's University and Seminary.

Este livro é digno de que você gaste tempo lendo-o, porque celebra um homem digno de ser lembrado. R.C. Sproul foi um teólogo magistral, que podia facilmente extrair doçura do que outros consideravam doutrina amarga. Seus sermões e livros adornaram lindamente o evangelho, assim como o fez sua vida. Isso é o que aprecio nesta formidável obra de Stephen Nichols. Ele nos leva para longe do público, para revelar a verdadeira textura desse grande santo do século XX, o porquê suas palavras perduram e o porquê somos inevitavelmente atraídos ao seu caráter exuberante. Sempre admirei R.C. Sproul por sua mente perspicaz; agora, com esta biografia, ele está impresso em meu coração. Obrigado, Stephen Nichols, por ajudar o leitor a amar este gigante, meu amigo, o bom Doutor Sproul.

Joni Eareckson Tada, fundadora, Joni and Friends International Disability Center.

Eu não consegui parar de ler este livro até chegar ao fim, porque ele simplesmente não conta a história de uma vida bem vivida; ele conduz o leitor na própria jornada de R.C. Sproul. Por meio dele, percebemos de onde o fogo veio; obtemos a empolgação de absorver a paixão de Sproul pelo evangelho de Cristo, pela verdade bíblica e pela beleza de Deus em sua santidade. Minha esperança quanto a este livro não é que ele apenas produza uma ótima reunião daqueles dentre nós que conhecíamos e amávamos R.C. Sproul. Meu desejo é que o Senhor use este livro para inspirar mais reformadores fiéis, mais defensores e proclamadores da fé tementes a Deus, mais semelhantes a R.C. Sproul.

Michael Reeves, presidente e professor de teologia,
Union School of Theology, UK.

Lembro-me de que certa vez ouvi R.C. Sproul pregando sobre o Salmo 51. Depois, eu lhe perguntei quanto tempo gastara para preparar aquela mensagem. Ele sorriu e disse: "Uns cinco minutos ... e trinta anos." Não tenho dúvida de que gerações futuras se beneficiarão do ministério prolífico de R.C. Sproul até daqui a duzentos anos, se o Senhor demorar tanto. Stephen Nichols nos oferece um grande presente nesta obra. Qualquer pessoa cuja vida foi marcada, como a minha foi, pela vida e ministério de Sproul apreciará conhecê-lo melhor por meio destas páginas.

Bob Lepine, coapresentador, *FamilyLife Today*;
pastor de ensino, Redeemer Community Church,
Little Rock, Arkansas

Sou grato por esta biografia acessível de R.C. Sproul, escrita por Stephen Nichols. Sua maneira de escrever clara e simples é certamente apropriada em sua biografia de um homem que sempre procurou comunicar a gloriosa teologia da Escritura de uma maneira clara e simples.

Burk Parsons, pastor, Saint Andrew's Chapel,
Sanford, Florida; editor, *Tabletalk*

Stephen Nichols escreveu uma biografia fantástica sobre uma das mentes mais brilhantes e um dos mestres mais excelentes de nosso tempo. Este livro destaca a teologia, a integridade bíblica, a coragem, o caráter e a proeza intelectual de um dos gigantes da igreja contemporânea — um homem que combateu o bom combate e teve a honra de terminar bem a carreira proposta por seu Senhor, a quem ele amou, reverenciou e adorou durante toda a sua vida. R.C. Sproul reconhecia imediatamente quando o evangelho estava em jogo e aplicava sua mente arguta em defesa do evangelho, às vezes a um custo elevado. Foi um privilégio e um deleite ler sobre Sproul, um dos três homens que mais influenciaram meu pensamento sobre o caráter de Deus, em geral, e sua santidade perscrutadora, em específico. Estou em dívida com ele, de muitas maneiras.

Miguel Núñez, pastor, International Baptist Church,
Santo Domingo, República Dominicana; presidente e
fundador, Wisdom and Integrity Ministries.

Embora o nome de R.C. Sproul haja de permanecer nos anais da história como um de seus grandes teólogos nos séculos XX e XXI, poucas pessoas sabem a respeito de sua vida, carreira, lutas, vitórias e ministério. Este livro dará ao leitor o contexto histórico e espiritual por trás das maiores séries, livros e sermões de R.C. Sproul. O leitor poderá entender o poder da graça de Deus na vida de Sproul, no seu domínio de todas as áreas da teologia sistemática e na sua habilidade para entender e ensinar textos bíblicos de uma maneira simples e clara. Conhecer o homem ajuda-nos a entender melhor o pregador. Stephen Nichols ajudou-me a conhecer melhor o homem que Deus usou para abençoar meu ministério.

Augustus Nicodemus Lopes, pastor assistente, Primeira Igreja Presbiteriana de Recife; vice-presidente, Supremo Concílio, Igreja Presbiteriana do Brasil.

Este livro é sobre um homem de uma pequena cidade adjacente a Pittsburgh, um homem que foi escolhido por Deus para ensinar, pregar e comunicar o evangelho a milhões de pessoas ao redor do mundo. O Senhor usou de maneira poderosa esse discípulo de Jesus Cristo. Sua habilidade de comunicar a Palavra de Deus de maneira simples, mas poderosa, bem como seu amor e bondade para com o próximo eram evidentes em toda a sua vida. Sentimos saudades, mas ele combateu o bom combate, completou a carreira e guardou a fé como um servo de nosso Deus santo.

Robert M. Wohleber, CFO aposentado, Kerr-McGee.

Stephen Nichols, um erudito formidável e pesquisador exaustivo, faz um trabalho magnífico em retratar um homem de inteligência, habilidade comunicativa e amor que dedicou sua vida a Jesus Cristo, por ensinar e pregar a inspiração e a inerrância da Escritura, a santidade de Deus e os *solas*. R.C. Sproul dedicou-se a manter o evangelho puro, lógico e compreensível para os leigos. O Espírito Santo, usando o tempo, a paciência e a lógica de R.C. Sproul, sem jamais comprometer a doutrina Bíblica, levou este advogado "pagão" e muitos outros a Jesus Cristo. Como Nichols ilustra tão claramente nesta biografia de um gigante da fé cristã, o ministério de Sproul continuará a "ser importante para sempre" para muitos que vivem *coram Deo*.

Guy T. Rizzo, advogado.

Stephen Nichols é completo, equilibrado e teologicamente alerta nesta biografia de R.C. Sproul. Ele escreve da maneira como Sproul viveu e ensinou. Leitores de R.C. Sproul e amantes da Reforma apreciarão esta história do líder do avivamento reformado para uma nova geração.

Russ Pulliam, colunista, *Indianapolis Star*.

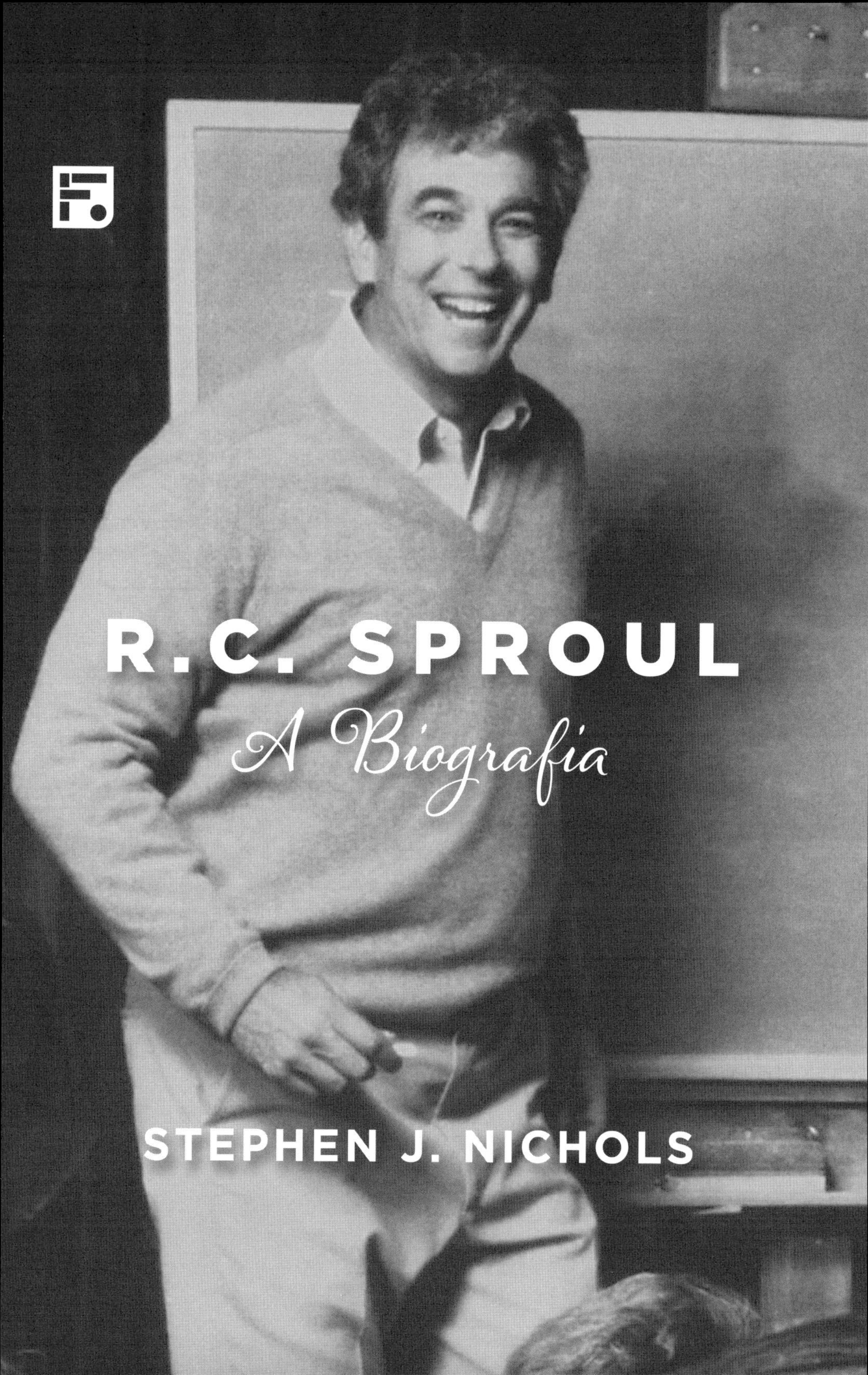
R.C. SPROUL
A Biografia
STEPHEN J. NICHOLS

Dados Internacionais de Catalogação na Publicação (CIP)
(eDOC BRASIL, Belo Horizonte/MG)

N622r

Nichols, Stephen J., 1970-
R.C. Sproul: a biografia / Stephen J. Nichols; tradutor Francisco Wellington Ferreira. – São José dos Campos, SP: Fiel, 2022.
456 p. : 16 x 23 cm

Título original: R.C. Sproul
ISBN 978-65-5723-192-0

1. Sproul, R.C. (Robert Charles), 1939-2017 – Biografia. 2. Igreja Presbiteriana – Estados Unidos – Clero – Biografia. 3. Teólogos – Estados Unidos – Biografia. I. Ferreira, Francisco Wellington. II.Título.

CDD 285

Elaborado por Maurício Amormino Júnior – CRB6/2422

R.C. SPROUL
A Biografia

Traduzido do original em inglês
R.C. Sproul: A Life

•

Originalmente publicado em inglês por
Crossway
1300 Crescent Street
Wheaton, Illinois 60187

•

Primeira edição em português: 2022
Os textos das referências bíblicas foram extraídos da versão Almeida Revista e Atualizada, 2ª ed. (Sociedade Bíblica do Brasil), salvo indicação específica.

•

Diretor: Tiago J. Santos Filho
Editor-chefe: Tiago J. Santos Filho
Supervisão Editorial: Vinicius Musselman Pimentel
Coordenação Editorial: Gisele Lemes
Tradução: Francisco Wellington Ferreira
Revisão: Thatiane Julie A. Rodrigues
Diagramação: Rubner Durais
Capa: Rubner Durais
E-book: Rubner Durais
ISBN impresso: 978-65-5723-192-0
ISBN eBook: 978-65-5723-193-7

FIEL
Editora

Caixa Postal, 1601
CEP 12230-971
São José dos Campos-SP
PABX.: (12) 3919-9999
www.editorafiel.com.br

Para Vesta
Desde o primeiro e o segundo ano,
tem sido R.C. e Vesta

SUMÁRIO

PRÓLOGO

O Grande Escape

R.C. Sproul andava de um lado para outro e berrava quando pregava. Mas, perto do final de sua vida, ele precisava sentar-se em uma banqueta giratória. Dependia de seu oxigênio portátil, que o acompanhava em todo lugar. Ele lutava com os efeitos da DPOC (Doença Pulmonar Obstrutiva Crônica). Muito tempo atrás, ele havia sacrificado seus joelhos para os esportes. Os anos, mas em especial os quilômetros, desgastaram-no. Aos setenta e oito anos, porém, ele ainda aparecia para o trabalho. Quando subia ao púlpito, o atleta que ele fora se manifestava. Cheio de paixão, a sua face de jogo aparecia. A banqueta girava. Ele agarrava nas bordas do púlpito, se movia para frente e se inclinava em direção à congregação. De alguma maneira, ele ainda conseguia andar compassado enquanto pregava. De algum modo, sua voz achava força. Ele ainda berrava. Por trinta minutos, ele era de novo aquele *quarterback* amador, fazendo jogadas. Estava na parte final da partida de golfe, e a bola, à mercê de suas tacadas precisas.

Sua perspicácia — de onde vinha? — dispensava, liberalmente, sabedoria e humor. Era o que o povo, com o passar dos anos, se acostumara a ouvir dele. Ele fazia parecer tão fácil. Sem esforço. Sem anotações, ele podia pregar um sermão sobre qualquer texto ou dar uma palestra sobre pontos de vista epistemológicos dos filósofos modernos. Se diante de uma multidão de milhares de pessoas ou ao redor de uma mesa de jantar, você simplesmente queria ouvi-lo. Queria ver o sorriso dele, brincalhão, tão amplo quanto o céu. Queria ouvir o que ele tinha a dizer.

Dizem que os fundistas à moda antiga da Universidade de Cambridge nunca eram vistos em treinamento. Não apareciam cedo para uma corrida e não faziam todos os rituais de alongamento e aquecimento como os demais. Eram casuais. Apenas caminhavam para o estádio, se posicionavam na linha e esperavam pelo tiro de partida. Depois, começavam a correr: pura beleza em movimento. Faziam a corrida parecer tão sem esforços. É como uma violinista de concerto tomando o seu lugar em um palco vazio. Calma e serena, à medida que posiciona o violino, prepara o arco e prossegue. Perfeição. E tudo parece tão sem esforço. Mas o atleta, o músico, o pregador — todos eles sabem o que está por trás das aparências. O trabalho, a disciplina, o aprimoramento constante da habilidade. É proficiência.

R.C. era um comunicador. Não somente sabia o que dizer; sabia como dizê-lo. Precisão, paixão, poder. Nesse domingo específico, seu texto era Hebreus 2.1-4. Ele chamou o seu sermão de "Uma Grande Salvação"[1]. Poderia tê-lo chamado de "O Grande Escape".

R.C. sempre dissera aos seus alunos de homilética: "Ache o drama no texto. Depois, pregue o drama." Ele achou o drama em Hebreus 2.1-4. "Como escaparemos nós?" Quando pensamos em

1 R.C. Sproul, "A Great Salvation", sermão sobre Hebreus 2.1-4, Saint Andrews Chapel, Sanford, FL, 26 de novembro de 2017. Uma transcrição editada desse sermão pode ser achada no final deste livro.

escape, R.C. disse, pensamos em aprisionamento, pensamos em uma fuga da prisão. R.C. transportava a congregação da Saint Andrews Chapel para "a mais terrível de todas as prisões da França, o Castelo de If", e para as páginas de seu segundo romance favorito, *O Conde de Monte Cristo* - a angustiante história de Edmond Dantes, incriminado falsamente e lançado na prisão temível. Edmond Dantes fizera o impossível: escapara da prisão inescapável.

No entanto, há uma prisão muito mais temível do que o Castelo de If. "Não se pode escavá-la. Não é possível escalar seus muros. Nenhum guarda pode ser subornado. A sentença não pode ser amenizada ou comutada." Não há escape do inferno — exceto pela salvação, a grande salvação em Cristo. R.C. ecoou o apelo do autor de Hebreus: "Não negligencieis tão grande salvação" (Hb 2.3). Ele disse certa vez que isto o deixava acordado à noite: podia haver cristãos professos e não verdadeiros na congregação de Saint Andrew. O zelo de proclamar a santidade de Deus e o evangelho de Cristo motivava-o a dedicar sua vida a ensinar, pregar, viajar e escrever. Mantinha-o servindo mesmo na parte final dos seus setenta anos e apesar do preço que todos os quilômetros haviam cobrado. Ele orava e labutava por um avivamento.

Ao final do sermão, R.C. havia levado a congregação, consigo, a um momento solene. Foi um momento sagrado. Não houve humor nem hilaridade quando esse sermão específico chegou ao final. Era zelo e paixão. R.C. estava comunicando a verdade mais importante, a verdade do evangelho. Apelou que ninguém que estivesse ouvindo o som de sua voz negligenciasse tão grande salvação. Foi inconfundível.

Ao terminar o sermão, esta foi a última sentença: "Portanto, eu oro de todo o coração que Deus desperte cada um de nós hoje para a doçura, a amabilidade e a glória do evangelho declarado por Cristo."

Essa última sentença de seu último sermão revela o seu coração, sua paixão. *Doçura* é uma palavra que ele aprendera de Jonathan Edwards, que, por sua vez, aprendera de Calvino, que, por sua vez, aprendera de Agostinho, que, por sua vez, aprendera do salmista. Podemos ler sobre quão doce é o mel. Podemos ouvir sobre a experiência de outros que provaram o mel. Ou podemos prová-lo nós mesmos. Doçura é a apreensão da verdade.

Amabilidade é aquela categoria de beleza frequentemente esquecida. R.C. comentava, muitas vezes, que, embora contendamos pela verdade e lutemos pela bondade, muito frequentemente negligenciamos a beleza. Deus é um Deus de beleza. A palavra, *beleza,* transborda nas páginas da Escritura. Isso era suficiente para R.C. querer buscá-la, desejá-la.

Glória é aquela palavra incompreensível que representa a luminosidade transcendente e pura. Faz parte do escopo de palavras que se ouve usualmente de R.C. — as palavras *santidade, esplendor, majestade, refulgência.*

Doçura, amabilidade, glória — essas são palavras que descrevem a Deus, Cristo e o evangelho. Têm poder transformador. São palavras sobre as quais uma mente renovada medita. Há também, nessa última sentença do sermão, a palavra *despertar.* Antes que a mente seja renovada, tem de ser despertada. Somos mortos, uma árvore caída que está apodrecendo na floresta. Precisamos de uma "luz sobrenatural e divina", como Edwards dizia. Ou, como Jesus disse a Pedro: "Não foi carne e sangue que to revelaram." Não, não, foi "meu Pai, que está nos céus" (Mt 16.17). Jesus declarou Pedro bem-aventurado. A verdade maravilhosa que Jesus diria a alguém, "Bem-aventurado és", encheu de alegria verdadeira o coração de R.C. Ele queria que todos a experimentassem. E anelava por um avivamento. Foi a última sentença de seu sermão sobre Hebreus 2.1-4.

Depois de proferir essa última sentença, R.C. ofereceu uma oração breve e sincera e, em seguida, um suspiro audível. Deslizou para fora da banqueta, firmou os pés e, com ajuda, começou a descer do púlpito.

R.C. Sproul pregou seu sermão em 26 de novembro de 2017. Na terça-feira, ele teve um resfriado, que começou a piorar diariamente. No sábado, estava com tanta dificuldade para respirar que foi levado ao hospital. E ali permaneceu. Em 14 de dezembro de 2017, quando Vesta e os familiares estavam reunidos no quarto do hospital, R.C. foi para a doce, amável e gloriosa presença do Senhor.

Sermão final: "Uma Grande Salvação". Sentença final: "Portanto, eu oro de todo o coração que Deus desperte cada um de nós hoje para a doçura, a amabilidade e a glória do evangelho declarado por Cristo." Depois, retirou-se de cena. E foi no ano do quingentésimo aniversário da Reforma. Tudo foi pura poesia.

A história da vida de R.C. termina em 2017, na Flórida central, que havia sido a sua residência, ou a sua residência-base, por 33 anos. A história começa em Pittsburgh em 1939. O mundo estava prestes a entrar em guerra.

1
PITTSBURGH

Você pode retirar o homem de Pittsburgh,
mas não pode retirar Pittsburgh do homem.
R.C. SPROUL

O rio Allegheny flui a partir do Norte. O rio Monongahela flui a partir do Leste. Na confluência deles, começa o rio Ohio. Três rios convergem para formar um ponto. Nas proximidades, em 1754 os franceses construíram o Forte Duquesne, um posto crucial durante a Guerra dos Sete Anos. O exército inglês marchou contra ele em novembro de 1758. Os franceses sabiam que eram inferiores em número. Reuniram seus suprimentos, explodiram o forte e se retiraram pelo rio Ohio. Quando o lugar onde o forte estivera localizado foi tomado, um novo forte foi construído e recebeu o nome de Fort Pitt, em homenagem a William Pitt, o Ancião. Nos séculos seguintes, uma cidade, Pittsburgh, se desenvolveria nesse platô triangular, com seu suave declive ocidental e suas colinas escarpadas, parte dos montes Allegheny da vasta Cordilheira dos Apalaches. Não era um platô de um vale de um rio para a agricultura; era um lugar para indústria.

Entre os muitos imigrantes que se estabeleceram em Pittsburgh, no passar dos séculos, estavam os Sprouls, vindos do Condado de Donegal (Irlanda), que emigraram em 1849. Fixaram sua residência na parte sul, além do rio Monongahela, em Mount Washington. Bondes sobem atualmente o declive íngreme. Outra família de imigrantes, a família Yardis, da Croácia, se estabeleceu na parte norte da cidade, perto de Troy Hill e German Hill. Imigrantes de fala inglesa vindos da Escócia ou Irlanda, para o sul. Imigrantes do continente europeu, para o norte. Colarinhos brancos de administração, para o sul. Colarinhos azuis de produção, para o norte.

Os Sprouls eram de administração e, por fim, estabeleceram a R.C. Sproul e Filhos, uma firma de contabilidade especializada em falências. Pittsburgh teve vários ciclos, várias reinvenções da cidade — suficientes para manter ocupada e próspera uma firma de contabilidade especializada em falências.

Os Yardis eram de produção. Mayre Ann Yardis começou a trabalhar quando era adolescente e como secretária. Aprendeu sua função na Sarah Heinz House, estabelecida pelo filho de imigrantes alemães H.J. Heinz. Em determinado momento, ela obteve um emprego na firma de contabilidade R.C. Sproul e Filhos.

O R.C. Sproul no nome da firma de contabilidade era Robert C. Sproul (1872-1945), o avô de R.C. Os "Filhos" eram Robert Cecil Sproul (1903-1956), o pai de R.C., e seu irmão, Charles Sproul, o tio de R.C. Os escritórios estavam localizados na Grant Street, bem no centro da cidade. Mayre trabalhava para Robert Cecil Sproul como secretária. Eles se casaram. Um executivo de Pittsburgh casado com uma assalariada de Pittsburgh.[1]

NUMBER FIVE

Robert Cecil e Mayre Sproul fixaram residência na McCllelan Drive, no bairro de Pleasant Hills, ao sul da cidade. No dia 13 de fevereiro de 1939, Mayre Ann Sproul deu à luz o segundo de seus dois filhos, Robert Charles Sproul. A família era cheia de R.C.s, Roberts e Bobs. Havia até certo número de Robertas. A irmã de R.C., nascida em 1936, era uma das Robertas. Desde o dia em que R.C. veio do hospital para casa, foi chamado de "Sonny". Os jornais escreveriam sobre as suas façanhas esportivas em seus anos de Ensino Médio. Nessas colunas, ele foi sempre referido como "Sonny" Sproul.

Com um pouco de orgulho, R.C. diria que era realmente o primeiro bebê nascido em Pleasant Hills. Incorporada como um bairro em 1939, o nascimento de R.C. Sproul fez dele o primeiro residente nascido naquela comunidade recém-criada de Pleasant Hills. Antes de ser Pleasant Hills, era conhecida como Number Five, uma abreviação de Curry Number Five Mine, da vasta região carbonífera de Pittsburgh.[2]

No final do século XIX e na maior parte do século XX, Pittsburgh foi líder nacional na produção de carvão e coque, os quais, com minério de ferro e força humana, são os componentes necessários para a indústria de aço. Os Estados Unidos dominaram o mercado mundial de aço, e Pittsburgh exerceu o papel de liderança. Andrew Carnegie foi o pioneiro da indústria de aço nessa região. Posteriormente, sua companhia se uniu com outras para formar a United States Steel, que, em um tempo, produziria 30% do aço mundial.

1 "Sproul Memoirs", sessão 1, gravada em novembro de 2010. Ligonier Ministries, Sanford, Flórida.
2 Stephen Nichols com R.C. Sproul, entrevista pessoal, 24 de março de 2017.

Pittsburgh era a Cidade do Aço. Suas pontes de aço, atravessando os rios, mostram seu produto nativo. Pittsburgh, incluindo toda a Pensilvânia ocidental, tinha uma dureza correspondente ao produto que ela enviava para o mundo. Tanto os assalariados quanto os executivos de Pittsburgh tinham essa dureza.

Todo aquele carvão e coque também significavam que Pittsburgh e cidades vizinhas estavam sentadas sobre uma rede de túneis e minas subterrâneos, como a Number Five. Acima do solo, a Number Five era o lar de aproximadamente 4.000 colarinhos brancos que residiam ali nos anos 1940.

As primeiras recordações que R.C. tinha de viver em Pleasant Hills giram em torno de seu pai. Uma dessas recordações é seu pai chegando em casa um dia e trazendo uma caixa de papelão. Ele a colocou no escritório, que era dois degraus mais baixo do que o resto do primeiro piso da casa. Dentro da casa havia um filhote de Basset. Seu pai lhe dera o nome de Soldier. A segunda recordação é andar de mãos dadas com seu pai até ao ponto de ônibus, e seu pai vestia um uniforme de oficial. Sendo uma coluna da comunidade, Robert Cecil Sproul serviu como o chefe do conselho de alistamento militar. Um dia ele voltou para casa vestindo um uniforme de oficial da Força Aérea do Exército. Disse à esposa que não podia mais ficar enviando ônibus lotados de rapazes para a guerra enquanto ele permanecia em casa. Embora já tivesse 39 anos e muito além da idade de alistamento, ele se sentiu constrangido a ir. O pai de R.C. foi enviado para treinamento em Westover Field, hoje Westover Air Reserve Base, perto de Springfield, Massachusetts. O filhote deveria ficar na companhia de R.C. enquanto o pai estivesse fora.

CHARLIE DUAS ARMAS

O pai de R.C. entrou nas forças armadas como capitão. Depois de seu treinamento, ele chegou a Casablanca na véspera do Natal de 1942. No mês anterior, as forças aliadas haviam expulsado as forças alemãs de Casablanca. Foi um momento de reviravolta no palco norte-africano que pressagiou o empurro contínuo dos alemães e das Potências do Eixo para contenção e eventual derrota três anos depois.

Na guerra, Robert Cecil Sproul serviu como um contabilista, refletindo sua profissão civil. Ele diria posteriormente às pessoas: "Eu pilotei uma escrivaninha na guerra." Esteve em Casablanca, depois em Argel, Sicília e Itália. À medida que a guarda avançada se movia adiante, a unidade de Cecil a acompanhava, garantindo que tivessem tudo que precisavam e que tudo fosse contabilizado e estivesse em ordem. Ele foi promovido ao posto de major.

Lá nos Estados Unidos, a guerra dominava cada aspecto da vida. Famílias ligavam seus rádios Philco ou RCA para ouvir os relatos de baixas e atualizações, esperando e orando. Sabão, açúcar, manteiga, gás — quase todo produto era racionado. Os pôsteres "faça com menos, para que eles tenham o suficiente" e "compre títulos da guerra", que pareciam onipresentes, lembravam a todos no país que fizessem sua parte em benefício do esforço de guerra. Fábricas converteram suas linhas de montagem para fazer qualquer coisa necessária para o esforço de guerra. As siderúrgicas de Pittsburgh trabalharam 24 horas por dia, produzindo uma impressionante quantidade de 95 milhões de toneladas de aço.

A guerra também dominou tudo na infância de R.C. Ele sentia falta de seu pai. Sendo um menino de quatro anos, Sproul corria até ao fim da rua, ou talvez à rua seguinte, até se encontrar com um dos vizinhos. Ao ser questionado, R.C. dizia que estava a caminho da Itália, para ver seu pai.

Antes de ser inaugurado o Aeroporto Internacional de Pittsburgh, o Aeroporto do Condado de Allegheny servia à região. A rota aérea passava diretamente sobre a casa de R.C. Aviões voavam às vezes a não mais do que 12 ou 15 metros acima da casa. R.C. não tinha um senso de geografia nesse tempo. Como menino, ele se sentia aterrorizado quando esses aviões sobrevoavam durante um blecaute. Pensava que estavam no meio de um ataque aéreo, como aqueles sobre os quais ouvia no rádio.

A guerra era uma realidade sempre presente, de dia e de noite. R.C. ajudava sua mãe e sua irmã no jardim de vitória no quintal da casa. Ele retirava os rótulos de latas, esmagava-as para deixá-las planas e retornava-as para reciclagem. Uma bandeira pendia da janela frontal de sua casa em McClellan Drive, sinalizando que aquela era a casa de um soldado. Bandeiras semelhantes podiam ser vistas na rua e no bairro. Os Sprouls, como os demais, haviam instalado cortinas pretas que eram fechadas nas janelas quando as sirenes de ataque aéreo soavam.

Perto da esquina, na rua seguinte, havia uma farmácia. Fileiras de fotos de homens não uniformizados de Pleasant Hills que serviam na guerra enchiam as janelas. R.C. Sproul examinava cada uma das fotos até fixar os olhos no rosto de seu pai.

Sua mãe assumiu responsabilidades extras na firma de contabilidade para completar o salário reduzido que o marido recebia da Força Aérea. Antes de partir para a guerra, seu pai quis assegurar-se de ter um homem residindo na casa. Por isso, fez os arranjos para que a irmã de sua esposa, o marido alemão e a filha dela morassem na casa em McClellan Drive.

R.C. Sproul se assentava no colo da mãe e ajudava-a a datilografar cartas de vitória para o marido. Essa é uma das recordações mais antigas que ele tinha de sua mãe. Cartas de vitória eram um formulário de um único lado dado às famílias pelas forças armadas. Uma vez que as famílias escrevessem ou datilografassem no formulário, as cartas eram enviadas primeiramente para Washington, D.C., onde eram revistas pelos censores e, depois, transferidas para um filme de 16 mm. O filme seria levado de avião para o exterior, as cartas individuais seriam impressas a partir do filme; e as cartas, do tamanho de uma mão, seriam entregues aos soldados. Dos mais de 550 milhões de cartas de vitória trocadas entre os soldados e seus familiares, Mayre Ann e Robert Cecil foram responsáveis por centenas delas. Robert Cecil escrevia à mão. Ela datilografava as suas.

Ela tinha uma máquina de datilografar elétrica sofisticada (para seu tempo). R.C. Sproul sentava em seu colo, enquanto ela datilografava. Quando ela terminava, era a vez dele. Ele encheria a última linha com X e O (símbolos americanos para "abraços" e "beijos"). Foi a primeira vez que datilografou em sua vida.

Robert Cecil escrevia cartas frequentemente para R.C. As cartas eram alegres e calorosas, cheias de humor e ternura. Ele lembrava a R.C. que fosse um filho comprometido em cuidar de sua mãe, sua irmã mais velha e Soldier, o cachorro. Dirigia-se a ele como "Sonny", ou como "Charlie Duas Armas", ou nomes engraçados como "Tootlebug". Dizia-lhe que sentia saudades e que em breve estaria de volta ao lar. Eis uma carta enviada da Sicília, em junho de 1945, poucos meses antes de a guerra acabar e R.C. receber seu diploma do jardim de infância:

> Meu grande menino,
> Recebi sua carta em 18 de junho e fiquei muito feliz em saber que você está sendo um menino muito bom, tomando bastante sol, bebendo seu leite e seu iogurte. Fico alegre em saber que

você está tendo um bom tempo em seu parquinho. Espero que esta guerra acabe logo, para que eu possa ir brincar com você. Fico orgulhoso de que você esteja recebendo um diploma e lhe mandarei um presente muito bom. Gostaria muito de ver seu corte de cabelo militar. Seja bom para o Soldier e cuide de mamãe e Bobby Anne.

Com amor,

Papai

As recordações mais antigas que R.C. tinha de sua irmã mais velha, Roberta "Bobby" Anne, eram também dos anos da guerra. Ele lembrava que ela tinha uma casa de bonecas. Seu pai lhe mandava bonecas da Europa. Toda vez que ele mudava de lugar com o exército, mandava procurar bonecas que pudesse mandar para ela em casa. R.C. também se lembra de ganhar de Roberta um triciclo de segunda mão. Grande demais para ele, o triciclo tinha pneus enormes, exagerados. R.C. o descrevia como uma bicicleta de três rodas, tamanho adulto. Precisaria provavelmente de mais dois ou três anos para, mesmo remotamente, ajustar-se ao triciclo. Mas foi o único modo de transporte que lhe foi dado. Ele escolheu a mobilidade, apesar da inadequação. Ele andou naquele triciclo subindo e descendo as colinas de seu bairro, sendo muitas vezes os seus pés totalmente incapazes de acompanhar ou alcançar a rotação rápida dos pedais. Era um espetáculo para todos verem.

Em 1945, Mayre Ann teve o marido de volta, e R.C. teve o pai de volta. Havendo dedicado tanto à guerra "lá fora", agora era tempo de cuidar dos negócios perto de casa. Como todo o restante do país, os Sprouls estavam prontos para voltarem às rotinas normais da vida.

R.C. + V.V.

Quando R.C. entrou nos anos de ensino primário, o seu mundo consistia em um raio de poucos quilômetros. Na McClellan Drive, estava a farmácia sobre a qual falamos antes, completa com uma máquina de refrigerantes e atendentes. O favorito de R.C. era sempre o *milk-shake*. Havia a sapataria e a loja de conserto de televisão e rádio. Em um terreno de esquina, estava a escola primária, com seu *playground*. Subindo e descendo algumas colinas além, estava o parque, encravado no topo de uma colina e onde estava um campo de beisebol recém-inaugurado. R.C. jogou na partida de abertura.

Trace uma linha reta de 14 quilômetros a partir da casa de R.C. em direção noroeste e você chega ao escritório de contabilidade de R.C. Sproul e Filhos, na Grant Street. Não distante dali, estava o Forbes Field. (Atualmente, o Pittsburgh Pirates joga no PCN Park, e os Steelers jogam no Heinz Field. Antes disso, ambos compartilhavam o Three Rivers Stadium. E, antes disso, jogavam no Forbes Field.) R.C. nunca perdeu um jogo de abertura do Pittsburgh Pirates. Ele faltaria às aulas, pegaria uma carona e assistiria a um jogo — tudo com a bênção de seus pais. R.C. podia lembrar, lance a lance, o primeiro jogo a que ele assistiu. Pirates 5, Reds 3. Ele estava nas arquibancadas de Forbes Field quando Roberto Clemente vestiu sua camisa de malha número 13 na abertura da temporada de 1955. E viu Clemente fazer o seu primeiro *home run*. Os anos 1940 e 1950 não foram as melhores décadas para ser um torcedor dos Pirates. Em resumo, eles perderam tantas partidas quantas ganharam. Mas isso não fez R.C. deixar de ser um torcedor dedicado. Em qualquer momento desses anos, se você parasse e lhe perguntasse o que ele queria ser quando crescesse, R.C. teria dito um jogador de beisebol. E não havia outro uniforme que ele preferia usar além do preto e dourado dos Pirates.

O pai e a mãe de R.C. saíam para o escritório todos os dias. Ele entendia como isso era incomum. Poucas mães trabalhavam fora do lar naqueles dias. R.C. amava os dias quando podia ir com os pais para o trabalho. Sentava-se na janela e observava a atividade agitada da cidade. Brincava com carros e brinquedos embaixo de alguma mesa nos escritórios. Amava especialmente a época do Natal. Todas as lojas de departamentos tinham vitrines maravilhosas que cativavam R.C. De olhos arregalados, ele ficava apenas sentado, fitando as vitrines.

Os escritórios eram o melhor local para se ver os desfiles que aconteciam. Pittsburgh estava em aceleração total nos anos pós-guerra, e R.C. tinha uma visão de toda ela - tanto à distância, empoleirado em sua casa nas colinas da região sul, quanto de perto, olhando das janelas do escritório na Grant Street.

Anos depois, quando a firma se dissolveu, o prédio foi vendido e demolido. No mesmo lugar, ergueu-se o prédio de 64 andares da United States Steel, conhecido como US Steel Tower. Durante anos, o andar 62 abrigou um restaurante apelidado de "Topo do Triângulo". R.C. teve almoços e jantares de negócios ocasionais ali. Quando os tinha, as recordações voltavam à mente, enquanto pensava em si mesmo como uma criança brincando e seus pais trabalhando uns 240 metros abaixo.

Em 1945, uma nova estrutura se ergueu perto da casa de R.C., na McClellan Drive. Perto da escola primária, a Pleasant Hills Community Church, uma Igreja Presbiteriana Unida abriu as portas.

O pai de R.C. era, havia muito tempo, um membro da Igreja Metodista de Mount Washington. De fato, o avô de R.C. fora um dos membros fundadores. O pai de R.C. era, às vezes, um ministro leigo e ensinava regularmente na Escola Dominical. R.C. foi batizado como um bebê nessa igreja metodista. Durante os anos de guerra, todo domingo a família ia para a igreja metodista. Mas, quando a Pleasant Hills Community Church abriu as portas, a família se tornou presbiteriana. Pela estimativa de R.C., ela era uma igreja liberal — muito liberal. Mas deixou nele uma impressão indelével por meio de sua liturgia elevada, que R.C. disse ser quase idêntica à liturgia da igreja episcopal. Seu pastor era comprometido com um culto formal, com uma homilia bem elaborada e até dramática. O prédio original era uma estrutura pequena, que agora abriga os escritórios da igreja. Um santuário muito maior foi construído depois. O piso era de tijolo por razões acústicas. O exterior era tijolo vermelho de estilo colonial, com colunas brancas e um pináculo imponente. O interior era o tradicional retângulo presbiteriano, com o púlpito colocado proeminentemente no lado curto e na extensa nave. A pedra fundamental do lado de fora tinha uma inscrição em latim.

A mudança para a igreja presbiteriana teria muitas implicações no futuro de R.C. Mais tarde, ele estudaria em uma faculdade e em um seminário presbiterianos. Seria ordenado ministro presbiteriano. Defenderia os Padrões de Westminster — a confissão doutrinária da igreja presbiteriana. Mudar-se para o presbiterianismo também proveria uma ligação importante com seu passado. R.C. gostava de alegrar os ouvintes com a história do primeiro ministro ordenado pelo reformador escocês John Knox.

Os Sprouls haviam emigrado do Condado Donegal, na Irlanda. Sproul, porém, não é um nome irlandês. É das terras baixas da Escócia. E aqui a Reforma e John Knox entram na história. Knox, um sacerdote escocês que estava em desacordo com sua igreja e a coroa, cumpriu primeiramente uma sentença nas galés e, depois, um tempo de exílio. Knox acabou na Genebra de Calvino, enquanto Maria Sanguinária reinava na Inglaterra, nos anos 1550. Inspirado por tudo que Genebra realizava sob a liderança de Calvino, pela graça de Deus Knox retornou à sua Escócia natal, determinado a reformar todo o país. "Dá-me a Escócia, ou eu morro.", ele suplicava a Deus.

O primeiro passo em direção à reforma foi estabelecer uma nova igreja, em face da corrupção da igreja existente. Essa nova igreja seria a Igreja da Escócia. O primeiro ministro ordenado por Knox nessa nova igreja era um escocês das terras baixas chamado Robert Campbell Sproul. Depois, Knox enviou o Rev. Sproul para a Irlanda. Um de seus descendentes, chamado John, talvez em homenagem a John Knox, serviu como presbítero regente e comissário na Raphoe Presbyterian Church, no Condado Donegal, na Irlanda, de 1672 a 1700.[3]

O bisavô de R.C. veio para a América a partir desse mesmo lugar, durante a grande fome da batata, em meados século XIX. R.C. escreveu isto sobre o seu bisavô:

> Durante a fome da batata no século XIX, na Irlanda, meu bisavô Charles Sproul abandonou a sua terra natal para buscar refúgio na América. Ele deixou a sua cabana de teto de palha e piso de barro, em uma vila no norte da Irlanda, e viajou descalço até Dublin — para o cais de onde ele navegou para New York. Após se registrar como imigrante na ilha Ellis, seguiu para oeste e chegou a Pittsburgh, onde uma grande colônia de escoceses e irlandeses havia se estabelecido. Foram atraídos ao local pelas siderúrgicas administradas pelo escocês Andrew Carnegie.[4]

3 William M. Mervine, "Scottish Settlers in Raphoe, County Donegal, Ireland: A Contribution to Pennsylvania Genealogy", *Pennsylvania Magazine of History and Biography*, vol. 38, n. 3 (1912), 272.

4 R.C. Sproul, "All Truth Is God's Truth", *Tabletalk*, 1º julho, 2008.

Esse imigrante irlandês lutou pela União (estados do norte), durante a guerra civil americana, no SS Grampas. Um de seus filhos, o avô de R.C., levou a família para a igreja metodista em Mount Washington. Quando Robert Cecil, pai de R.C., mudou sua membresia da igreja metodista para a igreja presbiteriana, em 1945, estava levando a família de volta ao lar.

Em 1946, a família Voorhis se mudou para a vizinhança, a poucas casas da igreja. Eles tinham uma filha. A família se mudou em maio, vindos de New Castle, Pensilvânia. O Sr. William Voorhis trabalhava como um comprador nacional para a G.C. Murphy Co., uma das cadeias de lojas de produtos baratos. Ele passava uma semana de cada mês em New York se reunindo com fabricantes e atacadistas.

Nesse tempo, R.C. estava no primeiro ano escolar, na Pleasant Hills Elementary School. Vesta Voorhis estava no segundo ano. R.C. se lembrava claramente de vê-la pela primeira vez e de que, ao vê-la, sabia que iria casar-se com ela. Aparentemente, era tudo apenas do lado dele. Vesta estava ocupada com suas novas amigas no *playground*. Meninos, no campo de beisebol. Meninas, no *playground*. Passaram-se apenas algumas semanas de aulas, e o verão chegou. R.C. diria posteriormente que, durante seus anos de ensino fundamental, sua vida era apenas uma coisa: esportes. Provavelmente, duas: esportes e Vesta. Se você olhasse a maioria das árvores enfileiradas na antiga Clairton Road e na McClellan Drive, veria quatro iniciais escarvadas: "R.C. + V.V." Depois daquele primeiro encontro, se passariam mais alguns anos antes que R.C. e Vesta se tornassem namorado e namorada intermitentes. Por fim, a história de R.C. seria a de R.C. e Vesta.

A tia, o tio e a prima ficaram na casa por outros seis ou sete anos depois da guerra. A casa estava sempre ocupada, cheia de familiares. A família estendida vinha frequentemente para reuniões no lar, na

McClellan Drive. R.C. lembrava-se: "Eu amava isso. Costumava ficar no alto da rua esperando pelos carros que traziam nossos parentes para aquelas reuniões. Nossa família era tudo. Eu gostava muito da família. Sempre gostei e ainda gosto."[5]

Frequentemente, no final da tarde R.C. se deitava no chão, com Soldier, e ouvia o rádio Philco. Durante o dia, as ondas de rádio eram cheias de novelas, mas à noite vinham os programas de aventura. *The Falcon, Suspense, Escape* e, o favorito de R.C., *The Lone Ranger* — eram programas que cativavam a imaginação dele. Aos sábados, e na maioria dos domingos depois da igreja, R.C. ia ao cinema para pegar a exibição dupla. Os filmes de Frankenstein e Drácula, com Lon Cheney e Bela Lugosi, eram seus favoritos na tela de prata.

R.C., como a maioria das crianças, sonhava com o encerramento das aulas para a liberdade dos meses de verão. As férias da família incluíam viagens para o Norte, para o lago Muskoka, em Ontário (Canadá). Era um local popular para celebridades estarem em chalés de verão e para os jogadores de hóquei do Toronto Maple Leaf. Os Sprouls ficaram perto de um enclave deles. Os jogadores gostaram de R.C., ensinaram-lhe mergulhos a partir de um trampolim em um cais e lhe deram todos os tipos de dicas e técnicas de hóquei. Como um menino de dez anos, ele estava tendo, provavelmente, as melhores férias que já tivera. Os jogadores lhe deram uma excelente jaqueta de couro que tinha um grande emblema bordado. Era de tamanho adulto pequeno, e as mangas balançavam muito além das pontas dos dedos de R.C. Ele se dispôs a usá-la orgulhosa e alegremente na praia do lago Muskoka.

Em meio as férias de verão, R.C. anelava pelo Natal. A época do Natal era, de acordo com R.C., especialmente "extraordinária".

---

5 "Sproul Memoirs", sessão 1.

Durante os anos da guerra, o tio de R.C. começara uma tradição que eles chamaram a "plataforma do Natal". Era uma exposição bem elaborada, construída no escritório, de montanhas em papel machê, com esquiadores esparsos pelos declives e um salto de esqui, carros se movendo em uma esteira transportadora ao longo de uma rua principal, um carrossel e miniaturas de ferrovia.

O Natal de 1950 foi muito memorável para R.C. Pittsburgh ficou sepultada embaixo de um metro de neve naquele ano. Era o tempo apropriado para o presente que ele recebera: um tobogã. No dia seguinte, R.C. e dois amigos saíram para a viagem de estreia. Foram para a maior colina da cidade. Na base da colina, havia um córrego, com um muro de pedras margeando os barrancos. Na primeira descida, o trio parou bem perto do córrego, em uma manobra maravilhosa. Na segunda descida, os meninos reuniram toda a sua habilidade de engenharia, o maior deles na frente. A primeira descida havia também amontoado neve e, portanto, na segunda vez eles passaram voando, batendo diretamente no muro de pedras. R.C. machucou as costas. Um dos meninos quebrou um dedo do pé. E o terceiro quebrou a perna. Eles conseguiram colocá-lo em segurança no tobogã que, depois, R.C. puxou sozinho pela neve até à primeira casa a que chegaram, distante cerca de 800 metros. Durante o resto do ano escolar, R.C. ia visitá-lo em sua casa, onde ele ficava sentado com a perna apoiada e se recuperava. Para ambos, aquela foi a última viagem de tobogã.

Outras memórias de Natal foram muito mais alegres. R.C. se lembrava especialmente dos cultos à luz de velas na véspera de Natal, que começavam às 23 horas e terminavam quando o relógio batia meia-noite. Eles cantavam "Noite Feliz" à capela. Então, houve a véspera de Natal de 1952. Este foi o ano em que R.C. e Vesta começaram a manter namoro firme — na maior parte do tempo. Antes do culto à luz de velas, R.C. esteve na casa de Vesta para a véspera de Natal.

R.C. e Vesta estavam juntos no coral da escola e da igreja, ambos conduzidos pelo mesmo diretor. A igreja pagava tanto um organista quanto um diretor de coral. Como mencionamos, a igreja tinha uma liturgia formal. Tudo isso, considerado junto, significa que o coral de crianças eram apenas negócio. Túnicas, colarinhos engomados — pareciam um coral de meninos da catedral. R.C. amava isso. Ele falaria de como a pregação da igreja era destituída de qualquer teologia boa ou conteúdo bíblico, mas cantavam as antífonas e os hinos clássicos. Ele diria posteriormente: "A maior parte do conhecimento que eu tinha a respeito de algum conteúdo do cristianismo vinha da música que cantávamos."[6]

R.C. também se lembrava do sacramento da Ceia do Senhor. O pastor, Dr. Paul Hudson, treinava os presbíteros a virem à frente, depois que os elementos haviam sido distribuídos, em uma formação de marcha perfeitamente sincronizada. Batidas de passos atingiam ritmicamente o chão de tijolos, ecoando pelo santuário.

No que dizia respeito à teologia, não havia tal precisão. O pastor catequizava as crianças. Mas, em vez de seguir o Breve Catecismo de Westminster, o padrão confessional da igreja presbiteriana, ele mesmo escrevia as perguntas nas quais pretendia que crianças focalizassem:

> Pergunta: Quem é o maior cristão que já viveu?
>
> Resposta: Albert Schweitzer.

6 Stephen Nichols com R.C. Sproul, entrevista pessoal, 17 de abril de 2017.

Albert Schweitzer pode ter sido um grande humanitário e foi verdadeiramente um gênio, obtendo doutorados em teologia, filosofia, música e medicina. Mas era evidentemente liberal. Era uma figura importante na chamada busca pelo Jesus histórico, os esforços de eruditos alemães para acharem o miolo da verdade histórica oculto nas cascas dos quatro evangelhos.

O Dr. Hudson aplicava a seus sermões o que havia aprendido dos eruditos da alta crítica. O milagre de alimentar os cinco mil era um milagre do exemplo altruísta do rapaz. As pessoas da multidão haviam trazido sua própria comida, mas não quiseram admitir porque, se o fizessem, teriam de compartilhar. Quando o rapaz deu do que tinha, isso inspirou as pessoas da multidão a retirarem suas sacolas de almoço dos bolsos das túnicas. Um milagre. Em toda Páscoa, R.C. era ensinado de que a ressurreição de Jesus Cristo significava que cada dia ele poderia, também, ressuscitar em novidade para enfrentar de novo os desafios da vida.

R.C. não aprendeu sua teologia da Pleasant Hills Community Church. Também não aprendeu seus estudos bíblicos ali. Essas áreas, que se tornariam sua profissão mais tarde na vida, eram de pouco ou nenhum interesse para ele em seus anos juvenis.

SONNY SPROUL NO TACO

Esportes eram muito mais interessantes para o jovem R.C. Ele jogava beisebol, basquete e futebol americano. Era provavelmente melhor em beisebol, mas competia nos três esportes. O esporte que ele mais apreciava era hóquei — embora, conforme seu próprio testemunho, fosse menos proficiente nele. R.C. e seus amigos inundavam o campo em Mowry Park e criavam um rinque; e, além disso, jogavam em uma pedreira. Tinham sua própria versão de uma Zamboni. Tinham brocas e perfuravam cinco ou seis buracos no gelo. Durante a noite a água passava pelos buracos e formava uma cobertura perfeitamente macia para eles jogarem.

Além de esportes, escrever era uma parte da vida de R.C. nesse tempo. Ele teve uma professora chamada Srta. Graham, até que ela se casou com outro professor e passou a chamar-se Sra. Gregg. Ela ensinava inglês, foi professora de R.C. no ensino primário e de novo, mais tarde, no ensino secundário. Os professores de arte do ensino primário colocavam regularmente o melhor trabalho dos alunos em um mural. R.C. se lembrava de sempre querer, mas nunca ver, seu trabalho obtendo posição de proeminência. Mas, uma vez, a Sra. Gregg colocou o ensaio de R.C. no mural. Era uma obra excelente. Posteriormente, quando R.C. estava no oitavo ano, ela lhe disse, e ele nunca esqueceu: "Não deixe que alguém lhe diga que você não sabe escrever."

No sexto ano, R.C. jogava beisebol por um time patrocinado em uma liga do bairro. A maior parte dos jogadores estava no ensino médio, alguns até no início de seus vinte anos. Lá estava R.C., batendo acima de seu peso como um aluno de sexto ano. Era um iniciante. E foi trocado. A notícia saiu até no jornal local. Foi trocado por três jogadores — todos mais velhos do que ele. O jornal dizia que foram trocados pelo "defensor interno Sonny Sproul ... que não tinha uma rebatida poderosa."

Isso foi suficiente para inspirar R.C. Na partida seguinte, ele enfrentou um lançador de 21 anos de idade. Pela primeira vez no taco, R.C. fez uma rebatida simples. Na segunda vez, ele rebateu a bola para além da cerca, para marcar um *home run*. Sonny Sproul tinha de fato uma rebatida.

R.C. amava seus anos de ensino secundário. Era excelente nos esportes. Era amado por seus colegas de classe. Foi o capitão de um time de basquete, presidente de um grêmio estudantil e, academicamente, obteve a classificação de segundo melhor aluno dentre todos os estudantes. Tudo isso se contrasta com seus anos de ensino médio. Quando R.C. estava no último ano do ensino secundário, seu pai teve um AVC, seguido por mais alguns.

R.C. idolatrava seu pai, que sempre usava uma camisa branca engomada e gravata. R.C. se lembra apenas de algumas poucas vezes em que viu seu pai com roupas casuais. Sendo um contabilista, seu pai também gostava de estudar e discutir economia. Seu pai não era habilidoso, mas também fora um atleta. Foi aceito em Princeton, mas nunca foi para lá. Em vez disso, seu pai, o avô de R.C., o colocou diretamente nos negócios da família. Ele estudou sozinho para o exame CPA (Certified Public Accountant — Contabilista Público Autorizado) e passou. Também servia como presidente da firma de contabilidade. Tinha as competências e habilidades necessárias e aprendeu a liderar e administrar. Esse primeiro AVC o deixou grandemente debilitado; o pai de R.C. não podia mais trabalhar.

A fala de Robert Cecil ficou empolada; sua visão, obstruída; não pôde mais andar por si mesmo. Passava a maior parte do tempo sentado na cadeira no escritório. R.C. se lembra dele lendo a Bíblia com uma lupa. À noitinha, R.C. ajudava-o a sair da cadeira, colocando as mãos dele em volta de seu pescoço e puxando-o até à mesa de jantar. Desde o tempo em que era uma criança, R.C. se lembrava de seu pai sempre à mesa de jantar com camisa branca engomada e gravata. Isso não mudou depois do AVC. Após o jantar, R.C. levava com dificuldade seu pai para a cama.

Isso teve um custo para a família. A mãe de R.C. amava o esposo. Ele era o príncipe encantado para a sua Cinderela. R.C. disse simplesmente: "Minha mãe adorava meu pai."[7]

Pouco antes do AVC, o pai de R.C. o havia aconselhado a desistir de futebol americano e focar em basquete e beisebol. Ele fez isso, para o desgosto do técnico de futebol. Esse técnico pressionou o técnico de basquete a colocar R.C. no banco de reservas — aquele que estava sendo o maior pontuador do time. R.C. tinha um senso de justiça e de jogo limpo bem ajustado. Nada disso era apropriado para ele. Era também o oposto exato de sua experiência anterior com técnicos. Os técnicos da liga juvenil e do ensino secundário haviam sido orientadores verdadeiros, que o influenciaram grandemente naquele tempo e continuaram a ter um impacto em sua vida décadas depois.

Essa experiência não o afastou de seu espírito competitivo. R.C. continuou com sua determinação. Continuou jogando nas ligas da comunidade e até jogou, por um tempo, em um time de futebol americano semiprofissional. Tudo isso chamou a atenção de olheiros dos departamentos de esportes das faculdades.

Mas o ensino médio foi uma época cansativa. R.C. ia de ônibus para a Clairton High School. Ele sempre amou seus professores do ensino primário e secundário em Pleasant Hills. Falava de como sabia como seus professores o apoiavam. Isso não aconteceu na Clairton High School. R.C. se sentiu um pouco perdido nesse novo ambiente.

Com a doença de seu pai, ele arranjou um emprego de meio período na loja de conserto de televisão do bairro, em uma esquina perto de sua casa. Em certo tempo, ele sabia quase tudo que era necessário saber a respeito de tubos de televisão (quando televisões

7 "Sproul Memoirs", sessão 1.

tinham realmente tubos). Ele dormia pouco e simplesmente arrastou-se pelos anos de ensino médio. Em seu romance, R.C. escreveu sobre Scooter, o personagem principal, como alguém que "dominava a arte de dormir no fundo da sala de aula com um livro escorado diante dele".[8] A maior parte do romance é ficção. Algumas frases são autobiografia pura.

Houve aspectos positivos naqueles anos. Um desses era Vesta. O outro era o melhor amigo de R.C., Johnny Coles. Jonny seria um personagem importante no romance escrito posteriormente. Esses foram dois aspectos de alegria. Um terceiro envolvia um carro.

Quando aprendeu a dirigir, R.C. usava o carro da família, um enorme Oldsmobile. Antes de seu último ano do ensino médio, ele tinha seu próprio carro. Não era qualquer carro. Era um Ford Fairlane 500, preto e vermelho, conversível, com dois carburadores de quatro corpos, escapamento duplo e muito cromo. Sim, um carro potente. Nos anos 1950, Detroit sabia como fazer um carro. Esse era um eles.

Pouco antes de Vesta ir para a faculdade — ela era um ano mais velha — o relacionamento deixou de ser intermitente. Dali em diante, até ao tempo da morte de R.C., seria R.C. e Vesta. Permaneceram firmes no relacionamento, e nada mais se colocou entre eles. Do telefone da família, no escritório, R.C. ligava para Vesta toda noite, enquanto ela esteve em seu último ano de ensino médio e no seu ano de caloura em Wooster College, em Ohio. Mais tarde, R.C. diria que não tinha a menor ideia do porquê ela permaneceu com ele durante aquele tempo desagradável, mas ela permaneceu.

Uma noite, quando R.C. arrastava seu pai da mesa de jantar para a cama, seu pai lhe pediu que parasse por um momento e o sentasse no sofá. Ele tinha algo a dizer-lhe. Por meio de uma fala

8 R.C. Sproul, *Thy Brother's Keeper: A Novel* (Brentwood: TN; Wolgemuth & Hyatt, 1988), 39.

embaralhada, ele disse: "Combati o bom combate da fé, completei a carreira, terminei a corrida e guardei a fé." Não sabendo que o pai estava citando a Escritura, R.C. lhe respondeu: "Não diga isso, papai." Depois, levou-o com dificuldade até o quarto e o colocou na cama. Pouco depois, R.C. ouviu uma pancada. Achou seu pai no chão. Entrara em um coma. Durante um dia e meio depois, R.C. ficou sentado com ele. Depois, seu pai ergueu-se repentinamente na cama, deitou-se de novo e morreu. Tinha cinquenta e três anos de idade. R.C. tinha dezessete.

Assim como a sua mãe, R.C. amava muito seu pai. Nunca ouvira seu pai queixar-se durante a doença. Sabia apenas que seu pai era um homem cordial e gracioso. Conhecia-o como um homem de honra. E ele se fora. Décadas depois, R.C. recordou todo o incidente em seu livro de 1983, *The Hunger for Significance*. Estas são as suas extensas palavras:

> Lembro-me das palavras finais de meu pai. Como poderia esquecê-las? Mas o que me persegue são as minhas últimas palavras para ele.
>
> A morte deixa frequentemente um fardo de culpa nos sobreviventes que são afligidos por recordações de coisas não faladas ou não realizadas ou de mágoas impostas ao falecido. Minha culpa reside na insensibilidade, ou seja, nas palavras estúpidas que disse a meu pai. Eu disse a coisa errada, uma coisa juvenil para a qual a morte não me deu oportunidade de dizer: "Desculpe-me."
>
> Anseio pela oportunidade de repetir a cena, mas é muito tarde. Tenho de confiar no poder do céu para curar a mágoa. O que está feito pode ser perdoado — pode ser aumentado, diminuído e, em alguns casos, reparado. Mas não pode ser desfeito.

Certas coisas não podem ser revogadas: a bala disparada de um revólver, a flecha lançada de um arco, a palavra que escapa de nossos lábios. Podemos orar para que a bala erre o alvo ou a flecha caia no chão sem causar danos, mas não podemos ordenar que retornem durante o percurso.

O que eu disse, que me faz amaldiçoar minha língua? Não foram palavras de rebelião, nem gritos de descontrole; foram palavras de negação — uma recusa de aceitar a afirmação final de meu pai. Disse simplesmente: "Não diga isso, papai."

Em seus momentos finais, meu pai tentou deixar-me com um legado pelo qual eu deveria viver. Procurou superar sua própria agonia por encorajar-me. Foi heroico. Esquivei-me das palavras dele em covardia. Não podia encarar o que ele teve de encarar.

Confesso ignorância porque entendi de suas palavras apenas o suficiente para lembrá-las. Ele disse: "Filho, combati o bom combate da fé, completei a carreira, terminei a corrida e guardei a fé."

Ele estava citando as palavras finais do apóstolo Paulo dirigidas a seu discípulo amado, Timóteo. Mas não reconheci esse fato. Nunca tinha lido a Bíblia. Não tinha fé para guardar, nem carreira para completar.

Meu pai falava com uma postura de vitória. Sabia quem ele era e para onde estava indo. Mas tudo que pude ouvir em suas palavras foi que ele iria morrer.

Que impertinência minha responder: "Não diga isso!" Repreendi meu pai no momento mais corajoso de sua vida. Feri a sua alma com a minha própria incredulidade.

> Nada mais foi dito entre nós ... nada mais. Coloquei seus braços paralisados ao redor de meu pescoço, erguendo do chão seu corpo parcialmente inútil, sustentando-o em minhas costas e ombros, e o arrastei para sua cama. Eu o deixei no quarto e mudei meus pensamentos para minhas tarefas escolares.
>
> Uma hora depois, meus estudos foram interrompidos pelo som de um choque em uma parte distante da casa. Apressei-me para investigar o som. Achei meu pai esparramado no chão, com sangue gotejando do nariz e ouvido.
>
> Ele permaneceu um dia e meio em coma, antes que a matraca da morte anunciasse o fim. Quando sua respiração fatigada parou, inclinei-me e beijei sua fronte.
>
> Eu não chorei. Fui corajoso, mantendo-me exteriormente calmo nos dias seguintes, de visitas na casa de funeral e durante o sepultamento. Mas, no interior, eu estava devastado.
>
> Quanto valor meu pai tinha para mim naquele tempo? Eu teria feito qualquer coisa, dado tudo que tinha, para trazê-lo de volta. Nunca provei uma derrota tão final ou perdi algo tão precioso.[9]

Naquele tempo, R.C. não tinha essa fé para sustentá-lo. Ao aproximar-se da conclusão do ensino médio, R.C. teve três opções. Foi convidado para fazer teste em um dos times de base que supriam atletas para os Pittsburgh Pirates. Recebeu a oferta de uma bolsa de estudos para jogar beisebol pela Universidade de Pittsburgh. E recebeu a oferta de uma bolsa de estudos para atletas, de futebol

9 R.C. Sproul, *In Search of Dignity* (Ventura, CA: Regal, 1983), 91-92. Publicado posteriormente como *The Hunger for Significance* (Phillipsburg, NJ: P&R, 2020). Usado com permissão de P&R Publishing Co., PO Box 817, Phillipsburg, NJ 08865.

americano e basquete, no Westminster College em New Wilmington, Pensilvânia, cerca de uma hora de carro, ao norte de Pittsburgh.

Em sua própria estimativa, a escolha foi fácil. Ele nunca solicitou matrícula na Universidade de Pittsburgh ou em qualquer outra faculdade. "Eu me apaixonei por aquela faculdade.", ele testemunhou.[10] No outono daquele ano, ele estava em New Wilmington.

LUGAR E TEMPO

Muitas décadas depois, após estar vivendo há algum tempo na Flórida central, R.C. foi convidado para falar no aniversário de pastorado de um velho amigo e ex-colega do Centro de Estudos Ligonier Valley, lá em Pittsburgh. Ele não pôde ir, mas escreveu algumas palavras para serem lidas na ocasião. Em sua escrita cursiva característica em papel amarelo — que era, então, datilografado por sua secretária — ele escreveu:

> Você pode retirar o homem de Pittsburgh, mas não pode retirar Pittsburgh do homem. Minhas raízes estão em Pittsburgh, e até hoje eu amo cada árvore, cada folha de grama e cada buraco de Burgh.

É necessário ter experiência pessoal das ruas de Pittsburgh para entender totalmente o comentário dele sobre buracos. Pittsburgh era o lugar. A Segunda Guerra Mundial era o tempo. Tanto esse lugar quanto esse tempo formaram R.C. Sproul. No rádio ou em uma conferência, aquele sotaque distinto da Pensilvânia ocidental mostrava com clareza quão significativamente esse lugar específico havia moldado R.C.

10 Stephen Nichols com R.C. Sproul, entrevista pessoal, 7 de abril de 2017.

Pittsburgh continuou sendo um lugar importante em sua vida, pelo menos até ele se mudar para Flórida central, em meados dos anos 1980. Robert Carro, autor da ainda incompleta e monumental biografia de Lyndon Baynes Johnson, comentou: "A importância de um senso de lugar é comumente aceita no mundo da ficção. Gostaria que isso também fosse verdadeiro a respeito de biografia e história."[11] Sem dúvida, a vida de R.C. Sproul é mais bem compreendida com o pano de fundo desse tempo e desse lugar.

Enquanto Pittsburgh era o lugar de seus primeiros anos, a Segunda Guerra Mundial era o fator significativo e determinante do tempo. A ausência do pai de R.C. no serviço militar foi, segundo o próprio R.C., "muito formativa". Seu pai era daquela "Grande Geração", sendo, de fato, um dos mais velhos membros daquela geração famosa. A natureza imprevisível da guerra deu lugar a uma sociedade pós-guerra organizada: farmácia do bairro, supermercado do bairro e reparador do bairro. Essa época proveu a solidez e a segurança de vida dentro da circunferência de uma caminhada: escola, igreja, *playground*, campo de beisebol e casa da namorada. Havia ritmos: escola, parque, esportes, um filme. A doença do pai de R.C. quebrou os ritmos. Ir de ônibus para o ensino médio quebrou a circunferência. Mas esse tempo e esse lugar formavam o pano de fundo do retrato em que se tornaria R.C. Sproul.

Nas páginas iniciais de *Classical Apologetics*, R.C. escrevendo sobre o secularismo crescente, chama a atenção para duas palavras latinas: *saeculum* e *mundum* (traduzidas como *tempo* e *lugar*).[12] As palavras latinas *chronos* e *tempus* também significam *tempo*. A nuance distintiva de *saeculus*, neste grupo de palavras, é que ela envolve a

11 Robert A. Carro, *Working: Researching, Interviewing, Writing* (New York: Knopf, 2019), 141.

12 R.C. Sproul, *Classical Apologetics* (Grand Rapids, MI: Zondervan, 1984), 6.

conotação de "era". Há os anos 1940, e há a era da Segunda Guerra Mundial. Há os anos 1950, e há a "era de ouro da televisão". *Saeculus* não se refere apenas ao momento, mas à textura e à particularidade do momento, o *ethos* ao redor do momento.

Isso também se aplica a *mundum*. *Topos* também significa lugar, como em um lugar em um mapa. *Mundum*, porém, que envolve topografia e geografia, também expressa todos os menores detalhes de um lugar, o *ethos* ao redor do lugar em um mapa. Assim é Pittsburgh. O *ethos* é uma dureza igual ao apelido "Cidade do Aço". O *ethos* é administração nas colinas do Sul e trabalho árduo nas colinas do Norte — todos os bairros de imigrantes. Há rios que separam e pontes que conectam. Minas de carvão e coque abaixo da superfície, siderúrgicas acima da superfície. Era em um tempo um posto avançado de fronteira. Ninguém joga defesa como os Steelers. Há montanhas. Há buracos.

Em 1957, R.C. foi para o norte, para o Westminster College, mas não foi para muito distante de Pittsburgh. De certa forma, ele nunca foi.

2

ECLESIASTES 11.3

Acho que sou a única pessoa na história da igreja que foi convertida por meio desse versículo.

R.C. SPROUL

R.C. precisava de quase uma hora para ir de carro, diretamente para o norte, de sua casa em Pittsburgh até o Westminster College, em New Wilmington, Pensilvânia. Fundado por presbiterianos em 1852, o Westminster ainda tinha marcas dessa identidade quando R.C. chegou lá, um século e cinco anos depois. Havia um departamento de Bíblia. Exigia-se que calouros fizessem cursos de introdução bíblica em seus semestres de outono e primavera. Eles tinham cultos na capela. Mas, sem dúvida, não manifestavam abertamente sua identidade religiosa. Nem os vestígios de religião que permaneceram refletiam conservadorismo teológico ou fidelidade bíblica. As raízes do presbiterianismo confessional do Westminster não mais eram profundas e amplas. Mas R.C. não foi ao Westminster para aprender religião. Ou assim ele pensava.

R.C. ficou realmente aterrorizado com as perspectivas da faculdade. Havendo estudado sem esforço no ensino médio, ele não se sentia preparado para o desafio acadêmico que tinha diante de si. Não ajudou muito o fato de que, nas orientações de abertura, o presidente instruiu cada aluno recém-chegado a olhar para a pessoa à sua direita. Depois, ele disse: "Um de vocês não passará de seu primeiro semestre." R.C. começou uma graduação em história; começou também o treinamento atlético em preparação para a temporada vindoura. Primeiro, seria o futebol americano; depois, a longa temporada de basquete atravessando os semestres; depois, o beisebol. R.C. tinha uma bolsa de estudos para atletas, mas isso não lhe garantia um lugar em qualquer desses times. Ele calculou que, sendo um calouro, suas chances seriam grandes no futebol e provavelmente não seriam no basquete — o Westminster ostentava times de campeonato —, e basebol estava muito distante para ser considerado. Tudo isso significa que, ou na vida acadêmica ou na vida atlética, R.C. sabia que tinha muito trabalho a fazer.

No entanto, o que ele não esperava era o que aconteceria em um fim de semana de setembro, no início de seu tempo na faculdade.

O colega de quarto de R.C. era seu amigo de infância Johnny. O pai de Jonny era uma lenda no Westminster, um premiado atleta de quatro esportes que se tornaria um homem de negócios bem-sucedido. Johnny ingressou como um filho de ex-aluno, e não pelos méritos de suas notas. Ele, tal como R.C., tremia em face da tarefa que tinha diante de si. Mas houve o fim de semana.

ALGO INCOMUM ACONTECEU QUANDO IAM PARA YOUNGSTOWN

R.C. e Johnny planejavam ir para o oeste, cruzando o rio Allegheny, até Youngstown, em Ohio. Sendo uma cidade rústica, Youngstown era famosa por seus bares — que tinham a reputação de não checar as identidades à porta, tornando-a um lugar favorito para os alunos menores de idade do Westminster. Quando entraram no carro, tanto Johnny quanto R.C. perceberam que não tinham cigarros. Saltaram do carro e voltaram ao saguão de seu dormitório para pegar um maço de Lucky Strikes da máquina de venda automática. A moeda de R.C. caiu no buraco, e um maço caiu. Quando R.C. se inclinou para pegá-lo, viu dois rapazes sentados em uma mesa. Fizeram gestos para que R.C. e Johnny se unissem a eles. R.C. os reconheceu imediatamente, um deles era a estrela do time de futebol. É claro que R.C. e Johnny obedeceram imediatamente ao chamado. Os dois colegas veteranos debruçavam-se sobre um livro.

"O que vocês estão fazendo?", a estrela de futebol perguntou. "Nada.", objetou R.C. — não querendo confessar seus planos. Assim, Johnny e R.C. foram convidados a sentarem-se e unirem-se a ele. Os bares de Youngstown teriam de esperar. Os dois veteranos estavam engajados em um estudo bíblico. R.C. tinha visto seu pai lendo a Bíblia diariamente, mas essa foi a primeira vez que R.C. presenciou um estudo bíblico. Os dois veteranos falaram sobre o cristianismo, as coisas de Deus e a Bíblia por mais de uma hora — tudo isso era um território novo para R.C. Então, um deles virou a Bíblia aberta na direção de R.C. e ordenou-lhe que olhasse. Era Eclesiastes 11.3. A segunda parte do versículo diz:

> Caindo a árvore para o sul ou para o norte,
> no lugar em que cair, aí ficará.

Isso abalou R.C. Ele se viu como uma árvore. Ele se viu em um estado de paralisia letárgica, caído, apodrecendo e decadente. Saiu da mesa e voltou ao seu quarto no dormitório. Quando entrou, não acendeu a luz. Ajoelhou-se ao lado de sua cama e orou a Deus, pedindo-lhe que perdoasse seus pecados.

R.C. não foi para Youngstown, em Ohio, naquela sexta à noite. Deus tinha outros planos para ele.

Eclesiastes 11.3 não é um versículo em que alguém pensa tipicamente para usar em evangelização. R.C. diria: "Acho que sou, provavelmente, a única pessoa na história da igreja que foi convertida por meio desse versículo."[1] Penso que é seguro remover a palavra "provavelmente" dessa apreciação. Embora não seja comum, e nem mesmo pensemos nele como um versículo evangelístico, ele se adapta muito bem. O versículo tem uma textura, uma imagem, uma sugestão de drama. Embora R.C. ainda não se considerasse um calvinista, e só viesse a abraçar o calvinismo anos depois, o versículo é também calvinista. Ou melhor, poderíamos dizer que o versículo é paulino.

Deus usou esse versículo para mostrar a R.C. o verdadeiro estado de sua alma e sua vida. R.C. se sentiu morto. Agora ele sabia que sua verdadeira condição espiritual era morte. Ele se considerava um cristão. Afinal de contas, ele ia à igreja. Agora ele sabia o que era verdadeiramente o cristianismo.

Sessenta anos depois, em setembro de 2017, naqueles que seriam os meses finais de R.C., o Ministério Ligonier gravou uma recordação de R.C. sobre a sua conversão:

> Estou me aproximando do sexagésimo aniversário de minha conversão à fé cristã. Foi em setembro de 1957. E nunca esquecerei: acho que sou a única pessoa na história da igreja que foi convertida por meio de um versículo específico que Deus usou para abrir meu coração e meus olhos para a verdade de Cristo.

1 R.C. Sproul, "R.C. Sproul's Awakening to the Christian Faith", September 13, 2017, Disponível em: https://www.ligonier.org/blog/rc-sprouls-awakening-christian-faith/. Acesso em: 04 jun.2022.

> Veio do livro de Eclesiastes, onde o autor descreve, em termos metafóricos, uma árvore que cai na floresta, e onde ela cai ali permanece. E Deus despertou minha alma pela consideração dessa passagem, quando vi a mim mesmo como uma árvore caída, apodrecendo e decadente. E isso era a descrição de minha vida. Era onde eu estava. Ninguém teve de dizer-me que eu era um pecador. Eu sabia disso. Ficou muito claro para mim.
>
> Mas, quando fui para meu quarto naquela noite e me ajoelhei, a minha experiência foi a de perdão transcendente. E fui conquistado pela terna misericórdia de Deus, pela doçura de sua graça e pelo despertamento que ele meu para a vida. E desejo que cada um de vocês que ainda não experimentou um despertamento para a realidade de Cristo tenha essa experiência em sua vida. Que examine cuidadosamente as Escrituras e a Palavra de Deus, e que essa Palavra seja usada com poder para vivificar sua alma e seu espírito e você seja despertado para a plenitude de glória, paz e alegria que é nossa em Cristo.[2]

Johnny também foi afetado pela conversa com os colegas veteranos. Naquela noite, ele também orou por perdão.

Na manhã seguinte, no sábado, R.C. acordou um homem mudado. Logo conversou com Johnny sobre o que acontecera e o que viria em seguida. Johnny, por sua vez, parecia nem mesmo lembrar muito do que acontecera. Não queria conversar sobre o assunto. Apenas enrolou como se nada tivesse acontecido. Tudo que desejava era ir para Youngstown naquela noite. Mas R.C. havia sido verdadeiramente convertido de seus pecados e se voltado para Deus.

---

2 Sproul, "R.C. Sproul's Awakening".

R.C. nunca havia lido a Bíblia. Agora, ele a leu completamente em algumas semanas. Devorou-a. Dedicou muita atenção à leitura da Bíblia e a explorar tudo que pudesse sobre o cristianismo, de modo que tinha pouco tempo para qualquer outra coisa. Ficou obcecado.

Entrara na faculdade como um graduando em história. Em seu ano de calouro, reconheceu que não tinha estrutura para entender história. A aula começou explorando civilizações antigas. R.C. não tinha uma matriz geográfica ou cronológica em que podia colocá-las. Era tempo de mudar sua graduação.

Em harmonia com sua fé recém-achada, o único assunto que lhe interessava era a Bíblia. Na secretaria acadêmica, ele mudou para uma graduação em religião.

A conversão de R.C. teve um impacto significativo e imediato. Teve também impactos de longo prazo e até mesmo vitalícios. Pelo menos três impactos vitalícios resultaram de sua conversão. Primeiramente, R.C. diria: "Eu devo a cada ser humano que conheço fazer tudo que puder para comunicar-lhes o evangelho." Essa consideração levou R.C. a dedicar sua vida ao ensino. Em segundo, como já mencionado, R.C. devorou a Bíblia nas primeiras semanas depois de sua conversão. Ele continuaria esse estudo bíblico intenso durante toda a sua vida, realizando, por fim, a produção de uma Bíblia de estudo. Quando a edição revisada da Bíblia de Estudo da Fé Reformada foi produzida em 2015,[3] R.C. disse: "Nós a chamamos Bíblia de Estudo da Fé Reformada, mas esperamos que ela cause uma Reforma de estudo da Bíblia." Não basta ler a Bíblia, ele dizia frequentemente; somos chamados a estudá-la. O terceiro impacto vitalício tem a ver com o entendimento de R.C. quanto ao autor da Bíblia. Ele testificou como

3 Nota do Editor: A Bíblia de Estudo da Fé Reformada foi traduzida e publicada em português pela Editoria Fiel em 2021, em coedição com o Ministério Ligonier.

sua leitura original e incontaminada da Bíblia o deixou com uma compreensão impressionante: o Deus da Bíblia é um Deus que age com seriedade. Vale a pena comentar que R.C. começou no Antigo Testamento, lendo-o completamente, e depois seguiu para o Novo. Ele chamou o Antigo Testamento de "a autobiografia pessoal de Deus".[4]

A vida de R.C. pode ser caracterizada por seriedade e determinação persistente. Ele certamente realizou muito desde a sua conversão, em 1957, até à sua morte, em 2017. Esse ímpeto resultava de sua paixão profunda de conhecer a Deus e torná-lo conhecido. A semente para isso foi plantada em setembro de 1957.

Esses são os impactos vitalícios da conversão de R.C. Houve também os impactos mais imediatos. R.C. tinha de contar à sua namorada, Vesta. Alguns meses depois da conversão dele, Vesta, já tendo pleno conhecimento da conversão de R.C., foi visitá-lo no Westminster College, procedente de sua faculdade em Wooster (Ohio). Isso era incomum. Ele geralmente fazia uma viagem de quatro horas para vê-la. Mas, dessa vez, ele a havia convidado para visitá-lo. Ela pegou o ônibus e chegou ao *campus*. Depois, R.C. a levaria de carro para casa. Ele, porém, lhe perguntou se ela não se importaria de ir com ele a uma reunião de oração, antes de saírem para Pleasant Hills. Nessa reunião de oração em fevereiro, Vesta, convencida de seu próprio pecado e necessidade de salvação, tornou-se cristã. Ela se lembra agora de que achou que seria bom para R.C. que ele se tornasse cristão. Saindo de seus anos desafiadores de ensino médio e da morte de seu pai, ela pensou que tornar-se cristão seria uma coisa boa para ele. Ficou contente em ir àquela reunião de oração.

Tiveram um devocional breve; depois, começaram a orar. Vesta pensou: "Se os meus colegas de faculdade pudessem me ver agora,

4 Stephen Nichols com R.C. Sproul, entrevista pessoal, 20 de Outubro de 2017.

morreriam de rir." Mas, durante o tempo de oração, Vesta teve uma impressão repentina e distinta "como uma corrente elétrica". Soube, então, que o Espírito Santo é real, que ele converte e opera na vida de pessoas. Vesta disse: "Eu sei agora quem o Espírito Santo é."[5] R.C. acrescentou: "É claro que ela havia frequentado a igreja por anos. Tinha ouvido menções sobre o Espírito Santo... Em sua conversão, ela fez uma transição de entender o cristianismo em um sentido abstrato para entendê-lo como uma experiência pessoal com Deus."[6] O Espírito Santo operou em sua vida naquela noite de fevereiro. Quando saíram, ela disse a R.C. que fora convertida. Ele ficou feliz. R.C. e Vesta, que já contavam com tantas recordações, lugares e momentos compartilhados, tinham um novo lugar e recordação em comum. Foram, ambos, convertidos no *campus* do Westminster College.

A BÊNÇÃO DE ÓTIMOS PROFESSORES

A reação mais estranha e mais improvável à conversão de R.C. foi a de seu pastor. R.C. estava muito empolgado para contar-lhe. E o fez. Depois de ouvir o testemunho de R.C. sobre a sua conversão, o seu pastor lhe disse: "Se você crê na ressurreição física de Cristo, você é um idiota."[7] Durante toda a sua vida, R.C. estivera cercado por liberalismo. Agora, após sua conversão e conhecendo a realidade e a verdade do cristianismo, ele viu o liberalismo em sua força insidiosa.

Compreendendo imediatamente que o seu pastor não poderia ser o seu mentor, R.C. logo encontrou alguém que seria esse mentor, o Dr. Thomas Gregory. O número de calouros no Westminster College necessitava de 15 aulas do exigido curso de introdução bíblica.

5 Vesta Sproul, citada em R.C. Sproul, *Who Is the Holy Spirit?* (Sanford, FL: Reformation Trust, 2012), 3.

6 Sproul, *Who Is the Holy Spirit?*, 5.

7 "Sproul Memoirs", sessão 3, gravada em janeiro de 2011, Ligonier Ministries, Sanford, Flórida.

Isso era mais do que o departamento de Bíblia podia cumprir. Cada ano, eles dependiam de um professor do departamento de filosofia, Thomas Gregory, para ministrar uma das classes. Após obter sua graduação na Temple University, o Dr. Gregory obteve seu mestrado em teologia no Westminster Theological Seminary na Filadélfia. Ali, ele estudou sob a instrução de Ned Stonehouse, E.J. Young, John Murray e Cornelius Van Til. Depois do Westminster Seminary, o Dr. Gregory obteve um M.A. e um PhD em filosofia na Universidade da Pensilvânia. Ele era um erudito e um conservador completamente teológico. Ensinava filosofia no Westminster College. Os alunos eram designados a membros do corpo docente para a realização do seu curso de introdução bíblica. Eles não escolhiam seus professores. De todos os professores que ensinavam o curso de introdução bíblica, o Dr. Gregory era o único teológico e conservador, o único comprometido com uma visão elevada da autoridade da Escritura. R.C. foi designado às aulas do Dr. Gregory.

R.C. se aplicou assiduamente ao curso de introdução bíblica. No *campus*, ele tinha uma reputação de ser um cristão. Após sua conversão, no início do semestre, ele falava sobre Cristo e a Bíblia com qualquer um que ficasse tempo suficiente para ouvi-lo. Por consequência, R.C. tinha o compromisso autoimposto de saber tudo que pudesse saber sobre a Bíblia. Não queria parecer como se não soubesse algo. Nenhum detalhe bíblico lhe escapava. Ele era um homem que tinha quase todas as estatísticas imagináveis sobre os Pirates, desde o começo do time, na ponta da língua. Era habilidoso em dominar detalhes. E usou essa habilidade para dominar a Escritura Sagrada. Estava pronto para qualquer pergunta, qualquer dúvida, qualquer teste. O tempo todo, R.C. estava sob a tutela do Dr. Gregory.

R.C. Sproul pregou seu primeiro sermão como um calouro na faculdade e no primeiro ano de sua conversão. Ele o intitulou *Com fé semelhante à de uma criança* e o pregou em uma igreja da Aliança Cristã e Missionária, não muito longe do *campus* do Westminster College. O segundo sermão aconteceu nesse mesmo ano. Foi pregado na New Castle Rescue Mission. R.C. fez parte de uma equipe de evangelização. Houve música, um sermão, um convite à salvação. R.C. fora realmente convertido; isso mudou toda a sua mentalidade e deu à sua vida nova direção.

Em relação aos esportes durante a faculdade, R.C. teve seus reveses. Sua vida multiesportiva no ensino fundamental teve consequência em seus joelhos. R.C. era o tipo de atleta que dava tudo de si no campo, arrastando-se para casa após quase todo jogo. Tivera fluido drenado regularmente e algum tipo de líquido injetado em seus joelhos por um cirurgião ortopédico em Pittsburgh. Depois dessas visitas, R.C. se lembrava de que podia ouvir fluido se espremendo em seus joelhos quando ele andava. Enquanto jogava basquete em uma partida informal, em casa durante o fim de semana, ele recebeu uma cotovelada em sua têmpora. Ele dirigiu de volta, até à faculdade, 96 km ao norte. Não se sentindo bem, e foi à enfermaria. O médico do *campus* o enviou de volta ao hospital no centro de Pittsburgh. Ele dirigiu outros 96 km rumo ao sul. Um neurologista o examinou. Como ele estava sozinho, o neurologista lhe perguntou como chegara ao hospital. R.C. disse que havia dirigido. O neurologista replicou: "Não é possível." R.C. tinha sofrido uma concussão severa. Havia dirigido não somente uma vez, mas duas — e por um total de 192 km. O médico lhe mandou ficar em casa por várias semanas, durante as quais ficou significativamente chateado e com dores.[8]

8 Stephen Nichols com R.C. Sproul, entrevista pessoal, 7 de abril de 2017.

O Westminster tinha, naquele tempo, uma norma de que, se o aluno fosse admitido com uma bolsa de estudos de atleta e sofresse um dano físico, ele reteria a bolsa durante o seu tempo na faculdade. R.C. nunca vestiu um uniforme do Westminster em um único jogo. O Westminster tinha também uma norma de que, se o aluno tivesse uma bolsa de estudos do atleta, receberia um A em educação física. Isso, associado ao A que R.C. tinha nos cursos de introdução bíblica, impediu que ele fosse excluído por nota baixa em seu primeiro ano de faculdade.

Uma ironia de seu ano de calouro diz respeito às suas aulas de oratória. De todas as sessões de oratória de calouros, R.C. foi eleito para fazer o discurso para toda a faculdade — Algo muito importante. Por um lado, isso não foi uma surpresa. R.C. era conhecido como um orador completo. Por outro lado — e aqui está a ironia — sua nota em oratória foi um D.

SEGUNDA CONVERSÃO

Para seu segundo ano de faculdade, R.C. estava determinado a estudar novamente sob a tutela do Dr. Gregory. Desta vez, foi uma introdução à matéria de filosofia. Você deve lembrar que R.C. não estava ouvindo sermões edificantes do púlpito da igreja presbiteriana Pleasant Hills Community Church. Para compensar essa situação, R.C. adquiriu vários livretes impressos dos sermões de Billy Graham. Você pode lembrar também que no ensino médio R.C. aprendera a dominar a arte de segurar um livro à sua frente enquanto dormia em aula. Na faculdade ele modificou essa habilidade. Na maioria das aulas, ele se sentava com o livro do curso aberto diante dele como uma cobertura, enquanto ele lia os sermões de Billy Graham.

No entanto, ele ficou empolgado com a aula do Dr. Gregory. No primeiro dia, a aula foi sobre *Investigação sobre o Entendimento Humano,* de David Hume. Entediante, pensou R.C. "Tanta bobagem.", e voltou a um dos sermões de Billy Graham. Então, um dia, o Dr. Gregory começou a palestrar sobre o conceito de Agostinho a respeito da criação *ex nihilo*, que Deus criara todas as coisas a partir de nada. Agostinho cunhou essa expressão, criação *ex nihilo*, e ela se referia à própria natureza e essência de Deus. "Meu entendimento sobre a natureza de Deus explodiu." Foi, realmente, apenas o começo da explosão.

A primeira coisa que R.C. fez após a palestra foi dirigir-se novamente à secretaria acadêmica para mudar sua graduação. Havia mudado de história para religião. Agora mudou de religião para filosofia. Não haveria mais mudanças. Ele se graduaria no Westminster College com formação em filosofia. Certa vez, Vesta fez um comentário sobre essa mudança de graduação no segundo ano da faculdade, dizendo que essa mudança fez toda a diferença no ministério, ensino e escritos futuros de R.C.[9]

Mudar sua graduação foi a primeira coisa que R.C. fez. A segunda coisa foi a sua caminhada da meia-noite até à capela no *campus* do Westminster College. No entanto, o modo como R.C. conta isso revela que não foi ele quem o fez. Foi algo que ele foi compelido a fazer. E escreveu sobre esse momento, que ele chamou sua segunda conversão, nas páginas iniciais de seu livro *A Santidade de Deus*. Também conta a história na primeira transmissão de *Renewing your Mind*,[10] que foi ao ar em 3 de outubro de 1994. R.C. lembra a jornada da noite:

> Se você pensar no passado de sua vida, poderá identificar, tenho certeza, algumas experiências de crise, momentos de crise que mudaram para sempre o que estava adiante no curso de sua

9 Stephen Nichols com R.C. Sproul, entrevista pessoal, 7 de abril de 2017.

10 Programa de rádio de R.C. Sproul

vida. Quando eu penso em minha própria vida, sempre retorno a um momento no ano de 1958, que aconteceu na intensidade do inverno durante meus anos na faculdade.

Eu estava na cama certa noite, e meu corpo estava exausto. Mas não conseguia dormir. Minha mente estava agitada. Tive aquele ímpeto incontrolável de levantar-me da cama. Fui compelido a deixar o quarto. Uma convocação profunda e inegável me chamava. Tirei minhas pernas da cama, vesti roupas e sai para a noite. Era uma noite muito fria. Lembro vividamente. Havia nevado o dia inteiro e até à noite. Mas, naquele momento, perto da meia-noite, os céus estavam claros. Havia uma lua cheia. As estrelas estavam brilhantes no céu. Era um daqueles momentos fantasmagóricos em um ambiente de zona rural, depois da nevasca, onde a noite era silenciosa e tranquila, e havia um lindo tapete de neve sobre os campos e caindo dos galhos das árvores.

Comecei a andar pelo *campus*. Ninguém mais estava fora. Havia aquele silêncio misterioso. Eu podia ouvir o gelo estraçalhando sob meus pés, enquanto eu caminhava pela rua. Segui deliberadamente para a capela da faculdade, que era adjacente ao principal prédio de administração da faculdade. Era chamada Old Main. E era adornada com uma torre enorme, e na torre havia um relógio enorme semelhante ao Big Ben. Era meu costume sempre ouvir as badalas e contá-las toda vez, para assegurar-me de que o relógio estava certo. No silêncio da noite, eu podia ouvir as engrenagens do relógio, ao começarem a girar e ranger no lugar. Em seguida, vinham os quatro toques musicais para sinalizar a hora completa, seguidos das batidas. Naquela noite, naquele momento, contei as batidas até o número doze. Meia-noite. E, depois, abri a porta da capela. Era uma porta de carvalho enorme, sob um arco gótico, que conduzia ao pórtico e, deste, à capela, uma minicatedral. Abri a porta rangente, sentindo o seu peso. Cada pequeno som era acentuado pelo silêncio. A porta se fechou atrás de mim. Tive de ficar no pórtico, para que meus olhos se ajustassem à escuridão. A luz vinha somente dos raios refletidos pela lua, quando penetravam os vidros manchados das janelas.

Comecei a andar pelo centro do corredor da capela, e meus passos ressoavam como botas cravadas de soldados alemães marchando por ruas de paralelepípedo. Podia ouvi-los reverberando pela capela. Por fim, cheguei aos arredores do altar. Ajoelhei-me naquele lugar e tive a sensação de uma solidão pressagiadora. Senti que estava totalmente sozinho. E, depois, quase instantaneamente, fui tomando senso da presença de outra pessoa. Era quase palpável. Foi como se eu pudesse alcançar e tocar a presença de Deus. Apenas ajoelhei-me ali e me deleitei naquela sensação de estar na presença de Deus.

Tive um conflito íntimo de duas emoções colidindo em meu coração. Por um lado, eu tinha um temor terrível. Tive a sensação, aquele frio que começava na base de minha espinha e subia pelas costas até aos dedos da mão, e tive arrepios em minha carne. Estava claramente amedrontado pelo senso da presença de Deus; mas, apesar disso, ao mesmo tempo, senti-me atraído a desfrutar aquele momento e deleitar-me nele. Senti uma inundação de paz vindo à minha alma. Foi uma daquelas experiências que desejei continuar para sempre. Não queria sair dali.

Eu já era um cristão havia pouco mais de um ano, e minha conversão a Cristo fora, até àquela noite, o momento de transformação mais dramático em minha vida. Comecei a amar a Cristo, e minha vida mudara totalmente. Meus amigos pensavam que eu tinha ficado louco. Não podiam compreender aquela transformação e interesse que marcaram minha personalidade. Fiquei obcecado por ler a Bíblia naquele primeiro ano. Mas, naquela noite, na capela, tive uma repentina epifania da grandeza, singularidade e majestade de Deus. O que aconteceu foi quase como uma segunda conversão para mim. Eu havia passado pela experiência de conversão a Cristo, havia me apaixonado por Jesus, a segunda pessoa da Trindade. Mas, nessa ocasião da capela, eu tive repentinamente um novo entendimento do caráter de Deus, o Pai. Eu sabia que, naquela hora, havia provado o santo graal. Nascera dentro de mim uma nova fome que nunca seria plenamente satisfeita neste mundo.

Sei que Deus não está restrito às limitações de um prédio de igreja, mas há algo sobre um santuário que é terra santa. Há algo a respeito da porta da frente de uma igreja que marca o limite do profano para o sagrado, do secular para o santo. Mesmo em Israel, no tabernáculo e no templo, havia um lugar dentro do santuário que era chamado o lugar santo, e mesmo o lugar santo era separado, por um véu grosso, do santuário interior chamado o *sanctus sanctorum* — o santo dos santos, onde apenas o sumo sacerdote podia entrar, e isso somente depois de elaborados rituais de purificação cerimonial e apenas uma vez por ano. Eu estava procurando por um lugar assim. Era por isso que eu tinha de responder àquelas convocações e sair da cama. Era por isso que eu tinha de andar no frio e pela neve para chegar àquela capela. Achei refúgio, um céu, um santuário, onde pude ficar quieto e saber que ele era Deus. Um Deus santo.[11]

11 R.C. Sproul, "The Otherness of God", *Renewing Your Mind*, 3 de outubro de 1994, transcrição editada. Ver também seu relato em *The Holiness of God* (1985; repr., Carol Stream, IL: Tyndale, 1998), 3-7.

Esse momento marcou a busca permanente de R.C. pela santidade de Deus. R.C. a resumiu em uma sentença: "Eu tive um despertamento para o conceito bíblico de Deus que mudou toda a minha vida depois disso."[12]

João Calvino abriu sua magnífica obra *As Institutas da Religião Cristã* com esta sentença: "Quase toda a sabedoria que possuímos, que é correta e verdadeira, consiste em duas partes: o conhecimento de Deus e o conhecimento de nós mesmos."[13] A primeira e a segunda conversão de R.C. ilustram isso quase exatamente. Sua primeira conversão dá testemunho do conhecimento que R.C. tinha de si mesmo como uma árvore morta. Impotente. Apodrecendo. Morta e deteriorando-se. Sua segunda conversão dá testemunho de quem Deus é em seu ser transcendente. Vivo. Eterno. Todo-poderoso. Santo.

Esses dois polos, quem Deus é e quem nós somos, introduziram outro tema teológico crucial: a necessidade de um substituto. À medida que a teologia de R.C. se desenvolvia, e seu ministério de ensino começava, três temas emergiram que podem ser expressos em proposições simples e diretas:

1. Deus é santo.
2. Nós não somos (santos).
3. Precisamos de um substituto.

Essas três proposições se tornaram o fundamento de seu ensino e de suas grandes contribuições para a tradição cristã e para o pensamento e vida evangélicos e reformados dos séculos XX e XXI.

12 Nichols com Sproul, entrevista pessoal, 20 de outubro de 2017.

13 John Calvin, *Institutes of the Christian Religion*, ed. John T. McNeill, trans. Ford Lewis Battles (Philadelphia: Westminster Press, 1960), 1.1.1.

O que é importante percebermos nessa conjuntura na vida de R.C. é a formação do fundamento para essas ênfases e contribuições. Esse fundamento consiste no seguinte: estudo bíblico assíduo, incluindo especialmente o Antigo Testamento; reflexão teológica profunda, especialmente da tradição reformada clássica; e atenção à história e consequência de ideias, especialmente da história da filosofia. Além de tudo isso, R.C. contava com grandes habilidades de comunicação. As palavras de sua professora de ensino fundamental: "Não permita que ninguém lhe diga que você não consegue escrever.", ecoavam mais e mais fortemente, à medida que ele seguia seus cursos de faculdade. Poderíamos acrescentar para um jovem R.C.: "Nunca permita que alguém lhe diga que você não consegue falar."

VENDENDO MAIS DO QUE O HOMEM DA FULLER BRUSH

Durante a faculdade, R.C. morava em um prédio de apartamentos da época da guerra civil, no segundo andar. Meticuloso desde o tempo em que era jovem, ele gostava de manter o apartamento limpo. Durante um desses tempos de limpeza, percebeu que precisava de um esfregão. Havia uma loja de utilidades no outro lado da rua. Estava chovendo, por isso ele colocou uma capa, vestiu as botas e chegou à porta que levava à plataforma dos degraus externos, quando ouviu uma batida na porta. Era um vendedor da Fuller Brush. Perguntou a R.C. se ele precisava de alguma coisa. R.C. disse: "Eu preciso muito de um esfregão."

Enquanto R.C. tirava a capa de chuva e as botas e permanecia seco, o vendedor da Fuller Brush estava do lado de fora, na chuva, descendo os degraus para retirar um escovão de seu carro e, depois, subir para o apartamento de R.C. Eles começaram a conversar, e R.C. mencionou que também era um vendedor de uma companhia publicadora, a Presbyterian & Reformed Publishing Company, de Samuel Craig, sediada naquele tempo na cidade de Filadélfia, na Pensilvânia. A Presbyterian & Reformed, encurtado em 1992 para P&R, publicava textos pesados dos vigorosos reformados do final do século XIX e início do século XX. Publicavam os escritos de B.B. Warfield, Oswald T. Allis, Cornelius Van Til, Marcellus Kik e Geerhardus Vos. A Presbyterian & Reformed arregimentava estudantes nos *campi* para venderem livros para eles. Essa força de venda estudantil recebia uma cópia pessoal de toda a lista da casa publicadora e uma percentagem de cada livro vendido. R.C. começou a falar sobre as virtudes dos livros daquela publicadora para o homem da Fuller Brush. Quando R.C. terminou, o homem desceu os degraus da época da guerra civil com os braços carregados de livros. Gastou mais em livros do que R.C. pagou pelo esfregão. Ele disse que achava que poderia ser o único homem na América que vendeu mais em uma visita a domicílio do que um homem da Fuller Brush.

R.C. também conseguia obter *vouchers* na máquina de fliperama da churrascaria local. Se um jogador fizesse certo número de pontos, a máquina de fliperama expeliria *vouchers*, que podiam ser trocados por comida na churrascaria ou até por dinheiro. A maioria dos compradores perdia dinheiro na máquina de fliperama. Colocavam sua moeda e pareciam incapazes de atingir o nível de recompensa. Mas R.C. tinham descoberto um meio de dominar o jogo. Trocava seus *vouchers* por mais moedas que, por sua vez, lhe rendiam mais *vouchers* que, então, produziam dinheiro para ser trocado por comida e moedas para telefonar para certo dormitório de faculdade no Wooster College, em Ohio. Às vezes, o caixa que chegara a conhecer R.C. lhe cedia a primeira moeda. Várias partidas depois, R.C. pagava o investimento inicial, comprava refeição e ainda saía com alguns trocados no bolso.

Economizando esses trocados e alguns dólares aqui e ali, R.C. teve, por fim, dinheiro suficiente para comprar um anel de noivado. Fez uma viagem até Wooester. Eles andavam pelo parque quando R.C. retirou a caixa do seu bolso e a entregou a Vesta. Ela abriu a caixa e viu o anel. R.C. não lembra se Vesta disse sim. Em vez disso, ele se lembra de que ela disse: "Tenho de voltar ao dormitório e mostrar às moças."[14] O *Pittsburgh Press* relatou: "Em 21 de dezembro, em um evento social, o Sr. e a Sra. W.R. Voorhis, de Pleasant Hills, anunciaram o noivado de sua filha, Vesta Ann, com Robert C. Sproul."[15] R.C. sempre amou a época de Natal.

No início de junho de 1960, Vesta graduou-se na faculdade. Depois, em 11 de junho de 1960, eles se casaram na Igreja Presbiteriana Unida de Pleasant Hills. O Dr. Paul Hudson e o Dr. Thomas Gregory realizaram a cerimônia. Foram para a sua lua de mel nas Bermudas, um presente de um amigo da família Voorhis. R.C. terminou o verão trabalhando em um hospital. Tiveram seu primeiro lar naquele apartamento perto do *campus* do Westminster. R.C. ainda tinha mais um ano de faculdade. Vesta obteve um emprego na central telefônica da faculdade. O ano de 1960 estava se revelando um bom ano para R.C. Em 13 de outubro, ficou ainda melhor.

R.C. e Vesta estavam nas arquibancadas do Forbes Field quando Bill Mazeroski fez o *home run* de vitória para os Pirates no final da última etapa do jogo, levando os Pirates a derrotar os Yankees na World Series. A última vez que os Pirates tinham vencido a World

14 Nichols com Sproul, entrevista pessoal, 7 de abril de 2017.

15 *Pittsburgh Press*, January 5, 1959, p. 11.

Series fora em 1925. Toda a Pittsburgh celebrou. Os recém-casados Sr. e Sra. R.C. e Vesta Sproul também celebraram.

Naquele semestre de primavera, R.C. escreveu sua tese de graduação. Ele era um graduando em filosofia, mas também chegara a apreciar a literatura americana. Grande parte dessa apreciação tinha a ver com um professor que era erudito em Melville. R.C. havia feito um curso sobre Herman Melville e Mark Twain. Ele combinou esses dois interesses, filosofia e literatura, em sua tese de graduação, intitulando-a *As Implicações Existenciais de Moby Dick, de Melville.* Ele se identificou como "Robert Sproul" na página de título. Lendo essa tese, poderíamos predizer facilmente que um certo Robert Sproul estava fadado a uma profissão como teólogo, um teólogo cativante e sábio.

R.C. entretece um comentário sobre noções e ideias existencialistas, com análise dos personagens e mudanças de enredo no romance de Melville. O existencialismo luta com a questão da existência, intensificada pela sempre presente ameaça de morte. O jovem erudito Sproul introduz Martin Heidegger: "Heidegger explica que a única maneira possível de um homem ter existência verdadeira, ou seja, ser autêntico, é ter uma atitude existencial autêntica para com a morte."[16] Em seguida, Sproul declara: "Melville parece ter entendido o próprio âmago desse conceito existencial." Além de existência autêntica e da questão da morte, o existencialismo luta, apaixonadamente, com o problema do mal.

O existencialismo enfatiza o indivíduo, ao passo que não afirma o egocentrismo. O indivíduo está sozinho confrontando as questões cruciais da verdade, as questões cruciais da existência. Nas páginas de

16 Robert [R.C.] Sproul, "The Existential Implications of Melville's *Moby Dick*", tese de graduação não publicada, Westminster College, New Wilmington, PA (1961), 4.

sua tese, R.C. contrasta dois indivíduos, dois personagens principais, Ismael e o capitão Ahab. Este último, sucumbe ao egocentrismo e, portanto, vive uma vida não autêntica, um "homem sem uma 'personalidade'". R.C. conclui que Ahab "fracassou em realizar o verdadeiro ser existencial" e termina, nas palavras de Melville, um louco delirante.[17]

Sem dúvida, o personagem bíblico rei Acabe instrui e estimula o personagem capitão Ahab (Acabe), de Melville. E isso também é verdadeiro quanto a Ismael na Escritura. No enredo bíblico, Ismael é um rejeitado, um errante, um solitário. Nos parágrafos iniciais de *Moby Dick*, esse é o personagem que encontramos. E, no final do romance, Ismael é deixado sozinho. Está flutuando em um caixão vazio — a ameaça de morte está sempre perto. A última palavra do romance magistral de Melville é "*órfão*".

No entanto, o principal personagem que teve a atenção de R.C. foi a baleia, a baleia branca. R.C. disse indubitavelmente que *Moby Dick* é o grande romance americano, talvez simplesmente o maior romance. Ele acrescentou que o capítulo 42, "A Brancura da Baleia", poderia ser o capítulo mais importante já escrito, ao lado da Escritura Sagrada.

Os últimos dois parágrafos desse capítulo são dignos de consideração. Intrigaram, na época, o graduando R.C. Sproul e (estou convencido de que) estão por trás do que se tornaria o seu texto clássico, *A Santidade de Deus*, de 1985. O Ismael de Melville, narrando, nos diz que a brancura da baleia o "pasmava", sugerindo que ele preferia não pensar ou falar sobre isso de maneira alguma; mas, em seguida, Ismael acrescenta que tem de explicar a impressão da brancura da baleia, para que "todos esses capítulos não sejam inúteis". Em outras palavras, a "brancura da baleia" se torna a chave hermenêutica

17 Sproul, "Existential Implications", 7.

que explica *Moby Dick*. E eis como a narrativa de Ismael termina nos dois parágrafos finais do capítulo 42:

> Mas ainda não solucionamos o encanto dessa brancura e ainda não aprendemos por que apela com tão grande poder à alma; e, mais estranho e muito mais solene, por que, como vimos, ela é, ao mesmo tempo, o símbolo mais significativo das coisas espirituais, o próprio véu da Divindade cristã; ainda assim, deve ser como é, o agente intensificador nas coisas mais alarmantes da humanidade.
>
> É por sua indefinição que ela obscurece os vazios e as imensidões insensíveis do universo e, assim, nos apunhala pelas costas com o pensamento de aniquilação, quando contemplamos as profundezas brancas da Via Láctea? Ou é por que, em essência, a brancura não é tanto uma cor, e sim a ausência visível de cor; e, ao mesmo tempo, a junção de todas as cores? É por essas razões que existe uma brancura emudecida, cheia de significado, em uma ampla paisagem de neve — um ateísmo sem cor e de todas as cores do qual nos esquivamos? E, quando consideramos aquela outra teoria dos filósofos naturais, de que todas as outras cores terrenas — cada embelezamento majestoso e encantador — os tons suaves dos céus e florestas no pôr do sol; sim, os veludos dourados das borboletas e as bochechas rosadas das moças: tudo isso não passa de enganos sutis e não são, realmente, inerentes às substâncias; são apenas formas sem conteúdo; de modo que a Natureza deificada se mostra totalmente como a prostituta, cujas seduções encobrem, dentro dela, a casa mortuária. E, quando prosseguimos e consideramos que o cosmético místico que produz cada uma de suas cores,

> o grande princípio da luz, permanece para sempre branco ou sem cor em si mesmo e, se estivesse operando sem um meio sobre a matéria, tocaria todos os objetos, até mesmo tulipas e rosas, com seu próprio tom incolor. Considerando tudo isso, o universo paralisado se mostra para nós como um leproso; e, como viajantes obstinados na Lapônia que se recusam a usar óculos coloridos, assim também os infiéis perversos se veem cegos ante a mortalha branca monumental que envolve todo o prospecto ao seu redor. E, de todas essas coisas, a baleia albina era o símbolo. Vocês se admiram, ainda, da caçada feroz?[18]

Ismael achava que a baleia branca era complexa e ambígua. Não ficou simplesmente fascinado pela baleia; ficou aterrorizado. O que não aconteceu com o capitão Ahab. Ele cercou a baleia e, por isso, pensou que a conhecia e poderia controlá-la — ou mesmo matá-la. R.C. explica: "Ahab pensa que conhece a 'deidade'. Ele mapeia a baleia; conhece os seus movimentos e as suas operações, mas não entende o seu significado supremo. Como o rei ímpio da antiguidade, Ahab reduz a multiplicidade da deidade a uma unidade concreta. O 'baal' do capitão Ahab é a grande baleia branca." R.C. dá um passo além e acrescenta que o uso da divindade domesticada de Ahab (Acabe) por Melville "parece ser um ataque aos pontos de vista superficiais da humanidade sobre a religião".[19]

Em oposição aos pontos de vistas superficiais sobre a religião, está Ismael. Outra vez, Ismael vê a baleia como "enigmática, desconhecível em sua inteireza".[20] Melville faz Ismael declarar: "Eu não

18 Herman Melville, *Moby Dick: Or, The Whale* (1851; repr., Norwalk, CT: Easton Press, 1977), 206-7.

19 Sproul, "Existential Implications", 20.

20 Sproul, "Existential Implications", 21.

o conheço e nunca o conhecerei." Depois, como resultado de estar frente a frente com a baleia branca, Ismael se vê em todas as "suas fragilidades e finitude humanas".[21]

Essa confrontação entre Ismael e Ahab reflete, para R.C., a confrontação de Deus e Isaías nos primeiros versículos do capítulo 6 do profeta. A tese de graduação de R.C. é um prenúncio de sua obra *Holiness of God* (A Santidade de Deus). Na presença do Deus três vezes santos, Isaías fica arrasado.[22]

Retornando à tese de bacharelado, R.C. observa como Ahab e todos aqueles que subestimaram a baleia branca acham seu fim na confrontação: "Todos esses homens que reduziram a deidade a algo 'insignificante' não puderam subsistir na presença da baleia poderosa."[23] Somente Ismael sobreviveu.

Era nisso que R.C. estava trabalhando durante o semestre de primavera de seu último ano. Nesse mesmo tempo, Vesta experimentava uma gravidez difícil e estava em descanso na cama por ordens médicas. R.C. se lembra de uma ocasião angustiante em que Vesta perdera muito sangue. Ele a levou do apartamento, descendo aqueles degraus velhos, até ao hospital. Pensou que iria perdê-la, bem como o bebê.

Em maio daquele ano, R.C. graduou-se com um BA em filosofia. No verão daquele ano, ele trabalhou como assistente de eletricista em um hospital. E, naquele hospital, Sherrie Lee Sproul nasceu em agosto. Com um bebê novo, R.C. e Vesta deixaram seu primeiro apartamento em New Wilmington e viajaram para o sul, de volta a Burgh, para o Pittsburgh Theological Seminary.

21 Sproul, "Existential Implications", 21.

22 Sproul, *Holiness of God*, 32-38.

23 Sproul, "Existential Implications", 21.

3

ALUNO, PROFESSOR, PASTOR, MESTRE

Grandes mestres que são fiéis à Palavra de Deus
são uma bênção para a igreja de Deus.
R.C. SPROUL

Obter um diploma de teologia no Pittsburgh Theological Seminary (PTS) não foi a primeira escolha de R.C. no que diz respeito à sua educação superior. Como seu professor de faculdade, o Dr. Thomas Gregory, R.C. almejava obter um doutorado em filosofia. Ele se inscrevera e fora aceito em um programa de PhD em filosofia na Universidade de Edimburgo. Filosofia tem sido uma graduação importante em Edimburgo desde que a universidade foi estabelecida por carta real em 1582. Nos anos 1960, era uma das principais instituições e departamentos do mundo nessa área. Mas o Dr. Gregory sugeriu que primeiro R.C. fizesse uma graduação em teologia.

Enquanto estava no segundo ano no Westminster College, R.C. visitou o Westminster Theological Seminary, na Filadélfia. Assistiu a uma aula e, depois, almoçou com alguns professores e alunos na sala de jantar, no Machen Hall. Sentou-se em frente ao Dr. Robert Donald Knudsen, professor de apologética e teologia sistemática. O Dr. Knudsen perguntou ao provável aluno: "Diga-me, jovem, Deus é transcendente ou imanente?" R.C. acabara de tomar uma colher de sopa e fez tudo que pôde para não a cuspir. Isso quer dizer que ele não entendeu a pergunta e muito menos a resposta. R.C. era um cristão relativamente novo e, até àquela altura, ainda não tivera nenhuma aula de teologia.

Estando a 96 quilômetros de distância, os docentes do Pittsburgh Theological Seminary visitavam frequentemente o Westminster College, para falar na capela e ministrar aulas como professores convidados. R.C. ficou impressionado com o então presidente, o Dr. Addison Leitch. Ele era um erudito de primeira classe. Havendo obtido graduação no Pittsburgh-Xenia Theological Seminary, Leitch obteve um PhD na Cambridge University. Havia ensinado no Pikeville College e no Grove City College, antes de unir-se ao corpo docente no Pittsburgh e, por um tempo, servir como o presidente do seminário. Além de ser um bom erudito e excelente comunicador, Leitch tinha aquela qualidade com a qual não se podia contar no presbitério de Pittsburgh e no *campus* do seminário de Pittsburgh. Leitch era um teólogo conservador.

ANIQUILAR A POSIÇÃO

R.C. também ouvira outro teólogo conservador do Pittsburgh Theological Seminary, enquanto esteve no Westminster College — o incomparável Dr. John Gerstner. R.C. o ouvira "dando uma palestra sobre predestinação". R.C. acrescentou na época: "Eu detestei." R.C. esclareceu que ele odiava a doutrina. E também não se sentiu tão cativado por Gerstner. Depois da palestra de Gerstner, R.C. se aproximou dele e lhe fez uma pergunta. O Dr. Gerstner respondeu à pergunta. Em seguida, R.C. disse: "Não foi isso que eu quis perguntar." Essa interação seguiu até que Gerstner resolveu encerrar a conversa dizendo: "Rapaz, você precisa aprender a dizer exatamente o que você quer dizer e a dizer com firmeza." Nas palavras de R.C.: "Não foi uma boa primeira impressão de Gerstner."[1]

R.C. teve uma impressão mais positiva com o deão do Pittsburgh Theological Seminary. O deão fora de carro até lá para falar na capela, mas o carro ficou preso na neve no *campus*. Ele o deixou lá e achou alguém para levá-lo em casa. R.C. recebeu a tarefa de levar o carro do deão ao *campus* do Pittsburgh Seminary. R.C. se lembrava de que era um Saab "ou algum tipo de carro estrangeiro que não funcionava direito". Não era o carro mais fácil que ele já havia dirigido. R.C. tornou-se benquisto pelo deão, que foi muito cordial para com ele depois disso. Depois, R.C. descobriu que o deão era, de fato, um dos principais liberais no seminário e não gostava de Gerstner por causa de sua teologia conservadora.[2]

R.C. oferece a sua conclusão sobre todo o assunto: "Portanto, foi uma estranha conjunção de circunstâncias que me levaram ao Pittsburgh Seminary."[3]

Naquele verão, R.C. trabalhou como assistente de eletricista no hospital. Uma noite, ao vir para casa, deu uma olhada no jornal. A manchete chamou sua atenção, anunciando que o Dr. Leitch estava deixando o seminário. R.C. relembrou: "Eu não tive um dia de aula com o Dr. Leitch. E ele era a razão por que eu fora para lá." Leitch

1 Todas essas citações vêm de Stephen Nichols com R.C. Sproul, entrevista pessoal, 12 de Maio de 2017.

2 Nichols com Sproul, entrevista pessoal, 12 de Maio de 2017.

3 Nichols com Sproul, entrevista pessoal, 12 de Maio de 2017.

deixou o PTS em troca do Tarkio College, em Missouri, e dali foi para o Gordon Conwell. Sua primeira esposa faleceu, e ele se casou com a missionária viúva Elizabeth Eliott, em 1969. Leitch morreu de câncer quatro anos depois.

Lembre-se que R.C. foi para a faculdade não convertido. De acordo com seu próprio testemunho, ele teve duas conversões enquanto esteve na faculdade. Algumas outras "conversões" o aguardavam no seminário. Ele foi para o seminário não sendo um calvinista. Já estabelecemos o fato de que ele não gostava muito com a doutrina da predestinação. Também foi para o seminário comprometido com apologética pressuposicional. E, finalmente, foi enquanto esteve no seminário que seu DNA de "teólogo de campo de batalha" começou a emergir.

R.C. conheceu o liberalismo teológico e foi salvo dele. Achava que o Dr. Gregory era uma ilha em um oceano de liberalismo teológico no Westminster College. Mas não estava pronto para as suas políticas. Ele veria isso em primeira mão no seminário (PTS). Precisamos de um pouco de história para entender o que R.C. experimentou quando decidiu ir para o PTS.

Pittsburgh, estabelecida ricamente por escoto-irlandeses, era cheia de presbiterianos. O prédio original do que agora é a First Presbyterian Church era uma estrutura de troncos construída em 1773. Ao redor desse começo humilde desenvolveu-se um dos maiores presbitérios nos Estados Unidos. Pittsburgh era também o lar do Western Theological Seminary. Era chamado "Western" porque, em determinado tempo, Pittsburgh era a fronteira ocidental da América. O Princeton e o Union, em Nova Iorque e Virgínia, eram os seminários que serviam à costa oriental. O Western atendia à fronteira. Ele tinha um professor muito importante no século XIX, Benjamin

Breckenridge Warfield, que é conhecido como o "Leão de Princeton". Mas, antes de estar em Princeton, ele ensinava no Western Theological Seminary em Pittsburgh. Isso também é verdadeiro quanto a A.A. Hodge. Ele também ensinou primeiramente no Western antes de ir para Princeton. Foi de seus escritórios no Western Theological Seminary que Warfield e A.A. Hodge coescreveram o artigo *Inspiration*, publicado no Presbyterian Review, em abril de 1881. O primeiro rugido do leão de Princeton veio de Pittsburgh.

O Pittsburgh Theological Seminary era a fusão de dois seminários: o Pittsburgh, que antes era chamado Western, da Presbyterian Church USA (PCUSA – Igreja Presbiteriana nos Estados Unidos da América) e o Pittsburgh-Xenia Theological Seminary, da United Presbyterian Church of North America (UPCNA – Igreja Presbiteriana Unida da América do Norte). O Pittsburgh-Xenia remonta a 1794. Originalmente em Pittsburgh, foi transferido para Xenia, Ohio.

As duas denominações, PCUSA e UPCNA, se fundiram em 1958. Os dois seminários se fundiram em 1959 e escolheram o nome de Pittsburgh Theological Seminary. O Dr. Gerstner e o Dr. Leitch vieram com a fusão. Eram teólogos conservadores. Leitch foi empurrado para fora. Gerstner, blindado por algumas cláusulas do acordo de negociações da fusão, permaneceu até à sua aposentadoria em 1982.

R.C. descreveu o Dr. Gerstner como uma corda salva-vidas durante o tempo no seminário. Muitos podiam ver a influência que Gerstner teve sobre R.C. Muitos até a ouviam. Sem dúvida, R.C. era a estrela mais brilhante na constelação de Gerstner, em décadas de ensino. Porém, como você pode lembrar, R.C. começou seu tempo no PTS não totalmente impressionado com Gerstner. Isso mudou quase imediatamente.

Em uma aula de outono, em seu primeiro ano, Gerstner estava oferecendo uma crítica da apologética pressuposicional de Cornelius Van Til, do Westminster Theological Seminary, na Filadélfia, quando R.C. se levantou em defesa. Anteriormente, na primavera daquele ano, R.C. havia escrito, para uma aula da faculdade, um artigo em que criticava os argumentos clássicos em favor da existência de Deus baseado em um ponto de vista pressuposicional. R.C. se tornara um pressuposicionalista sob a influência do Dr. Thomas Gregory, que fora ensinado pelo próprio Van Til. R.C. apresentou seu argumento. O Dr. Gerstner passou os dez minutos seguintes contestando R.C. — ou, como R.C. disse, Gerstner precisou de dez minutos "para aniquilar a posição que eu sustentava. Não somente ele desmontou meus argumentos e os destruiu, mas também o fato era que eu sabia disso ... eu perdi; eu sabia que havia perdido."[4] Naquele instante, R.C. teve um respeito sincero por Gerstner, um respeito que continuou a crescer com o passar dos anos.

Gerstner era o defensor da ortodoxia em Pittsburgh. Jeffrey S. McDonald, biógrafo de Gerstner, fala do isolamento de Gerstner no corpo docente: com a exceção de outro professor moderadamente conservador, "quase todos os professores colegas de Gerstner, no PTS, discordavam de seu conservadorismo doutrinário".[5] Frequentemente, ele apenas permanecia quieto nas reuniões de professores. Sabia que seu voto não importaria e que seus colegas "apreciavam que não falasse muito, porque era desperdício de tempo".[6] Mas ele nunca ficava quieto em sala de aula, ou no palco de debate, ou nos muitos púlpitos que ocupou.

4 Nichols com Sproul, entrevista pessoal, 12 de maio de 2017.

5 Jeffrey S. McDonald, *John Gerstner and the Renewal of Presbyterian and Reformed Evangelicalism in Modern America* (Eugene, OR: Pickwick, 2017), 101.

6 McDonald, *John Gerstner and the Renewal*, 101

R.C. sentiu um isolamento teológico semelhante. Ele se lembra de que havia cerca de cinco outros alunos teologicamente conservadores no PTS naquele tempo — um deles era David Williams, que fora convertido a Cristo por meio de Gerstner. R.C. também sentiu em suas aulas a tensão procedente de professores teologicamente liberais. O currículo do seminário tinha um curso que examinava amplamente todos os livros do Novo Testamento. Quando terminaram o livro de Atos dos Apóstolos, o professor disse: "Muitos teólogos ficam empolgados com o livro de Romanos, mas eu não. Vamos agora para 1 Coríntios."[7] Esses alunos estavam estudando para serem pastores, mas não foram ensinados, nem um minuto, sobre a epístola de Paulo aos Romanos. É fácil entender porque R.C. chamava Gerstner de "corda salva-vidas" durante os seus dias no seminário. Gerstner, como o Dr. Gregory antes dele, seria um modelo para R.C. A respeito de Thomas Gregory, R.C. disse suscintamente: "Ele era preciso; conhecia bem a sua matéria."[8] A mesma coisa poderia ser dita a respeito de Gerstner. Precisão e um alto nível de competência, maestria, se tornariam distintivos semelhantes do pupilo deles.

Marcus Barth, filho de Karl Barth, ensinou Novo Testamento em Pittsburgh. Se você quiser ver a escrivaninha de seu pai, do seu escritório na Universidade de Basileia e na qual Karl Barth passou cinquenta anos escrevendo, você precisa ir à Sala de Leitura Hansen, no segundo andar da biblioteca, no *campus* do Pittsburgh Theological Seminary. Marcus Barth providenciou para que a escrivaninha e vários outros itens de seu pai fossem expostos no PTS em 1964, o ano de aposentadoria de seu pai. Havia muito tempo que o Pittsburgh

7 Nichols com Sproul, entrevista pessoal, 12 de maio de 2017.

8 Stephen Nichols com R.C. Sproul, entrevista pessoal, 7 de abril de 2017.

Theological Seminary abandonara a sua rica herança histórica e confessional, lançando a sua sorte com os impulsos liberais da época.

Marcus Barth era famoso, ou pelo menos seu pai era. Um dos colegas de classe de R.C. se tornaria famoso. Era Fred Rogers. Nascido em Latrobe, a família de Fred Rogers se mudou para a Flórida central. Depois de graduar-se no Rollins College, do outro lado do lago próximo à casa de sua família, Fred Rogers se mudou de volta para Pittsburgh. Recebeu seu diploma do PTS em 1963 e se tornou um ministro presbiteriano ordenado. Em 1968, o programa *Mister Rogers' Neighborhood*[9] começou a sua lendária carreira de 33 anos na National Education Netword, que se tornou o Public Broadcasting Service.

Os arredores do PTS eram encantadores, com ruas que tinham árvores enfileiradas em ambos os lados, na área de East Liberty de Pittsburgh. R.C., Vesta e a recém-nascida Sherrie moravam em um prédio de apartamentos, com outros seminaristas. O apartamento para o qual os Sprouls se mudaram havia pertencido à mãe de Shirley Jones. Em 1961, Shirley Jones tinha no currículo vários filmes musicais bem-sucedidos; e a série de TV *The Partridge Family* (*A Família Dó-Ré-Mi*) estava planejada para ela quando os Sprouls se mudaram para o apartamento. Sua mãe deixara no apartamento uma pintura em tamanho real da atriz. Os Sprouls apreciavam sua vida de jovens casados. Vesta descrevia o prédio de apartamentos, cheio de seminarista, mais como um dormitório. Frequentemente, R.C. trazia amigos ao apartamento, para estudarem. O casal jogava "muito baralho e muito *bridge*".[10]

9 O filme biográfico de 2019 "Um lindo dia na vizinhança" conta a história de Fred Rogers.

10 Nichols com Sproul, 7 de abril de 2017.

ISSO É RACIONAL

Na sala de aula, Gerstner estava colocando R.C. à prova. "Eu estudava para as suas aulas extras porque ele era um professor realmente duro." lembrou R.C. Um curso sobre Jonathan Edwards (1703-1758) exigiu que R.C. estudasse diligentemente.[11] Havia vinte e dois alunos na classe. Vinte estavam apenas ouvindo. Somente R.C. e outro aluno tiveram a coragem de fazer a matéria para obter os créditos e enfrentar o temível exame de Gerstner. Era a primeira vez que R.C. estudava diligentemente sobre Edwards, que seria uma das grandes estrelas na constelação de influências de R.C. Em uma das muitas sessões de perguntas e respostas de uma das muitas conferências Ligonier, perguntaram a R.C.: "Que figura da história da igreja mais influenciou você?" ele disse: "O meu cara é Edwards."[12]

Mas Jonathan Edward, o pastor, teólogo e filósofo colonial, era um território novo para R.C. No primeiro encontro, Edwards causou uma impressão imediata no seminarista. R.C. comentou: "Estudar Edwards me levou a ser um calvinista convicto."[13] R.C. foi para o PTS como um pressuposicionalista e um não calvinista. Por meio de Gerstner (diretamente), ele se tornou um apologista clássico e por meio de Gerstner (indiretamente) e de Edwards (diretamente), R.C. se tornou um calvinista. Esses pontos de vista marcariam o ministério e o ensino de R.C. Sproul, e seriam parte de sua contribuição para a igreja americana e até global no final do século XX e início do século XXI. Em especial, foi a força dos argumentos de Edwards que convenceu R.C. — sem mencionarmos a contagiante paixão de Edwards por teologia e pelo próprio Deus.

---

11 Nichols com Sproul, 7 de abril de 2017.

12 R.C. Sproul, "Question and Answer Session", RBC Fall Conference, September 19, 2015.

13 Nichols com Sproul, entrevista pessoal, 7 de abril de 2017.

Edwards seguia, em sua pregação, a típica forma puritana de sermão, que os puritanos aprenderam da obra *The Art of Prophesying* (A Arte de Profetizar), de William Perkins. Profetizar significava pregar, e desde o ano de 1592, quando o livro de Perkins foi publicado pela primeira vez, suas sucessivas edições podiam ser achadas em quase toda biblioteca de ministro puritano.[14] A forma do sermão consistia em três elementos: texto, doutrina e aplicação. A seção de doutrina consistia em proferir uma única proposição, derivada do texto. O pastor até dizia: "A doutrina desse texto é ..." e passava a expressar a proposição, a tese. Em seguida, a seção de doutrina provaria e demonstraria a tese. Edwards defendia tipicamente a doutrina do texto por meio de duas linhas de argumento. Ele dizia: "isto é racional" e "isto é bíblico". Com a precisão de um cirurgião, Edwards aplicava essa metodologia ao texto bíblico e à teologia. Isso conquistou R.C.

Em sua escrivaninha, R.C. guardava um cartão que dizia: "Você é responsável por pregar e ensinar o que a Bíblia diz, não o que você quer que ela diga." R.C. havia resistido à doutrina da predestinação. Muito curiosamente, Edwards também resistira à doutrina. Em sua *Personal Narrative* (Narrativa Pessoal), uma autobiografia que contava a sua experiência de conversão, Edwards confessa que odiava a doutrina da predestinação: "Desde a minha infância em diante, a minha mente habituara-se a ser cheia de objeções contra a doutrina da soberania de Deus, em escolher quem ele quis para a vida eterna e rejeitar a quem ele quis, deixando-os a perecer eternamente, atormentados para sempre no inferno. Ela costumava parecer uma doutrina horrível para mim."[15] Mas Edwards teve uma conversão,

14 William Perkins, *The Art of Prophesying* (1592; repr., Edinburgh, UK: Banner of Truth, 1996).

15 Jonathan Edwards, "Personal Narrative", *Works of Jonathan Edwards*, vol. 16, *Letters and Personal Writings* (New Haven, CT: Yale University Press, 1998), 791-92.

que o levou a ter não somente uma convicção mas "uma convicção deleitosa" na soberania de Deus. Edwards acrescenta: "A doutrina da soberania de Deus tem sido, muito frequentemente, uma doutrina muito agradável, brilhante e doce para mim; e soberania absoluta é o que amo atribuir a Deus."[16]

Por meio de Edwards e Gerstner, R.C. entendeu que suas próprias objeções à doutrina eram, de fato, objeções à Escritura. Uma vez que R.C. entendeu isso, ele se submeteu ao texto da Escritura. "Isso é racional" e "isso é bíblico" foram a poderosa combinação que se tornaria suficiente para convencê-lo. Uma vez convencido, R.C., à semelhança de Edwards e Gerstner, ficava inflexível em sua convicção. Uma vez que R.C. conhecia uma verdade, aceitava-a e via a proposição como uma verdade, ele agia diretamente para defendê-la e contender por ela. E, se você estivesse ao alcance de sua voz, você o ouviria proclamando-a persuasivamente. R.C. era conhecido por isso, e você pode achar a origem disso em seus anos como estudante universitário.

R.C. também estava aprendendo uma metodologia teológica, além do conteúdo teológico. Em outras palavras, R.C. não estava apenas colocando em ordem a sua teologia, estava também se formando no tipo de teólogo que ele seria. Ele se tornou, como diria mais tarde, um teólogo de campo de batalha. Agostinho, em suas contenções com Pelágio e muitos outros, os reformadores, Edwards, os princetonianos — esses foram, todos eles, teólogos de campo de batalha. Isso foi Gerstner no PTS e na Igreja Presbiteriana, nos anos 1960. R.C. nos lembraria que Paulo foi um teólogo de campo de batalha em Gálatas. Judas exortou seus leitores originais a batalharem pela fé, *diligentemente*, como o fizeram Pedro, João e o autor de Hebreus.

16 Edwards, "Personal Narrative", 792.

LYNDORA

Durante o seu segundo ano no seminário, R.C. trabalhou como um diretor de mocidade na enorme First Presbyterian Church of Charleroi. Também pôde fazer conexões com o Dr. Robert Lamont, pastor da histórica First Presbyterian Church in Pittsburgh. Contando com uma congregação de quase 2.000 pessoas, grande para uma igreja do Norte naquele tempo, e um programa nacional de rádio, Lamont tinha influência significativa. Com Nelson Bell, Harold Ockenga, Billy Graham e outros, Lamont fazia parte do grupo que começou a revista *Christinity Today* e serviu na diretoria original. Serviu também em outras diretorias, como a do Gordon College, depois Gordon-Conwell Theological Seminary. O estilo homilético de Lamont influenciou R.C. Lamont era um mestre no drama do sermão e do púlpito. Também ajudou R.C. em alguns momentos do início de sua carreira acadêmica. Além de seu trabalho como estudante assistente na igreja, R.C. também trabalhou em um ginásio esportivo de igreja nos primeiros dois anos de seminário.

Em seu último ano de seminário, R.C. assumiu um pastorado como seminarista em Lyndora, Pensilvânia, um distrito de operários de Butler a aproximadamente 48 quilômetros ao norte e suavemente a leste de Pittsburgh. R.C. descreveu a igreja como "uma igreja de refugiados húngaros, de cem membros, em uma cidade siderúrgica". A siderúrgica era a Forge Steel Works, em Butler, Pensilvânia. A Forge Steel, parte do império da Standard Oil, foi estabelecida em 1906. Foi adquirida pela companhia Columbia Steel e, depois, absorvida pela American Rolling Mill Company, ARMCO em forma abreviada. O aço se funde a 1.300 graus centígrados. Quando pessoas falam de Pittsburgh como tão dura quanto o aço, também querem dizer tão dura quanto os operários do aço. A fábrica produzia originalmente rodas de aço para trens. Depois, ela fez o automóvel Austin Americano, sob licença da fabricante britânica Austin. A Austin americana foi comprada pela Bantam. O primeiro Jeep foi fabricado pela Batam em Butler — em tempo de ser utilizado pelo exército dos Estados Unidos na Segunda Guerra Mundial.

A vizinhança ao redor da igreja era húngara. Uma geração ou duas de húngaros já residiam na área de Pittsburgh. Mas a Revolução Húngara de 1956 resultou em um influxo significativo de novos refugiados. Muitos residiam em Lyndora e trabalhavam na siderúrgica e na fábrica do Jeep Bantam. Assim era a primeira congregação de R.C.: colarinhos azuis, refugiados, trabalhadores do aço — endurecidos e calejados. A vizinhança era também católica. Havia oito ou nove igrejas católicas e uma igreja presbiteriana para toda aquela vizinhança húngara. A congregação de R.C. o chamou de *Uj Papa,* o "Novo Papa", porque a maioria deles haviam sido católicos romanos. Muitos deles provavelmente não conheciam a diferença entre um católico e um presbiteriano.

A igreja tinha uma casa pastoral. Por isso, R.C., Vesta e Sherrie deixaram o apartamento no seminário e se mudaram para perto da igreja. No dia da mudança, R.C. notou um cortador de grama manual e perguntou aos membros da igreja que ajudavam: "Vocês têm um cortador de grama automático?" Eles responderam: "Sim. Nós o chamamos 'nosso pastor'". Além de hospedagem na casa, R.C. ganhava 40 dólares por semana como pastor.

No ano acadêmico de 1963-1964, R.C. cortava a grama da casa e da propriedade da igreja, viajava uma hora em cada direção para frequentar todos os seus cursos como aluno de último ano no PTS, pregava todo domingo, ensinava na Escola Dominial e acumulava inúmeras histórias da linha de frente do ministério pastoral. O professor-conselheiro que supervisionava ministérios com alunos e pastorados de estudantes disse a R.C. que estava fazendo isso durante quase 40 anos e acrescentou: "Nunca ouvi histórias como as que você está contando."[17] Havia muitos relacionamentos familiares emaranhados e ressentimentos. Um pai fez o seu genro dormir no galinheiro por um tempo. Em algumas poucas ocasiões, R.C. pagou fiança por um congregante ou um parente de um congregante. Mas uma história se destaca.

Uma senhora da igreja ligou para R.C. tarde da noite pedindo-lhe que fosse à sua casa, porque ela não gostava do namorado de sua filha e queria que R.C. fizesse algo a respeito. Ele andou até à casa da senhora, subiu os poucos degraus que davam para a varanda e bateu na porta. Quando ela veio à porta, tinha uma garrafa de uísque em uma das mãos e girava um revólver com a outra. Havia esvaziado a garrafa e estava claramente embriagada, falando muito fortemente sobre as suas opiniões a respeito da indignidade do namorado e o que gostaria de fazer-lhe. Tudo que R.C. pôde pensar em dizer a ela foi: "Dona, cuidado com essa arma ou vou acabar levando um tiro." Isso funcionou. Ela lhe entregou o revólver e se acalmou.

Enquanto isso, no seminário, R.C. fazia um curso eletivo de exegese de Romanos, versículo por versículo, para compensar um curso anterior que ele perdera totalmente. Estava fazendo também um curso eletivo sobre o Concílio de Trento, com Gerstner. Um livro muito gasto na biblioteca pessoal de R.C. é *Canons and Decrees of the Council of Trent* (Canones e Decretos do Concílio de Trento: Texto Original com Tradução em Inglês).[18] O livro está tão gasto que R.C. usava fita adesiva para manter juntas as capas e o dorso. Está intensamente

17 Nichols com Sproul, entrevista pessoal, 7 de abril de 2017.

18 Henry J. Schroeder, *Canons and Decrees of the Council of Trent* (St. Louis, MO: Herder, 1941).

sublinhado, com notas espalhadas pelas margens. Era o único livro-texto para todo um curso sobre o Concílio de Trento. Gerstner conduzia os alunos pelo texto, linha por linha, palavra por palavra.

O Concílio de Trento serviu como uma das três respostas da Igreja Católica Romana à Reforma Protestante, a chamada Contrarreforma. A Igreja Católica Romana respondeu por usar a Inquisição; por formar uma nova sociedade ou ordem, a Sociedade de Jesus ou os jesuítas; e por convocar o Concílio de Trento (1545-1563). Por examinar os *Cânones e Decretos de Trento*, pode se ver não somente a resposta católica à Reforma; também se vê o que estava realmente em jogo na Reforma. Pensando na aula e na leitura de Trento pela primeira vez, R.C. declarou: "Tenho sempre dito que a melhor maneira de entender a teologia da Reforma é vê-la contra o pano de fundo da teologia católica romana clássica."[19]

Na página branca no final do livro, R.C. escreveu "*não* coopera com a *graça*". Ele explicou o que quis dizer com essa observação:

> Em sua definição sobre a justificação, o Concílio de Trento diz que, para o pecador ser reconciliado com Deus e ficar em um estado de salvação, ele tem de assentir e cooperar com a graça de Deus, a fim de ser justificado. A justificação não é, portanto, monergística; é sinergística — uma ventura cooperativa. Em minha nota para mim mesmo, estava me opondo ao que era afirmado por Trento. Não há uma ventura cooperativa entre a natureza e a graça no que diz respeito à salvação.[20]

19 "R.C. Sproul and Schroeder's *Canons and Decrees of the Council of Trent*", *Open Book* podcast, March 15, 2018, season 1, episode 1.

20 "R.C. Sproul and Schroeder's *Canons and Decrees.*"

Trento não negava a salvação pela graça; afirmava a salvação pela graça mais o mérito ou obras. Semelhantemente, Trento não negava a autoridade da Escritura; afirmava que autoridade se acha na Escritura *e* na tradição. Trento ressalta o significado da palavra *sola* para a Reforma. Os reformadores colocavam toda a ênfase no *sola*, na formulação da autoridade bíblica e da salvação somente pela graça, somente pela fé, somente em Cristo, somente para a glória de Deus. Trento rejeitava absolutamente o *sola*. Como veremos, a teologia da Reforma, especificamente os cinco *solas*, se tornou uma característica peculiar do ensino de R.C. Sproul. Realmente, provavelmente nenhum outro indivíduo fez tanto quanto R.C para popularizar o uso do conceito dos cinco *solas*, para entendermos a teologia da Reforma e, por consequência, um entendimento ortodoxo das doutrinas da Escritura, salvação e Cristo. Estudar Romanos linha por linha, enquanto estudava Trento e a teologia católica linha por linha, foi o fundamento para o ministério e o ensino que estavam por vir.

R.C. também continuou a edificar sobre o alicerce dos estudos de filosofia. O currículo do PTS tinha um curso básico de filosofia, do qual os alunos podiam fazer apenas as provas e receber os créditos. R.C. e outros dois alunos tiraram notas tão altas que o professor perguntou se não gostariam de fazer um seminário intensivo sobre filosofia. R.C. agarrou a oportunidade. Ele o chamou de estudo superavançado da história de filosofia.

À medida que a formatura se aproximava, R.C. queria pastorear e ter um emprego de tempo integral. Ele e Vesta estavam casados havia quatro anos, durante os quais viveram com uma renda de não mais do que 2.000 dólares anuais. Ele estava pronto para deixar de ser um aluno que lutava para viver com o que ganhava. Fez contatos com membros de presbitérios na Pensilvânia ocidental. Teria entrevistas promissoras por telefone, mencionaria os planos a Gerstner e, depois, teria uma entrevista pessoal chata. Soube depois que o Dr. Gerstner fazia ligações telefônicas interferentes pelas quais dizia às igrejas que R.C. serviria melhor à igreja não por seguir diretamente para o pastorado mas, em vez disso, estudar para obter doutorado nesse tempo. R.C. entendeu isso e parou sua busca por trabalho. Foi procurar Gerstner para falar sobre aonde ele deveria ir para obter doutorado.

DOZE HORAS

Se R.C. teria de passar mais anos estudando para obter um doutorado, ele iria estudar com o melhor teólogo vivo. Quando R.C. contou seus planos a Gerster, este o direcionou a Amsterdã, à Free University, para estudar com Gerrit Cornelis Berkouwer (1903-1996). R.C. pensou consigo mesmo — mas não ousou verbalizar — uma resposta: *"Eu tinha em mente o melhor teólogo de língua inglesa vivo."* Gerstner escreveu a carta de recomendação, e R.C. foi aceito. Ele se formou no PTS. Depois, ele, Vesta e Sherrie reservaram as passagens e embarcaram para a Holanda.

Os Sprouls estiveram em Amsterdã de 1964 a 1965. R.C. sentiu falta de gelo, carne, renda disponível e professores que falavam inglês, entre outras coisas. Enquanto estiveram lá, alimentaram-se de sanduíches de pasta de amendoim e geleia. R.C. testemunhou que voltou de Amsterdã pesando menos do que pesava ao graduar-se no ensino médio. Um dos benefícios de Amsterdã, não experimentados na América, era a visita diária do padeiro. Sherrie, aos três anos de idade, assumiu a função de saudar o padeiro e fazer, em holandês, o pedido diário: "Dag mijneer bakker, een halfje wit gesneden brood alstublieft" ("Bom dia, Sr. Padeiro, meio pão de forma branco, por favor). O pão era tão fresco que subia vapor dele.

Não tinha conservantes, por isso durava apenas um dia. R.C. disse: "Foi o pão mais fabuloso que já comi."[21] R.C. também o ligava ao maná bíblico. Qualquer parte guardada para o dia seguinte ficaria quase não comestível.

R.C. adquiriu algumas gravações de ensino do idioma holandês e ouviu enquanto cruzava o Atlântico. Era a sua primeira exposição ao holandês. Estava prestes a experimentar a língua por imersão completa. R.C. se lembra de seu primeiro encontro com Berkouwer, para receber os tarefas de leitura para o curso de História da Teologia Sistemática. Ele teria de ler e dominar, para satisfação de Berkouwer, todos os livros da lista, que consistia em cerca de vinte e cinco livros em holandês, quatro em latim, quatro em alemão e uns quatro em francês. Quando R.C. revisou a lista, sua expressão facial deu lugar a consternação, levando Berkouwer a perguntar o que estava errado. R.C. respondeu: "Bem, eu não leio francês." Não teve coragem para dizer que também não sabia ler nem alemão, nem holandês, e que seu latim era pobre. Berkouwer respondeu: "Você pode substituir mais quatro livros em holandês pelos livros em francês."[22]

Os Sprouls moravam na pequena cidade de Bussum, quase 30 quilômetros a leste da Free University, na cidade de Amsterdã. A vida de R.C. consistia em assistir aulas e aprender holandês — aprender holandês enquanto lia os pesados livros de teologia e filosofia holandeses. Ele gastava a maior parte do tempo sentado em uma pequena escrivaninha em seu apartamento. R.C. tinha uma pilha de cartões e um dicionário holandês-inglês. Ele abriu o livro *De Persoon Van Christus* (A Pessoa de Cristo), de Berkouwer — um dos livros da lista

21 R.C. Sproul, *The Prayer of the Lord* (Sanford, FL: Reformation Trust, 2009), 69.

22 "R.C. Sproul and Berkouwer's Dogmatische Studien", *Open Book* podcast, march 22, 2018, season 1, episode 2.

e o primeiro em holandês que ele tentou ler. Começou na página 1. Na margem do rodapé da página 1, R.C. escreveu: "12 horas." Isso foi quanto tempo ele precisou para ler aquela página. Ele pesquisava no dicionário cada palavra que não conhecia — o que, no início desse processo, era quase toda palavra da página. Ele escreveria a palavra em holandês em um lado de um cartão, e no outro lado a definição do dicionário em inglês. Foi assim que ele aprendeu holandês. E foi assim que ele passou por sua lista de leitura para aquele curso, bem como para os outros cursos. E foi assim que ele passou a maior parte de seus dias e de suas horas na Holanda. Um dia típico significava que R.C. estaria lendo das 7 horas da manhã até às 10 horas da noite, com breves intervalos para pequenas refeições.

R.C. disse sobre aquele livro de Berkouwer sobre a pessoa de Cristo: "Foi um dos livros mais importantes que li sob a tutela dele." Acrescentando que em nenhum outro curso estudou "em grandes detalhes" as controvérsias cristológicas históricas — as controvérsias que levaram aos credos de Niceia e Calcedônia.[23] Outra camada estava sendo colocada no fundamento do ministério de ensino de R.C. Sproul. Adicionalmente, R.C. deu continuidade ao seu exame minucioso da teologia católica romana. Berkouwer foi convidado a participar do Vaticano II como um observador. Enquanto frequentava uma das séries de sessões, ele ficou acomodado no mesmo quarto com o controverso teólogo católico Hans Küng. Berkouwer escreveu sobre os desenvolvimentos em seu livro de 1962, quando o Vaticano II estava começando. O livro foi publicado em inglês como *The Second Vatican Council and the New Catholicism* (1965 - O Concílio Vaticano II e o Novo Catolicismo). Berkouwer era, e continua sendo, mais bem conhecido por seus *Estudos*

23 "R.C. Sproul and Berkouwer's Dogmatische Studien."

em Dogmática, uma série de 18 volumes, publicada em holandês de 1949 a 1976. *De Persoon Van Christus* (A Pessoa de Cristo) foi publicado em 1952.

R.C. admirava grandemente a precisão e a profundeza de análise de Berkouwer. Reconheceu que Berkouwer tinha migrado de uma posição teológica mais "conservadora" para defender uma "ortodoxia mais intermediária". Por exemplo, Berkouwer abrandou suas críticas de Barth à medida que os anos se passaram. R.C. também percebeu que Berkouwer, embora publicasse abundantemente sobre teologia, não tinha uma abordagem sistemática. Impressionantemente, Berkouwer não tem um volume sobre prolegômenos em seus *Estudos em Dogmática*. Prolegômenos se refere às considerações preliminares ou prefaciais sobre metodologia e abordagem teológica. O próprio fato de que Berkouwer publicava estudos e volumes separados sobre teologia, em vez de publicar uma teologia sistemática, revela sua maneira não sistemática de teologizar. Apesar dessas falhas, R.C. admirava grandemente a obra de Berkouwer e sentiu-se grato pelo tempo em que estudou com ele.

O estudo de filosofia também continuou. R.C. fez um curso sobre a história da filosofia. Uma das aulas era sobre Hegel. O professor, sabendo que R.C. era um americano, perguntou-lhe depois da aula como ele achava que fora a palestra. R.C. disse que fora um tanto difícil. O professor replicou: "Sim, Hegel é difícil em qualquer idioma."[24] E houve outra ocasião em que R.C. foi diferenciado na aula. A sala de aula estava muito quente, por isso R.C. tirou seu casaco e o colocou nas costas de sua cadeira. Logo que ele fez isso, o professor interrompeu a aula e disse em inglês: "O americano poderia, por gentileza, vestir de novo seu casaco?"

24 "R.C. Sproul and Berkouwer's Dogmatische Studien."

Além de ler atentamente suas fichas catalográficas e livros em holandês, R.C. fazia trabalhos, de vez em quando, dobrando lençóis em uma lavanderia; também conseguiu jogar beisebol por um time de liga. Embora não houvesse beisebol profissional na Holanda, havia uma liga de beisebol amador, com times que jogavam em campos aparados meticulosamente, em pequenos e lindos parques esportivos. Bussum era pequena demais para ostentar um time, mas a cidade vizinha, Hilversum, tinha um time. R.C. foi um jogador convidado no time de Hilversum, jogando como interbases. Isso chamou a atenção de um grande jornal da Holanda, ganhando uma manchete de primeira página na seção de esportes sobre o ministro americano que jogava beisebol. Na cultura holandesa, a última coisa que alguém esperaria encontrar seria um ministro vestido de uniforme esportivo em um campo de beisebol. Raramente eles eram vistos em qualquer outra roupa, senão em roupas formais.

Eles iam a Amsterdã para turismo de vez em quando, especialmente para apreciar o Rijksmuseum, onde estão o quadro *A Ronda Noturna*, de Rembrandt, outras obras dos mestres holandeses e muitas pinturas espanholas. Visitaram o museu Van Gogh. Viram os desenhos em carvão e pinturas que Van Gogh fez quando residia na Bélgica. Em especial, um desenho feito como modelo que se tornaria uma pintura famosa de 1880, de um par de sapatos de um mineiro de carvão, cativou a atenção de R.C.: "Aquele par de sapatos mostrava toda a dor e angústia da vida de um mineiro de carvão."[25]

À medida que o ano acadêmico chegava ao fim, R.C. compreendeu que precisava voltar à América. Vesta estava grávida, e lhe disseram que teria de ter sua criança em casa, em Amsterdã, com uma parteira. Em face das dificuldades enfrentadas na primeira gravidez,

25 Stephen Nichols com R.C. Sproul, entrevista pessoal, 26 de maio de 2017.

isso não pareceu uma perspectiva bem-vinda. Eles também foram informados de que a mãe de R.C. estava morrendo. Ao mesmo tempo, o Westminster College pediu a R.C. que retornasse para um compromisso de um ano como professor, enquanto um membro do corpo docente, Jack Rogers, sairia para um ano sabático a fim de terminar seu doutorado em, ironicamente, Free University de Amsterdã.

R.C. se reuniu com Berkouwer e fez os arranjos quanto à supervisão de seus estudos para o ano seguinte. Eles partiram quando o semestre de primavera terminou, com a firme intenção de retornar a Amsterdã.

REVERENDO ROBERT C. SPROUL

Logo depois que os Sprouls retornaram, uma caixa foi entregue na casa da mãe de R.C. em 30 de junho. Na caixa, havia um vestido novo que ela comprara para usar na ordenação de seu filho. Não poderia estar mais orgulhosa. R.C. se lembra de ela estar feliz e muito contente quando disse "boa noite" e foi para cama. Ela morreu no dia seguinte. Naquele mesmo dia, 1º de julho de 1965, nasceu R.C. Sproul Jr., o filho de R.C. Em 18 de julho de 1965, R.C. foi ordenado na United Presbyterian Church USA (Igreja Presbiteriana Unida nos Estados Unidos da América – PCUSA). O culto foi realizado na Pleasant Hills Community Presbyterian Church.

A congregação cantou o que foi identificado como "O Hino Favorito do Ordenando" — "'Tis Midnight and on Olive's Brow" (À Meia-Noite, no Monte das Oliveiras), uma vívida e dramática recontagem da agonia de Cristo no jardim do Getsêmani. O Dr. Gregory proferiu o encargo para o ordenando. Em seguida, o reverendo Robert C. Sproul pronunciou a bênção.

Recém-ordenado, R.C. foi um dos membros fundadores do Presbyterians United for Bible Confession (Presbiterianos Unidos em favor da Confissão Bíblica – PUCB), um grupo de contrapeso às forças dentro da United Presbyterian Church (Igreja Presbiteriana Unida – UPC) e da PUCSA que se afastavam dos padrões históricos e confessionais.[26] As forças mais liberais estavam em operação no que seria a Confissão de 1967. Nas igrejas presbiterianas do Sul, isso levaria à formação da Presbyterian Church in America (PCA – Igreja Presbiteriana na América), em 1973. As igrejas mais conservadoras do Sul e do Norte deixaram a PUCSA para se unirem à PCA. Para muitos, essas foram mudanças de custo elevado. A PUCSA era dona da propriedade de igrejas individuais e locais. A denominação controlava os fundos de pensão dos ministros. Lá em 1965, esse grupo de aproximadamente 30 ministros estava estudando e criticando as propostas que, por fim, se tornariam a Confissão de 1967. Gerstner era um membro desse grupo, bem como Mariano Di Gangi, pastor da Tenth Presbyterian Church de Filadélfia. Essa foi a primeira vez, mas não seria a última, que R.C. se envolveu em conflito e luta denominacional mais amplos, para tentar evitar um desvio teológico.

R.C. escreveu um artigo para a primeira reunião do PUCB. O artigo está perdido, mas ele se lembra de que o tema era "ambiguidade premeditada". R.C. aprendera recentemente, de seu tempo com Berkouwer, como ambiguidade premeditada cumpriu um papel no concílio Vaticano II. Posteriormente, ele veria ambiguidade premeditada em operação no documento "Evangélicos e Católicos Juntos". A resposta à ambiguidade premeditada — quer dizer, ser intencionalmente vago, de modo a permitir uma interpretação

26 Esse grupo mudou depois o seu nome para Presbyterians United for Biblical Concerns (Presbiterianos Unidos em favor de Interesses Bíblicos).

adaptável ou permitir ampliação em uma doutrina ou ponto de vista específico — é precisão. Precisão e clareza, não ambiguidade, servem melhor às igrejas em permanecerem fiéis às suas raízes bíblicas, históricas e confessionais. R.C. estava aprendendo isso, em 1965, em sua própria denominação.

Foi por volta desse tempo que os pais de Vesta deram a R.C. uma Bíblia de Referência Thompson com capa de couro. Essa Bíblia tinha um sistema de numeração, uma série de "cadeias", que era parte de um "sistema de estudo bíblico analítico e sintético".[27] R.C. a devorou. Guardou consigo através dos anos. Em uma ocasião, ela foi reencadernada pelos alunos de sua classe de Romanos, que era como se chamavam aqueles que frequentavam sua classe de estudo bíblico em Cincinnati. Muitas páginas estão rasgadas e emendadas com fita adesiva. Muitas páginas estão destacadas, e muitas palavras estão sublinhadas. R.C. era o que poderíamos chamar de um leitor ativo. Poderia ser mais exato afirmar que ler era um esporte prazeroso para R.C. E que isso era muito mais verdadeiro em relação a ler as páginas da Escritura Sagrada. Ele não era casual em sua leitura ou estudo da Bíblia. Vesta testemunhou quão grato R.C. era pelo presente e quanto aquela Bíblia significou para ele naqueles anos formativos, quando ele começava sua carreira como um professor e um pastor. Alicerçando as palestras, os sermões e as aulas de escola dominical que ocuparam o tempo de R.C. desde 1965 a 1971, havia um fundamento sólido de estudo da Bíblia intenso e abrangente. Como R.C. aprendeu de Edwards, verdades que incendeiam a paixão são tanto racionais ("isso é racional") quanto bíblicas ("isso é bíblico"). R.C. estava lançando um fundamento para seu futuro ministério de ensino

27 Frank Charles Thompson, *The New Chain-Reference Bible*, 4th. ed. (Indianoplis, IN: B. B. Kirkbride, 1964), III-IV.

e estabelecendo um padrão que seguiria por toda a sua vida, um padrão de estudar a Bíblia, não apenas de ler a Bíblia.

Também em 1965, R.C., Vesta. Sherrie e o pequeno R.C. Jr., que eles chamavam de Craig (de Robert Craig Sproul), se mudaram para a casa desocupada de Jack Rogers, perto do *campus* do Westminster College, enquanto a família Rogers vivia em Amsterdã durante um ano. Jack Rogers se tornaria conhecido como o Rogers da "Proposta Rogers-McKin". Essa proposta, apresentada por Jack Rogers e Donald McKim em seu livro *The Authority and Interpretation of the Bible: An Historical Approach* (1979 - A Autoridade e a Interpretação da Bíblia: Uma Abordagem Histórica), argumentava que a inerrância não é uma doutrina histórica ou bíblica, mas havia se originado com os princetonianos, Hodge e Warfield, no final do século XIX. R.C. viria a se opor diretamente à proposta Rogers-McKim por meio de sua liderança do Conselho Internacional sobre Inerrância Bíblica. Isso seria posteriormente. Nesse ano acadêmico, 1965-1966, os Sprouls moraram na casa de Rogers, e R.C. trabalhava usando o escritório de Rogers.

Nesse ano, R.C. ensinou filosofia em sua alma mater. Ele ensinou introdução à filosofia e filosofia como matéria eletiva para veteranos. Toda noite, ele tinha alunos em sua casa, uns doze, para conversar e orar. R.C. dizia, às vezes, que tinham reuniões de oração que duravam até tarde da noite. Depois, ele tinha de acordar cedo no dia seguinte e estar pronto para uma aula às 8 horas da manhã, enquanto os alunos dormiam até mais tarde e matavam a aula. R.C. amou cada minuto de seu tempo no Westminster. Antes de acabar o ano, o presidente do Westminster College queria contratar R.C. permanentemente. Ao mesmo tempo, o Gordon College também convidou R.C. para fazer parte do corpo docente, principalmente por meio do Dr. Lamont, que estava servindo na diretoria. Os Sprouls foram para o Gordon College para alguns dias de entrevistas. Tudo correu muito bem, o que deixou R.C. perplexo quanto a decisão a tomar.

O TELEFONEMA MISTERIOSO

A mãe de R.C. tinha um amigo cujo filho Ed era amigo de R.C. durante o ensino fundamental e o ensino médio, embora Ed fosse quatro anos mais velho. Ed se tornou um piloto da Trans World Airlines (TWA), residente em Boston. Durante os dias de entrevistas, eles fizeram contato de novo para jantarem em Boston. Semanas depois, R.C. e Vesta estavam considerando as ofertas e ainda incertos quanto ao que fazer. R.C. se lembra de que oraram por grande parte de uma noite sobre o assunto e, depois, foram para cama. Às três horas da madrugada, o telefone tocou. Era Ed. Ele estava em Kansas City em uma parada temporária. Ele disse: "Sonny (o antigo nome de menino de R.C.), sei que isso não é da minha conta e não não tenho nenhuma agenda, mas senti um enorme peso no coração para telefonar para você e dizer-lhe que você tem de ir para o Gordon College."[28] R.C. falou com o Dr. Gerstner sobre o telefonema misterioso no meio da noite. Gerstner respondeu: "Deus pode intervir de uma maneira misteriosa nos mais austeros lares calvinistas."[29]

Os Sprouls deixaram o Westminster e foram para o Gordon College. Mas, antes de saírem, R.C. ensinou uma sessão de verão sobre introdução à teologia. Ele usou o Credo dos Apóstolos como a estrutura do curso. Parece que os alunos se conectaram realmente

28 Stephen Nichols com R.C. Sproul, entrevista pessoal, 12 de maio de 2017.
29 Stephen Nichols com R.C. Sproul, entrevista pessoal, 12 de maio de 2017.

com o material. R.C. fez um esforço para assegurar-se de que esse material fosse colocado em papel. Poderia haver um livro aqui.

Mais cedo naquela primavera, R.C. havia contatado Berkouwer para falar-lhe sobre os acontecimentos. Berkouwer fez os arranjos para que R.C. fosse supervisionado por Heiko Oberman (1930-2001), erudito em Reforma, o qual na época estava em Harvard. Tudo foi arranjado. Depois, no verão daquele ano, Oberman deixou Harvard para assumir uma função em Tübingen, na Alemanha.

R.C. e Berkouwer estabeleceram um plano para ele terminar suas provas e receber um "Drs.". No sistema acadêmico holandês, a abreviação "Drs." representa *doctorandus*, que significa "aquele que seria chamado doutor". É a graduação dada àqueles que terminam seu curso de estudo e provas, mas não escrevem a dissertação e não terminam o programa de doutorado.

A família Sproul se mudou para Wenham, em Massachusetts, para o Gordon College, no verão de 1966. Eles viveriam ali por dois anos. R.C. ensinava o curso de introdução bíblica para calouros. Antigo Testamento, no outono. Novo Testamento, na primavera. Ele tinha 250 alunos. A classe se reunia na capela. R.C. também ensinou cursos eletivos e de estudos avançados. Os alunos do Gordon Seminary ouviam falar desse novo professor e, às vezes, passavam ali para ouvir alguns minutos de sua aula. Alguns dos seminaristas até assistiam às aulas de R.C. sem direito a crédito. Ele ensinou outro curso de introdução à teologia, semelhante ao curso de verão em Westminster e usou, novamente, o Credo dos Apóstolos para estruturar as aulas do curso. Ele amava os alunos.

R.C. também apreciava seus colegas professores. Ele se lembra de ter ido a uma reunião da Sociedade Teológica Evangélica (STE) em Boston, com o Dr. Roger Nicole. R.C. apresentou um artigo sobre

Lutero, que mais tarde foi publicado — o primeiro artigo publicado por R.C. O artigo era intitulado *An Analysis of Martin Luther's The Bondage of the Will* (Uma Análise de A Escravidão da Vontade, de Martinho Lutero).[30] Pelo menos cinco coisas são dignas de destacarmos da primeira publicação de R.C. Em primeiro lugar, no parágrafo inicial, Sproul escreve sobre o pensamento de Lutero como tendo "uma relevância contemporânea" que "transcende em muito sua importância histórica".[31] Ele não estava interessado em pura análise; estava interessado em ajudar a igreja. Em segundo lugar, Sproul chama a atenção à afirmação de Lutero de que um teólogo tem de fazer asserções. Erasmo, a outra parte no debate de Lutero sobre a questão da escravidão da vontade, cometeu equívocos. Lutero fez asserções. R.C. amava isso. Em terceiro, R.C. suscita o ponto de que esse assunto não é uma questão irrelevante ou suplementar, pois o que está em jogo é fidelidade à Escritura e a uma doutrina bíblica essencial. R.C. o afirmou assim: "A doutrina da escravidão da vontade é importante não porque é derivada de alguma filosofia especulativa, mas por causa de sua conexão integral com o julgamento revelado de Deus sobre o pecado do homem."[32] Em quarto, R.C. percebe quão crucial isso é para o entendimento da Reforma quanto à salvação, notando a "centralidade" da questão da escravidão da vontade "para o *Sola Fide* e o *Sola Gratia* no pensamento de Lutero". Em seguida, R.C. cita Lutero: "Se um homem está convencido de que pode fazer até mesmo a menor contribuição à sua salvação, ele continua autoconfiante e não

30 Robert C. Sproul, "An Analysis of Martin Luther's *The Bondage of the Will*", *Gordon Review*, vol. 10 (Fall 1967): 215-29.

31 Sproul, "An Analysis of Martin Luther's *The Bondage of the Will*", 215

32 Sproul, "An Analysis of Martin Luther's *The Bondage of the Will*", 222.

totalmente desesperado de si mesmo."[33] Em quinto e último lugar, Sproul termina com esta sentença:

> [Lutero] determinou asseverar e proclamar não uma antropologia neutra, e sim a doçura e excelência que se acham na confissão doxológica: *Sola Fide! Sola Gratia! Soli Deo Glória!*[34]

Essa sentença precisa de esclarecimento. As palavras *doçura* e *excelência* procedem de Edwards. Identificamos essas palavras nos escritos de Jonathan Edwards. Mas também mostram que R.C. era um teólogo apaixonado. Para R.C., teologia não simplesmente permeava e cativava sua mente, mas também permeava as afeições. Quando R.C. falava de conhecer a Deus e ser transformado e renovado, estava querendo dizer mais do que um mero exercício intelectual. A teologia cativa e permeia toda a pessoa — coração, alma, mente e força. Esse artigo não somente revela o que R.C. pensa, mas também o que ele sente, o que ele ama. Vemos também, aqui, o uso dos *solas* como um paradigma para entendermos a teologia da Reforma, que R.C. dizia ser teologia bíblica. Finalmente, vemos a palavra *doxologia*. Isso quer dizer que estudar a Deus e conhecer a Deus resulta em louvar a Deus e adorar a Deus.

Esse artigo, apesentado na STE e publicado, representa as investidas iniciais de R.C. na comunidade acadêmica. Ele viria a escrever e ensinar mais para leigos e uma audiência mais ampla da igreja do que para a academia. Porém, mesmo aqui, nessa primeira publicação acadêmica, vemos a ênfase e o *ethos* dos escritos que estão por vir.

33 Sproul, "An Analysis of Martin Luther's *The Bondage of the Will*", 224. A citação é de Martinho Lutero, *The Bondage of the Will*, trad. J.I. Packer and O.R. Johnston (Westwood, NJ: Revell, 1957), 100.

34 Sproul, "An Analysis of Martin Luther's *The Bondage of the Will*", 229.

No entanto, no Gordon College, R.C. estava, de um modo geral, entristecido. Ele se lembra de contrair úlceras. A tristeza resultava de sentir-se um tanto fora de lugar. E realmente estava. Na época, o Gordon College refletia tendências fundamentalistas. R.C. e Vesta nunca haviam tido experiência com o fundamentalismo. Eles jogavam baralho e fumavam. Tudo isso era contra o código de conduta para alunos no Gordon College. R.C. se lembra de ser chamado ao escritório do deão. Enquanto esperava, a secretária do deão lhe disse: "Professor Sproul, você cheira como se houvesse ficado perto de alguém que estava fumando." Ele respondeu: "É claro que fiquei. Eu mesmo." Ela disse em retorno: "Uau! Estamos chegando ao ponto em que não mais podemos dizer quem é um verdadeiro cristão." R.C. tinha uma resposta para isso também. Ele disse: "Bem, eu sou um teólogo. Por isso, posso dizer-lhe que um verdadeiro cristão é alguém que ama a Cristo."

R.C. começou a enviar seu currículo. A Conwell School of Theology, da Temple University, na Filadélfia, precisava de um professor de filosofia e teologia. Sessenta e cinco eruditos se inscreveram para a vaga. R.C. foi convidado para uma entrevista. O presidente, Stuart Barton Babbage (1916-2012), um australiano anglicano evangélico, lera o artigo de R.C. sobre Lutero e viu que aquele jovem professor era promissor. Ele entrevistou R.C. e o contratou de imediato. R.C. se uniu a Philip Edgcumbe Hughes (1915-1990), outro australiano anglicano conservador, no ensino de filosofia e teologia. Antes de ir para a América, Hughes, com Geoffrey Bromiley e Stafford Wright, havia estabelecido a Tyndale Hall, em Bristol, como uma rigorosa escola de teologia acadêmica e confessional. Tendo já escrito dez livros, Hughes começara recentemente a trabalhar no que seria seu enorme comentário sobre Hebreus.

O SEMINÁRIO E A ESCOLA DOMINICAL

Os Sprouls se mudaram para Oreland, uma comunidade fora de Filadélfia, por causa da nova posição de R.C. na Conwell School of Theology. R.C. tinha uma parente em Oreland, uma tia, esposa do irmão de seu pai. Ela tinha filhos mais velhos que ajudaram a cuidar de Sherrie que, na época, estava no segundo ano, e Craig, ainda na pré-escola. Oreland estava a 1,6 Quilômetros de distância do Westminster Theological Seminary. R.C. gastou tempo visitando Van Til. Eles sentavam na varanda de Van Til, falavam holandês e comiam biscoitos assados pela Sra. Van Til. Naquele ano, o Westminster Seminary convidou D. Martyn Lloyd-Jones para ministrar uma série de palestras, que ele intitulou *The Preacher and Preaching* (Pregação e Pregadores), que foram posteriormente publicadas sob esse título.[35] Foi a primeira e a única vez que R.C. conheceu "o Doutor".

Aquele ano, 1968, foi também o primeiro ano do mandato de James Montegomery Boice (1938-2000) como pastor da Tenth Presbyterian Church. Boyce substituiu Mariano Di Gangi, que R.C. conheceu em 1965, por meio do grupo Presbyterians United for Biblical Confession.

R.C. ia diariamente de trem para a Filadélfia. Depois, fazia uma pequena caminha até ao *campus* da Temple University. Essa universidade havia sido fundada como Temple College, em 1887, por Russel Conwell, pastor da Grace Baptist Church, na Filadélfia, e autor de *Acres of Diamond* (1890 — Campos de Diamante). Conwell fez uma palestra no início da universidade que se tornou seu livro *best-seller*. Era uma protomensagem do evangelho da prosperidade. Um seminário teológico foi estabelecido como parte da universidade e teve

35 N do E: A Editora Fiel publicou em português a obra "Pregação e Pregadores".

o nome em honra ao fundador, Conwell Scholl of Theology. Foi ali que R.C. ensinou os cursos no currículo de teologia sistemática e um curso sobre a história do ateísmo.

Em um curso de história da filosofia, enquanto R.C. estava falando sobre as distinções de Kant sobre os tipos de juízos, R.C. segurou um pedaço de giz, riscou a sua testa e disse: "Este pedaço de giz não é realmente um pedaço de giz." Em seguida, ele pediu aos alunos que identificassem que tipo de juízo era esse. Todos ofereceram respostas sofisticadas. Um apresentou a afirmação de que o giz tinha a essência, mas não tinha a substância de giz. Um aluno, o bispo Walters, da African Methodist Episcopal Church, em Norristown, Pensilvânia, disse: "Eu não entendo esse tipo de conversa fiada." R.C. disse: "Exatamente!"

No Pittsburg Theological Seminary, R.C. tivera como professor Dietrich Ritschl, neto de Albrecht Ritschl. Ritschll dizia a R.C. e a outros alunos: "Deus é imutável em sua essência, e Deus é mutável em sua essência." Todos os colegas de classe de R.C. ficavam completamente tomados com a profundeza da afirmação. R.C. pensava, nas palavras do bispo Walters, que isso era nada mais do que conversa fiada. Absurdo.

O bispo Walters convidou R.C. para pregar em sua igreja. Era a primeira experiência de R.C. pregando em uma igreja afro-americana. À porta, quando o culto estava começando, o bispo Walters disse a R.C. que ele tinha uma hora e meia para pregar. R.C. nunca havia pregado mais do que trinta minutos até aquele momento. Ele decidiu simplesmente encadear três sermões juntos. Quando R.C. começou, a congregação se juntou a ele imediatamente, visto que a pregação era quase como um trabalho em equipe no contexto daquela igreja. Eles falavam "amém" continuamente e diziam: "Prega!, pregue, homem" e coisas assim. R.C. quase não podia ouvir a si mesmo pensando e não estava acostumado com aquela interação tão participativa do povo durante a pregação. Virou-se para o bispo e pediu que o ajudasse aquietando a congregação, para que ele pudesse pregar. No dia seguinte, na aula, os alunos estavam todos curiosos a respeito de como o culto havia sido. Todos perguntaram, não a R.C., mas ao bispo Walters: "Ei, bispo. O que aconteceu?" Walters prosseguiu:

> O professor começou a pregar. O povo estava gritando e berrando "Amém" e clamando em voz alta. E o pobre professor não podia ouvir seus próprios pensamentos. Por isso, tive de levantar-me e dizer à congregação que se aquietasse e deixasse o homem pregar. Ele conseguiu pregar, e, então, o Espírito nos visitou.

R.C. disse que esse foi o elogio mais elevado que recebeu por sua pregação em toda a sua vida: "E, então, o Espírito nos visitou."[36]

Conwell era um seminário batista, mas R.C. era um presbiteriano e ensinava doutrina da igreja. Os alunos estavam a algumas semanas de sua ordenação. E tiveram uma crise porque estavam achando convincente o argumento de R.C. em favor do ponto de vista presbiteriano sobre a ordenança do batismo.

Em 2 de julho de 1969, Neil Armstrong caminhou na lua. Naquela semana, Robert C. Sproul teve um artigo publicado na revista *Christianity Today*, com uma foto da lua na capa. Seu artigo intitulava-se *Existential Autonomy and Christian Freedom* (Autonomia

36 Nichols com Sproul, entrevista pessoal, 26 de maio de 2017.

Existencial e Liberdade Cristã).[37] Vesta se lembra da ocasião. Um dia, quando R.C. voltou para casa, mencionou ter ouvido falar que a *Christianity Today* pagava generosamente por artigos, por isso ele pensou em escrever um artigo e enviar-lhes. Vesta respondeu algo assim: "Certamente, vá em frente. Com certeza, o artigo será publicado.", talvez com um pouco de sarcasmo. No artigo, R.C. se opõe a Jean-Paul Sartre e Friedrich Nietzsche, com um pouco de ajuda de João Calvino e Gênesis 1. Sproul termina:

> O homem, como um filho adotado e participante da aliança, não perde sua subjetividade ou personalidade, mas recebe o mandamento (que é, ao mesmo tempo, um privilégio) de ter domínio sobre a terra. Esse mandato não aniquila o papel do homem no cosmos, nem o acorrenta à montanha, como Prometeu. Em vez disso, dá-lhe uma tarefa libertadora que envolve toda a criação. O novo homem em Cristo existe não como um objeto materializado, mas como um sujeito em relacionamento com Deus.[38]

R.C. se lembra do momento em que, depois de pegar o trem com destino à estação da North Street de Filadélfia e passar pelos quarteirões que levavam ao *campus* da Temple University e ao seu escritório, ele chegou ao *campus* e a seu escritório e compreendeu: "Estou realmente entediado. Estou entediado com isso."[39] Tinha vinte e nove anos de idade, quase chegando aos trinta, e estava no auge de sua carreira acadêmica. Era um professor em um seminário. Amava ensinar, mas estava entediado com a vida acadêmica.

---

37 Robert C. Sproul, "Existential Autonomy and Christian Freedom", *Christianity Today*, July 18, 1969, 12-14.

38 Sproul, "Existential Autonomy and Christian Freedom", 14.

39 Nichols com Sproul, entrevista pessoal, 26 de maio de 2017.

Mas ele amava ensinar na escola dominical da Oreland Presbyterian Church. Eram leigos educados, principalmente trabalhadores de colarinhos brancos da Filadélfia. Eram pessoas inteligentes e capazes, que amavam aprender e amavam o ensino de R.C. Ele recordou: "Foi meu primeiro gosto verdadeiro pela educação de adultos quando ensinei um curso sobre a pessoa e a obra de Cristo para bancários, médicos, advogados, empresários e donas de casa."[40] Quanto mais ele se aprofundava, mais eles ouviam. Queriam aprender, eram ávidos por aprender.

R.C. ficou chocado em descobrir que estava entediado de ensinar no seminário. Ficou ainda mais chocado em notar quão animado ficava ao ensinar pessoas leigas. Não é um exagero dizer que a visão concernente à organização Ligonier Ministries nasceu naquele momento e naquele lugar, durante 1968-1969, quando R.C. Sproul ensinava semanalmente sobre a pessoa de Cristo, na escola dominical da Oreland Presbyterian Church. Ele achou alunos famintos fora da sala de aula formal acadêmica. Isso se tornaria precisamente o método de operação e o *ethos* da Ligonier. Embora a visão tenha produzido seu primeiro botão em um subúrbio fora de Filadélfia, ainda haveria um pequeno desvio do curso até que se tornasse uma flor completa no Vale Ligonier, na Pensilvânia ocidental.

Houve o anúncio de que a Conwell School of Theology se fundiria com a Gordon Divinity School. Como parte da fusão, a Conwell deixaria o *campus* da Temple University, na Filadélfia, e se estabeleceria em Wenham, Massachusetts. R.C. fez de tudo para não sair dali, agora que o seminário no qual ele trabalhava estava se mudando para longe. E decidiu que não iria. Quando se espalhou pelo corpo docente da Gordon a notícia de que R.C. decidira não acompanhar a mudança, William Lane, um professor de Novo Testamento, pegou um trem e foi até a Filadélfia insistir pessoalmente com R.C. para

40 "Sproul Memoirs", sessão 5, gravada em 2012, Ligonier Ministries, Sanford, Flórida.

que ele ficasse no Gordon-Conwell Theological Seminary. Quando chegou a Filadélfia e se encontrou com R.C., o Dr. Lane relacionou a ocasião com Farel pedindo a Calvino para ficar em Genebra. R.C. respondeu que o Dr. Lane não era Farel, que ele mesmo não era Calvino e que o Gordon-Conwell não era Genebra.

Nesse ínterim, Jerry Kirk, pastor principal da College Hill Presbyterian Church, em Cincinnati, Ohio, convidou R.C. a unir-se à equipe pastoral. Jerry fora um pastor em New Wilmington, Pensilvânia, enquanto R.C. ensinava no Westminster College e queria que R.C. se unisse a ele. R.C. foi para a entrevista. Em seu sermão de candidato durante o período de entrevista, R.C. pregou pela primeira vez sobre Isaías 6. Ele ouvira John Guest pregar sobre Isaías 6 em uma conferência em Pittsburgh, e o sermão de Guest deixara impressão em R.C. Ele começou a meditar diligentemente sobre Isaías 6 e a declaração tríplice dos serafins. Era o verão de 1969, e os Sprouls se mudariam novamente. R.C. e Vesta, com nove anos de casados, haviam se mudado oito vezes, e uma delas foi para o outro lado do Atlântico. Dessa vez, eles se mudaram tão para oeste quanto jamais haviam feito e jamais fariam. A família se mudou para Cincinnati, para o território dos Bengals, uma demanda complicada para os fãs dos Steelers.

PROFESSOR

A função na College Hill era a de pastor auxiliar de evangelismo e missões. R.C. foi instituído em 14 de setembro de 1969, como pastor auxiliar de evangelismo, missões e teologia (R.C. pediu que acrescentassem teologia à descrição do trabalho e ao título). Ele conduzia um estudo bíblico semanal sobre Lucas que atraía pelo menos oitenta pessoas. Acabaram tendo tantas pessoas que R.C. ofereceu uma segunda sessão. Também pregava sobre Romanos nos domingos à noite. Além disso, ofereceu treinamento em evangelização. Para isso,

R.C. sentiu que ele mesmo precisava de treinamento. Em fevereiro de 1970, ele foi para a Flórida para assistir ao curso Evangelism Explosion (Evangelismo Explosivo), na Coral Ridge Presbyterian Chuch, com o Dr. James Kennedy e Archie Parrish. Archie Parrish lembra que R.C. retornou para a College Hill e, "em menos de seis meses, ele fez o que ninguém jamais fizera com Evangelismo Explosivo".[41] R.C. combinou sua pregação em Romanos com treinar pessoas em apresentar o evangelho. Houve uma rede de evangelistas por meio do ministério de R.C. na College Hill. Seu título de trabalho poderia ter sido reduzido a uma palavra: *professor*.

No entanto, R.C. sentia falta do tempo com alunos de faculdade e parecia estar anelando por algo mais. Desde seu tempo no Pittsburgh Seminary, R.C. esteve envolvido em uma variedade de ministérios em Pittsburgh. Havia os ministérios Young Life, InterVarsity Christian Fellowship, Coalition for Christian Outreach — conduzido por John Guest, e The Pittsburgh Experiment[42] — de Sam Shoemaker (1893-1963). Shoemaker iniciou o Pittsburgh Experiment, em 1955, na esperança de que "Pittsburgh seria tão famosa por causa de Deus quanto o era por causa do aço". O trabalho anterior de Shoemaker em Manhattan lançou o alicerce para o que se tornaria os Alcoólicos Anônimos. Ele era um sacerdote episcopal que tinha amor aos líderes de negócios e aos desfavorecidos. Reid Carpenter também reuniu seus esforços e, por fim, estabeleceu a Pittsburgh Leadership Foundation, em 1978.

---

41 Stephen Nichols com Archie Parrish, entrevista pessoal, 15 de agosto de 2019.

42 Ver Gary Scott Smith, *A History of Christianity in Pittsburgh* (Charleston, SC: History Press, 2019). O Dr. Smith dirigiu o departamento de história no Grove City College, para onde ele foi como um aluno. Durante seus dias na faculdade, Smith foi também um aluno no centro de estudo no Vale Ligonier.

Um dos benfeitores de algumas dessas organizações era Dora Hillman, esposa de John Hartwell Hillman Jr. (1880-1959). "Hart" havia transformado o negócio de seu pai em um pequeno império de empresas de manufatura, energia e química, negócios bancários e imóveis. Seu foco principal era a Pittsburgh Coke and Chemical, hoje Calgon Carbon. Os Hillmans, como muitas outras das famílias proeminentes de Pittsburgh, tinha uma casa no Vale Ligonier. R.C. descreveu, certa vez, o Vale Ligionier como o parque de diversão para todas as famílias importantes de Pittsburgh. Além dos Hillmans, os Mellons tinham uma casa lá, e, nas proximidades, em Mill Run, Frank Lloyd Wright construiu a Fallingwater (Casa da Cascata) para a família Kaufmann, em 1964.

Por meio desses contatos de Pittsburgh, R.C. foi convidado para ir a Saranac Lake, para falar em uma conferência de líderes do ministério Young Life, no verão de 1970. No ano anterior, o Young Life havia comprado um dos antigos grandes acampamentos espalhados por Saranac Lake. Esses acampamentos eram casas de verão requintadas, com garagens náuticas e dependências anexas, para a elite de Nova Iorque. Esse grande acampamento, em específico, havia sido propriedade de Adolph Lewisohn, um banqueiro de investimento, que também, a conselho de Thomas Edison, investiu sábia e pesadamente em mineração de cobre. Lewisohn construiu sua pequena vila entre as formações rochosas e florestas em Saranac Lake, nas montanhas Adirondack. A propriedade mudou de dono várias vezes depois da morte de Lewisohn, até que o Young Life a comprou em 1969 e a transformou em um retiro e centro de conferências. O verão de 1970 foi a estreia do grande acampamento.

R.C. decidiu que ensinaria uma série de cinco partes sobre a santidade de Deus.

4

LIGONIER

O Ligonier é um lugar para aprender.
TABLETALK

Uma lista dos lugares que moldaram R.C. até esta altura, em sua vida, seria algo assim:

Pittsburgh
Os palcos africano e italiano da Segunda Guerra Mundial
Forbes Field
Pleasant Hills
New Wilmington
Pittsburgh (de novo)
Amsterdã
Um apartamento em Bussum, na Holanda
New Wilmington (de novo)
Wenhan, Massachusetts
Filadélfia
Uma classe de escola dominical na Oreland Presbyterian Church
Cincinnati

O lugar seguinte é, sem dúvida, o único lugar que está ligado inseparavelmente com o nome e a vida de R.C. Sproul. O distrito de Ligonier, na Pensilvânia ocidental, tinha o mesmo nome do forte Ligonier, que fora assim designado em homenagem a John (Jean-Louis) Ligonier, de uma família de exilados huguenotes. John Ligonier subiu por todos os postos do exército britânico até chegar a comandante-chefe, em 1757, um título que agora pertence à rainha. Antes, o forte Ligonier era o forte Loyalhanna. Em novembro de 1758, o general John Forbes deixou o forte Loyalhanna e marchou contra o forte Duquesne mantido pelos franceses nas bifurcações do rio Ohio. Não houve batalha. Os franceses, sabendo que eram numericamente inferiores, explodiram o forte e se retiraram através do rio Ohio, de volta ao seu território no Norte. Forbes mudou o nome do forte Duquesne para "Forte Pitt", em honra a William Pitt, o Ancião, primeiro-ministro na época, e mudou, também, o nome do forte Loyalhanna em honra a John Ligonier, seu oficial superior, mencionado antes.[1]

Ao redor do forte e do distrito, há um vale, o Vale Ligonier, bem no meio dos montes Allegheny, que são parte da vasta cordilheira dos Montes Apalaches e que proporcionam visões panorâmicas magníficas. Como já mencionado, muitas das famílias ricas de Pittsburgh tinham casas no Vale Ligonier.

De sua casa encravada no topo de um dos montes mais altos na região, Dora Hillman observava a propriedade de seu falecido magnata industrial, J. Hartwell Hillman, e observava a Hilltop Farm. Ela tinha grande interesse pelo ministério em Pittsburgh e na Pensilvânia ocidental, apoiando uma extensa lista de organizações, inclusive a Young Life.

---

1 Ver *War for Empire in Western Pennsylvania* (Ligonier, PA: Fort Ligonier Association, 1993).

Em 1970, quando R.C. foi convidado a falar na conferência da Young Life em Saranac Lake, Dora Hillman estava lá. Ficou tão impressionada com aquele jovem professor dinâmico, que lhe perguntou o que ele mais desejava se pudesse ter qualquer coisa. Ele lhe disse que sonhava em ter um centro de estudo, onde ele e outros poderiam ensinar uma vasta gama de assuntos, girando todos ao redor do singular assunto de teologia. Antes da conferência, John Guest, o Dr. Robert Lamont e Reid Carpenter já tinham falado com Dora sobre começarem um centro de estudo em Pittsburgh; e pensavam especificamente em arregimentar R.C. para administrá-lo. Eles, como R.C., visualizavam que esse centro de estudo seria no coração de Pittsburgh, muito provavelmente no bairro de Oakland, bem perto dos *campi* da University of Pittsburgh e da Carnegie-Mellon University. Isso era o "Areópago" para R.C.

Era o final do verão de 1970. Os planos começaram a entrar em operação.

21 HECTARES

R.C. sonhava com um centro de estudos no coração acadêmico de Pittsburgh, mas Dora tinha outros planos quanto à localização. Ela estava de olho em uma propriedade de 21 hectares que estava à venda a dois ou três quilômetros de sua própria Hilltop Farm. Ela a comprou. Tinha uma estrutura deteriorada, uma casa de pedra, perto da entrada. Distante da casa, havia árvores, rochas, tufos de grama aqui e ali, campos e um laguinho.

A cidade mais próxima, a três quilômetros de distância, era Stahlstown, que tinha cerca de duzentos habitantes e seu único cruzamento (o qual não necessitava de semáforo). O distrito de Ligonier estava a 19 quilômetros de distância. E Pittsburgh estava a 80 quilômetros ao noroeste. Dizer que a propriedade que Dora Hillman comprou era no meio de lugar nenhum seria mais próximo da verdade.

Durante os meses de inverno e primavera de 1970-1971, Dora mandou fazer o projeto para uma casa de um único andar e começou a construção. Ela decidiu eliminar as paredes ao redor da sala de estar, sala de jantar e sala da família. Conjugado, esse novo espaço acomodaria grupos de oitenta e cinco pessoas, ou mais, lotado. As paredes do banheiro foram deixadas de pé. Essa estrutura seria chamada "Casa de Palestras". Seria o lar para os Sprouls, bem como o lugar de palestras para o centro de estudo e, evidentemente, os escritórios do Ligonier.[2] A estrutura na entrada era chamada, apropriadamente, de "Casa de Pedra". E isso constituía o Centro de Estudo Vale Ligonier em 1970.

Enquanto isso, os Sprouls estavam ocupados. Estavam arrumando a sua mudança em Cincinnati. Essa seria a nona mudança (em onze anos). R.C. se encontrou com Francis Schaeffer para aprender o que pudesse da experiência dele no L'abri Fellowship. Schaeffer lhes disse que uma coisa a que deviam atentar era quão abrangente esse ministério seria para os Sprouls. Em essência, eles estavam assumindo um compromisso de vinte e quatro horas por dia, sete dias por semana. Haveria pessoas em seu lar para refeições, e à noite até bem tarde, e nos fins de semanas. R.C. reconheceu que, enquanto o L'abri era principalmente evangelístico em seu alcance, o centro de estudo teria como alvo um audiência cristã e se focalizaria mais em educação cristã. Apesar disso, havia muitas semelhanças entre os dois empreendimentos, e R.C. ficou grato pelo conselho de Schaeffer.

2 Stephen Nichols com R.C. Sproul, entrevista pessoal, 23 de junho de 2017.

Durante o inverno e a primavera, R.C. fez muitas viagens de carro de Cincinnati a Pittsburgh, para reunir-se com Guest, Carpenter, Lamont e outros, para estabelecerem as bases do centro de estudo. Também se reuniu com funcionários da Eli Lilly Foundation, para tratar de uma doação. Embora Dora houvesse dado a propriedade, ainda havia a necessidade de cobrir as despesas de operação. O centro de estudo seria edificado com base em doações — R.C. chegaria a dizer: "Faça sua lista de doadores, apresente suas necessidades a seus doadores." E haveria alguma receita proveniente da pequena taxa cobrada pelas aulas que seriam oferecidas. Mas esse fluxo de receitas exigiria algum tempo para ser cultivado. Receitas procedentes da doação pareciam promissoras como resultado do encontro inicial e dos subsequentes com a Lilly Foundation. Mas pouco antes de os Sprouls fazerem sua mudança de Cincinnati, receberam um telefonema da fundação com a desagradável notícia de que o centro de estudo não receberia a doação. Esse foi o primeiro, mas não o último, desafio financeiro significativo que os Sprouls e o centro de estudo enfrentariam.

Terminada a construção da casa, Dora mandou pelos correios as chaves para os Sprouls. Eles se mudaram e abriram o Centro de Estudo Vale Ligonier em 1971. Quando chegaram, Dora lhes havia deixado um presente de celebração da mudança, dois cães da raça pastor alemão. Eram irmão e irmã, nascidos em Palm Sunday, de uma fêmea de propriedade de Dora e um macho de propriedade dos Mellons. Os cães tinham um *pedigree* igual a seus donos humanos. Dora já lhes dera nomes: Halleluja e Hosanna — Hallie, a fêmea, e Hosie, o macho, em forma abreviada. Eles eram, nas palavras de R.C., "animais magníficos". Os Sprouls possuiriam pastores alemães de 1971 até Roxie, o último, que morreu em 2016.

O centro de estudo era uma comunhão de ensino e um lugar para aprender. R.C. era o professor principal, mas não o único. Um dos professores era Jackie Shelton. Ela veio pela primeira vez ao centro de estudo como aluna, no verão de 1975. No outono de 1976, ela era professora auxiliar em um curso intitulado "Analisando a Cultura do Século XX". Também ensinou cursos sobre vida cristã e aconselhamento, e estudou para doutorado em psicologia na Universidade de Pittsburgh. Stu Boehmig, um graduado do Gordon-Conwell Theological Seminary, serviu como palestrante e tinha a função de diretor executivo. Bill White ensinou psicologia e aconselhamento. Tim Couch ensinou vários cursos e supervisionou aconselhamento vocacional para os alunos. Art Lindsley ensinou teologia, ética e apologética. Art se uniu a R.C. e John Gerstner para escreverem *Classical Apologetics* (Apologética Clássica), publicado em 1984. R.C. e cinco outros professores formavam o corpo docente residente. Além disso, o centro de estudo hospedava regularmente palestrantes e professores visitantes, de várias faculdades e seminários. Bíblia e teologia eram o eixo do ensino, associadas a cursos de aconselhamento vocacional e de carreira, relacionamentos, ética, filosofia e educação física. O centro de estudo oferecia estudos bíblicos semanais, programas de estudo personalizados desde duas semanas até dois anos e, por fim, cursos para créditos de faculdade. Grupos de igreja iam aos fins de semana; o favorito de todos era a reunião de conversas informais na noite de segunda-feira, em que nenhuma pergunta era proibida. Os alunos do centro de estudo incluíam de adolescentes a aposentados.

Um desses adolescentes estava andando pelo estacionamento do Monroville Mall, um dos primeiros *shoppings centers* construídos na Pensilvânia. Chegou um carro cheio de colegas adolescentes; alguns ele conhecia, e alguns não. Disseram-lhe: "Estamos indo para um estudo bíblico nas montanhas. Quer ir conosco?" Ele entrou e abarrotou o carro. E pegaram a rodovia Pennsylvania Turnpike. Alguns quilômetros depois da saída Donegal, eles estacionaram no centro de estudo. Depois, o adolescente ficou sentado, de pernas cruzadas, no assoalho da sala de estar de R.C., ouvindo ensinos que ele nunca tinha ouvido. Esse adolescente retornou muitas vezes. Foi estudar engenharia e, por fim, mudou-se para Denver. Sendo um leigo, ele ensinava ocasionalmente na escola dominical e criou sua família. Quando R.C. surgiu no rádio algumas décadas depois, ele ouvia diariamente. É um estudante vitalício de teologia. Essa história poderia ser contada literalmente milhares de vezes.

O AGORA MESMO É IMPORTANTE PARA SEMPRE

O Vale Ligonier era o lugar. Era difícil chegar lá, e mais difícil ainda nos invernos, quando a neve se acumulava. Mas seu isolamento permitia que os alunos se focalizassem, sem distrações, no tópico e nas pessoas do centro de estudo. Era importante para R.C. que a educação teológica acontecesse no contexto de vida real. Ele apreciava ensinar, apreciava os tempos de oração, apreciava as refeições e as lendárias partidas de *softbol*. Era perto o suficiente de Pittsburgh para R.C. e o centro de estudo terem um grande impacto na cidade.

O ano 1970 era o tempo. Esse foi o tempo dos *hippies*, Woodstock e da revolução sexual. Era a cultura do "ligue-se, sintonize-se e caia fora". Os anos 1970 pareciam ser um tempo em que as pessoas estavam fixadas no presente e queriam ter pouco a ver com o passado. Foi um tempo em que as pessoas viviam para o momento, com pouca consideração pelas consequências futuras — ou mesmo por um futuro. Foi também a cultura da igreja subterrânea e do Jesus Movement (Movimento Jesus). Muitos jovens, envolvidos inicialmente na revolução cultural, foram salvos em concertos, ou nas ruas, ou em qualquer uma das igrejas de fachada nas cidades da América. E acabavam no centro de estudo para serem ensinados e discipulados.

R.C. estava interessado em um movimento de contracultura que tivesse raízes teológicas e eclesiásticas. Em sua coluna, no segundo número da *Tabletalk*, de 1º de julho de 1977, ele abordou a revolução sexual. E perguntou, depois de catalogar a reviravolta causada pela revolução sexual: "Como o cristão lida com tudo isso?" Depois, respondeu:

> Em análise final, ficamos com o impedimento com o qual começamos — a santidade de Deus e sua autoridade de ordenar obediência de nossa parte. Precisamos de uma nova visão clara de quem Deus é. Precisamos de encorajamento da comunidade cristã como um modelo. Precisamos ver "o caminho mais excelente". (...) O modo como os cristãos lidam com a revolução agora terá importância para sempre.[3]

Os Sprouls não estavam sozinhos na obra do centro de estudo. Jim e Kathy Thompson se mudaram com eles de Cincinnati. Jim era um executivo da Procter & Gamble e compilou uma biblioteca de empréstimo de fitas cassetes do ensino de R.C. Ele ajudava nas operações e gravava R.C. em fitas, supervisionando a produção e distribuição do ensino de R.C. em fitas cassetes. Depois de alguns anos de acumular fitas, a Ligonier Ministries comprou o catálogo dos Thompsons e assumiu o ministério de fitas. O catálogo acrescentou fitas dos outros professores do centro de estudo. Fitas

---

3 R.C. Sproul, "Right Now Counts Forever: The Sex Revolution and the Christian", *Tabletalk*, vol. 1, July 1, 1977, 2.

cassetes saíam para todo o país a partir do pequeno posto de correio rural de Stahlstown.

Steve e Janice Gooder também se uniram à equipe em Ligonier. Janice foi a primeira editora de um boletim que saía do centro de estudo. O primeiro volume, publicado em 1º de junho de 1977, consistia em um total de doze páginas, de 27x43 cm, dobradas no meio e grampeadas no centro. Foi enviado pelo correio para cerca de cem pessoas, com outros cem (ou mais) distribuídos no centro de estudo. Tem sido publicado mensalmente pela Ligonier Ministries desde então com o título original, *Tabletalk*. Essa primeira edição tinha uma coluna escrita por R.C. Ele a intitulou *Right Now Counts Forever* (O Agora Mesmo é Importante para Sempre). A primeira parte da coluna era intitulada "A Geração Pepsi". A cosmovisão prevalecente de secularismo afirmava que o agora mesmo é importante apenas para agora. R.C. discordava disso e, em seu lugar, afirmava que o agora mesmo é importante para sempre.

O formato para aqueles primeiros anos da *Tabletalk* era: uma história manchete na página da frente; a coluna de R.C. na segunda página; um perfil de um ou dois alunos; um artigo escrito por um professor da equipe, geralmente sobre um tema bíblico; uma página para apresentar um membro da equipe ou professor do centro de estudo; depois, uma página dupla no centro, que anunciava a série de palestras e os seminários vindouros a serem oferecidos no centro de estudo, seguida por uma página de ofertas dos cassetes do ministério Ligonier; depois, seguia a resposta de R.C. a uma pergunta em uma seção intitulada *Ask R. C.* (Pergunte a R.C.). Em seguida, vinham alguns itens novos do centro de estudo em uma coluna intitulada *The Field Mouse* (O Rato do Campo). Ali você saberia, por exemplo, que "Sherrie Sproul está em seu terceiro ano de ensino médio e teve licença de aprendiz para dirigir. Saiam da frente, pessoal!"[4] Noutra, você saberia que R.C. tinha um novo conjunto de *jogging* e podia ser visto correndo pelas estradas nas colinas do Vale Ligonier ou fazendo polichinelos em sua varanda. Embora fosse peculiar, o *Rato do Campo* dava às pessoas um senso de que estavam lá, e as pessoas gostavam muito disso no que diz respeito ao centro de estudo. Era o ensino, mas era também o *ethos*, o contexto e o lugar que eram tão especiais para todos os alunos visitantes. Ninguém mais estava fazendo algo assim.

De certo modo, R.C. via o centro de estudo como preenchendo uma lacuna — a lacuna entre a escola dominical e o seminário. Ele não estava interessado em começar um seminário. De fato, Stuart Babbage tentou em vão levar R.C. para ser presidente de um seminário na Filadélfia — quando o Conwell parou, mudou para Massachusetts e se fundiu com o Gordon. Houve uma tentativa de começar um seminário na Filadélfia, para servir a pastores que já ministravam lá. R.C. não tinha o menor desejo de fazer isso. Ele deixara a academia. Também estava preocupado com o liberalismo epidêmico que marcava alguns dos seminários outrora confessionais, como o Pittsburgh Theological Seminary ou Princeton. Ao mesmo tempo, R.C. também percebeu que um número significativo de leigos, jovens e velhos, desejavam ensino bíblico, teológico e filosófico profundo. Alguns poderiam estar interessados em seguir alguma forma de ministério de tempo integral; muitos, porém, não estavam. Estavam se preparando para carreiras em outras áreas, mas queriam ser cristãos prudentes e informados. Vesta expressou muito sucintamente todo o propósito do Ligonier quando disse que eles queriam que o Ligonier fosse um lugar onde pessoas podiam achar respostas — respostas provadas, confiáveis, bíblica e confessionalmente fiéis.

4 "The Field Mouse", *Tabletalk*, vol. 1, October 1, 1977.

Outro casal de Cincinnati que amava o ensino de R.C. era Jack e Linda Rowley. Jack se aposentara da Força Área; depois, trabalhou para a General Electric, supervisionando seu programa de educação televisivo para mecânicos de motores. Usando a nova tecnologia de gravador de videocassete, Jack filmava e produzia fitas de ensino para mecânicos e engenheiros. A General Electric vendia, por exemplo, motores a jato para a Força Aérea Israelense. Jack liderava uma equipe que produzia vídeo-aulas passo a passo. Durante o verão, a família Rowley tirava suas férias no centro de estudo. Certa vez, em 1974, Jack levou seu equipamento de gravação e perguntou a R.C. se ele se importava que ele gravasse em fitas as sessões de ensino, a fim de levar para sua classe de estudo bíblico em Cincinnati. A série de palestras que Jack gravou foi sobre a santidade de Deus.

Um casal vindo de Wichita, Ohio, visitou o centro de estudo. Quando ouviram falar da possiblidade de gravação em videocassete, compraram equipamentos para aparelhar todo um estúdio. Nessa altura, Jack anunciou sua aposentadoria da General Electric, e os Rowleys se mudaram permanentemente para o Ligonier. Jack assumiu a função de diretor de mídia. Muito frequentemente, ele podia ser achado por trás de uma câmera de vídeo. Logo, pacotes de VHS estavam sendo enviados para todo o país, com o carimbo do posto de correio de Stahlstown.

Nesse tempo, havia pouco material disponível de estudo bíblico e teológico para adultos. Ninguém estava produzindo material em vídeo. O Ligonier achou que tinha de dar aparelhos de videocassete às igrejas para que pudessem fazer pedidos das séries em fitas VHS. O Ligonier até produziu um livrete intitulado *Is Your Church Ready for Video Tapes?* (A Sua Igreja Está Pronta para Fitas de Vídeo?). Era um avanço radical para uma grande tecnologia de vanguarda.

Os Sprouls sentiam constantemente a pressão do ministério, não tendo lugar algum para onde escapar em sua própria casa. Se quisessem privacidade, o único lugar para o qual poderiam ir era o banheiro. R.C. se lembra: "Haveria um fim de semana ocasional em que não teríamos nenhum seminário e teríamos um domingo de folga. E lá vinham 'os turistas'. Eles queriam ver o centro de estudo. Queriam ver a nossa casa."[5] Depois de residirem três anos na casa de palestras, eles se mudaram. Preservaram os cômodos grandes para as palestras e converteram os outros cômodos em escritórios. R.C. e Vesta construíram outra casa na propriedade, uns 450 metros acima na colina. Moraram lá por três anos, mas ela ainda não lhes proporcionava muita privacidade. Os Rowleys se mudaram para lá, e os Sprouls construíram uma terceira casa, distante uns 800 metros, inserida 2,8 hectares nas matas. Uma reforma consistiu em acrescentar um cômodo na parte de trás, proporcionando um piso para R.C. e Vesta praticarem seu *hobby* de dança de salão. Eles tinham na casa reuniões semanais da equipe, que sempre terminavam com orações sobre pedidos que eram enviados ao centro de estudo.

FAZENDO CONEXÕES

Um das fitas cassete foi comprada por Michael Cromartie (1950-2017). Cromartie conheceu e ouviu R.C. pela primeira vez quando R.C. visitou o Covenant College e a Lookout Mountain Presbyterian Church, em Lookout Mountain, que se estende pela divisa de Tennessee e Geórgia e oferece uma vista panorâmica de Chattanooga. R.C. fora convidado para ir lá por um pastor auxiliar da igreja. Esse pastor fizera parte da equipe do Young Life antes de ir para a Lookout Mountain Presbyterian Church. Ele fora um dos que

5 "Sproul Memoirs", sessão 8, gravada em 2014, Ligonier Ministries, Sanford, Flórida.

estiveram presentes na conferência em Saranac Lake, no verão de 1970. Convidou R.C. para pregar na igreja e conduzir uma série de conferências. Nessa viagem, R.C. ministrou também uma palestra para empresários em Chattanooga e falou na capela do Covenant College. Os Sprouls amaram aquela cidade e conheceram pessoas que se tornaram amigos duradouros. Foi o começo de muitas viagens a Chattanooga. Com o passar do tempo, conheceram membros da família Maclellan. Mais tarde, a Fundação Maclellan ajudaria no sustento do Ministério Ligonier.

Michael Cromartie era presidente do corpo de alunos no Covenant College e serviu como anfitrião de R.C. naquela primeira visita. Depois de falar na capela, R.C. foi para a casa de Gordon Haddon Clark (1902-1985) para um jantar. Isso foi uma grande honra para R.C. Ele havia usado um dos livros de Clark, *From Thales to Dewey*, como livro-texto e o considerou uma análise excelente da história de ideias. Clark estava do lado dos pressuposicionalistas no que diz respeito à apologética, e se opunha a abordagem clássica tanto de Gerstner quanto de R.C. Durante o jantar, Clark tentou criticar a abordagem de R.C., associando-o à mesma linha de pensamento de Tomás de Aquino e Warfield, mas R.C. aceitou isso como um grande elogio.[6]

Cromartie se formou e assumiu uma função como assistente pessoal de Chuck Colson (1931-2012). Cromartie levava Chuck de carro para falar em eventos e reuniões. Em uma longa viagem, ele perguntou a Chuck, que estava no banco de trás e trabalhava enquanto andavam de carro, se ele se importaria com que ele colocasse para tocar uma fita cassete que acabara de receber na correspondência. Era a série de R.C. sobre a santidade de Deus. A atenção de Chuck

6 Nichols com Sproul, entrevista pessoal, 23 de junho de 2017.

estava fixa nos papéis que levava consigo e, por isso, quase não ouvia. Mas, mais tarde, ele começou a prestar atenção e, então, largou seus papéis completamente. Chuck disse a Cromartie que gostaria de falar com aquele homem, R.C. Sproul.

Chuck fez uma visita ao centro de estudo. Isso foi o começo de uma amizade profunda. A organização Prison Fellowship usou as fitas de áudio e vídeo de R.C. para treinar sua equipe e levar às prisões. Por meio de amizades que Chuck tinha em Washington, ele conseguia trabalho prisional para detentos federais por duas semanas cada ano. Em uma semana, ele os tinha em Washington; na outra, os levava ao centro de estudo. O centro de estudo não era uma propriedade segura — nenhum portão, nenhuma cerca, nenhuma câmera — e eles nunca tiveram um único problema com os prisioneiros no local.

R.C. e Chuck também serviram um ao outro no conselho administrativo de seus ministérios. Depois do enorme sucesso de seu livro *Born Again* (1976 - Nascido de Novo),[7] Chuck continuou a escrever livros. Ele dava seus manuscritos a Carl F.H. Henry e R.C. para checarem a teologia. Eles eram amigos e tinham um profundo respeito um pelo outro. Certa vez, Chuck convidou R.C. e Vesta a se unirem a ele para um tempo de férias na casa de Chuck, em Nápolis. Se você perguntasse a R.C., ele lhe diria que sua cidade favorita no mundo era Praga, mas seu lugar favorito para férias era Nápolis. Certa vez, ele disse que, embora fosse sacerdote nesta vida, esperava que na vida por vir, nos novos Céus e nova Terra, ele seria um rei em Nápolis. Os Sprouls apreciaram imensamente o tempo com os Colsons. Em determinado momento, a conversa se voltou para trabalho, e eles começaram a entreter a ideia de fusão entre os dois ministérios, Prison Fellowship e Ligonier. A fusão seria um compartilhamento igual de tudo.

7 Charles Colson, *Born Again* (Old Tappan, NJ: Chosen, 1976).

R.C. levou o plano para seu conselho administrativo, e eles o apoiaram como fora esboçado. No entanto, quando foram para a reunião dos dois conselhos, os detalhes eram tais que a fusão não era compartilhamento igual. O conselho do Ligonier, sem incluir Chuck, não concordou com o plano. Foi uma reunião tensa mas, depois, os dois ministérios continuaram trabalhando juntos, e R.C. e Chuck permaneceram amigos.[8]

VALOR DA PESSOA

Outro membro do conselho do Ligonier era um ex-técnico de R.C. em um time de basquete, Wayne Alderson. R.C. escreveu a biografia de Alderson, *Stronger than Steel: The Wayne Alderson Story* (Mais Forte do que o Aço: A História de Wayne Alderson), que foi publicada em 1980.[9] Alderson era de Pleasant Hills, o antigo bairro de R.C. e Vesta. Era um técnico auxiliar de um time de basquete em uma liga de igrejas da área metropolitana de Pittsburgh, no qual R.C. jogou durante o ensino médio. Posteriormente, Alderson foi vice-presidente de operações na Pittron Foundry, uma siderúrgica que estava muito perto de fechar as portas. Alderson foi ao centro de estudo com um grupo da igreja para um seminário. R.C. desfrutou de um tempo de reunião com seu ex-técnico. Alderson explicou-lhe a situação em que estava e a péssima condição da siderúrgica. Alderson queria colocar sua fé em ação e aplicar sua cosmovisão e ética bíblica na siderúrgica. Pensava em como poderia sair fazendo isso intensamente. Começou com os pressupostos básicos de dignidade e respeito humano. Começou a abordar todos os aspectos de seu trabalho com base nessa perspectiva. E a Pittron começou a mudar de situação, tornando-se

8 Nichols com Sproul, entrevista pessoal, 23 de junho de 2017.

9 R.C. Sproul, *Stronger than Steel: The Wayne Alderson Story* (New York: Harper & Row, 1980).

depois muito bem-sucedida. Analistas de indústria foram tentados a usar a linguagem bíblica de milagre para descrever o que Alderson conseguiu. Alderson chamou sua abordagem de "Valor da Pessoa", que enfatizava dignidade e respeito. A biografia escrita por R.C. relata como o absenteísmo caiu a quase zero entre os trabalhadores e houve um nível de produtividade sem precedente. Executivos visitavam os trabalhadores ou seus familiares se estavam em um hospital. Alderson começou um estudo bíblico entre os operários da siderúrgica e organizou cafés da manhã de oração para funcionários da administração. Na Pittron, Alderson plantou uma cultura de dignidade e respeito. Depois, ele quis replicar isso em outras siderúrgicas e entre outras indústrias em Pittsburgh. R.C. se uniu a ele.

Foram acompanhados também por Francis John "Lefty" Scumaci, um delegado sindical pela International Steel Workers. Scumaci fora um jogador de beisebol no sistema de base no Boston Red Sox. Ele tinha uma tendência para maldade. Foi despedido muitas vezes e se envolveu em várias greves selvagens. Foi enviado à Pittron para espionar Alderson. Lefty assistiu a um dos estudos bíblicos para ver o que estava realmente acontecendo. Ele se viu humilhado e, depois, foi convertido. Ele e Alderson se tornaram logo amigos. Alderson o apresentou a R.C. Posteriormente, Scumaci serviria no conselho do Ligonier.

Alderson, R.C. e Lefty eram uma equipe formidável. Visitaram companhias da lista Fortune 500 em Pittsburgh e na Pensilvânia ocidental, palestravam e lideravam seminários entre executivos. Depois, visitaram auditórios de sindicatos no "Vale do Aço". Colarinhos brancos de manhã, colarinhos azuis à tarde. R.C. começava o dia com um paletó e uma gravata. A caminho do auditório do sindicato, ele retirava o paletó e a gravata e enrolava as mangas da camisa. Quando atravessavam a porta do auditório, ele já estava pronto.

Às vezes, grupos de funcionários administrativos vinham até R.C. Antes de abrir sua fábrica em New Stanton, Pensilvânia, onde faria o Rabbit, a Volkswagen enviou uma equipe de 56 supervisores para o centro de estudo, para quatro dias de seminários. R.C. explicou: "Uma das maiores áreas de sofrimento da sociedade é nas relações entre trabalhadores e administração; é nessa área que pessoas se prejudicam mais, porque os problemas no trabalho afetam toda a vida de uma pessoa. Gostaríamos de reduzir as hostilidades e o sofrimento no trabalho do mundo." Um dos supervisores atestou: "Vim para esses seminários como alguém totalmente cético. Agora quero ser o melhor supervisor que eu possa ser e quero aprender tudo que eu puder a respeito de Jesus Cristo."[10]

O centro de estudo tinha uma lista fascinante de alunos. Richard Lints ajudou nos serviços de manutenção e estudou lá. Ele se tornaria um professor de teologia. Howard Griffith ensinou no Reformed Theological Seminary até à sua morte, em 2019. Bill Hybels teve aulas no centro de estudo. Tim Keller e sua esposa, antes de se casarem, estudaram lá. De fato, R.C. fez o casamento de Tim e Kathy Keller. Rebecca Manley, que se tornaria Rebecca Manley Pippert, estudou lá. Mike Ford, filho do presidente Gerald Ford, estudou lá por vários meses, como o fez Russ Pullian, premiado jornalista do *Indianapolis Star*.

Russ se graduara e já havia trabalhado por alguns anos como repórter da *Associated Press*, na cidade de Nova Iorque. Após deixar esse cargo, ele disse: "Eu estava procurando oportunidades para desenvolver um conhecimento melhor da Bíblia e sua aplicação a

10 "It's Rabbit at Ligonier", *Tabletalk*, vol. 2, April 1978, 1.

jornalismo, política, cultura, etnia e questões relacionadas à vida na cidade." Achou isso no centro de estudo. Fez um seminário e voltou depois para um estudo de leitura supervisionada, por dois meses, e acrescentou: "Também desfrutei a oportunidade de andar descalço por aqui e rachar um número infinito de troncos para lenha."[11]

Lee Baker estava procurando um lugar que a ajudasse a fazer a conexão entre estudo bíblico e arte, pois já havia obtido seu bacharelado em belas artes. Por isso, ela foi ao centro de estudo sete vezes, dizendo que voltaria. Ela comentou sobre o centro de estudo: "Meu apetite por ler foi despertado e ganhei discernimento valioso sobre como a cultura chegou ao estado em que se encontra e sobre a nossa responsabilidade de entendermos o que nossa cultura está pensando."[12]

Alunos de faculdade que iam ao centro de estudo queriam mais, e logo as faculdades se aproximaram de R.C. e lhe pediram que oferecesse cursos em janeiro que valiam créditos. Cerca de doze faculdades na Pensilvânia ocidental e Ohio davam créditos de faculdade pelos cursos feitos com R.C. Alunos do Geneva College, Grove City College, Westminster College e outros lugares faziam cursos de filosofia e Bíblia e recebiam os créditos por esses cursos. R.C. se lembra de como os alunos apreciavam o tempo ali. Tinham apenas uma única matéria; por isso, podiam se concentrar nela. E, com toda a neve ao redor, podiam até esquiar um pouco. Por sua vez, R.C. apreciava ensiná-los. Achou que os alunos de faculdade eram muito ensináveis. Às vezes, seminaristas tinham a distração do trabalho e da família e, como R.C. observou, já tinham suas posições e pontos

11 "Student Life", *Tabletalk*, vol. 1, September 1, 1977, 4.

12 "Student Life", *Tabletalk*.

de vistas cristalizados na maioria dos assuntos. Mas os alunos de faculdade eram como esponjas, e R.C. amava o desafio de impactá-los.

De todos os alunos que estiveram no centro de estudo, Harvey se destacava na memória de R.C. Harvey tinha paralisia cerebral e esteve no centro de estudo durante alguns verões e algumas temporadas de janeiro. Em sua faculdade, um grupo de carismáticos tentara curá-lo. Quando os esforços deles não funcionaram, disseram a Harvey que ele não era curado porque não tinha fé e, provavelmente, não era nem mesmo cristão. Na vez seguinte em que ele foi ao centro de estudo, contou a R.C. o que tinha acontecido. R.C. assegurou-lhe que ele tinha fé e que era realmente um cristão. E oraram juntos. Em algum momento da oração, R.C. orou estas palavras: "Senhor, por favor, ajude este homem a entender que ele está totalmente justificado aos teus olhos e está vestido com a justiça de Cristo." Quando terminaram, R.C. observou lágrimas escorrendo pela face de Harvey. R.C. lhe perguntou o que estava errado. E Harvey respondeu: "Essa é a primeira vez, em toda a minha vida, que alguém me chamou de homem." R.C. disse: "Nós amamos Harvey.", e continuaram a manter contato por várias décadas depois.[13]

O centro de estudo no Vale Ligonier também dava a R.C. ocasião para satisfazer seus três *hobbies*: caçar, golfe e os Steelers. Os Steelers tinham um campo de treino perto do Saint Vicent College, em Latrobe, e aquele foi o tempo do domínio dos Steelers, vencendo o Super Bowl em 1975, 1976, 1979 e 1980.

A Pensilvânia ocidental é conhecida pela atividade de caça. Distritos escolares consideravam o primeiro dia da temporada de caça ao cervo como um feriado. A propriedade no Vale Ligonier oferecia abundância de oportunidades, e os cães sempre acompanhavam. Os

13 "Sproul Memoirs", sessão 8.

filhotes de cães também iam. Às vezes, isso atrapalhava o objetivo de capturar o cervo. Por isso, para manter os cães contentes em casa, R.C. colocava uma de suas fitas de ensino no toca-fitas e ligava-o; assim, os cães pensavam que ele estava no cômodo atrás da porta fechada. Depois, ele escapulia devagar pela janela do escritório, e os cães não sabiam que ele havia saído. Em certa ocasião, Vesta foi com ele para caçar. Ele conseguia fazer uma boa imitação de uma coruja. Quando perus ouvem certo piado de uma coruja, eles tomam isso como um sinal para se levantarem e saírem para as atividades do dia.[14]

No seminário, R.C. começou a jogar golfe. Perto de seu apartamento, havia um pequeno campo que permitia os ministros jogarem de graça. Quando R.C. foi lá para fazer a inscrição no plano de ministros, a pessoa atrás do balcão disse: "Você não parece um ministro."[15] Ele não se encaixava na imagem. R.C. saía bem cedo, de manhã, e achava bolas de golfe que haviam sido batidas para fora do campo. Visto que tinham pouco dinheiro, essa era a única maneira de poderem jogar. Ele amava golfe. Não muito longe do centro de estudo, estava o Ligonier Country Club, onde ele jogou posteriormente, bem como o Latrobe Country Club, de Arnold Palmer. Foi ali que R.C. conheceu pela primeira vez o lendário golfista. R.C. guardava uma foto de Arnold Palmer em seu escritório, bem como um retrato de Lutero, é claro.[16]

Esses eram os *hobbies* de R.C. Sua vocação era administrar o centro de estudo, ensinar e escrever.

---

14 Stephen Nichols com Vesta Sproul, entrevista pessoal, 1º de maio de 2018.

15 R.C. Sproul, *The Prayer of the Lord* (Sanford, FL: Reformation Trust, 2009), 8.

16 Stephen Nichols com Vesta Sproul, entrevista pessoal, 1º de maio de 2018.

O SÍMBOLO

Você deve se lembrar de que R.C., antes de deixar o Westminster College para ir ensinar no Gordon College, ministrou um curso de introdução doutrinária no verão usando o Credo dos Apóstolos como estrutura do curso. Ele ministrou de novo no Gordon College usando material semelhante. E esperava escrever o material em forma de livro. Pôde fazer isso enquanto esteve em Cincinnati. Editou o texto e o enviou para a Presbyterian & Reformed Publiching Company, a mesma companhia para a qual ele havia trabalhado como vendedor quando era aluno na faculdade. Ele o chamou *The Symbol: An Exposition of the Apostles' Creed* (O Símbolo: Uma Exposição do Credo dos Apóstolos).[17] Um designer gráfico, que era amigo de R.C., rascunhou uma provável capa, que R.C. enviou à publicadora apenas como uma ideia, planejando que seu amigo a terminaria se a publicadora gostasse do rascunho. A Presbyterian & Reformed publicou o livro com a capa que fora enviada, e depois R.C. descobriu que a *Christianity Today* o designou como um dos livros importantes publicados naquele ano. Voltaram à sua mente as palavras da professora de redação: "Nunca permita que alguém lhe diga que você não consegue escrever.". R.C. dedicou o livro a Vesta, com as seguintes palavras:

> A VESTA
>
> Para os romanos, uma deusa pagã;
>
> Para mim, uma esposa piedosa.

17 A primeira edição tinha, na capa da frente, um subtítulo diferente da página de título no interior do livro. A capa da frente diz: "Uma Exposição Contemporânea do Credo dos Apóstolos", enquanto a página de título diz: "Uma exposição do Credo dos Apóstolos", omitindo "Contemporânea".

Era o seu primeiro livro, e seu primeiro livro dedicado a Vesta. Certamente não seria o seu último livro, nem seria o último livro dedicado a Vesta. Foi, porém, a única dedicação de livro em que R.C. usou as palavras "deusa pagã".

No prefácio, ele usa algumas sentenças para explicar seu estilo e sua abordagem, comentando que usa um estilo semipopular e que procurou, "em muitos casos, lidar com questões teológicas altamente complexas de uma maneira que simplificasse para o leitor".[18] Esses seriam os sinais indicadores do ensino de R.C. Embora procurasse simplificar para seus queridos leitores, ele nunca os tratou com bajulação. Além disso, ele gostava de fazer seus leitores sorrirem. Ainda no prefácio, escreveu que evitava "tecnicalidade acadêmica", ao que ele acrescenta uma nota de rodapé. A nota de rodapé diz: *Semper ubi, sub ubi,* que traduzida significa "sempre onde, debaixo onde" ("always where, under where"). Em inglês isso soa como "sempre use roupa de baixo".

Na página 1, R.C. comenta que o Credo dos Apóstolos começa com as palavras "eu creio". E, em seguida, observa: "O tempo presente é uma hora de *não-fé* para a maior parte da cultura americana. Dizer 'eu creio' parece sugerir hoje um voo fundamental para um mundo de faz de conta, em que a realidade é abrandada pela fé." R.C. prossegue argumentando que a fé não é um pulo. Como cristãos, não somos cada um de nós "uma 'pequena Alice' que fecha os olhos e segura a respiração, esperando crer que seus desejos de realizarão".[19] Não, "o Novo Testamento não chama o homem a crucificar seu intelecto". E, mais adiante, ele exclama: "A fé é racional."[20] R.C. prossegue, e diz que a fé envolve "mais do que

18 R.C. Sproul, *The Symbol* (Phillipsburg, NJ: Presbyterian & Reformed, 1973), vii.

19 Sproul, *The Symbol*, 2.

20 Sproul, *The Symbol*, 3.

ser persuadido da verdade; envolve amar a verdade (...); a fé quer a exaltação de Cristo".[21] A fé também resulta em viver: "A fé que justifica é o tipo de fé que resulta em viver santo."[22] A fé envolve pensar e conhecer, amar e deleitar-se, obedecer e viver. R.C. conclui assim o primeiro capítulo: "Se a igreja deve ser a igreja, ela tem de continuar a ser um corpo confessor."

Na página 10, R.C. escreve sobre cones de sorvete, realmente sobre "Deus e Cones de Sorvete". Em seguida, ele se refere a Tomás de Aquino e à linguagem analógica. Entender quem Deus é leva R.C. a discutir quem nós somos e a nossa necessidade de um salvador. Todos os temas que ele continuaria a desdobrar nas cinco décadas seguintes podem ser achados em seu primeiro livro.

Perto do final do livro, R.C. comenta que o "futuro da igreja visível parece ser sombrio". Mas, depois, ele sustenta a esperança de renovação e avivamento, acrescentando:

> Talvez a maior esperança para o futuro esteja na presente revolução de leigos. Uma nova dimensão de envolvimento leigo, de educação leiga e de mobilização leiga está moldando as principais igrejas da América. Talvez um novo Moisés esteja entre eles, um novo Lutero, um novo Agostinho ou um novo Calvino, que nos tirará do impasse quando estivermos entre Migdol e o mar.[23]

R.C. ouviu esse desafio — permanecer entre Migdol e o mar — primeiramente no seminário. No seminário, ele também ouviu

---

21 Sproul, *The Symbol*, 6.

22 Sproul, *The Symbol*, 7.

23 Sproul, *The Symbol*, 140.

Gerstner dizer, muitas vezes, que para a igreja "esta é uma era de *analfabetismo*", como R.C. sublinhou duas vezes em um de seus esboços de palestras escritos em um de seus cadernos particulares dos primeiros dias do centro de estudo. R.C. continua, e observa que os "clérigos [são os] mais 'incompetentes' de todos os 'profissionais' e têm pouco conhecimento de Deus". R.C. experimentou isso pessoalmente quando o curso de introdução ao Novo Testamento que ele teve como aluno pulou Romanos.

Uma escassez de clérigos bem treinados no púlpito implicou em congregantes mal alimentados nos bancos e em uma igreja anêmica. R.C. via o centro de estudo como o lugar onde podia permanecer entre Migdol e o mar e guiar principalmente pessoas leigas em alfabetismo teológico e bíblico.

O que R.C. estava tentando fazer no centro de estudo no Vale Ligonier era acender uma revolução teológica. Em face dos turbulentos anos 1970, quando instituições ruíram, R.C. olhou para a rocha inabalável e segura da autoridade da Palavra de Deus. Em um tempo em que o passado era desdenhado e o momento presente era celebrado, R.C. olhou para o antigo Credo dos Apóstolos, Tomás de Aquino, os reformadores e Jonathan Edwards, a fim de transbordar com relevância contemporânea. E, em um momento em que o poder do agora e da satisfação presente eclipsava as coisas eternas, R.C. declarou "o agora mesmo é importante para sempre". Tudo que acontecia no centro de estudo revertia a uma única coisa: o estudo diligente da Palavra de Deus. R.C. não queria que o centro de estudo fosse um lugar de mera opinião, mas um lugar de conhecimento, de aquisição e ensino do conhecimento que levava à transformação. Era o lugar para ir e aprender quem Deus é.

O centro de estudo era lugar específico e começou em um tempo específico.

O tempo era os anos 1970, um momento peculiar na história americana, culturalmente revolucionário. O lugar, o centro de estudo no Vale Ligonier, era também um lugar peculiar na história da igreja, teologicamente revolucionário. Não havia nada semelhante a ele. Não era semelhante ao Labri, de Schaeffer. O que se mais se aproximava seria o Claustro Negro de Lutero, o monastério que Frederico, o Sábio, deu a ele e Katie como um presente de casamento. Conhecido como a "Lutherhalle" ou a "Lutherhaus" (casa de Lutero), era ali que Lutero estudava, ensinava, escrevia e vivia com sua família, na companhia de alunos. Isso era o centro de estudo.

Quando os Sprouls se mudaram para a propriedade em 1971, havia a velha Casa de Pedra e a nova Casa de Palestras, onde R.C. estudava, ensinava e morava com sua família, na companhia de alunos. Entrava-se pela estrada de cascalho que saía da Old Distillery Road. Como todas as estradas rurais da Pensilvânia, essa não tinha acostamento e nunca teve faixas pintadas, mas tinha subidas e descidas, curvas, e voltas, e buracos. Entrava-se na propriedade defrontando o nascer do sol, tendo a Casa de Pedra à esquerda e a Casa de Palestras à direita. O Alojamento de Cedro, que provia hospedagem, foi acrescentado posteriormente, e ostentava largas tábuas de cedros, colhidos da terra de Dora Hillman. Um lago e campos ficavam por trás, correndo em direção norte até darem lugar às árvores e às colinas onduladas. Havia a Casa de Pinho, que abrigava o estúdio, instalações de produção e escritórios. Ostentava tábuas de pinhos, colhidos, novamente, da propriedade de Dora Hillman. As casas da equipe se alinhavam em uma carreira flanqueando a Casa de Pinho. Acima delas, um dome coberto de árvores fornecia o palco para o nascer do sol. Olhando para o sul, além da Casa de Palestras, há uma velha capela de toras. Dora gostou dela e mudou-a para a propriedade. Encravado na colina, o Ligonier era um lugar para aprender e viver teologia. Enquanto uma revolução cultural acontecia lá fora, uma reforma silenciosa estava começando ali.

5

INERRÂNCIA

A confiabilidade plena da Escritura tem de ser defendida em cada geração contra todo criticismo.
R.C. SPROUL

O Centro de Retiros Menonita Laurelville está não muito distante do centro de estudo, na base da Three Mile Hill, que é literalmente uma descida de 3 milhas (4,8 quilômetros) na rodovia Pennsylvania Route 31, de cujo topo pode-se ver a cidade de Pittsburgh, a 80 quilômetros de distância. Esse centro de retiros, como muitos outros lugares, oferece acomodações de acampamentos e retiros para a maioria dos grupos de igreja em — e ao redor da — Pensilvânia ocidental. Não é exagero afirmar que, por alguns dias, em outubro de 1973, ele desempenhou um papel histórico na história da igreja americana, servindo como o local de uma conferência sobre inerrância bíblica. Rochas grandes, rochedos na verdade, e pinheiros robustos cobrem o solo montanhoso e cercam prédios de laterais de madeira, salas de reuniões e chalés. Córregos frios de montanha correm através do centro, com um córrego mais formidável em um ponto, oferecendo uma pequena mas impressionante cachoeira. Se você estivesse procurando o lugar perfeito para um retiro de fim de semana nas florestas, você o teria achado ali. O centro de estudo podia receber grandes grupos para palestras, mas não podia alimentar e hospedar trezentas pessoas. E esse foi o grupo que esteve na primeira conferência de larga escala realizada pelo Ligonier.

Foi chamada *Conference on the Inspiration and Authority of Scripture* (Conferência sobre a Inspiração e a Autoridade da Escritura), e reuniu como palestrantes um grupo de eruditos que se dirigiu a uma audiência de pastores, em sua maior parte. Os ensaios foram publicados em 1974 como *God's Inerrant Word: An International Symposium on the Trustworthiness of Scripture* (A Inerrante Palavra de Deus: Um Simpósio Internacional sobre a Confiabilidade da Escritura), editados por John Warwick Montgomery (1931). O livro foi dedicado a Dora Hillman. J.I. Packer (1926-2020), palestrante da conferência e cooperador, veio do Reino Unido. Peter Jones era também do Reino Unido e havia pouco tempo que começara a servir como professor em um seminário reformado de Aix-en-Provence, na França. Preenchendo esse simpósio internacional, estavam os preletores americanos John Warwick Montgomery, John Gerstner, Clark Pinnock, John Frame e o convocador da conferência, R.C. Sproul, aos 34 anos de idade.

Montgomery colecionava diplomas — onze no total, em campos como filosofia, estudos bibliotecários, teologia e direito. Tinha um PhD da Universidade de Chicago, um doutorado em teologia de Estrasburgo, e seu *Juris Doctor* de Cardiff. Em 1973, ele publicou uma coleção de ensaios intitulada *Christianity for the Tough-Minded* (Cristianismo para os Racionais). O texto clássico de Packer, *Knowing*

God (O Conhecimento de Deus), foi publicado nesse mesmo ano, mas não foi por causa do livro que ele foi convidado à conferência. O primeiro livro de Packer, *Fundamentalism and the Word of God* (1958 - O Fundamentalismo e a Palavra de Deus), foi a razão pela qual ele foi convidado. É claro que R.C. convidaria o seu mentor, o Dr. Gerster. Clark Pinnock havia publicado *A Defense of Biblical Infallibility* (1967 - Uma Defesa da Infalibilidade Bíblica), um livro sobre apologética, e outro livro sobre a doutrina da Escritura. John Frame ensinava no Westminster Theological Seminary, na Filadélfia, o seminário que permanecia firme em favor da fidelidade bíblica e da convicção confessional. Peter Jones acabara recentemente seu doutorado em Princeton e estava começando sua carreira como apologista e teólogo. Se você queria marcar uma posição, esse era um bom grupo para fazê-lo.

O prefácio do livro declara que a conferência e os ensaios no livro serviam "como uma injeção de adrenalina para os desalentados de coração que questionam o lugar da inerrância bíblica na teologia cristã histórica ou duvidam que a pesquisa moderna seja compatível com uma Bíblia sem erros". O prefácio continua observando que os ensaístas "sustentam em comum a confiança cristã histórica em uma Bíblia totalmente digna de confiança". Eles esperavam que, por meio dos ensaios, transmitiriam essa confiança aos leitores, à igreja, a pastores no púlpito e às pessoas nos bancos.

Certamente, o alvo de R.C. era transmitir essa confiança à audiência em Laurelville. Para ele, o assunto da inerrância não era uma doutrina abstrata, e a conferência não era um ajuntamento exótico de teólogos e pastores para discutir assuntos hipotéticos. As tempestades de guerra haviam se reunido e continuavam a se reunir em denominações que eram histórica e confessionalmente comprometidas com a autoridade e inerrância da Bíblia. Os princetonianos, Charles e A.A. Hodege, B.B. Warfield e J. Gresham Machen, batalharam pela Bíblia, quando o modernismo repercutia na cultura e gerava liberalismo nas igrejas. Nos anos 1950, os ensinos de Rudolf Bultmann e Karl Barth impactaram uma geração inteira de acadêmicos que, depois, impactou pastores e líderes denominacionais. Por fim, o impacto chegou aos congregantes das igrejas. R.C. tinha experimentado isso pessoalmente na Pleasant Hills Community Presbyterian Church, embora não o compreendesse na época.

A BÍBLIA E A HISTÓRIA

Em 1967, a denominação de R.C., United Presbyterian Church USA (UPCUSA – Igreja Presbiteriana Unida nos Estados Unidos da América), publicou um Livro de Confissões. O plural é importante. Os Padrões de Westminster haviam sido a afirmação confessional para várias denominações presbiterianas. Desde os anos 1640, os Padrões de Westminster eram a *Confissão de Fé de Westminster*, o *Breve Catecismo de Westminster*, o *Catecismo Maior* e o *Diretório para Culto Público*. O Livro de Confissões acrescentou a esses documentos várias confissões históricas, bem como a Confissão de 1967.

O problema de R.C. com essa nova confissão não era tanto o que ela dizia, mas o que ela não dizia. Por exemplo, a confissão afirma a ressurreição de Cristo, mas não usa a palavra *corporalmente*. Isso dava base para aqueles que, seguindo Rudolf Bultmann, afirmavam a posição insensata de que Cristo ressuscitou meramente no âmbito da fé; eles negam a ressurreição corporal de Cristo, no espaço e no tempo. Bultmann argumentava que os evangelhos do Novo Testamento são uma mistura do histórico com o mitológico e, para que a Bíblia tenha relevância para o homem moderno, um intérprete bíblico — e um pastor — tem de ignorar o histórico e pregar o mitológico. Em um artigo na *Tabletalk*, R.C. explica desta maneira:

> O caráter histórico do cristianismo é o que o distingue notoriamente de todas as formas de mitologia. Um mito acha seu valor em sua aplicação moral ou espiritual, enquanto sua realidade histórica permanece insignificante. Contos de fada podem ser bons para as nossas oscilações de humor, mas não nos dão nenhuma confiança na realidade suprema. O século XX testemunhou uma crise na dimensão histórica do cristianismo bíblico. Teólogos alemães fizeram uma distinção crucial entre história normal e o que eles chamaram "história de salvação" ou, às vezes, "história de redenção". Essa distinção se baseou, em primeira instância, no caráter óbvio da Escritura Sagrada, ou seja, que ela não é apenas o registro de eventos normais de homens e nações. Não é uma mera crônica de atividade humana, mas inclui dentro de si a revelação da atividade de Deus no meio da história. Porque a Bíblia difere da história normal e foi chamada "história de salvação", precisava-se apenas de um passo curto a partir daí para separar completamente a Bíblia de seu contexto histórico. Em arrancar os evangelhos da história, ninguém foi mais importante do que o teólogo alemão Rudolf Bultmann. Ele criou uma nova teologia que chamou "teologia de atemporalidade". Essa teologia de atemporalidade não se interessa pelo passado nem pelo futuro como categorias de realidade. O que importa, de acordo com Bultmann, é o *hic et nunc*, o "aqui e agora", ou o momento presente. A salvação não

> acontece no plano horizontal da história; acontece verticalmente, no momento presente ou no que outros chamaram "o momento existencial".[1]

Em seguida, o Dr. Sproul contesta suscintamente:

> A Bíblia é o relato das obras históricas de redenção de Deus, dentro do contexto de espaço e tempo. Tire o evangelho e sua mensagem de seu contexto histórico, e o cristianismo é destruído completamente.[2]

Aqui, vemos entremeadas a doutrina da Escritura e a doutrina da salvação. Uma crença na veracidade histórica, na completa e inteira veracidade da Escritura, tem tudo a ver com a pessoa e a obra de Cristo e com um relato total e completamente verdadeiro de seu nascimento virginal, sua vida de obediência perfeita, sua crucificação, sua ressurreição e sua ascensão.

R.C. queria que a igreja não errasse quanto ao que estava em jogo aqui: aceitar a abordagem de Bultmann da Escritura e ajustar as afirmações doutrinárias e confessionais de acordo com a abordagem dele significava perder o evangelho. Perde-se a razão de ser da igreja, a própria razão de sua existência.

Além de Bultmann, a igreja foi confrontada nos anos 1960 e 1970 com a influência de Karl Barth. Barth enfatizava que os humanos cometem erros; por isso, se Deus deveria superar os autores humanos da Escritura, o resultado seria docetismo bíblico. O docetismo era o

1 R.C. Sproul, "An Historic Faith", *Tabletalk*, vol. 30, February 2006. Disponível em: https://www.ligonier.org/learn/articles/historic-faith/. Acesso em: 10 mai.2022.

2 Sproul, "An Historic Faith".

ponto de vista herético de que Cristo não era verdadeiramente humano. A palavra grega *dokeo* significa "parecer". Essa heresia ensinava que Cristo parecia ser humano, mas não era verdadeiramente humano. A natureza divina de Cristo, por assim dizer, engole qualquer natureza humana. Quando Barth acusou que o ponto de vista bíblico da inerrância era docetismo bíblico, estava dizendo que o ponto de vista da inerrância exige que a autoria divina da Escritura devore a autoria humana. Em vez disso, ele sustentava a posição dialética de que a Escritura é a palavra de Deus que não erra e também a palavra do homem que erra. R.C. explica o próximo movimento de Barth:

> Barth disse que a Bíblia é a "Palavra" (*verbum*) de Deus, mas não as "palavras" (*verba*) de Deus. Como esse ato de ginástica teológica, ele esperava solucionar o problema insolúvel de chamar a Bíblia a Palavra de Deus, com erros. Se a Bíblia contém erros, então ela é um livro de reflexão humana sobre a revelação divina — apenas mais um volume humano de teologia. Ela pode ter discernimentos teológicos profundos, mas não é a Palavra de Deus.[3]

O ponto de vista de Barth teve um impacto significativo. O que surgiu foi a chamada neo-ortodoxia e pôde ser sentida facilmente em quase toda denominação europeia e inglesa e teve adeptos no corpo docente da maioria dos seminários.

Por isso, em 1973, R.C. convocou uma conferência para responder aos ataques frontais de Bultmann e Barth à inerrância.[4] Mas, para

3 R.C. Sproul, "Prefácio", *The Inerrant Word: Biblical, Historical, Theological, and Pastoral Perspectives*, ed. John MacArthur (Wheaton, IL: Crossway, 2016), 10.

4 Em seu ensaio *"The Case for Inerrancy: A Methodological Analysis"* ("O Argumento da Inerrância: Uma Análise Metodológica"), R.C. dedica quatro páginas a refutar o argumento "docético" de Barth contra a inerrância.

R.C., isso não era mera atividade acadêmica. A doutrina da Escritura, como já dissemos, impacta a doutrina de salvação. A doutrina da Escritura também impacta diretamente o viver cristão, a obediência do cristão a Deus e a ética cristã. Em resumo, a inerrância e a autoridade da Escritura têm tudo a ver com a salvação e com a vida.

PÃO, NÃO PEDRAS

Herman Bavinck, que precedeu G.C. Berkouwer, professor de R.C. na Universidade Livre, relembrou seu tempo em Leiden como aluno. Todo o corpo docente de lá se rendera ao feitiço da alta crítica. Bavinck relembrou tristemente que fora a Leiden para receber pão mas, em lugar de pão, recebeu pedras.[5] R.C. também recebera pedras. Ele sabia o que era pregado nos púlpitos, porque recebeu dessa pregação. Sabia o que era ensinado em algumas das faculdades denominacionais, porque lhe fora ensinado. Sabia que havia uma dieta frequente de pedras que estava sendo oferecida e parecia que ainda havia mais por vir. Também era desconcertante a sutileza dos mais novos argumentos contra a inerrância, o que significava que desafios à inerrância estavam impactando colegas evangélicos — evangélicos que deveriam ter melhor discernimento.

Na conferência, R.C. expôs a Declaração de Ligonier, escrita por ele e assinada por todos os proponentes. Em um parágrafo a declaração afirma:

> Cremos que as Escrituras Sagradas do Antigo e Novo Testamento são a Palavra de Deus inspirada e inerrante. Afirmamos que a Bíblia, dada originalmente pelos agentes

5 Herman Bavinck, "Modernism and Orthodoxy", citado em John Bolt, "Grand Rapids between Kampen and Amsterdam: Herman Bavinck's Reception and Influence in North America", *Calvin Theological Journal*, vol. 38 (2003): 267.

> de revelação, é infalível e consideramos isso um artigo essencial de fé, com implicações para toda a vida e prática de todo o povo cristão. Ao lado dos grandes pais da história cristã, declaramos a nossa confiança na total confiabilidade das Escrituras, asseverando que toda opinião que lhes atribui um grau de inerrância menor do que total está em conflito com o testemunho da própria Bíblia, em geral, e com o ensino de Jesus Cristo, em específico. Motivados por obediência ao Senhor da igreja, nos submetemos irrestritamente a seu ponto de vista quanto à Escritura Sagrada.

A declaração começa com uma referência ao argumento básico de Warfield e dos princetonianos. Warfield argumentava que se a inspiração é verdadeira, então a inerrância é a conclusão apropriada. De maneira mais sucinta: se há inspiração, então há inerrância. Se a Bíblia é a Palavra de Deus, soprada por ele (inspiração), então a Bíblia é verdadeira (inerrância), porque Deus não pode errar. A Declaração de Ligonier afirma que a inerrância é coerente com a ortodoxia histórica e com o entendimento da Bíblia a respeito de si mesma, especificamente com o ponto de vista de Cristo sobre a Escritura. A declaração termina com uma afirmação de submeterem-se "irrestritamente" à Escritura.

Eram os anos 1970, a era da "ética situacional" de John Fletcher. Ele havia publicado *Situation Ethics: The New Morality* (*Ética Situacional: A Nova Moralidade)* em 1966. Fletcher declarou ousadamente: "A moralidade de uma ação depende da situação." O relativismo corre descontroladamente. Além disso, houve uma erosão das instituições em que as pessoas confiavam, visto que a América esteve envolvida no escândalo Watergate (de 1972 a 1974).

Isso fez emergir outra linha errada de atitude em relação à autoridade. Como alguém sabe o que é certo? E como alguém faz o que é certo? Essas perguntas cruciais precisam ser respondidas com base em um fundamento sólido.

Os primeiros anos da década de 1970 foram um tempo de crise ética. No centro de estudo, R.C. e outros professores confrontavam diretamente assuntos, questões e desafios éticos. R.C. se preocupava profundamente a respeito de como as pessoas viviam, como elas viviam o *agora mesmo*, por causa das consequências eternas. R.C. entendia que a vida de desobediência não é uma vida digna. A vida de obediência, é. A única maneira de sabermos se uma cosmovisão e uma ética abrangente do mundo e da vida são corretas e convincentes é se a base dessa cosmovisão e dessa ética é correta e convincente. Pensar sobre como viver neste mundo foi o que produziu a doutrina da Escritura sustentada por R.C. Ele queria que a igreja soubesse que há um fundamento seguro e firme para doutrina e vida, teologia e ética, estudar e conhecer Deus, bem como obedecer a Deus e adorá-lo em tudo da vida. Uma Escritura autoritária é a chave. A partir dessa base, você pode oferecer, por meio de pregação ou de palestras, pão e não pedras.

O Centro de Estudo Vale Ligonier abordava muitos assuntos, mas nenhuma era mais importante do que o estudo da Bíblia. R.C. enfatizava que ler a Bíblia é uma coisa, estudar a Bíblia é outra coisa, e obedecer à Bíblia é ainda outra coisa muito diferente. O argumento seguia uma sequência lógica:

(1) Nós nos submetemos a toda palavra de Deus (obediência), o que exige
(2) que cada palavra da Bíblia seja estudada, pregada e ensinada (todo o conselho de Deus), porque

(3) cada palavra da Bíblia é verdadeira (inerrância), porque
(4) cada palavra da Bíblia procede de Deus (inspiração), porque
(5) Deus é a verdade (doutrina de Deus).

De acordo com essa lógica, R.C. convocou a conferência sobre a inerrância.

ENQUANTO ISSO, A PCA

R.C. tinhas outros problemas com os quais precisava contender enquanto planejava e realizava a conferência sobre a inerrância. Sua denominação admitia a ordenação de mulheres. R.C. se opôs a isso. Sua denominação permitia que ele e outros que pensavam assim, como Gerstner, sustentassem essa posição. A denominação não constrangeria a consciência dele ao exigir que comparecesse ao culto de ordenação de uma mulher, o que exigiria que ele se unisse aos outros presbíteros na imposição de mãos e aprovação significativa. Essa prática mudou com a "decisão Kenyon". A decisão Kenyon exigia que ministros da UPCUSA seguissem a política e as decisões da denominação. A denominação decidiu que mulheres poderiam ser ordenadas à posição de presbítero mestre, como pastor. Antes da decisão Kenyon, a denominação permita aos ministros seguirem a sua consciência. Os ministros podiam escolher não participar do culto de ordenação de mulheres. A decisão Kenyon acabou com essa prática, deixando os ministros cientes de que teriam de sair da denominação se não pudessem apoiar as normas e políticas da denominação.

Walter Wynn Kenyon era aluno no Pittsburgh Theological Seminary, aluno no centro de estudo e era instruído tanto por Gerstner quanto por R.C. Ele sustentava a mesma posição de R.C.

e Gerstner sobre a ordenação de mulheres, bem como muitos outros; mas, apesar disso, a sua ordenação desencadeou uma argumentação judicial balizadora. Enquanto esperavam pela decisão da assembleia geral, R.C. e Gerstner promoveram uma reunião no William Hotel de Pittsburgh, para pastores e seminaristas que pensavam como eles. R.C. apresentou sua posição, que era a de sair da denominação e transferir as credenciais para denominações como a mais conservadora Presbyterian Church in America (PCA – Igreja Presbiteriana na América). Gerstner defendia a posição de permanecer, esperar e ver se a denominação os acusaria de erros, levando potencialmente a um julgamento eclesiástico que acabaria em destituí-los de suas credenciais.

Discordar de Gerstner era difícil para R.C. Ele não se alegrava em estar no outro extremo de uma questão com seu mentor. "Você não pode imaginar", relembrou R.C., "que experiência foi a de permanecer em oposição ao meu mentor."[6] A discordância com Gerstner, porém, "não era, de maneira alguma, uma diferença hostil". R.C. disse que, depois de apresentarem os dois lados: "O Dr. Gerstner sentou-se ao meu lado, colocou o braço ao meu redor e disse: 'Você pode viver com isso, Roberto?' — Ele sempre me chamava de Roberto. Olhei para ele, sorri e disse: 'Não, eu não posso.'"

O fato de que o relacionamento passou intacto por essa diferença de opinião pode ser visto no fato de R.C. ter servido como editor do livro que honrava a vida e a obra de Gerstner em 1976. Eruditos designam esse tipo de livro como *festschrift*, que significa "escrito celebratório". São publicados para marcar aposentadorias ou ocasiões especiais. R.C. e o grupo de eruditos se uniram para escrever artigos

6 "Sproul Memoirs", sessão 7, gravada em 2013, Ligonier Ministries, Sanford, Flórida.

honrando os 25 anos de ensino de Gerstner.[7] O vínculo entre Gerstner e Sproul se aprofundou. As suas diferenças discutidas naquele dia no William Penn Hotel não quebraram o vínculo.

Retornando à questão de 1974, R.C. tomou a sua posição por causa de seminaristas que vinham até ele e de alguns dos pastores jovens. R.C. não pensava que a denominação procuraria a ele ou a Gerstner, mas não estava certo quanto aos outros. O caso Kenyon talvez, como R.C. interpretou as coisas, apenas prenunciava mais por vir. No final, Gerstner decidiu permanecer (até 1990), enquanto R.C. escreveu uma carta ao presbitério de Redstone afirmando que achava ser o seu dever retirar-se pacificamente do ministério. O presbitério, alegre por vê-lo sair, respondeu que ele era um ministro em erro. R.C. lembrava-se de como isso o fez sentir um pouco do que os reformadores sentiram. É uma dolorosa ironia ser alguém que tem de sair porque a igreja não é fiel ao seu chamado. R.C. transferiu suas credenciais para a PCA, permanecendo nessa denominação como um ministro em pleno gozo de seus direitos até à sua morte em 2017.

A conferência sobre a inerrância e o conflito com a denominação estavam preparando R.C. para um papel de liderança maior por vir, bem como a obra no centro de estudo. O orçamento para o primeiro ano do Centro de Estudo Vale Ligonier foi 85.000 dólares. Desde o primeiro dia em agosto de 1971, R.C. havia ajudado no lado operacional e vários diretores, diretores executivos e presidentes. Às vezes, ele se envolvia nessas funções. Mas, mesmo quando o título da função não era dele, a pressão da liderança, da tomada de decisões, do orçamento, da satisfação real e equilíbrio do orçamento caía sobre ele.

7 R.C. Sproul, ed., *Soli Deo Gloria: Essays in Reformed Theology, Festschrift for John Gerstner* (Phillipsburg, NJ: Presbyterian & Reformed, 1976).

E não mencionamos o fato de que R.C. estava criando uma família no meio do centro de estudo. A equipe de trabalho no centro de estudo vivia, toda, na propriedade ou perto dela. As crianças cresciam juntas. Era prazeroso e intenso ao mesmo tempo. Também significava que R.C., exceto quando em viagem, estava com sua família o dia inteiro. Todos sabiam que não era R.C. sozinho; era sempre R.C. e Vesta. Eles eram modelo de casamento, muito semelhante a Martinho e Katie Lutero.

Visto que os sacerdotes eram, em teoria, celibatários, Martinho Lutero e Katie estavam sendo, na verdade, modelo da primeira residência pastoral e da primeira vida de casados para muitos clérigos. Como mencionamos antes, quando eles se casaram, Frederico, o Sábio, lhes deu o Claustro Negro, um antigo mosteiro, para ser o lar deles. Sendo muito grande, o mosteiro era também um salão de palestras e sala de aula, um refeitório e um hotel para dignitários viajantes. Os Luteros criaram seus filhos entre alunos e colegas da Universidade de Wittenberg e em meio a um fluxo contínuo de visitantes. Lutero estudou, escreveu e ensinou no mesmo lugar em que comia, dormia e vivia.

O Ligonier deu a seu boletim, que se tornou revista, o nome correspondente ao de uma publicação de Lutero — *Tabletalk* (*Tischreden* em alemão). O jantar de Lutero sempre tinha conversas teológicas acontecendo, "conversas à mesa" no contexto da vida; e esposas, filhos, alunos e colegas se envolviam na conversa. Até o cachorro da família de Lutero foi o assunto da *Tischreden* algumas vezes. Eles faziam perguntas, e Lutero as respondia. Alunos começaram a transcrever as repostas e comentários de Lutero, proporcionando-nos um dos mais fascinantes textos da história da igreja.

Isso tudo era verdadeiro em relação ao centro de estudo. Teologia era ensinada no contexto da vida. Ou melhor, teologia era vivida. Até os cachorros da família, e o gato ocasional que R.C. permitiu Sherrie cuidasse, eram parte disso.

Historiadores têm destacado que um dos elementos singulares na retratação histórica de Martinho Lutero é que vemos frequentemente o retrato dele acompanhado do retrato de Katie. Isso não era algo típico daqueles dias. A maior parte da retratação visual histórica é singular, mostra o grande homem sozinho. Raramente temos retratos de mulheres, a menos que fossem rainhas. Os retratos combinados de Martinho e Katie, que podiam ser vistos comumente a partir do século XVI em diante, significam a centralidade do relacionamento na vida e legado de Lutero. Isso também é verdadeiro quanto à centralidade do relacionamento de R.C. e Vesta na vida e legado dele. Eles não somente foram modelo de casamento, mas também R.C. e os outros professores do centro de estudo ensinavam cursos sobre casamento e conduziam frequentemente seminários sobre casamento. R.C. ajuntou seu material e o publicou em seu terceiro livro, *Discovering the Intimate Marriage* (1975 - Descobrindo o Casamento Íntimo).

O primeiro livro de R.C. foi lançado em 1973. Em 1974, foi lançado *The Psychology of Atheism* (A Psicologia do Ateísmo), resultado de um curso que ele ensinou na Conwell School of Theology e de palestras ministradas no centro de estudo. Nesse mesmo ano, o seu ensaio foi publicado no livro sobre inerrância bíblica da conferência da Ligonier. Depois, o livro sobre casamento. Dali em diante, até à sua morte e postumamente, houve poucos anos em que ele não publicou um livro. Em muitos dos anos, ele publicou vários.

R.C. ensinava muitas horas toda semana. Ele escrevia anotações de palestras em cadernos espirais, depois se levantava diante dos ouvintes para ensinar, geralmente sem os cadernos. E viajava para fazer preleções. Naqueles dias, ele se sentia "como se estivesse viajando aqui, ali e em todos os lugares".[8] R.C. viajava de carro frequentemente para falar ao redor da Pensilvânia ocidental e em Pittsburgh, e viajava de avião para falar em todo o país. Estava ganhando reputação como um comunicador claro e persuasivo. Era bem-informado e tinha um senso perspicaz das questões com as quais se deparavam tanto a igreja quanto a cultura. Lançava mão de seu conhecimento da Bíblia e de teologia, bem como de filosofia e da história de ideias, para abordar essas questões de maneira cativante — e com convicção. As pessoas ouviam. "Não posso pensar em outro lugar nos Estados Unidos onde eu possa obter ensino como o que obtive aqui esta noite." — testemunhou um aluno depois de passar um fim de semana no centro de estudo ouvindo R.C. palestrar.[9]

Em 1975, ele foi de carro pela rodovia Pennsylvania Turnpike, rumo ao leste, para a Filadélfia. Fora convidado para falar na Conferência da Filadélfia sobre Teologia Reformada, na histórica Tenth Presbyterian Church, bem ao lado da Rittenhouse Square. Era o segundo ano dessa conferência. James Boice havia começado a conferência em 1974. R.C. conhecera Boice em 1968, quando ensinou na Conwell, na Filadélfia. Boice era um ano mais velho do que R.C. Também era de Pittsburgh, e também havia jogado todos os esportes em seus anos de ensino fundamental e ensino médio. Pelo fato de que R.C. foi estudar na Clairton High School, ele e Jim teriam estudado em escolas de distritos rivais, mas o pai de Boice o mandou para

8 "Sproul Memoirs", sessão 8, gravada em 2014, Ligonier Ministries, Sanford, Flórida.
9 "Ligonier Packs Them In on Monday Nights", *Tabletalk*, vol. 2, September 1978, 9.

Stony Brook, um internato em Nova Iorque. Depois, Boice foi para a Universidade de Harvard, para o Princeton Theological Seminary e, depois, para a Universidade da Basileia, na Suíça, para obter seu doutorado. Ele foi o pastor principal na Tenth Presbyterian Church desde 1968 até sua morte no ano 2000. R.C. e Boice eram companheiros de luta. Eram amigos verdadeiros, e no passar dos anos os Sprouls e os Boices gastaram muito tempo juntos. De 1975 até ao início dos anos 1990, R.C. falou na maioria das reuniões da Conferência da Filadélfia sobre Teologia Reformada. Eram realizadas sempre na primavera. A sessão de abertura na sexta-feira à noite sempre começava com a congregação lotada cantando "Castelo Forte", com o órgão à toda força e as janelas abertas, enquanto o hino de Lutero se erguia sobre a Filadélfia. Às vezes, R.C. levava sua filha, Sherrie, nessas viagens. Filadélfia tinha melhores lugares de compras para um moça do que o distrito de Ligonier.

Pelas muitas realizações de R.C., o Geneva College, em Beaver Falls (Pensilvânia), lhe concedeu um doutorado honorário em 1976. O Geneva era ao noroeste do centro de estudo. Não era tão ao norte quanto a sua faculdade alma *mater*, o Westminster. Quando o presidente do Geneva, Dr. Jack White, entregou o diploma, anotou na citação que R.C. "é um mestre capacitado" e, depois, listou os livros que R.C. havia escrito até àquele momento no tempo e os vários lugares em que ele servia e ensinava. O jornal local, o *Ligonier Echo*, exibiu um foto de R.C. vestido com sua beca e seu capelo, segurando o diploma e sorrindo. Depois da cerimônia, R.C., Vesta, Sherrie e Craig dirigiram de volta para o centro de estudo. A equipe fez uma grande festa de celebração para ele. No verão daquele ano, todo o país celebrou o bicentenário da nação. Tudo se tornou vermelho, branco e azul. O forte Ligonier deteve grande parte da atenção.

Em 1977, R.C. publicou *Knowing Scripture* (O Conhecimento das Escrituras), com a Inter-Varsity Press. A Inter-Varsity Press, uma editora britânica, havia publicado *Knowing God* (O Conhecimento de Deus), de J. I. Packer, com grande medida de (inesperado) sucesso. A divisão americana da editora intitulou especificamente o livro de Sproul para pegar a onda. Convidaram Packer para escrever o prefácio. Ele escreveu uma arguta primeira linha muito inteligente: "Se eu fosse o diabo (por favor, sem comentários), um de meus primeiros alvos seria fazer as pessoas pararem de estudar a Bíblia."[10] Isso é exatamente o que R.C. queria que as pessoas fizessem: estudar profundamente a Bíblia. O livro resultou de palestras que ele havia dado na década anterior, mas especialmente nos três ou mais anos anteriores no centro de estudo. É cheio de sugestões práticas sobre como interpretar a Bíblia, bem como pequenas joias de reflexão teológica. Ele fala sobre o estudo da Bíblia como um dever:

> Como seres humanos, vivemos, por mandato divino, sob a obrigação de estudar diligentemente a Palavra de Deus. Ele é o nosso soberano, ela é a sua Palavra, e ele nos ordena que a estudemos. Um dever não é uma opção.
>
> Nessa mesma página, R.C. também nos diz que "o segredo para a felicidade se acha na obediência a Deus (...). Portanto, a essência disso é que a felicidade não pode ser plenamente descoberta enquanto permanecemos ignorantes da Palavra de Deus".[11]

10 J.I. Packer, "Foreword", em R.C. Sproul, *Knowing Scripture* (Downers Grove, IL: InterVarsity Press, 1977), 9.

11 Packer, "Foreword", 14.

A doutrina da Escritura continuou a ser proeminente para R.C. nos anos seguintes, não somente porque ele se importava profundamente com o estudo da Bíblia, mas também por causa da atmosfera eclesiástica e teológica da época. Poderíamos dizer que uma tempestade estava se formando na época, e R.C. estaria no centro dela.

CHICAGO

A controvérsia sobre a inerrância se intensificou depois da conferência em 1973. Além do contexto denominacional de R.C. na PCUSA, outros grupos problemáticos incluíam a Evangelical Lutheran Church in America (Igreja Evangélica Luterana na América), a Southern Baptist Convention (Convenção Batista do Sul) e seminários como o Fuller Theological Seminary e o Gordon-Conwell Theological Seminary — onde R.C. ensinou como professor auxiliar de apologética. Em 1976, Harold Lindsell (1913-1988), que havia ensinado em Fuller e em Wheaton e era editor da revista *Chistianity Today*, publicou seu livro-bomba, *The Battle for the Bible* (A Batalha pela Bíblia). Lindsell citava nomes e recomendava que a igreja respondesse à crise. Resenhas fervorosas de seu livro apareceram em jornais e revistas. Alguns daqueles que Lindsell denunciara ameaçaram processá-lo. Foi a crise do momento na igreja.

No meio de anotações de palestras em um dos cadernos de R.C., que contém uma etiqueta de preço de 2,38 dólares da G.C. Murphy, ele rascunhou um esboço para discutir a inerrância. Começa com "Crise atual — Lindsell — ruptura". E diz em seguida: "Pano de fundo histórico", no qual anotou "Evangel. Herança, Sola Fide — Sola Scriptura". No final desse esboço, ele escreveu:

> Necessidade de encontro de cúpula.

Em seguida, ele acrescentou:

> Pode falhar, mas devemos tentar.[12]

R.C. procurou Lindsell e sugeriu que ele, de seu posto na *Christianity Today*, convocasse esse encontro de cúpula sobre a inerrância, que alcançasse as denominações. Lindsell escreveu de volta, dizendo que, embora pensasse que o encontro fosse vital, não estava em posição de liderá-lo.

R.C. e seus colegas palestrantes na conferência Ligonier de 1973, Packer e Gerstner, se uniram a Norman Geisler e Greg Bahnsen para uma conferência sobre a autoridade da Escritura em Mount Hermon, na Califórnia, em fevereiro de 1977. Esse grupo de cinco pessoas se reuniu com Jay Grimstead, Audrey Wetherell Johnson, da Bible Study Fellowship, e Karen Hoyt. Eles oraram e deliberaram. Da reunião do "conselho consultivo" original veio a decisão de iniciar o que viria a ser chamado de International Council on Biblical Inerrancy (ICBI - Conselho Internacional sobre Inerrância Bíblica).

O ICBI iniciou-se em 1977. A ideia era impactar a igreja e produzir materiais sobre a inerrância durante um período de dez anos e, depois, encerrá-lo. Juntando-se àquele grupo original que se reuniu na Califórnia, estavam Roger Nicole, Earl Radmacher, Harold Hoehner, Paige Patterson, Robert Preus, Donald Hoke, Gleason Archer, Edmund Cloney e James Montgomery Boice.

12 R.C. Sproul, caderno de anotações de palestras (sem título/sem data). Este rascunho é muito provavelmente de 1975 ou 1976.

O grupo convidou Billy Graham a unir-se ao conselho. Em uma carta enviada a Jay Grimstead, identificada como "Privativa e Confidencial", Graham disse que pensaria no convite, mas acrescentou: "Sua obra como um evangelista internacional é muito diferente das outras que vocês têm em sua lista. Tenho de trabalhar com todos os tipos de cristãos que sustentam posições variadas e, certamente, não romperia a comunhão com um colega crente tendo por base a inerrância." Em seguida, ele completou: "Acho que posso cooperar melhor por continuar proclamando a Bíblia, tanto em meus escritos quanto em minha pregação, e pregando que ela é a infalível Palavra de Deus, em vez de envolver-me nesse assunto neste tempo." Ele também mencionou que a Billy Graham Evangelistic Association enviaria um cheque no valor de dez mil dólares e pediu que fosse categorizado "como uma oferta anônima".[13] No final, Graham rejeitou o convite e nunca assinou a Declaração de Chicago. O ICBI fez referência à oferta em uma correspondência e em um boletim, mencionando uma oferta anônima de um evangelista famoso. A maioria poderia identificar facilmente quem era.

O Conselho prosseguiu firme. Boice foi eleito o *chairman*, e R.C., o presidente. Karen Hoyt cuidava do escritório do ICBI em Oakland, na Califórnia. Fizeram uma reunião para planejar o primeiro grande encontro de cúpula. Cada um deles recebeu um cartão para preencher com seu pedido de almoço, dentre uma seleção de sanduíches. Presunto e queijo, peru, Reuben. Em seu pedido, R.C. escreveu à mão "Hamburguer — bem passado, K. [ketchup], batatas fritas." De acordo com as minutas, em um dado momento, R.C. disse suscintamente: "Lutero: Quando a Bíblia fala, Deus fala." Eles planejaram

13 Billy Graham to Jay Grimstead, June 21, 1977, ICBI Archives, Dallas Theological Seminary Archives.

convocar um encontro de cúpula. O primeiro lugar discutido foi Atlanta (poderia ter sido chamada a Declaração de Atlanta). Em vez disso, eles concordaram a respeito de Chicago, localizada mais centralmente, reservando exclusivamente o hotel Hyatt Regency no Aeroporto O'Hare, em Chicago. O encontro aconteceria em 26 a 28 de outubro de 1978.

R.C. sabia que a igreja precisava desse encontro de cúpula. Poderia fracassar, mas deveriam tentar.

O Conselho tencionava apresentar um rascunho de uma declaração extensiva sobre a inerrância no próprio encontro de cúpula, permitindo respostas, interação e discussão com os participantes. Quando os participantes do encontro chegaram, acharam uma carta de boas-vindas de Jim Boice em seu *kit* de recepção: "Apesar de nossa diversidade, temos uma grande coisa em comum: todos nós afirmamos a autoridade absoluta, a integridade e a inerrância plena da Palavra de Deus e queremos defender essa convicção e ganhar outros para ela, pela graça de Deus. De fato, estamos convencidos de que a saúde da igreja depende dela."[14]

O Conselho designara uma comissão de rascunho e dividira as responsabilidades de redação, para que um documento-rascunho fosse apresentado no encontro. Quando os membros do conselho se reuniram à noite diante do conselho convocado, a pessoa designada para redigir os artigos de afirmação e negação revelou ao grupo que não os tinha. O grupo olhou para R.C. Continuaram sua reunião, terminando pouco antes da meia-noite. R.C. foi para seu quarto no Hyatt Regency e, da meia-noite até às 4 da manhã, escreveu um rascunho dos dezenove artigos de afirmação e negação. Eles foram

14 James M. Boice aos participantes do encontro de cúpula, 26 de outubro de 1978 (em papel timbrado do ICBI).

apresentados, recém-saídos da prensa, mais tarde naquele dia, na sessão plenária do encontro de cúpula. Além das sessões de apresentação e discussão da Declaração de Chicago, a agenda do encontro incluía seis sermões e catorze ensaios importantes. R.C. pregou um sermão intitulado *Hath God Said* (*Disse Deus*) e apresentou um ensaio intitulado *The Internal Testimony of the Holy Spirit* (O Testemunho Interno do Espírito Santo). Ele teve poucos dias muito ocupados em Chicago.

Doze países estavam representados entre os participantes do encontro, mais de trinta faculdades, mais de trinta seminários e mais de doze denominações. Os participantes incluíam um pai e um filho, os Drs. John MacArthur Sr. e Jr. O encontro incluiu um momento para que os participantes fossem signatários originais. No século XX, era difícil conseguir que evangélicos concordassem sobre qualquer coisa. Ter uma concordância de coração quanto a uma declaração tão abrangente, detalhada e complexa poderia tentar alguém a chamá-la um milagre. O boletim oficial, "Atualização do ICBI", relatou: "Um notável espírito de unidade e expectativa marcou o Encontro de Cúpula, que terminou com a assinatura da declaração no sábado." R.C. pregou o sermão final, intitulado "Disse Deus", com base em Gênesis 3 e Mateus 4. Eles cantaram "Castelo Forte" e, em seguida, houve a assinatura formal do documento.[15] Os que estavam presentes "foram profundamente tocados e saíram daquele lugar se regozijando com o que Deus havia feito".[16]

R.C. teve o encontro de cúpula pelo qual esperava, e não houve fracasso.

15 "Summit Agenda, — Page 3", em Billy Graham Archives 192, Wheaton College, Wheaton, IL, box 7, folder 13.

16 "Summit Report", ICBI Update, December 1978, No. 2, 1.

A Declaração de Chicago consiste em quatro partes: um prefácio de cinco parágrafos, a declaração propriamente dita (constituída de cinco pontos), uma exposição formada de elaborações sobre seis assuntos e dezenove artigos de afirmações e negações.

A declaração propriamente dita expressa em seus cinco pontos:

1. Deus, que é, ele mesmo, a verdade e fala somente a verdade, inspirou a Escritura Sagrada a fim de, por meio dela, revelar-se a si mesmo à humanidade caída, por intermédio de Jesus Cristo, como Criador e Senhor, Redentor e Juiz. A Escritura Sagrada é o testemunho de Deus a respeito de si mesmo.
2. A Escritura Sagrada, sendo a Palavra do próprio Deus, escrita por homens preparados e superintendidos por seu Espírito, possui autoridade divina infalível em todos os assuntos de que trata. Deve ser crida, como a instrução de Deus, em tudo que afirma; obedecida, como ordem de Deus, em tudo que exige; aceita, como garantia de Deus, em tudo que promete.
3. O Espírito Santo, autor divino da Escritura, tanto a autentica para nós, por seu testemunho interno, como abre nossa mente para entendermos seu significado.
4. Sendo plena e verbalmente dada por Deus, a Escritura não tem erros ou falhas em todos os seus ensinos e muito menos no que diz sobre os atos de Deus na criação, os eventos da história mundial e as suas próprias origens literárias sob a supervisão de Deus; tampouco no seu testemunho sobre a graça salvadora de Deus na vida de indivíduos.
5. A autoridade da Escritura é fatalmente prejudicada se esta inerrância divina total é, de alguma maneira, limitada,

ignorada ou tornada relativa a uma visão da verdade contrária à da própria Bíblia. E esses desvios trazem perdas sérias tanto para o indivíduo quanto para a igreja.

Os Artigos de Afirmação e Negação, escritos por R.C. e com alguma edição durante o encontro, dizem:

Artigo I. AFIRMAMOS que as Escrituras Sagradas devem ser recebidas como a Palavra de Deus plena de autoridade.
NEGAMOS que as Escrituras recebam sua autoridade da igreja, da tradição ou de qualquer outra fonte humana.

Artigo II. AFIRMAMOS que as Escrituras são a suprema norma escrita pela qual Deus compele a consciência e que a autoridade da igreja é subordinada à da Escritura.
NEGAMOS que os credos, os concílios ou as declarações da igreja tenham autoridade maior do que ou igual à autoridade da Bíblia.

Artigo III. AFIRMAMOS que a Palavra escrita é, em sua inteireza, a revelação dada por Deus.
NEGAMOS que a Bíblia seja apenas um testemunho da revelação, ou se torne revelação somente quando a encontramos, ou dependa das respostas dos homens para a sua validação.

Artigo IV. AFIRMAMOS que Deus, que fez o homem à sua imagem, usou a linguagem como um meio de revelação.
NEGAMOS que a linguagem humana seja tão limitada por nossa condição de criatura, que seja inadequada como um veículo para a revelação divina. Além disso, negamos que a corrupção

da cultura e da linguagem humana, causada pelo pecado, tenha impedido a obra de inspiração de Deus.

Artigo V. AFIRMAMOS que a revelação de Deus nas Escrituras Sagradas foi progressiva.
NEGAMOS que revelação posterior, que possa completar a revelação anterior, corrija-a ou contradiga-a. Além disso, negamos que qualquer revelação normativa tenha sido dada após a conclusão dos escritos do Novo Testamento.

Artigo VI. AFIRMAMOS que toda a Escritura e todas as suas partes, até as próprias palavras do original, foram dadas por inspiração divina.
NEGAMOS que a inspiração da Escritura possa ser afirmada corretamente a respeito do todo sem as partes, ou a respeito de algumas partes, mas não do todo.

Artigo VII. Afirmamos que a inspiração foi a obra pela qual Deus, mediante o seu Espírito, por meio de escritores humanos, nos deu sua Palavra. A origem da Escritura é divina. O modo da inspiração divina permanece um mistério para nós.
NEGAMOS que a inspiração possa ser reduzida a discernimento humano ou a qualquer estado de consciência elevado.

Artigo VIII. AFIRMAMOS que Deus, em sua obra de inspiração, utilizou as personalidades distintas e os estilos literários dos escritores que ele escolheu e preparou.
NEGAMOS que Deus, em fazer estes escritores usarem as próprias palavras que ele escolheu, tenha ignorado a personalidade deles.

Artigo IX. AFIRMAMOS que a inspiração, embora não tenha conferido onisciência, garantiu a proclamação verdadeira e confiável de todas as coisas sobre as quais os autores bíblicos foram movidos a falar e a escrever.
NEGAMOS que a finitude ou a imperfeição destes escritores tenha introduzido, necessariamente, distorção ou falsidade na Palavra de Deus.

Artigo X. AFIRMAMOS que a inspiração, falando estritamente, se aplica somente ao texto original da Escritura, que, na providência de Deus, pode ser determinado, com grande precisão, dos manuscritos disponíveis. Afirmamos também que as cópias e as traduções da Escritura são a Palavra de Deus até ao ponto em que representam fielmente o original.
NEGAMOS que qualquer elemento essencial da fé cristã seja afetado pela ausência dos autógrafos. Além disso, negamos que esta ausência torne inválida ou irrelevante a afirmação da inerrância bíblica.

Artigo XI. AFIRMAMOS que a Escritura, tendo sido dada por inspiração divina, é infalível, de modo que, em vez de nos enganar, ela é verdadeira e confiável em todos os assuntos aos quais se refere.
NEGAMOS a possibilidade de que a Bíblia seja, ao mesmo tempo, infalível e errante em suas afirmações. A infalibilidade e a inerrância podem ser distinguidas, mas não separadas.

Artigo XII. AFIRMAMOS que a Escritura, em sua inteireza, é inerrante, sendo livre de toda falsidade, fraude e engano.

NEGAMOS que a infalibilidade e a inerrância bíblica sejam limitadas a temas espirituais, religiosos e redentores e não se apliquem a afirmações sobre os campos da história e da ciência. Além disso, negamos que hipóteses científicas sobre a história da terra possam ser usadas apropriadamente para anular o ensino da Escritura sobre a criação e o Dilúvio.

Artigo XIII. AFIRMAMOS a conveniência de usar a inerrância como um termo teológico que se refere à veracidade plena da Escritura.
NEGAMOS que seja conveniente avaliar a Escritura de acordo com padrões de verdade e erro que são alheios ao seu uso e ao seu propósito. Também negamos que a inerrância seja anulada por fenômenos bíblicos como a falta de precisão técnica moderna, irregularidades de gramática ou de ortografia, descrições observacionais da natureza, o relato de mentiras, o uso de hipérbole e de números redondos, o arranjo tópico do material, seleções variadas de material em relatos correspondentes ou o uso de citações livres.

Artigo XIV. AFIRMAMOS a unidade e a coerência interna da Escritura.
NEGAMOS que supostos erros e discrepâncias que ainda não foram solucionados invalidem as reivindicações de verdade da Bíblia.

Artigo XV. AFIRMAMOS que a doutrina da inerrância está fundamentada no ensino da Bíblia sobre a inspiração.
NEGAMOS que o ensino de Jesus sobre a Escritura possa ser rejeitado por apelos à acomodação ou a qualquer limitação natural de sua humanidade.

Artigo XVI. AFIRMAMOS que a doutrina da inerrância tem sido integral à fé da igreja através de sua história.
NEGAMOS que a inerrância seja uma doutrina inventada pelo protestantismo escolástico ou uma posição reacionária tomada em resposta a alta crítica negativa.

Artigo XVII. AFIRMAMOS que o Espírito Santo dá testemunho das Escrituras, assegurando aos crentes a veracidade da Palavra de Deus escrita.
NEGAMOS que este testemunho do Espírito Santo opere em separado da e contra as Escrituras.

Artigo XVIII. AFIRMAMOS que o texto da Escritura deve ser interpretado pela exegese gramático-histórica, levando em conta suas formas e artifícios literários, e que a Escritura interpreta a Escritura.
NEGAMOS a legitimidade de qualquer abordagem do texto ou qualquer busca de fontes que estão por trás do texto que levam à relativização, distorção ou menosprezo de seu ensino ou à rejeição de suas afirmações de autoria.

Artigo XIX. AFIRMAMOS que uma confissão da infalibilidade, autoridade e inerrância plena da Escritura é vital para um entendimento correto de toda a fé cristã. Afirmamos também que tal confissão deve levar à conformidade crescente com a imagem de Cristo.
NEGAMOS que tal confissão seja necessária à salvação. Negamos também que a inerrância possa ser rejeitada sem consequências graves tanto para o indivíduo como para a igreja.

R.C. disse que o elemento crucial é a negação. Você pode lembrar que R.C. tinha percepção aguda quanto à "ambiguidade premeditada". Afirmações podem ser recebidas para comunicar, ou permitir, diferentes sentidos para diferentes leitores. A parte de negações coloca limites na interpretação. As negações impedem certa liberdade de interpretação. O Conselho deixou claro que a Declaração de Chicago devia ser vista com um documento completo, aceito na totalidade.

A Declaração de Chicago sobre Inerrância Bíblica comprovou ser um delimitador. Historicamente, credos, confissões e declarações fazem isso. A Declaração de Chicago também o faz. Em 2016, Roger Olson escreveu:

> Quando eu olho para a Declaração de Chicago sobre Inerrância Bíblica e seus signatários, creio que ela é mais uma afirmação política (no sentido amplo) do que uma afirmação clara e precisa de concordância perfeita entre os signatários. Em outras palavras, o que estava realmente acontecendo lá, em minha opinião humilde, era motivado por um interesse comum de estabelecer e patrulhar as "fronteiras evangélicas".[17]

A Declaração de Chicago sobre Inerrância fez e faz alguns estremecerem. Para outros, ela serve para fortalecer. De fato, a Declaração de Chicago galvanizou toda uma geração, instilando a confiança de que uma posição de inerrância não é um embaraço; mas, em vez disso, é uma posição amparada por argumentos

17 Roger Olson, "Is Real Communication as Perfect 'Meeting of Minds' Possible? Some Radical Thoughts on Words Like 'Inerrancy'", February 17, 2016, Disponível em: https://www.patheos.com/blogs/rogereolson/2016/02/is-real-communication-as-perfect-meeting-of-minds-possible-some-radical-thoughts-about-words-like-inerrancy/. Acesso em: 10 mai.2022.

racionais e precedente histórico. Um impacto imediato foi a reconquista da Convenção Batista do Sul nos anos 1980. Excluir adeptos de Barth da liderança foi uma coisa. Eles estavam entrincheirados como professores irremovíveis nos seminários. Isso era especialmente verdadeiro no seminário da Convenção Batista do Sul, o *Southern Baptist Theological Seminary*, em Louisville, Kentucky. R. Albert Mohler, que ouviu R.C. pela primeira vez em fitas cassetes quando era adolescente, batalhou em favor da Bíblia em Louisville quando assumiu a presidência do SBTS em 1993. Ele portava a bandeira da Declaração de Chicago.

Um parágrafo do prefácio é digno de ser mencionado.

> Oferecemos esta Declaração em um espírito não de contenda, e sim de humildade e amor, que propomos manter, pela graça de Deus, em qualquer diálogo futuro que resulte do que dissemos. Reconhecemos alegremente que muitos que negam a inerrância da Escritura não mostram as consequências dessa negação no restante de sua crença e comportamento. Estamos conscientes de que nós, confessores dessa doutrina, frequentemente a negamos no viver, por falharmos em levar nossos pensamentos e atos, tradições e hábitos à verdadeira sujeição à Palavra de Deus.

Duas coisas se destacam. Primeiramente, embora seja uma declaração limitadora e polêmica em natureza, os elaboradores e signatários tencionam um espírito pacificador. Foi escrita para pessoas que confessam crer em Deus e professam confiança na Bíblia. O ICBI estava convencido de que essa crença e essa confiança poderiam levar somente a uma conclusão possível: inerrância. A

Declaração intentava fomentar diálogo verdadeiro — por atrair a atenção para o que a Bíblia diz a respeito de si mesma. Em segundo, a preocupação dos elaboradores de conectar os pontos de autoridade bíblica com a obediência é também evidente. Em última análise, confessar a plena confiabilidade, autoridade e inerrância da Bíblia é vivenciado quando a obedecemos.

O ICBI realizou outro encontro em 1982, novamente no hotel Hyatt Regency, no Aeroporto O'hare, sobre hermenêutica bíblica. R.C. escreveu, de novo, os artigos de afirmação e negação. Ele escreveu doze artigos e os enviou à comissão de rascunhos, com esta nota:

> Estes artigos práticos foram concebidos apressadamente e produzidos de um leito de enfermidade, enquanto antibióticos correm pelo meu sistema circulatório em uma busca e missão destruidora para libertar meu corpo de seu atual estado de infecção. Minha mente está também embaçada no momento (embora alguns discirnam uma aflição mais permanente), mas o meu coração está límpido sobre a importância da tarefa de vocês. Oro que o Espírito Santo lhes dê o mesmo nível, ou um nível ainda maior, de assistência em aprimorar estes pontos como o fez em Chicago.[18]

O ICBI realizou mais um terceiro e final encontro em 1986, sobre a aplicação bíblica. Também produziu livros, incluindo coleções eruditas de ensaios e livros populares. R.C. escreveu um dos panfletos, intitulado *Implications of the Abandonment of Inerrancy* (Implicações do Abandono da Inerrância). O texto

18 R.C. Sproul, "Personal Note to Working Committee", n.d.

original, conforme o estilo de R.C., foi escrito à mão em papel amarelo advocatício com linhas (depois, ele mudou para papel amarelo 8.5x11, com linhas). O Conselho produziu panfletos e livretes, realizou conferências e serviu como um "gabinete de palestrantes" para membros do conselho abordarem a inerrância em igrejas e para outros grupos.

R.C. falou no seminário em Cincinnati sobre o tema "Que Diferença Faz a Inerrância Bíblica?" Perto do final, ele argumentou com uma hipérbole bastante dramática:

> Mas há uma objeção a essa [insistência sobre a inerrância] que, quando eu a ouço, ela começa na base de minha espinha, sobe diretamente para meu pescoço, chega ao meu ouvido e exige todo o autocontrole que eu possa reunir para não bater na cabeça de alguém com um livro ou uma cadeira, quando ele me diz: "Por que devemos nos preocupar com essa doutrina? Vamos prosseguir com o ministério da igreja. Não ficarei preocupado com a doutrina da Escritura." Eu quero dizer: "Quão ingênuo você pode ser?"[19]

O ICBI também realizou uma grande conferência, com 43 preletores, que foi apelidada de um "Congresso sobre a Bíblia", em San Diego, em 1982. (Em fevereiro, San Diego tem raios solares e não neve, como no centro de estudo.)

Como planejado, o ICBI se desfez após completar seu percurso de dez anos, em 1987. Eles marcaram a ocasião por realizarem um

19 R.C. Sproul, "What Difference Does an Inerrant Bible Make?", Cincinnati Seminar, manuscript, n.d., 15, ICBI Archives, Dallas Theological Seminary.

Congresso sobre a Bíblia II, dessa vez em Washington DC — o evento final do ICBI.

Lá atrás, em 17 de abril de 1979, R.C. deixou relutantemente a presidência citando dois fatores que motivaram sua difícil decisão. Um fator era que o diretor executivo do Ligonier, Stu Boehmig, havia renunciado para assumir um pastorado — o que, então, levou o conselho administrativo do Ligonier a designar R.C. "para assumir total responsabilidade pela administração do Centro de Estudo Vale Ligonier. O segundo fator era que o rápido crescimento do Ministério para Operários e Executivos [*Value of the Person - Valor da Pessoa*] havia colocado um fardo de tempo pesado" sobre ele. E logo, acrescentou: "De maneira alguma, a minha renúncia, que terá efeito imediato, significa qualquer perda de zelo ou interesse ardente nos alvos e objetivos do ICBI."[20]

Seu zelo pode ser visto em um artigo que ele escreveu para a revista *Moody Monthly, What Inerrancy Is All About: The Truth of Scripture Demolishes Speculation* (O que É a Inerrância: A Verdade da Escritura Destrói a Especulação), na edição de Janeiro de 1980. Sua primeira frase declara: "Eu amo a minha Bíblia — tanto o Antigo quanto o Novo Testamento. Preciso tê-la. E preciso tê-la sem erros." A Palavra "vem até nós de um Deus transcendente e pessoal"; por isso ela "impede toda conjectura humana e torna impotente a especulação finita".[21] Isso é o clássico R.C. Toda doutrina reverte à doutrina de Deus, a quem Deus é. Isso é, também, uma linguagem de teólogo de campo de batalha.

20 R.C. Sproul to [ICBI] Committee Members, April 17, 1979.

21 R.C. Sproul, "What Inerrancy Is All About: The Truth of Scripture Demolishes Speculation", *Moody Monthly* (January 1980), 13.

Sem dúvida, R.C. falou em vários eventos e conferências do ICBI e continuou a escrever para eles até aos anos 1980. Mas, quando ele escrevia, a obra em Stahlstown enxameava. Em 1977, dezoito mil alunos e oitocentos alunos residentes passaram pelos solos do centro de estudo, números que aumentaram constantemente.[22]

R.C. começou no Centro de Estudo Vale Ligonier em agosto de 1971, com muita terra, uma grande casa de família e uma estrutura que se deteriorava. R.C. gastou a maior parte daquele verão não somente preparando aulas, mas também removendo arbustos e pedras dos campos e plantando semente de grama. Depois, durante aqueles primeiros anos, ele aparava a grama e no inverno desobstruía as calçadas e algumas áreas de estacionamento com um limpa-neve e uma pá. Uma foto mostra R.C. com uma colher de pedreiro na mão, ajudando a erguer uma parede de blocos de cimento — Vesta suspeitava que ele não fazia essa tarefa específica frequentemente, mas aconteceu que havia uma câmera presente no dia em que a fez.

Durante muitos daqueles primeiros anos, o orçamento não era atingido. Às vezes, a equipe de cooperadores tinha de ficar sem cheques de pagamento. Não havia nenhum modelo para o que R.C. estava tentando fazer, nenhum livro de roteiro. Mas também não havia nenhum modelo para R.C. Ele se sentia à vontade tanto em um salão de sindicato quanto na liturgia elevada da igreja. Não havia, provavelmente, nem uma curiosidade bíblica que escapasse dele. Não havia nenhum assunto de teologia que ele não pudesse ensinar extemporaneamente, sem quaisquer anotações. Também não havia, provavelmente, nenhum tópico em filosofia que ele não pudesse ensinar. Ele era familiarizado com filmes modernos,

22 "Ligonier Celebrates Sixth Year", *Tabletalk*, vol. 4, September 1, 1977, 1.

romances modernos e política corrente. Desde o tempo de sua conversão, em setembro de 1957, um fundamento estava sendo colocado, a infraestrutura estava sendo cuidadosamente assentada. Nos anos 1970, podia se ver a estrutura emergindo.

Quando os anos 1970 se aproximavam do fim, R.C. tinha sete livros em seu crédito e um lugar na plataforma nacional da igreja americana. Tinha uma reputação que se estendia além de sua amada Pittsburgh, uma reputação crescente como um mestre confiável e um comunicador cativante. No entanto, havia mais no horizonte.

6

APOLOGÉTICA

O cristianismo é racional.

R.C. SPROUL

Em sua cópia pessoal de *Aquinas on Nature and Grace* (Aquino sobre a Natureza e a Graça), R.C. sublinhou esta sentença:

> Ora, quando um efeito é mais aparente para nós do que sua causa, chegamos a um conhecimento da causa por meio do seu efeito.

Na página seguinte, R.C. não somente sublinhou essa sentença, mas também a enfatizou na margem com uma linha ondulada:

> A existência de Deus e coisas semelhantes que podem ser conhecidas pela razão natural, como Romanos 1 afirma, não são artigos de fé, são preâmbulos para os artigos.

Essas duas sentenças de Tomás de Aquino (1225-1274) são uma questão de debate entre cristãos, resultando em diferentes campos apologéticos. O sublinhado significa que R.C. concorda com a sentença, e a linha ondulada na margem significa que R.C. concorda *realmente* com ela. Também significa que ele está inteiramente no campo da apologética clássica.

R.C. contava fortemente com o teísmo clássico para seu pensamento e ensino. De fato, no outono de 2017, poucos meses antes de sua morte, R.C. comentou: "O que tenho dito desde que começamos o Ligonier, 46 anos atrás, é que a maior crise que a igreja enfrenta hoje é o nosso entendimento da natureza de Deus." R.C. prosseguiu e explicou que estava falando sobre a simplicidade, a eternidade e constância de Deus. Ante a simples menção da constância de Deus, R.C. dizia: "Ora, essa é uma de minhas palavras favoritas. Tenho arrepios. Deus é autoexistente. É eternamente autoexistente. E ele é Puro Ser."[1] Quando indagado diretamente: "E qual é o nosso legado? É o teísmo clássico no centro?", R.C. respondia: "Certamente!"[2]

R.C. aprendera seu teísmo clássico de vivos e mortos, de filósofos antigos, de teólogos escolásticos e reformados, e de seus professores. R.C. estava na categoria de Platão e Aristóteles, Agostinho, Tomás de Aquino, os reformadores, Turretin, Edwards, Hodge e Warfield. Ele foi apresentado a esses gigantes por Thomas Gregory, John Gerstner e G.C. Berkouwer. Depois, procurou ensinar outros por meio de palestras pessoais, fitas e livros.

R.C. publicou três obras que se tornaram textos clássicos, em três anos sucessivos: *Classical Apologetics* (Apologética Clássica)

1 "R.C. Sproul and Dolezal's *All That Is in God*", *Open Book* podcast, April 12, 2018, season 1, episode 5. O episódio foi gravado em 13 de outubro de 2017, na casa de R.C.

2 Stephen Nichols com R.C. Sproul, entrevista pessoal, 20 de outubro de 2017.

com John Gerstner e Art Lindsley em 1984, *The Holiness of God* (A Santidade de Deus) em 1985 e *Chosen by God* (Eleitos de Deus) em 1986. *Eleitos de Deus* explora a soberania de Deus. *A Santidade de Deus* explora o Deus três vezes santo, bem como a justiça, o amor, a ira, a misericórdia, a verdade e a beleza de Deus, além de outras dimensões do caráter de Deus. *Apologética Clássica* lida com uma questão fundamental concernente a Deus, ou seja, que ele é. Esse livro de 1984 lida com a questão da existência de Deus: o fato de que Deus é conhecido, que tipo de Deus é conhecido e como Deus é conhecido.

Para R.C., cada fio que você puxa origina-se em Deus. Isso é teologia. É também apologética.

R.C., O APOLOGISTA

A primeira página da edição de fevereiro de 1979 da *Tabletalk* fala de 39 alunos de faculdade de nove faculdades diferentes, bem como de um grupo de adultos que tiveram aulas de apologética clássica de R.C. na temporada de janeiro. Em seguida, o periódico ressalta: "Apologética (saber o que você crê e por que você crê nisso) é a principal área de interesse do Dr. Sproul."[3] O centro de estudo decidiu repetir o mesmo curso em janeiro de 1980.

Posteriormente, naquele ano, a revista *Eternity* veiculou um artigo intitulado *Where'd You Get Those Ideas? A Round-Up of Fifty Evangelical Thinkers Who Influence You* (Onde Você Obteve Essas Ideias? Cinquenta Pensadores Evangélicos que Influenciaram Você).[4] Caricaturas de dezoito dos cinquenta serviam de ilustrações, as quais acompanhavam o artigo. R.C. estava incluído, vestindo um

3 "New Year Starts Big", *Tabletalk*, vol. 3, February 1979.

4 "Where'd You Get Those Ideas? A Round-Up of Fifty Evangelical Thinkers Who Influence You", *Eternity*, November 1980, 29-31.

uniforme de futebol sem capacete e segurando uma tulipa, representando sua reputação como um atleta e um calvinista. No artigo, ele era contado entre os apologistas. O artigo menciona que "R.C. Sproul, um teólogo *freelance* da área de Pittsburgh, tem influenciado um círculo pequeno, incluindo Charles Colson".[5] A referência a um "círculo pequeno" ignora a dimensão dos esforços de R.C. O artigo se interessava em identificar o influenciador por trás dos influenciadores, as figuras públicas do cenário evangélico americano. Colson foi um dos que os editores identificaram. Mas, na verdade, R.C. estava influenciando um círculo muito grande — não de figuras públicas, mas dos leigos comuns. Estava ensinando executivos, gerentes e trabalhadores em como defender a fé no local de trabalho. Estava ensinando alunos de faculdade como responder a seus professores de biologia e professores liberais de Bíblia e religião. Estava ajudando vizinhos a aprenderem como responder às perguntas dos vizinhos deles. Seu círculo de influência estava em dezenas de milhares, e subindo. A influência vinha por meio das classes que ele ensinava e de seus livros. Houve também um debate "forjado" com seu mentor e colega John Gerstner.

R.C. convidou Gerstner para se unir à equipe de ensino como professor no centro de estudo em 1980, quando Gerstner se aposentou de seu cargo no Pittsburgh Theological Seminary. Gerstner havia sido um palestrante frequente no centro de estudo antes desse compromisso; o centro de estudo veria ainda mais dele. E ele e R.C. poderiam fazer mais juntos. R.C. se lembra de como ele e Gerstner eram, às vezes, chamados "a Máfia de Pittsburgh" no mundo reformado. Em 1982, eles encenaram um debate para o John Ankerberg Show, filmado em Chattanooga. R.C. fez a parte do

5 "Where'd You Get Those Ideas?", 31.

advocatus diabolic. O *Chattanooga Times* veiculou um artigo enorme abordando o evento, com fotos, incluindo R.C. com "braços abertos". Apesar de todo o drama que R.C. pôde exibir, ele não foi páreo para Gerstner. R.C., fazendo o papel de um cético/ateísta, perdeu. Após o "debate", R.C. e Gerstner responderam perguntas do auditório lotado na Brainer Baptist Church. O artigo relata que, em uma de suas respostas, R.C. "disse que o 'conceito de fé cega' era totalmente repugnante".[6]

A ideia de fé cega ou de "um pulo de fé" tinha cheiro de fideísmo para R.C. Sem dúvida, R.C. amava a noção de *sola fide*, de fé somente. *Fideísmo* não é uma referência à justificação somente pela fé. Fideísmo é a ideia de que você não pode oferecer qualquer razão para a fé, que você deve evitar qualquer tipo de argumento racional. R.C. chamava o fideísmo de "irracional". Ele acreditava que o cristianismo é racional e que os cristãos têm razão para a fé que professam. R.C. acreditava que podemos provar pela razão a existência de Deus e a confiabilidade básica da Escritura. Também acreditava que o que fora dito sobre a nação de Israel, por meio do profeta Oseias, podia ser dito sobre a igreja moderna: "O meu povo está sendo destruído, porque lhe falta o conhecimento" (Os 4.6). R.C. lamentou isso em sua coluna *Right Now Counts Forever* (O Agora Mesmo é Importante para Sempre), na *Tabletalk* de agosto de 1979, que ele intitulou *My People Perish* ... (Meu Povo Perece ...), R.C. discutiu a necessidade de os teólogos falarem diretamente aos leigos, listando exemplos dos reformadores no processo, e a necessidade de discutirem o conhecimento de Deus.

6 "Theologians Tape Debate Here", *Chattanooga Times*, May 22, 1982.

R.C. fez apenas isso, "levou a mensagem às pessoas", em seus livros.[7] Em 1974, ele escrevera *The Psychology of Atheism* (A Psicologia do Ateísmo).[8] Em 1978, ele publicou *Objections Answered* (Objeções Respondidas).[9] Esse livro resultou de um pedido de seu amigo Archie Parrish. Por meio de sua obra em Evangelism Explosion (EE — Evangelismo Explosivo), Parrish havia guardado registros cuidadosos de relatos do trabalho prático. Tinha uma lista enorme de objeções que os evangelistas de porta em porta do EE estavam ouvindo. Logo, ficou óbvio que as objeções poderiam ser agrupadas em cerca de dez categorias. Archie deu a lista de dez categorias a R.C., para ver se ele poderia estar interessado em responder as objeções. No ano seguinte, o livro foi publicado. Os dez capítulos são:

- "A Bíblia contradiz a si mesma. Ela é apenas um conto de fadas."
- "Todas as religiões são boas. O que você crê não importa."
- "E o que acontece com o miserável nativo que nunca ouviu falar de Cristo?"
- "O cristianismo é uma muleta para pessoas fracas."
- "A igreja está cheia de hipócritas."
- "Eu não preciso de religião."
- "Deus não existe!"
- "Se Deus existe, por que há tanto mal no mundo?"
- "Por que Deus permite o sofrimento?"
- "Quando você morre, tudo acaba. Não há nada mais."

7 R.C. Sproul, "My People Perish . . .", *Tabletalk*, vol. 3, August 1979.

8 Publicado originalmente por Bethany, o livro foi republicado como *If There's a God, Why Are There Atheists?: Why Atheists Believe in Unbelief* (Wheaton, IL: Tyndale, 1988).

9 Publicado originalmente por Gospel Light-Regal, o livro foi republicado como *Reason to Believe: A Response to Common Objections to Christianity* (Grand Rapids, MI: Zondervan, 1982). As referências seguintes são dessa edição.

R.C. tinha ouvido essas perguntas e objeções antes. Havia feito algumas dessas perguntas para si mesmo. R.C. parece autobiográfico na introdução do livro, oferecendo um relato de sua "Peregrinação Pessoal". Ele diz: "Como jovem, eu tinha duas paixões ardentes. Uma era esportes, e a outra, as perguntas 'por que'."[10] Ele menciona como era uma "criança do tempo de guerra". Portanto, a sua primeira grande pergunta de "por que" era "Por que há guerras?" Uma pergunta importante para um menino de quatro ou cinco anos fazer. Depois, houve o sofrimento e a morte de seu pai e os anos difíceis no ensino médio. Ele se tornou um jovem irado e amargurado. Não via o cristianismo como a resposta. Para o adolescente R.C., o cristianismo era fraco: "Cristão era um sinônimo de 'marica'." Depois, aconteceu a sua conversão em seu ano de calouro na faculdade. Suas objeções "se dissolveram no arrependimento".[11] Em seguida, ele lembra como foi lançado no meio de liberalismo, na faculdade e no seminário. Tudo em que ele cria era objetivamente verdadeiro?

Toda essa experiência pessoal contribuiu para que R.C. tivesse mais e mais simpatia existencial pelas perguntas e objeções, tanto dos incrédulos quanto dos crentes. Chegar à fé e à teologia da maneira difícil lhe deu uma determinação e um comportamento gracioso.

Em 1983, R.C. publicou *In Search of Dignity* (Em Busca de Dignidade).[12] Nesse livro, R.C. discute a dignidade humana. Os calvinistas gostam de discutir a depravação humana. Mas, examinando as *Institutas* de Calvino, percebe-se que, antes de Calvino abordar a depravação humana, primeiramente ele argumenta sobre a dignidade humana baseado em Gênesis 1 e na imagem de Deus no homem.

---

10 Sproul, *Reason to Believe*, 11-12.

11 Sproul, *Reason to Believe*, 15.

12 Publicado originalmente por Gospel Light-Regal, este livro foi reimpresso como *The Hunger for Significance* (Phillipsburg, NJ: P&R, 2001) e numa edição revisada pela P&R, em 2020.

R.C. segue o exemplo. Ele declara: "A dignidade do homem repousa em Deus, que atribui inestimável valor a cada pessoa."[13] R.C. vê isso como um suporte essencial na cosmovisão cristã. Toda pessoa com quem ele se reunia merecia seu respeito, porque fora dotada com dignidade, por haver sido feita à imagem de seu Criador.

Naquele mesmo ano, 1983, ele publicou dois livretes com a Tyndale House: *Ethics and the Christian* (*Ética e o Cristão*) e *Who Is Jesus?* (Quem É Jesus)? R.C. continuava a prover respostas. Depois, veio 1984, um ano em que R.C. publicou dois livretes e dois livros grandes. Os livretes eram sobre a oração e a vontade de Deus, ambos para a Tyndale. O primeiro livro grande era seu romance, *Johnny Come Home* (Johnny Volte ao Lar). O segundo livro grande, que apareceu perto do final do ano, foi *Classical Apologetics* (Apologética Clássica). E, enquanto esses quatro livros estavam se movendo pela trajetória de serem escritos, editados e publicados, R.C. e o Ligonier se mudaram.

UM ROMANCE, UMA MUDANÇA E UM LIVRO-TEXTO

R.C. escrevera a biografia de Wayne Alderson, que também contava a história transformadora de Pittman Steel, publicada pela Harper & Row. Durante uma conversa com seu "muito competente" editor na Harper & Row, R.C. mencionou que gostava muito de escrever narrativa. O editor sugeriu que R.C. considerasse escrever um romance, aconselhando-o: "Você deve escrever com base em sua própria experiência."[14] R.C. queria escrever um romance sobre a doutrina da eleição. É claro que ele escreveria.

13 Sproul, *Hunger for Significance*, 109.

14 Stephen Nichols com R.C. Sproul, entrevista pessoal, 8 de setembro de 2017.

Johnny é o personagem central.[15] R.C. o casou com Leah Labanson e, depois, com sua segunda esposa, Rochelle. R.C. exclamou, então: "E você acharia que alguém captaria o ponto: Lia, Raquel e Labão — mas ninguém captou isso."[16] Como que para advertir o leitor, R.C. escreveu uma nota na primeira página, dizendo: "Esta é uma obra de ficção ... uma ficção que é mais do que um véu transparente de história real." Transparente, de fato. Na página seguinte, está a dedicatória a Johnny, o Johnny Coles da vida real, o amigo de infância de R.C., colega de quarto e calouro na faculdade. A página seguinte cita Gênesis 27.11, com uma referência a Jacó e Esaú. O que o profeta Malaquias diz? Amei a Jacó, porém aborreci a Esaú. O primeiro, maquinador, tramador, lutador — mas eleito. Depois, há Esaú. De um dos irmãos, surge Israel; do outro irmão surge Edom. Como os leitores não captaram o ponto?

Johnny é o personagem central, mas o personagem principal do livro é "Scooter". R.C. confessou que o principal personagem, "Scooter", que se tornará o Reverendo Doutor Richard Evans, um pregador de aclamação nacional, é uma "combinação de John Gerstner, Jim Boice e [seguido de risadinha, e depois um grande sorriso] eu mesmo".[17] Inicialmente Scooter parece ser totalmente R.C. Começamos com ele terminando o ensino médio. Tudo é esportes, seu carro e seu amigo Johnny. Eles vão para a faculdade, Whiterspoon, "uma faculdade ligada à Igreja Presbiteriana no noroeste da Pensilvânia".[18] O Westminster College pode ser visto através do véu transparente. Scooter e Johnny são ambos convertidos, havendo sido parados por

15 R.C. Sproul, *Johnny Come Home* (Ventura, CA: Regal, 1984); republicado como *Thy Brother's Keeper* (Brentwood, TN: Wolgemuth & Hyatt, 1988).

16 Nichols com Sproul, entrevista pessoal, 8 de setembro de 2017.

17 Nichols com Sproul, entrevista pessoal, 8 de setembro de 2017.

18 Sproul, *Thy Brother's Keeper*, 42.

uma estrela do time de futebol quando tentavam escapar para um bar. Ambos escrevem cartas para as namoradas. Mas logo Johnny se afasta, quase não se lembrando do momento. Não Scooter. Scooter continua e tem uma segunda conversão na capela da faculdade, depois de uma caminhada à meia-noite. Ele muda sua graduação para filosofia — tudo isso parece muito familiar. Mas ele, que é o Reverendo Doutor Richard Evans, acaba em Phoenix e em um programa de televisão semanal.

Há um interesse amoroso, "Pamela", e ainda outro, "Patricia". Nenhuma é Vesta. Vesta não está no romance, que termina com Richard Evans retornando ao lar para pregar um grande sermão na maior igreja de sua cidade natal. A igreja está lotada. Cristãos estão ali para ouvir um sermão, muitos não cristãos também se encontram ali para ver o rapaz conterrâneo que se tornou bem-sucedido. Ele prega sobre a santidade de Deus, em Isaías 6. Johnny está lá.

R.C. amou escrever o romance. "Oh! Foi muito divertido!", ele recordou. Ficou tão satisfeito que começou a escrever um segundo romance. Iria chamá-lo *Sin Stones* (Pedras de Pecado). O romance começa com um piloto da Segunda Guerra Mundial em um P51 Mustang, em uma missão sobre a Alemanha. R.C. tinha um primo mais velho que pilotava um P51 Mustang, e R.C. aprendeu dele que grandes aviões eram os P51 Mustang, sendo o radiador a sua única vulnerabilidade. Por isso, a cena inicial tem o piloto sendo atingido por um tiro no radiador e pulando de paraquedas. Ele desce com segurança no solo; mas, depois, é perseguido por soldados alemães. Um sacerdote vai para resgatá-lo, mas no processo é atingido fatalmente, sendo o seu último ato entregar um documento precioso ao piloto — um documento que revela o local secreto onde estão duas tábuas de pedra entregues a Moisés, as Pedras de

Pecado. R.C. escreveu as primeiras páginas. E isso era tudo. Outras obras, deveres e contratos de livros se introduziram. Ele jogou fora as únicas páginas que escreveu e seguiu em frente. No fim, o único romance que ele realmente escreveu recebeu a premiação Angel Award. Elisabeth Elliot o chamou "um livro muito empolgante". E realmente é. Poderia ser transformado em um filme.

R.C. escreveu o romance enquanto ensinava no seminário em Jackson, Mississippi. Enquanto ainda mantinham suas responsabilidades no Ligonier, R.C. e Vesta ficavam em Jackson por três a quatro meses no começo do ano. Ele ensinava naqueles três a quatro meses um curso digno de um ano de um professor de tempo integral. Além disso, naqueles três a quatro meses ele escrevia um livro ou dois e começava a esboçar outros. Ele também jogava golfe, e ele e Vesta continuavam com a sua dança de salão.

Além disso, houve uma mudança em 1984. Desde o começo, o centro de estudo em Stahlstown tinha desafios. Foram exigidos prédios adicionais para acomodar convidados que passavam a noite, refeições para grupos, reuniões de grupo no *campus*, residência para a equipe de cooperadores, um estúdio de gravação e espaço para escritórios. Manter tantos prédios e uma propriedade tão grande logo se tornou um dreno no orçamento de operações. Além disso, embora o isolamento do centro de estudo proporcionasse grandes experiências para os alunos que iam lá, a localização isolada criava dificuldades.

Acrescente a tudo isso o fato de que o ministério de fitas — áudio e vídeo — de R.C. estava realmente decolando. Ele poderia causar maior impacto ao focar em produzir séries de ensino, que depois poderiam ser vistas repetidas vezes, do que ao ensinar classes pequenas no centro de estudo. Eles começaram a sondar locais estratégicos para os quais poderiam mudar o ministério. O conselho se reuniu três vezes, sem R.C. e sem o seu conhecimento sobre as reuniões. Afunilaram a sua lista a três cidades: Dallas, Atlanta e Orlando. R.C. e Vesta teriam gostado de ver Filadélfia ou Memphis na lista. R.C. amava Filadélfia. Quanto a Memphis, pensavam que ela era uma localização estratégica e central para todos os Estados Unidos (um argumento com o qual a FedEx concordava). E mais, eles teriam apreciado ter John Sartelle como seu pastor e a Independent Presbyterian Church como sua igreja. Mas nem Memphis nem Filadélfia foram incluídas.

Quando lhes apresentaram as três escolhas — Atlanta, Dallas ou Orlando — R.C. respondeu: "Qualquer uma dessas três é ótima para mim, contanto que não seja nem Atlanta nem Dallas." A edição de setembro de 1984 da *Tabletalk* foi a última enviada do correio de Stahlstown. A edição de novembro foi enviada de Altamonte Springs, 16 quilômetros ao norte de Orlando, na Flórida central. A organização Ligonier Ministries se mudou para um escritório na North Lake Boulevard e usou para gravações uma emissora de televisão nas proximidades.

Todos pensaram que a Ligonier se mudou para a Flórida para que R.C. pudesse jogar golfe. A verdade é que ele já o fazia muito no inverno, especialmente quando residiam de janeiro a março em Jackson, Mississippi. Em vez disso, a mudança para a Flórida aconteceu porque o conselho administrativo, depois de fazer um intenso estudo de viabilidade, achou a Flórida central agradavelmente familiar, à qual se podia chegar com facilidade e era um dos principais destinos de viagem (não somente para os Estados Unidos, mas também para o mundo). A Disney abriu seu parque temático em 1971, no mesmo ano que o Centro de Estudo Vale Ligonier começou. Turistas, visitantes e participantes de congressos fervilhavam. Depois que a

Ligonier Ministries se mudou para Orlando, vários outros ministérios nacionais também se mudaram, incluindo a Campus Crusade (Cruzada Estudantil) e a Wycliffe. Orlando foi uma escolha sábia. R.C. disse: "Ficamos apaixonados pela Flórida nos primeiros quinze minutos que estávamos lá."[19] Ele se arrependia apenas de não terem mudado antes.

R.C. e Vesta se mudaram para uma casa em Sabal Point, na adjacente Wekiwa Springs, por dois anos. Depois, eles se estabeleceram em uma casa em Longwood. Até se mudarem para o seu lar em Longwood, tinham vinte e nove anos de casados e moraram em treze residências diferentes. Viveriam em sua décima quarta casa durante os trinta e oito anos seguintes. Era uma casa enorme, e precisava ser. Sherrie, seu marido e três crianças moravam com eles, bem como a mãe de Vesta por um tempo. Propiciou a R.C. estar perto do Ligonier e perto de alguns campos de golfe excepcionais.

Também em 1984, R.C., com seus colegas John Gerstner e Art Lindsley, professores no centro de estudo, publicou um livro-texto sobre apologética. Foi publicado pela Zondervan Academic e tinha um subtítulo bastante acadêmico: *Classical Apologetics: A Rational Defense of the Christian Faith and a Critique of Presuppositional Apologetics* (Apológética Clássica: Uma Defesa Racional da Fé Cristã e uma Crítica da Apologética Pressuposicional).

TRÊS PONTOS DE VISTA

Há três pontos de vista principais da apologética: evidencialismo, pressuposicionalismo e apologética clássica. Evidencialismo, como o seu nome indica, usa evidências, tanto racionais quanto empíricas, para provar a existência de Deus e as afirmações de verdade do

19 Nichols com Sproul, entrevista pessoal, 8 de setembro de 2017.

cristianismo. Josh McDowell popularizou o evidencialismo por meio de seus livros *Evidence That Demands a Verdict* (1972 - Evidencia que Exige um Veredito), *More Evidence That Demands a Verdict* (1982 - *Evidência que Exige um Veredito* II) e *More Than a Carpenter* (1977 - Mais do que Um Carpinteiro). R.C. notou que o evidencialismo tende a ser sustentado por aqueles evangélicos que se inclinam mais para o arminianismo. Aqueles que são mais reformados se inclinam em direção à abordagem clássica ou à abordagem pressuposicionalista. De fato, e R.C. lamentou isso, o pressuposicionalismo "conquistou a lealdade de pessoas reformadas em toda a América".[20] R.C. acrescentou sobre o pressuposicionalismo: "É o ponto de vista prevalecente na maioria dos círculos reformados hoje, e é um círculo ao redor do qual não tenho estado disposto a dançar."[21]

O pressuposicionalismo, também como seu próprio nome indica, se centraliza ao redor da noção de pressuposição. Esse ponto de vista está associado a seu fundador, Cornelius Van Til, com quem, em sua varanda, R.C. costumava ter conversas e comer cookies. Van Til disse: "Nós argumentamos por 'pressuposição'."; acrescentando: "A única 'prova' da posição cristã é que, se a sua verdade não for pressuposta, não há possibilidade de 'provar' coisa alguma."[22] Van Til disse também que qualquer outro ponto de vista admite necessariamente a autonomia humana e compromete o próprio Deus.[23]

Resta o ponto de vista clássico. Embora R.C. lamentasse que este seja o minoritário no cenário contemporâneo, ele foi o ponto

20 R.C. Sproul, *1-2 Peter: St. Andrew's Expositional Commentary* (Wheaton, IL: Crossway, 2011), 119.

21 Sproul, *1-2 Peter*, 120.

22 Cornelius Van Til, "My Credo", em *Jerusalem and Athens: Critical Discussions on the Theology and Apologetics of Cornelius Van Til* (Phillipsburg, NJ: Presbyterian & Reformed, 1980), 21.

23 Van Til, "My Credo", 9, 11, 18.

de vista majoritário na história da igreja. Como um apologista clássico, R.C. declarou: "Creio que o argumento em favor da existência de Deus é não somente altamente provável, mas também completa e logicamente convincente."[24] R.C. diria com clareza na primeira sentença do prefácio de *Apologética Clássica*: "O cristianismo é racional."[25] Ele estava certo de que notaríamos uma diferença entre ser racional e racionalismo. R.C. rejeita a afirmação pressuposicionalista de que afirmar uma prova ou argumentar uma prova em favor do cristianismo é rende-se à autonomia humana, a menos que a prova seja pressuposta. A afirmação pressuposicionalista confunde ser racional ou fazer uma argumentação racional com racionalismo. Eles são muito diferentes. Em seguida, R.C. define apologética como "a defesa raciocinada da religião cristã".[26] Isso é que os apologistas clássicos fazem — oferecem razões e argumentos.

O livro *Apologética Clássica* tinha um propósito duplo. Um dos propósitos era oferecer uma discussão completa do ponto de vista clássico, expor o argumento em favor de Deus e do cristianismo. O outro, era criticar o pressuposicionalismo. O livro foi escrito por R.C., Arthur Lindsley e John Gerstner. R.C. escreveu a primeira parte: "Teologia natural clássica: uma visão geral do problema e do método". Arthur Lindsley escreveu quase toda a segunda parte: "Apologética clássica: as provas teístas, a deidade de Cristo e a infalibilidade da Escritura". Gerstner escreveu a parte 3: "Uma crítica clássica da apologética pressuposicionalista".

O livro é dedicado a Cornelius Van Til, com esta inscrição: "(...) que ensinou a uma geração que Cristo é o Alfa e o Ômega

---

24 R.C. Sproul, *1-2 Peter*, 119.

25 John Gerstner, Arthur Lindsley, and R.C. Sproul, *Classical Apologetics* (Grand Rapids, MI: Zondervan, 1984), ix.

26 Sproul et al., *Classical Apologetics*, 13.

do pensamento e da vida." Quando Van Til recebeu sua cópia, enviou uma carta a R.C. agradecendo e expressando que honra era ter um livro dedicado a ele. R.C. respeitava Van Til. Apreciou aquelas ocasiões em que estiveram juntos em 1968 e 1969. Deram-lhe oportunidades de manter atualizado o seu holandês. Reflete no que diz respeito tanto a R.C. quanto a Van Til que eles podiam ser diametralmente opostos e, apesar disso, permanecerem cordiais, respeitosos e construtivos. Eram eruditos cavalheiros.

R.C. lembrava como *Apologética Clássica* surgiu. Ele tinha esperado escrever um livro intitulado "Rational Christianity" (Cristianismo Racional). R.C. o começou, mas interrompeu a escrita para redigir o livro *Stronger Than Steel: The Wayne Alverson Story* (Mais Forte do que o Aço: A História de Wayne Alderson). Depois, R.C. discutiu com Gerstner a ideia do livro sobre cristianismo racional. Por fim, a ideia metamorfoseou-se no mais extenso — *Apologética Clássica*, por três autores. Visto que os três ensinavam cursos diferentes sobre apologética no centro de estudo, fazia sentido os três escreverem juntos o livro.

R.C. se lembrava de que, quando a primeira edição surgiu, os editores na Zondervan usaram um corretor ortográfico que mudou todas as ocorrências de "efeitos noéticos" para "efeitos poéticos". R.C. tinha uma recordação muito mais dolorosa no que diz respeito às notas de rodapé de Gerstner. Gerstner perdera todas as suas notas de rodapé para todas as citações de Van Til na terceira parte do livro. R.C., que era responsável por unir o livro e enviá-lo à publicadora, teve de rever e achá-las. A terceira parte tinha 228 notas de rodapé no total. Mais da metade das citações eram de Van Til. R.C. teve de rever cada um dos livros de Van Til e achar a citação e reescrever as notas de rodapé. Todas elas. Na época, muitos dos livros de Van Til não tinham índice remissivo, portanto R.C. não teve nem isso para ajudá-lo. R.C. disse: "Nem posso dizer-lhe quantas e quantas horas eu tive de pesquisar tudo que Van Til escreveu."

A apologética clássica, de acordo com R.C., argumenta que a pergunta fundamental é: por que há alguma coisa em vez de nada? E, no momento que você começa a puxar o fio para explicar a existência do "algo", é levado à única conclusão racional: houve um começo e um Começador. Qualquer outro ponto de vista é irracional. O ponto de vista da apologética clássica olha para os argumentos clássicos para defender e provar a existência de Deus.

Esses argumentos são o cosmológico, o teleológico e o ontológico. Podem ser vistos nos filósofos da antiguidade, Platão e Aristóteles, e são também desenvolvidos pelos pensadores medievais Anselmo (especificamente, os argumentos ontológicos) e Tomás de Aquino. Constituem o que, às vezes, é chamado "teologia natural", a qual "afirma que pessoas podem ganhar e realmente ganham conhecimento válido de Deus por meio da razão natural meditando sobre a revelação natural".[27]

Isso nos leva de volta às passagens sublinhadas de Tomás de Aquino. Essas passagens vêm da obra magna de Tomás, *Summa Theologica*. Ele disse: "Quando um efeito é mais aparente para nós do que sua causa, chegamos a um conhecimento da causa por meio do seu efeito."[28] Para ilustrar isso, quando uma refeição é trazida à sua mesa em um restaurante, a refeição é o efeito, e está aparente para você. O que não está aparente é a causa da refeição. Mas você tem o efeito, por isso você sabe que há uma causa. Você começa a raciocinar do efeito para a causa que está por trás dele. Por fim, você compreende

27 Sproul et al., *Classical Apologetics*, 27.

28 Aquinas, *Nature and Grace*, ed. and trans. A. M. Fairweather (Philadelphia: Westminster Press, 1954), 52.

que há *chefs* na cozinha e que há comida na cozinha, trazida à cozinha por uma cadeia de um sistema de distribuição de alimentos, e, isso, por sua vez, o leva a um agricultor, um criador de gado ou a um pescador. Tomás de Aquino é claro: "Uma causa tem de existir se existe um efeito."[29] Em seguida, ele diz: "Podemos demonstrar a existência de Deus dessa maneira, de seus efeitos que são conhecidos por nós, ainda que não conheçamos a essência dele."[30] Tomás continua e apresenta "Cinco Vias" pelas quais a existência de Deus pode ser demonstrada. Essas cinco maneiras delineiam os argumentos cosmológico e teleológico em favor da existência de Deus. R.C. amava cada uma delas; mas para ele a terceira via, o argumento da necessidade, era a chave.

R.C. explica este argumento de Tomás de Aquino em seu livro posterior *The Consequences of Ideas* (As Consequências de Ideias): "Se houve um tempo em que nada existia, então nada jamais poderia ter começado a existir e nada existiria agora. Mas, se algo existe *realmente* agora, sempre tem de haver algo em existência; tem de existir algo que possui existência *necessária* — sua existência não é meramente possível, mas também necessária."[31] Este Ser tem de *ser* e deve ser independente de qualquer outro ser, e tem de ser eterno. Aristóteles chamava o ser de "Ato Puro". Edwards chamou este ser de "o Ser com o Supremo Ser". Tomás de Aquino o chamaria de "*ens perfectissimus*", o ser mais perfeito. O ser necessário é Deus, e Deus tem de existir. Por quê? Porque algo existe e não é o nada. R.C. ressalta que, embora as cinco vias, consideradas juntas, formem os argumentos cosmológico e teleológico, a terceira via, o argumento da necessidade, reflete realmente o argumento ontológico.

29 Aquinas, *Nature and Grace*, 53.

30 Aquinas, *Nature and Grace*, 53.

31 R.C. Sproul, *The Consequences of Ideas: Understanding the Concepts That Shape Our World* (Wheaton, IL: Crossway, 2000), 73.

UM FUNDAMENTO QUÁDRUPLO

A chave para entendermos a apologética de R.C. é o que ele chama de "os quatro princípios epistemológicos básicos". Estão todos na parte 1 de *Apologética Clássica.* Nesse livro, R.C. fala de três princípios inegociáveis, mas gasta boa parte do tempo discutindo um quarto princípio.[32] Em seu livro posterior *Defending Your Faith* (2003 - Defendendo a Sua Fé), ele deixa claro esse quarto princípio inegociável.[33] Os quatros princípios são:

1. A lei da não contradição;
2. A lei da causalidade;
3. A confiabilidade básica (embora não perfeita) do senso de percepção;
4. O uso analógico da linguagem.

É crucial notar que esses não são os quatro princípios fundamentais da apologética. R.C. vê esses princípios como fundamentais à epistemologia, para todo conhecimento e para todas as afirmações de conhecimento. São eles que permitem a arbitração de afirmações de verdade conflitantes. São esses princípios que permitem fazer a distinção entre o que é mera opinião e o que conta como verdade. Mas, quando aplicados à apologética, são esses quatro princípios que permitem R.C. fazer a afirmação de que o cristianismo é racional. Esses quatro princípios podem impedir o recurso de "um salto de fé".

A lei da não contradição é uma maneira de dizer simplesmente "lógica". Afirma que "A não pode ser 'não-A' ao mesmo tempo e no

32 Sproul, *Classical Apologetics*, 72-90.

33 R.C. Sproul, *Defending Your Faith: An Introduction to Apologetics* (Wheaton, IL: Crossway, 2003), 30-33.

mesmo relacionamento".[34] Isso é "crucial para a teologia, como o é para todas as disciplinas intelectuais", e "é a precondição necessária para qualquer e toda a ciência".[35] Em seguida, R.C. explica que a lei de não contradição e lógica "monitora as relações formais das proposições".[36] Quando uma discordância surge, quando uma hipótese é testada, quando uma proposição é afirmada como sendo verdadeira e factual e não mera opinião, a lógica se apresenta e monitora a discussão. A lógica nos permite ter discurso significativo. A lógica nos impede de chegarmos ao absurdo.

Em um de seus cadernos de anotações, R.C. escreveu à mão uma anotação curta que chamou "A Tensão de Discordância: Discordância e a Lei de Não Contradição". Ele propõe um cenário de discordância sobre a resposta à pergunta sobre a existência de Deus. Sem a lei de não contradição, o recurso para avaliar proposições e afirmações de verdade conflitantes é significação pessoal. Ele explica: "Assim, a questão da existência de Deus é reduzida à questão de significação prática na vida dos indivíduos. Se a verdade é definida por aquilo que é significativo para o sujeito crente, então, sem dúvida, qualquer coisa que seja significativa para o sujeito crente pode ser considerada como verdadeira." Em seguida, R.C. observa que o debate, nesse ponto, desce à "hostilidade emocional". A resposta para a mais profunda pergunta de todos os tempos — Deus existe? — é reduzida a "isso é indiferente".

As regras formais de verificação e falsificação servem ao interesse do cristão. Sem a lei de não contradição, qualquer debate sobre

34 Sproul et al., *Classical Apologetics*, 72.

35 Sproul et al., *Classical Apologetics*, 72.

36 Sproul et al., *Classical Apologetics*, 73.

qualquer verdade se deteriorará em um jogo de poder ou em uma competição de gritos.

A lei de causalidade está na base do argumento cosmológico sobre a existência de Deus. A lei de causalidade afirma que todo efeito tem uma causa igual ou maior. O mundo, o cosmos, é o efeito. Exige a pergunta de origens: de onde o mundo veio? Ou, de novo, por que existe algo em vez de nada? Como a lei de não contradição nos leva de volta a Aristóteles, assim também o faz a lei de causalidade. Aristóteles começava primeiramente com o movimento, depois seguia para a causalidade. Movimento é algo aparente. A fim de haver movimento, tem de haver o primeiro movimento, o que Aristóteles chamou "motor não movido". Portanto, toda causa tem um efeito, que tem sua origem na "causa não causada" ou a "causa primeira". Tomás de Aquino simplesmente usou esses dois argumentos como as duas primeiras das cinco vias. Deus pode ser provado pelo argumento do movimento (primeira via), da causa (segunda via) e do ser necessário (terceira via).

Em seguida, há o terceiro princípio inegociável, a confiabilidade básica do senso de percepção. Nós adquirimos conhecimento pelo senso de percepção. R.C. é cuidadoso em não dizer confiabilidade *infalível* do senso de percepção.[37] Mas somos "criaturas físicas equipadas com sensos". E, por meio de nossos sentidos, o conhecimento do mundo externo é possível.[38]

Por último, há a linguagem analógica. Esse ponto de vista situa-se entre os opostos de linguagem unívoca e linguagem equívoca. E aqui estamos, em última análise, falando da nossa linguagem em referência a Deus. *Unívoca* significa idêntica (uma voz), e *equívoca*

37 Sproul et al., *Classical Apologetics*, 87.
38 Sproul et al., *Classical Apologetics*, 87.

significa diferente. Podemos entendê-las melhor por considerarmos como se aplicam à ontologia, a natureza do ser. O ponto de vista unívoco vê uma unidade entre Deus e tudo mais. Isso é panteísmo. O ponto de visto equívoco vê Deus como total e completamente outro, *totaliter aliter* em latim. Deus é incompreensível. R.C. explica: "Muitos teólogos e filósofos têm argumentado que Deus é tão completamente diferente de nós, que qualquer tentativa de falar sobre ele é inútil."[39] Nenhum desses pontos de vista é desejável. Entre esses dois pontos de vistas opostos, há um caminho intermediário.

Tomás de Aquino se referiu à imagem de Deus para ajudar-nos a entender o que ele chamou de "a *analogia entis*" (a analogia do ser). Há um ponto de conexão entre Deus e o homem, a imagem de Deus. E, porque há uma analogia de ser, podemos ter uma conversa significativa de e sobre Deus. A analogia do ser leva à linguagem analógica. R.C. nos diz: "É pelo fato de que Deus nos criou à sua imagem e semelhança que há uma analogia entre o Criador e a criatura, capacitando-nos a falar de Deus de uma maneira significativa, mesmo dentro dos limites de nossa finitude."[40] Depois, R.C. acrescenta: "Sem essa ligação, não poderíamos ter nenhum conhecimento do mundo criado e de seu testemunho quanto à grandeza da mão do Criador. Além disso, jamais poderíamos ter qualquer conhecimento da revelação especial de Deus, por meio da Palavra — tanto escrita quanto encarnada em Jesus Cristo, seu Filho."[41]

R.C. edifica a sua apologética clássica sobre esses quatro princípios inegociáveis, com um pequena ajuda de seus amigos Aristóteles e Tomás de Aquino.

39 Sproul, *Defending Your Faith*, 32.

40 Sproul, *Defending Your Faith*, 33.

41 Sproul, *Defending Your Faith*, 69.

R.C. não acreditava apenas que podemos formular um argumento racional em favor da existência de Deus — no escopo total de sua apologética, ele também acreditava que podemos formular um argumento racional em favor da infalibilidade da Escritura. Se assim é, então estamos formulando um argumento racional em favor das afirmações de verdade da Escritura concernentes a Cristo e ao evangelho. R.C. delineou um argumento em cinco premissas e uma conclusão para esse argumento em seu livro *Objections Answered* (1978 -Objeções Respondidas):

Premissa A — A Bíblia é um documento basicamente fiel e digno de confiança.

Premissa B — Com base nesse documento confiável, temos evidência suficiente para crer confiantemente que Jesus Cristo é o Filho de Deus.

Premissa C — Jesus Cristo, sendo o Filho de Deus, é uma autoridade infalível.

Premissa D — Jesus Cristo ensina que a Bíblia é mais do que geralmente confiável; é a própria Palavra de Deus.

Premissa E — A Palavra, visto que procede de Deus, é totalmente digna de confiança porque Deus é totalmente digno de confiança.

Conclusão — Com base na autoridade infalível de Jesus Cristo, a igreja crê que a Bíblia é totalmente digna de confiança, ou seja, infalível.[42]

42 R.C. Sproul, *Objections Answered* (Ventura, CA: Gospel Light-Regal, 1978), 31.

CONTRA SECULARISMA

Se por um lado o interesse livro *Apologética Clássica* era mostrar as vantagens da apologética clássica sobre o pressuposicionalismo, por outro lado, R.C. e o livro estavam interessados principalmente em equipar os santos para batalharem pela fé em face do maior e mais feroz oponente da época, o secularismo. Desde sua primeira coluna na *Tabletalk*, R.C. confrontava o secularismo. Engajou-se no tópico desde os anos 1960, quando preparou notas extensivas sobre *The Secular City* (A Cidade Secular), o livro de Harvey Cox que atraiu muita atenção pública. Ele preparou as notas, 32 páginas escritas à mão, para seu *tentamen* ético na Universidade Livre. Os *tentamens* eram suas provas em várias áreas. R.C. recebeu uma lista de leitura para cada uma das áreas. Publicado em 1965, o livro de Cox vendeu mais de um milhão de cópias em seus primeiros anos no mercado. O livro oferecia uma profunda análise sociológica, filosófica e teológica do impacto do secularismo sobre a cultura. R.C. resumiu a conclusão da questão no primeiro capítulo de *Apologética Clássica*: "O secularismo é um fenômeno pós-cristão que leva em sua bagagem uma rejeição *consciente* da cosmovisão cristã."[43] Em seu livro *Lifeviews* (Visões da Vida), publicado em 1986, R.C. escreveu: "O 'ismo' predominante na cultura americana, o 'ismo' refletido nos meios de comunicação, na indústria cinematográfica, nos romances e no mundo das artes é o *secularismo*".[44] É importante notar que há uma diferença enorme entre as palavras *secular* e *secularismo*. O cristão é chamado a ser secular, estar no mundo. E, para que não esqueçamos, é o mundo de Deus. O secularismo é a cosmovisão venenosa.

43 Sproul et al., *Classical Apologetics*, 4.

44 R.C. Sproul, *Making a Difference: Impacting Culture and Society as a Christian* (1986; repr. Grand Rapids, MI: Baker, 2019), 26. Publicado originalmente como *Lifeviews*.

Em um de seus cadernos de anotações pessoais, com anotações de palestras para o centro de estudo, R.C. esboça uma palestra sobre o tema "Deus Existe?", e anota que esta é uma "era de ceticismo" e uma "Era Pós-Cristã", na qual "igrejas são mausoléus". Ele reconhece: "Pessoas ainda afirmam 'algo maior'." Mas anota: "*ateísmo prático* é [a] ordem do dia."[45] Ele explica: "Pessoas vivem como se Deus não existisse." R.C. queria que nós atentássemos ao "existisse". "Existisse" é usado para se referir a uma condição contraria ao fato. Porque Deus existe. O ponto seguinte do esboço é "*Evidência Sólida*". R.C. acreditava em apologética, porque acreditava que Deus existe, e pessoas creem e vivem como se Deus não *existisse.*

Nesse mesmo caderno de anotações, R.C. observa que "a única maneira de negarmos o cristianismo é negarmos a Deus", e acrescenta que "essas tentativas são bumerangues". Ele apresenta o argumento do mal como exemplo. Chamar algo de "mal", ou falar de justiça e injustiça, é apelar a algum padrão transcendente, a algum padrão absoluto. Isso implora de imediato pela pergunta da origem de um padrão absoluto, a origem de nossa sensibilidade do mal, de justiça e injustiça — em um sentido supremo.

Abandonando a Deus, o secularismo não é capaz de lidar com as origens, nem com o destino; tanto o passado quanto o futuro são eclipsados, desdenhados. O que importa é o presente, o aqui e agora. O agora mesmo, diz o secularismo, importa para agora mesmo. Consequentemente, "não há eternidade, não há perspectiva eterna — não há absolutos".[46] R.C. diz: "É exatamente aqui que o cristianis-

45 Aqui e nas outras citações, o sublinhado é de R.C.

46 Sproul, *Making a Difference*, 29.

mo e o secularismo colidem."[47] Ele confrontou o secularismo com: "O agora mesmo é importante para sempre." E acrescentou:

> Se há uma mensagem que eu posso entregar à minha geração, a mensagem é esta: o agora mesmo é importante para sempre. O que você e eu fazemos agora tem importância eterna. O agora é importante porque tem implicações por um longo, longo tempo. O secular é importante porque está ligado para sempre ao sagrado.

Atribui-se a Lutero a seguinte afirmação: "Se você não está defendendo o evangelho no ponto exato em que ele está sendo atacado, então você não está defendendo o evangelho de maneira alguma." O que R.C. estava fazendo em *Apologética Clássica*, bem como em outros livros e em seus ensinos e pregação, era defendendo o evangelho no ponto em que ele estava sendo atacado. Em sua primeira coluna na *Tabletalk*, R.C. comentou que, se existe apenas o agora, então, "até o agora é sem significado".[48] Levantar a sua voz profética e apologética contra o secularismo foi a única mensagem que ele deu à sua geração. Como João Batista, com braço estendido, ele apontou para Deus, para a eternidade e para o Cordeiro de Deus que tinha vindo.

Nos anos 1200, Tomás de Aquino via o islamismo como a ameaça à igreja de seu tempo. Ele escreveu outra obra magna intitulada *Summa Contra Gentiles*, abrangendo quatro livros escritos entre 1259 e 1265. Tomás de Aquino a escreveu para aqueles que estavam na linha de frente, os missionários que enfrentariam o islamismo e o

47 Sproul, *Making a Difference*, 29.

48 R.C. Sproul, "Right Now Counts Forever: Roots in the Pepsi Generation", *Tabletalk*, vol. 1, May 6, 1977, 1.

judaísmo. Ele identificou os pontos divergentes — onde o evangelho estava sendo atacado. Depois, ofereceu razões para a fé, uma defesa da fé à luz da oposição e do ataque. Na página 1, no capítulo 1, de *Apologética Clássica,* R.C. proclamou em voz alta que a tarefa cristã na época moderna é "produzir uma *Summa Contra Secularisma*".[49]

O QUE VOCÊ CRÊ, POR QUE VOCÊ CRÊ NISSO

Apologética não é apenas para cristãos usarem ao envolverem-se com não-cristãos que vivem em um mundo crescentemente pluralista e secularista. Apologética é também para benefício dos cristãos. Na discussão de R.C. sobre a tarefa de apologética em *Apologética Clássica,* ele observa: "O predominante ceticismo contemporâneo não está sem o seu efeito pernicioso na fé cristã. A apologética pode ser usada por Deus como uma força libertadora na vida do cristão afligido pelos dardos de dúvida."[50]

Ele diz que cristãos leigos veem, às vezes, a apologética como "uma complicação desnecessária e indesejável da vida cristã simples".[51] R.C. prossegue e recorda ter ouvido no rádio um debate de eruditos sobre a existência de Deus. Quando a linha telefônica foi ao ar, uma mulher que havia ligado exclamou: "Será que vocês aí não têm olhos abertos? Olhem para fora da janela. De onde pensam que tudo isso veio?"[52]

R.C. enfatiza que o argumento dela é clássico, como no argumento cosmológico. Há uma resposta racional para a pergunta "De onde veio tudo que há do lado de fora de sua janela?" Qualquer outra resposta, ou evitação completa da pergunta, é irracional.

49 Sproul et al., *Classical Apologetics,* 3.
50 Sproul et al., *Classical Apologetics,* 22.
51 Sproul et al., *Classical Apologetics,* 22.
52 Sproul et al., *Classical Apologetics,* 23.

Um anúncio para seu curso sobre apologética clássica na temporada de janeiro, no centro de estudo, levanta a pergunta: "O que o Curso Fará por Mim?" A resposta era:

> Esse curso é para você. Se você está procurando por um fundamento sólido para a sua fé, se está procurando por maneiras de defender a sua fé na sala de aula, ou se está procurando por maneiras de defender a sua fé diante de seus amigos, então, esse curso pode expor para você as ferramentas de apologética que o ajudam a defender sua fé e lhe dão razão para saber por que você crê no que crê.[53]

Em um caderno de anotações, em cuja capa R.C. escreveu "História da Apologética", ele tem um esboço de três páginas para uma palestra chamada "Razão e Fé". Ele anota que "a apologética emerge de crises históricas". Isso pode ser visto no século I, ainda quando o Novo Testamento estava sendo escrito e a igreja estava sob o espectro de Roma. A crise era "Caesar *Kurios*", César como Senhor *versus* Jesus como Senhor. R.C. menciona os primeiros apologistas, Justino Mártir e Policarpo.

Em seguida, R.C. faz uma extensa lista de "apologistas" que confrontaram a cultura: "Paulo, Agostinho, Tomás de Aquino, Lutero". Isso traz R.C. ao tempo presente. Ele chama nosso tempo de "Era do *Impressionismo*". É uma cultura que é fissurada em ser "entretida", na qual há uma "crise de satisfação".

Depois, ele se volta à resposta. E declara: "Cristãos, *pensem*!" Em seguida, ele não diz racionalismo, mas também não diz irracionalismo, e acrescenta que não somos "chamados a crucificar o

53 January Term Advertisement, *Tabletalk*, vol. 3, September 1979, 4.

intelecto" nem temos de contentar-nos com "pura especulação". Em vez disso, R.C. defende uma posição que entende que a "*verdade provoca paixão*". E cita o exemplo de Søren Kierkegaard. R.C. não podia concordar com Kierkegaard quanto à fé, e não podia seguir todo o caminho que Kierkegaard seguiu; mas ele sempre admirou a paixão de Kierkegaard pela verdade. Além disso, ele admirava Paulo. Por isso, rabiscou uma anotação: "Paulo — eu estou *persuadido* — ver 2Co 11." Depois ele oferece seu ponto de conclusão: "Estamos agindo com seriedade." R.C. era um apologista comprometido com saber o que ele cria e por que cria nisso. Conforme seu próprio testemunho, ele se fazia perguntas *por quê* durante toda a sua vida. E labutou para ajudar outros a saberem o que criam e por que criam nisso; pois, como ele dizia frequentemente, isso não é uma questão de vida ou morte; é uma questão de vida eterna e morte eterna.

O ÂMBITO DE SEUS ENSINOS

Em cada ano desde 1975 até 1979, R.C. falava na Philadelphia Conference on Reformed Theology (PCRT - Conferência de Filadélfia sobre Teologia Reformada). Em 1975, o tema da Conferência foi "Conhecendo Deus". R.C. falou duas vezes, intitulando suas palestras de *Why Don't We Know?* (Por que Não Conhecemos?) e *Why Must We Know?* (Por que Temos de Conhecer?). Em 1976, o tema foi "Nosso Deus Soberano". R.C. falou três vezes, ao lado de Jim Boice, John Stott, Everett Koop. R.C. falou de novo em 1977 sobre tópicos que giravam em torno da doutrina do homem, o tema daquele ano. Em 1978, a Conferência abordou "A Cruz, a Nossa Glória". R.C. falou duas vezes; uma palestra foi intitulada *Sacrifice and Satisfaction* (Sacrifício e Satisfação). Em 1978, a PCRT considerou "Os Nomes de Cristo". Outra vez, R.C. falou duas vezes. É curioso que essa progressão nas conferências reflete as principais contribuições teológicas de R.C. nas décadas de seu ministério e reflete, igualmente, seus textos clássicos e muito de seus livros.

Os tópicos aqui são as doutrinas de Deus, do homem, da salvação e Cristo. R.C. direcionava todos os seus esforços a uma única vocação em torno de um único tópico: ensinar às pessoas quem Deus é. Pensar sobre quem Deus é suscita imediatamente a pergunta: quem eu sou? R.C. daria uma resposta direta a ambas: Deus é santo. Nós não somos. Uma vez que compreendamos isso, a pergunta seguinte é: quem é meu substituto? Quem é o sacrifício em meu favor? Quem fará a satisfação?

Todas essas perguntas são cruciais, e todas se enquadram na categoria de apologética. A palavra grega *apologia* significa "dar uma resposta". R.C. e Vesta sempre visualizavam o centro de estudo como um lugar em que pessoas poderiam obter respostas e onde cristãos poderiam ser equipados a responder as perguntas que lhes eram feitas. A apologética era uma característica crucial do centro de estudo desde o seu início e da pregação e ensino de R.C. antes de seu tempo em Stahlstown. Além disso, era um tipo específico de apologética.

O nome de R.C. é sinônimo de apologética clássica. Por anos e décadas, ele achava que era a única voz no deserto, quando escrevia e ensinava sobre o assunto. Outros parecem estar se tornando populares em dias recentes; e a história pode muito bem chegar a mostrar que R.C. estava do lado certo da questão.[54]

54 Isso pode ser visto nas seguintes obras: o extenso ensaio de Keith Mathison "Christianity and Van Tillianism, *Tabletalk*, August 21, 2019, http://tabletalkmagazine.com; James Dolezal, *God without Parts: Divine Simplicity and the Metaphysics of God's Absoluteness* (Eugene, OR: Pickwick, 2011); Dolezal, *All That Is in God: Evangelical Theology and the Challenge of Classical Christian Theism* (Grand Rapids, MI: Reformation Heritage, 2017); J. V. Fesko, *Reforming Apologetics: Retrieving the Classic Reformed Approach to Defending the Faith* (Grand Rapids, MI: Baker, 2019). Estas obras têm produzido inúmeras resenhas e posts em blogs.

Também é importante destacarmos que as palestras de R.C. na PCRT revertem não somente a apologética, mas também à doutrina de Deus. R.C. dizia frequentemente que, no tocante à doutrina de Deus, não há nenhuma diferença entre o entendimento confessional de católicos romanos, luteranos e reformados. Em seguida, ele dizia que há toda diferença do mundo entre esses pontos de vistas sobre a doutrina de Deus. R.C. detestava a dubiedade. Então, como ele podia fazer essas duas afirmações? Ele prosseguiria e explicaria que todos esses diferentes pontos de vistas dizem a mesma coisa sobre Deus na página 1 de uma teologia sistemática, mas não levam toda a doutrina de Deus para a página 2 (quando se fala sobre a doutrina do homem), nem a discussões posteriores da doutrina de Cristo e da salvação. A tradição clássica reformada leva a doutrina de Deus a todo o resto da teologia sistemática e a todos os demais tópicos da teologia sistemática que revertem à doutrina de Deus.

Não somente R.C. se sentiu como uma voz sozinha no deserto proferindo apologética clássica; ele também se sentiu como uma voz sozinha proclamando a santidade de Deus. Isso seria o livro seguinte.

7
SANTIDADE

Sombras em uma caverna são propensas a mudança.
Dançam e tremulam com forma e brilho que mudam sempre.
Para contemplar as coisas verdadeiramente santas e ir além da superfície das coisas criadas, precisamos sair da caverna feita por nós mesmos e andar na gloriosa luz da santidade de Deus.
R.C. SPROUL

A seção Weekender do *The Tribune-Democrat*, de sábado, 20 de setembro de 1980, exibe uma foto grande de R.C. na página da frente. Tirada no centro de estudo, mostra R.C. vestido de paletó e gravata e encostado em um poste de cerca, com o título "Dr. R.C. Sproul: Ensinando às Pessoas Quem Deus É". Quatro anos depois, a edição de junho-julho da sarcástica revista *The Wittenburg Door* veiculou uma entrevista. A primeira pergunta e resposta foram estas:

> Door: Do que a igreja precisa hoje?
>
> Sproul: Estou intensamente convencido de que a maior necessidade da igreja é desenvolver um entendimento mais profundo

> do caráter de Deus. As pessoas precisam saber, cognitiva e intelectualmente, quem Deus é.[1]

Um anúncio em uma edição de 1979 da *Tabletalk* concernente à série de ensino de R.C. sobre a santidade de Deus, em seis partes, diz em enormes letras góticas: "Santo, Santo, Santo", seguido por isto:

> É uma vergonha: aquilo que Deus repetiu mais nós entendemos menos.[2]

O anúncio prossegue:

> Em toda a Bíblia, há apenas uma única palavra que Deus repetiu três vezes para descrever a si mesmo. Santo. Santo. Santo. Essa palavra descreve a característica mais elusiva e atemorizante de Deus: sua santidade. É um assunto tão temível, que poucos ousaram aproximar-se dele.[3]

R.C. não se aproximou desse assunto. O assunto aproximou-se dele.

Relembrando aquele momento crucial na faculdade, R.C. foi "compelido" a deixar o conforto e o calor de sua cama, em seu dormitório, no Westminster College. Esmagando a neve com os pés, quando o relógio bateu meia-noite, R.C. entrou na capela, havendo passado pela porta de carvalho sob um arco gótico. Daquele

1 R.C. Sproul, "Interview", *The Wittenburg Door*, vol. 79, June-July 1984, n.p.
2 *Tabletalk*, vol. 3, March 1979, 5.
3 *Tabletalk*, vol. 3, March 1979, 5.

momento em diante a santidade de Deus cativou R.C. Ela o achou e não o deixou ir.

Quando R.C. foi ao ar pela primeira vez em seu programa nacional de rádio, *Renovando Sua Mente,* em 3 de outubro de 1994, aquela primeira transmissão foi a primeira palestra da série de ensinos *Holiness of God* (Santidade de Deus). R.C. terminou a primeira transmissão recordando aquele momento crucial em sua vida. Depois, ele proferiu estas últimas linhas:

> Aquela experiência pessoal e privada que tive naquela capela foi um experiência que mudou minha vida; foi também o começo de uma busca vitalícia pela santidade de Deus... Investigar, meditar em e buscar um entendimento do que as Escrituras significam, quando declaram que Deus é santo, é não somente vital para minha vida, mas também central à revelação bíblica sobre o caráter de Deus e totalmente crucial para o crescimento pessoal de todo cristão.[4]

EM UMA DECLARAÇÃO DE MISSÃO (E UMA NOTA SOBRE O CABELO)

Em outubro de 1981, a edição da *Tabletalk* veiculou uma coluna singular de "Pergunte a R.C.". Aqueles que conheciam R.C. no decorrer dos anos, ou tinham assistido a videoclipes, provavelmente observaram que seu estilo de roupa mudara; e, além disso, seu estilo de cabelo mudara. O cabelo assumiu vida própria. Tornou-se parte da história. Essa coluna de R.C., especificamente, lidava

4 R.C. Sproul, "The Otherness of God", *Holiness of God,* formato para rádio, palestra 1. Transmitida originalmente em *Renewing Your Mind,* October 3, 1994.

diretamente com o cabelo. Estava grosso, cheio e reto. Então, houve uma viagem a uma barbearia no Arizona. O barbeiro, uma mulher, perguntou a R.C.: "Por que você não me permite fazer algo com seu cabelo?" Ele pensou consigo mesmo: "*Você já está fazendo; está cortando-o*". Mas o que ele disse foi: "Como o quê?" E o resto é história. Todos perguntavam: "Que diabos você fez com seu cabelo?" Essa era a pergunta chocante na coluna "Pergunte a R. C". Foi a pergunta chocante que ele recebeu em 1981. A reação à juba penteada foi variada. R.C. observou as reações. Humoristicamente, ele as ofereceu:

> J.I. Packer proferiu uma palavra de encorajamento branda e dignificante. Jim Kennedy levantou as sobrancelhas em consternação. Francis Schaeffer olhou confusamente para o cabelo e moveu os lábios para formular uma reação, até que me pegou fitando os seus calções. Charles Colson escreveu o segundo Livro de Lamentações enquanto chorava por todo o caminho até a L.L. Bean. Ron Sider achou que parecia bom, mas se perguntou se não teria sido barato demais. E John Gerstner ainda não o percebeu.[5]

Mas a opinião expressa em uma sentença seguinte e final teve a última palavra sobre o assunto: "Mas ... Vesta disse: 'Amei' ... e assim o cabelo permanece." À lista de influenciadores que impactaram verdadeiramente R.C. — seu pai, a Sra. Gregg, seus treinadores, o Dr. Gregory e o Dr. Gerstner — precisamos acrescentar um barbeiro feminino desconhecido no Arizona. Essa é a

5 R.C. Sproul, "Ask R.C.: The Crisis of Image Change, Or, A Funny Thing Happened on the Way to a Barber Shop", *Tabletalk*, vol. 5, October 1981, 5.

origem do cabelo. Naquele mesmo outubro de 1981, a edição da *Tabletalk* também lançava luz sobre a origem da declaração de missão do Ligonier.

A declaração de missão do Ligonier evoluiu com o passar dos anos. Começando naquela edição de outubro de 1981, a *Tabletalk* incluiu "A Missão do Ligonier", que era:

> Contribuir para a causa de renovação e reforma espiritual, por meio de um ministério de ensino destinado a instruir muitas pessoas com conteúdo bíblico e treinar líderes de igreja e ministérios paraeclesiásticos na verdade bíblica, incluindo doutrina, prática e interpretação cultural (teologia, ética, teologia prática e apologética).[6]

A edição de fevereiro de 1983 tinha uma versão nova e mais curta da declaração de missão:

> Ensinar a fé cristã a tantas pessoas quanto possível.

A edição de fevereiro de 1985 veiculava outra nova declaração de missão, que voltava a ser mais longa:

> Ensinar a verdade bíblica para cristãos adultos e encorajá-los a obter uma visão de mundo e da vida que resultará em piedade madura e obediente, contribuindo assim para uma renovação da igreja e da cultura.

---

6 Realmente, a primeira ocorrência em outubro continha o erro de digitação "partical theology" ("teologia pártica"). Isso foi corrigido na edição seguinte.

A declaração de missão no final dos anos 1980 se tornou:

> Ajudar a despertar tantas pessoas quanto possível para a santidade de Deus em toda a sua plenitude.

Atualmente, a declaração de missão diz:

> Proclamar a santidade de Deus em toda a sua plenitude a tantas pessoas quanto possível.

A edição de agosto de 1996 da *Tabletalk* celebra o vigésimo quinto aniversário da Ligonier. R.C. dedicou a coluna "O Agora Mesmo é Importante para Sempre" ao evento e aproveitou a ocasião para refletir sobre o propósito da Ligonier. Ele intitulou essa coluna de "Why Ligonier" (Por que a Ligonier?). Comentou que, desde os primeiros dias, eles elaboraram declarações de propósito da organização, acrescentando: "As expressões mudaram, mas o propósito essencial nunca mudou."[7] Esse propósito essencial tem a ver com reconhecer quem Deus é, em sua santidade e, depois, ensinar e viver isso. Esse propósito essencial remonta a um tempo inicial na história da Ligonier, quando procuraram um consultor.

A versão final da declaração de missão foi o resultado de uma colaboração desse consultor e R.C. O consultor sentou-se diante de R.C. e pediu-lhe que descrevesse a si mesmo. R.C. disse que era um teólogo. Então, o consultor lhe perguntou: "O que você faz?" R.C. disse que ensinava. O consultor lhe perguntou o que ele ensinava, e R.C. respondeu que ensinava às pessoas quem Deus é. Em seguida, o consultor lhe perguntou: "A quem você ensina?" R.C. disse que

7 R.C. Sproul, "Why Ligonier?", *Tabletalk*, vol. 20, August 1996, 6-7.

ensinava principalmente pessoas da igreja, mas também alcançava e ensinava pessoas na cultura. O consultor tinha apenas mais duas perguntas. Primeiramente, ele perguntou: "O que as pessoas da igreja mais precisam saber sobre Deus?" R.C. disse: "Ele é santo". Em seguida, o consultor fez a última pergunta: "O que as pessoas na cultura precisam saber sobre Deus?" R.C. disse: "Ele é santo". Isso tem sido e sempre foi a base do propósito essencial, que está refletido na forma final da declaração de missão aprimorada.

Na noite anterior ao culto memorial para R.C., um grupo de teólogos e pastores que haviam compartilhado muitos púlpitos de conferências com R.C. se reuniram para uma recepção. À medida que diferentes recordações eram apresentadas, John Piper, com um foco preciso, pensou em R.C. e a santidade de Deus. Ele exclamou: "Qual é o outro ministério que tem a expressão a santidade de Deus em sua declaração de missão?"

A santidade de Deus era central para R.C. A doutrina que o cativou se iniciou com uma experiência pessoal, mas foi nutrida e fortalecida por uma vida inteira de estudo e busca. Um livro que conquistou a atenção de R.C. foi escrito pelo teólogo alemão luterano Rudolf Otto.

A IDEIA DO SANTO

Rudolf Otto publicou seu livro *Das Heilige* em 1917. A primeira tradução em inglês apareceu em 1923, com o título *The Idea of the Holy: An Inquiry into the Non-Rational Factor in the Idea of the Divine and Its Relation to the Rational* (A Ideia do Santo: Uma Inquirição ao Fator Não Racional na Ideia do Divino e Sua Relação com o Racional). Otto comenta que tendemos a usar a palavra *santo* em relação a perfeição moral, "a consumação da bondade moral".[8] Em seguida, Otto faz esta observação: "Mas esse uso comum da palavra é inexato."[9] A cópia de R.C., que ele conseguiu em algum tempo dos anos 1960, tem essa sentença sublinhada, com linhas duplas na palavra "inexato". Certamente, a santidade de Deus significa pureza e perfeição moral. Santidade envolve isso, porém é mais do que isso; algo acima e além que expressa a essência de quem Deus é. Otto sugere a palavra *numinous*, do latim *numem*, que significa poder divino.[10] Assim como *omen* se torna *ominous*, assim também *numem*, Otto resumiu, pode se tornar *numinous*. Otto sugere, também, que é necessário a nossa "consciência de criatura" para apreciarmos plenamente a noção do *numinous*, do santo. Essa "consciência de criatura" nos capacita a sentir-nos "submergidos e tomados por sua própria insignificância em contraste com aquilo que é supremo acima de todas as criaturas".[11] R.C. sublinhou essa sentença também. A criatura se sente impotente, como "nada diante de um algum tipo de poder absoluto e extraordinário".[12] Mais uma sentença é sublinhada quando Otto termina o capítulo 3: "O *numinous* é, portanto, sentido como objetivo e fora do ego."[13] Ao ouvir essas sentenças, pode-se pensar em Moisés diante da sarça ardente ou em Isaías diante do trono de Deus.

A leitura ativa de R.C. aumentou um pouco no capítulo 4, "Mysterium Termendum". Não precisamos conhecer latim para saber que a palavra *mysterium* significa mistério. Antes de você pensar

8 Rudolf Otto, *The Idea of the Holy: An Inquiry into the Non-Rational Factor in the Idea of the Divine and Its Relation to the Rational*, trans. John Harvey (New York: Oxford University Press, 1958), 5.

9 Otto, *The Idea of the Holy*, 5.

10 Otto, *The Idea of the Holy*, 6-7.

11 Otto, *The Idea of the Holy*, 10.

12 Otto, *The Idea of the Holy*, 10.

13 Otto, *The Idea of the Holy*, 11.

em "tremendo" como significado para *tremendum*, deve pensar na palavra *tremor* ou *tremer*. É temendo, mas de uma maneira que faz você tremer até ao âmago. Essa expressão significa o "mistério tremendo, que induz tremor e inspira respeito". Nesse capítulo do livro de Otto, R.C. sublinhou, circulou e desenhou sua linha ondulada. Em determinado ponto, ele dobrou as páginas do capítulo inteiro, uma indicação segura de que pretendia voltar ao capítulo — e talvez até usá-lo em um livro — algum dia. Estas são as sentenças daquela quarto capítulo que cativaram R.C. e sua caneta:

> O sentimento de [*mysterium tremendum*] poder vir como uma onda suave e abrangente, que permeia a mente com uma disposição tranquila de adoração profunda (...), pode se tornar a humildade pasma, tremente e silenciosa da criatura na presença de — quem ou quê? Na presença daquilo que é um mistério incompreensível e acima de todas as criaturas (...). *Tremor* é em si mesmo apenas a emoção perfeitamente familiar e "natural" de *temor*. A palavra hebraica *hiqdish* (santificar) é um exemplo. "Manter uma coisa santa no coração" significar distingui-la por um sentimento de temor peculiar (...). Especificamente notável é o *enah* de Jeová ("temor de Deus"), que Jeová pode produzir.[14]

Otto é, às vezes, acusado de ensinar que Deus é "totalmente outro", um mistério total, completamente desconhecível. Isso não é uma avaliação justa. Seu tradutor diz: "Deus não é, para ele, o 'totalmente outro'."[15] O próprio Otto diz, em um prefácio para a edição

14 Otto, *The Idea of the Holy*, 13.

15 John Harvey, "Translator's Preface", em Otto, *The Idea of the Holy*, xviii. (Sim, R.C. sublinhou essa sentença.)

em inglês, que embora ele esteja buscando o irracional, ou melhor, o "suprarracional", está realmente se aventurando a estudar "aquele aspecto racional daquela realidade suprema que chamamos 'Deus'".[16]

Em uma de suas palestras para a série a respeito da santidade de Deus, R.C. testemunhou:

> Um dos estudos mais fascinantes que já li e recomendaria a vocês, para sua atenção diligente, é um livro que apareceu no início do século XX, escrito por um teólogo alemão que era também um antropólogo. Seu nome era Rudolf Otto, e ele escreveu um livro pequeno, mas um livro que muitos teólogos consideram um dos livros mais importantes do século XX.[17]

R.C. apreciava o conceito do *numinous* de Otto. Ele apreciava ainda mais o conceito do *mysterium tremendum*. O santo evoca pavor, temor. R.C. achou um paralelo no cântico espiritual afro-americano "Were You There" ("Você Estava Lá?"). O refrão nos paralisa: "Às vezes, isso me faz tremer, tremer, tremer." Deus é "pavoroso", e trememos diante dele.[18]

O BEM-INTENCIONADO UZÁ

Além de ler o teólogo alemão, R.C. também se via cativado por dois textos bíblicos:

> Eu me lembro de ler um currículo de escola dominical de uma das denominações com as quais costumava trabalhar. Vinha dos

16 "Foreword by the Author to the First English Edition", em Otto, *The Idea of the Holy*, xxi.

17 R.C. Sproul, "The Meaning of Holiness", *Holiness of God*, formato para rádio, palestra 5.

18 R.C. Sproul, *The Holiness of God* (1985; repr., Carol Stream, IL: Tyndale, 1998), 50-54.

> escritórios em nossa sede e (...) dizia: "Ora, entendemos que esses tipos de histórias que lemos no Antigo Testamento, como as de Uzá e de Nadabe, as narrativas de que Deus está destruindo todo o mundo com um dilúvio — homens, mulheres e crianças — histórias de Deus ordenando o *herem*, falando ao povo judeu que vá para a terra de Canaã e destrua todos os habitantes de Canaã — homens, mulheres e crianças — não podem ser uma manifestação do caráter real de Deus. Temos de entender estas histórias no Antigo Testamento apenas como pessoas judias antigas, primitivas e pré-científicas e seminômades que interpretavam os eventos que viam à luz de sua própria teologia peculiar. Talvez o que aconteceu foi que Uzá teve um ataque cardíaco e morreu, e o escritor judeu atribuiu a causa da morte de Uzá a uma expressão impiedosa dessa terrível ira de Deus".[19]

Não, isso não foi o que aconteceu. Deus matou instantaneamente o bem-intencionado Uzá. R.C. se expressou nestes termos: "Uzá tocou na arca, e *bum*! Deus explodiu em fúria!"[20] R.C. pregou pela primeira vez sobre Uzá, com base em 1 Crônicas 13, em uma capela no Gordon College, quando era professor lá. Ele pregou sobre esse texto muitas vezes. A história atinge o leitor como incrivelmente injusta. Quando Davi ouviu sobre o incidente, ficou irado com Deus. Uzá estava protegendo a arca, que continha os Dez Mandamentos, que era coberta com o propiciatório. O lugar da arca era no templo, o templo santo de Deus. E, naquela época, ela ficava no Santo dos Santos, isolada de tudo, exceto em um dia do ano, quando um homem, o sumo sacerdote, ousava entrar e ficar

19 R.C. Sproul, "Holiness and Justice", *Holiness of God*, formato para rádio, palestra 3.
20 Sproul, *Holiness of God*, 127.

diante dela. Argolas foram afixadas na arca, para que varais fossem inseridos a fim de transportá-la. A arca nunca, nunca devia ser tocada. Mas um boi tropeçou, e Uzá estendeu a mão para impedir a arca de cair no chão. Foi a última coisa que Uzá fez na terra. R.C. observou que Uzá cometeu o "pecado de presunção". Uzá "presumiu que sua mão era menos poluída do que a terra".[21]

O outro texto que cativava R.C. era Isaías 6. Ele ouvira John Guest pregar um sermão sobre esse texto, em algum tempo por volta de 1969. R.C. ficou remoendo o texto. Quando foi convidado a dar palestras em Saranac Lake, ele decidiu que usaria Isaías 6 como o eixo de suas cinco palestras sobre a santidade de Deus. Foi a primeira vez que ele pregou sobre Isaías 6; mas, certamente, não seria a última. Seu romance termina com o fictício Reverendo Doutor Richard Evans pregando um sermão sobre Isaías 6. Isaías e seu capítulo 6 são a base do capítulo 2 do livro *A Santidade de Deus*, de R.C.

Antes de R.C. ler qualquer livro cristão, ele leu a Bíblia toda. Devorou o Antigo Testamento como um novo cristão. Compreendeu que "este Deus da Bíblia é um Deus que age com seriedade". E acrescentou: "Naquelas primeiras semanas, eu tive um despertamento para o conceito bíblico de Deus que instruiu toda a minha vida depois disso."[22]

Além de Otto, Uzá e Isaías 6 — e muitos outros textos bíblicos, como passagens dos Salmos —, a outra linha de influência, nesse assunto, sobre R.C. foi a tradição clássica reformada. As notas de rodapé em *A Santidade de Deus* contêm os suspeitos usuais: Lutero, Calvino e Edwards. Perto do final do livro, R.C. também menciona os "teólogos medievais" que "usavam a expressão

21 Sproul, *Holiness of God*, 130.

22 Stephen Nichols com R.C. Sproul, entrevista pessoal, 20 de outubro de 2017.

ens perfectissimus para se referirem a Deus".[23] Isso é Tomás de Aquino. A palavra latina *ens* significa "ser". Deus é o ser mais perfeito. R.C. comenta esse conceito:

> Dizer que algo ou alguém é o ser mais perfeito envolve uma redundância. Perfeição real não admite graus. Algo que é verdadeiramente perfeito em todos os aspectos não pode se tornar mais perfeito ou perfeitíssimo. Falamos dessa maneira porque nos acostumamos a lidar com coisas que são imperfeitas. Coisas imperfeitas podem ser aprimoradas, mas as perfeitas não podem.[24]

Sendo assim, toda essa questão de graus suscita uma pergunta: "Por que, então, os teólogos usam o grau superlativo para falar da perfeição de Deus?"[25] R.C. responde:

> A resposta tem de ser achada em seu desejo de enfatizar tão claramente a perfeição de Deus, que eliminasse qualquer possibilidade de sugerir a menor falta de perfeição no caráter de Deus. Era um uso legítimo de hipérbole para falar de perfeitíssimo.[26]

Em *Summa Theologiae,* Tomás escreve: "Ora, Deus é o primeiro princípio, não material, mas na ordem de causa eficiente, que tem de ser muito perfeito (...) porque chamamos perfeito aquilo que não falta nada do modo de sua perfeição."[27] Ele acrescenta: "Todas as

---

23 Sproul, *Holiness of God,* 241.

24 Sproul, *Holiness of God,* 241.

25 Sproul, *Holiness of God,* 241.

26 Sproul, *Holiness of God,* 241-42.

27 Thomas Aquinas, *Summa Theologiae, Prima Pars 1-49,* trans. Fr. Laurence Shaupcote, O. P. (Lander, WY: Aquinas Institute for the Study of Sacred Doctrine, 2012), 37–38.

perfeições criadas estão em Deus. Portanto, ele é referido como universalmente perfeito, porque não tem falta de nenhuma excelência (...). Ele é tudo, como a causa de tudo."[28]

Nessa altura, Tomás de Aquino está expressando a identidade fundamental de Deus, a essência de Deus. Isso é o âmago, a essência, da tradição clássica reformada. R.C. disse: "Agostinho, Tomás de Aquino, Lutero, Calvino, Edwards — todos eles eram intoxicados pela transcendente majestade de Deus." E acrescentou: "Fiquei bastante cativado por isso. Essa é uma das razões por que escrevi *A Santidade de Deus* e por que meu interesse em todo o meu ministério tem sido resgatar a doutrina de Deus."[29]

É importante assimilar isso. Quando R.C. focalizava a santidade de Deus, não focalizava um atributo único de Deus, mas o ser de Deus, a essência de Deus.

Quando Moisés se aproximou da sarça ardente, foi-lhe dito que estava em terra santa, na própria presença de Deus. O Lugar Santíssimo é onde Deus "habita" com seu povo, onde Deus se encontra com eles — "Ali, virei a ti", no propiciatório, na arca, no *sanctum sanctorum*. Os serafins cantam na presença de Deus o hino do tríplice santo, porque Deus *é* santo.

A santidade de Deus é o caminho de chegarmos ao *ens perfectissimus*. Foi o caminho que R.C. tomou. Às vezes, ouvimos o Deus de ira do Antigo Testamento sendo confrontado com o Deus de amor do Novo Testamento. Deus é um Deus de ira santa. Deus é um Deus de amor santo. Focalizar-se na santidade de Deus como R.C. o fez era exatamente o que a igreja precisava.

28 Aquinas, *Summa Theologiae*, 39.

29 Nichols com Sproul, *entrevista pessoal*, 20 de outubro de 2017.

DEUS, HOMEM, CRISTO

A teologia de R.C. — seu método teológico distinto e sua contribuição para a tradição cristã — deve se mover da doutrina de Deus para a doutrina do homem e para as doutrinas de Cristo e da salvação. Ele faz isso de maneira precisa e poética em *A Santidade de Deus*. Ele começa onde a Bíblia começa:

> A Bíblia diz: "No princípio (...) Deus." O Deus que nós adoramos é o Deus que existe sempre. Somente ele pode criar seres, porque somente ele tem o *poder de ser*. Ele não é nada. Ele não é acaso. Ele é ser puro, aquele que tem o poder de ser *tudo por si mesmo*. Somente ele é eterno. Somente ele tem poder sobre a morte. Somente pode chamar mundos à existência por falar, pelo poder de sua ordem. Esse poder é impressionante, assombroso. É merecedor de respeito, de adoração humilde.[30]

Esse é o *ens perfectissimus,* o ser mais perfeito. R.C. continua: "A ideia de santidade é tão central ao ensino bíblico que a Escritura diz a respeito de Deus: 'Santo é o seu nome' (Lc 1.49). Seu nome é santo porque ele é santo."[31]

Essa é a doutrina de Deus, o Deus eterno, imutável, onipotente, majestoso e santo. Em seguida, vem a doutrina do homem. Considere o exemplo de Isaías. O que aconteceu com Isaías depois que se encontrou com o Deus três vezes santo? Isaías disse: "Estou perdido" (Is 6.5). R.C. comenta:

---

30 Sproul, *Holiness of God*, 13.
31 Sproul, *Holiness of God*, 15.

> Estar perdido significa ficar em pedaços, sem a costura, ficar desfiado. O que Isaías estava expressando é o que os psicólogos modernos descrevem como a experiência de desintegração pessoal. Desintegrar significa exatamente o que a palavra sugere, *des integrar* (...). [Isaías] teve um vislumbre repentino de um Deus santo. Naquele momento singular, toda a sua autoestima foi estilhaçada. Por um breve segundo ele foi exposto, desnudado ante a contemplação do padrão absoluto de santidade. Enquanto Isaías podia se comparar com outros mortais, ele era capaz de sustentar uma opinião elevada sobre seu próprio caráter. No instante em que mediu a si mesmo pelo padrão supremo, ele foi destruído — moral e espiritualmente aniquilado. Ficou arrasado. Desintegrado.[32]

A santidade de Deus revelou a pecaminosidade de Isaías. Naquele exato momento, um serafim pegou uma brasa do altar e purificou os lábios de Isaías. Expiação. Isso era uma prefiguração, um tipo, do Deus-homem que viria ao mundo para fazer expiação completa pelo pecado, aquele que acaba com a nossa "guerra santa" e traz paz. Assim, R.C. se move da santidade de Deus e de nossa pecaminosidade para a obra de Cristo e o dom da salvação:

> Quando nossa guerra santa com Deus cessa, quando nós, como Lutero, entramos pelos portões do paraíso, quando somos justificados pela fé, a guerra acaba para sempre. Com a purificação do pecado e a declaração de perdão divino, entramos em um tratado de paz eterno com Deus. O primeiro fruto de nossa justificação é paz com Deus. É uma paz

32 Sproul, *Holiness of God*, 35-36.

> santa, uma paz imaculada e transcendente. É uma paz que não pode ser destruída (...). É o tipo de paz que somente Cristo pode dar.[33]

A santidade de Cristo cobre a nossa falta de santidade. A pureza de Cristo cobre a nossa impureza. A justiça de Cristo cobre todas as nossas transgressões. "Ele tomou os nossos trapos de imundície e nos deu sua veste de justiça."[34] R.C. disse: "Isso é o legado de Cristo: paz."[35] Tudo começa com um ponto de vista correto sobre a santidade de Deus. Um ponto de vista superficial sobre Deus distorcerá os outros pontos de vistas sobre todas as outras doutrinas.

PONTOS DE VISTAS SUPERFICIAIS

Em seu livro de 1994, *God in the Wasteland* (Deus no Terreno Baldio), David Wells fez esta observação: "O problema fundamental no mundo evangélico hoje é que Deus repousa muito inconsequentemente sobre a igreja. Sua verdade está muito distante; sua graça, muito ordinária; seu julgamento, muito benigno; seu evangelho, muito fácil; e seu Cristo, muito vulgar."[36] O comentário de Wells parece um eco da tese de bacharelado de R.C., em 1961, sobre *Moby Dick* de Melville. R.C. observou inteligentemente que Melville oferece o que "parece ser um ataque aos pontos de vista superficiais da humanidade sobre a religião".[37]

33 Sproul, *Holiness of God*, 183-84.

34 "The Word Made Flesh: Ligonier Statement on Christology", 2016.

35 R.C. Sproul, *Holiness of God*, 185.

36 David F. Wells, *God in the Wasteland: The Reality of Truth in a World of Fading Dreams* (Grand Rapids, MI: Eerdmans, 1994), 28.

37 Robert C. Sproul, "The Existential Implications of Melville's Moby Dick", tese de bacherelado, 1961, Westminster College, New Wilmington, PA.

> Brancura da baleia:
>
> Todo os sacerdotes cristãos derivam o nome de uma parte de sua veste sagrada, a alva ou túnica, usada por baixo do hábito. E, embora nas pompas santas da fé romana, o branco seja usado especialmente na celebração da paixão de nosso Senhor; embora, na visão de São João, vestes brancas sejam dadas aos redimidos, e os vinte e quatro anciãos estejam vestidos de branco diante do grande trono branco, e o Santo, que está sentado no trono, seja branco como a lã, apesar de todas essas associações acumuladas, com tudo que é mais agradável, honrável e sublime, ainda assim, na ideia mais íntima dessa cor, há uma qualidade elusiva que causa mais pânico na alma do que aquele vermelho que atemoriza no sangue.
>
> Essa qualidade elusiva, que causa o pensamento de brancura, quando divorciado de associações mais agradáveis e associada a qualquer objeto terrível em si mesmo, deve intensificar esse terror aos limites mais extremos. Contemple o urso branco dos polos e o tubarão branco dos trópicos. Que outra coisa, senão a sua brancura suave e flocosa, os torna os horrores transcendentes que eles são? Aquela brancura temerosa é o que transmite uma brandura detestável, mais abominável do que terrível, à arrogância silenciosa do aspecto deles. De modo que, nem mesmo o tigre, de presas terríveis, em sua veste heráldica, pode abalar tanto a coragem quanto o urso ou o tubarão envoltos de branco.[38]

Brancura representa pureza, o imaculado, como a clareza de uma roupa branca. Davi clamou em arrependimento, apelou para ser purificado, para que ficasse "mais alvo que a neve" (Sl 51.7).

38 Herman Melville, *Moby Dick, or The Whale* (Norwalk, CT: Easton Press, 1977), 200.

Entretanto, a "brancura *temerosa*" de Melville é similar ao *numinous* de Otto. Inclui pureza, perfeição moral; porém, envolve mais. Tanto o *numinous* do ser divino, de Otto, quanto a brancura da baleia, de Melville, despertam temor e pasmo. É demais; nos faz tremer, tremer, tremer. A brancura é, para Melville, transcendente, não o comum, ou o ordinário, ou o domesticado, ou o conquistável. Ahab julgou erroneamente a brancura da baleia.

R.C. entendeu a confrontação desse ponto de vista casual sobre Deus como a necessidade da época, a necessidade do momento. Poucos anos antes de R.C. morrer, ele mencionou quão pouco se alegrava em viajar por certo trecho da rodovia Interstate 4, ao norte de Orlando. Embora isso estivesse relacionado com o notoriamente péssimo tráfego da I-4, tinha mais a ver com um *outdoor* erguido por uma megaigreja na Flórida central. O *outdoor* afirmava, em letras brancas enormes e com um pano de fundo totalmente preto: "Deus não está irado com você." R.C., um motorista cuidadoso, testemunhou que toda vez que via aquela mensagem brilhando para ele, isso quase o fazia dirigir para fora da rodovia. R.C. lamentava quão profundamente o ponto de vista de Deus como "um fogo consumidor" havia decaído na igreja e na cultura. Otto falou do *numinous*, uma palavra que ele inventou. Melville falou da brancura, intrigado e aterrorizado por sua manifestação na natureza. R.C. usou uma palavra tirada da própria Bíblia — *santidade*.

Se a pedra angular da doutrina de Deus estiver no devido lugar — e for honrada — então, todas as outras doutrinas se harmonizarão, serão corretas. Se a doutrina de Deus for tortuosa, esquecida ou diminuída, então todas as outras doutrinas serão erradas. A santidade nos lembra quem Deus é e quem nós somos. Somos Uzá, profanamente mal orientados em pensar que sabemos mais do que Deus. Somos Isaías, impuros e arrasados.

Isso era o que R.C. estava tentando ensinar à igreja e à cultura, em todas as décadas, por meio de sermões, séries de ensino e livros. Quando *The Holiness of God* (A Santidade de Deus) foi publicado em 1985, não havia realmente nada semelhante a ele no mercado de livros cristãos populares. No livro, R.C. diz que a "necessidade dominante" de Jonathan Edwards "era pregar sobre a santidade de Deus, pregá-la vívida, enfática, convincente e poderosamente".[39] Essa também era a necessidade dominante de R.C.

A Santidade de Deus deu início a uma série de livros escritos por R.C. sobre a doutrina de Deus, em sucessão rápida. Considere esta lista de lançamentos:

1985 *The Holiness of God*
(A Santidade de Deus)
1986 *Chosen by God*
(Eleitos de Deus)
1987 *One Holy Passion: The Consuming Thirst to Know God*
(Uma Paixão Santa: A Sede Insaciável de Conhecer a Deus)
1988 *Pleasing God*
(Agradando a Deus)

Esses livros não abordam o mesmo tópico. Cada um explora uma faceta diferente do multifacetado diamante que é a doutrina de Deus.

R.C. achou estranho que leitores gostavam de *A Santidade de Deus* e não gostavam de *Eleitos de Deus*. Ele gostaria de dizer-lhes, se fosse o caso: "Vocês precisam voltar e reler *A Santidade de Deus*."

39 Sproul, *Holiness of God*, 212.

UMA DOUTRINA INTRIGANTE E PERIGOSA

Em *Eleitos de Deus*, R.C. explora a soberania de Deus sobre todas as coisas, incluindo a nossa salvação. Assim como *A Santidade de Deus* é um argumento extenso, convincente e persuasivo quanto à transcendência de Deus, *Eleitos de Deus* também é um argumento extenso, convincente e persuasivo quanto à predestinação. R.C. publicou incialmente sobre a predestinação em um ensaio que escreveu para o livro que editou em honra à obra de seu mentor, o Dr. Gerstner. De fato, R.C. aborda um dos assuntos teológicos mais espinhosos ao escrever "Predestinação Dupla", o título do seu ensaio.[40]

Desde aquele primeiro ensaio em 1978 — e, de fato, em todos os seus anos de ensino —, o assunto da predestinação surgiria inevitavelmente; e de modo igualmente inevitável, pessoas expressariam sua dificuldade com essa doutrina e ficariam perplexas com ela. R.C. escreveu *Eleitos de Deus* para ajudar: "Escrevi o livro para pessoas que estão comprometidas em lidar com essa doutrina difícil e complicada."[41] O próprio João Calvino ressaltou: "O assunto de predestinação — que é, em si mesmo, acompanhado de considerável dificuldade — se torna muito complicado pela curiosidade humana e, por isso, muito perigoso."[42]

À semelhança de Calvino, R.C. era simpático para com aqueles que se debruçavam com a doutrina da predestinação por causa de sua complexidade. R.C. era também simpático por uma razão existencial. Talvez você lembre que R.C. tinha dificuldade com essa doutrina nos primeiros anos de sua própria vida cristã. Para ajudar pessoas a

---

40 R.C. Sproul, "Double Predestination", em *Soli Deo Gloria: Essays in Reformed Theology, Festschrift for John H. Gerstner* (Phillipsburg, NJ: Presbyterian & Reformed, 1976), 63-72.

41 R.C. Sproul, "Interview with R.C. about Chosen by God", *Tabletalk*, vol. 10, December 1986, 4.

42 João Calvino, citado por R.C. Sproul em sua coluna *O Agora Mesmo É Importante para Sempre*, "Predestination: A Solemn Warning", *Tabletalk*, vol. 10, December 1986, 3.

entender a soberania de Deus e a doutrina da predestinação, ele começou *Eleitos de Deus* por ressaltar que ela é, de fato, uma doutrina bíblica e por relatar sua história pessoal, descrevendo como chegou primeiramente a um entendimento tolerável e, depois, a uma aceitação jubilosa da doutrina.

R.C. apresenta Efésios 1 e Romanos 8 como a prova bíblica da doutrina. Ele conclui: "Se a Bíblia é a Palavra de Deus, e não mera especulação humana, e se Deus mesmo declara que há tal coisa como a predestinação, segue-se irresistivelmente que temos de abraçar alguma doutrina de predestinação."[43] Não existe uma opção de dizer: "Eu não creio em predestinação." Fazer isso nega o ensino bíblico. Em um artigo da *Tabletalk* que coincide com o lançamento do livro, R.C. afirma claramente: "Predestinação é um conceito bíblico. É uma palavra bíblica. Não foi inventada por Calvino, nem por Lutero."[44] Mas, como R.C. enfatiza em *Eleitos de Deus,* uma vez que entendemos que a Bíblia ensina a predestinação, "a verdadeira luta começa, a luta para colocar em ordem acuradamente tudo que a Bíblia ensina sobre o assunto".[45]

Em seguida, R.C. relata de novo a sua peregrinação concernente a essa doutrina. Ele fala de como não gostava do ponto de vista reformado: "Eu não gostava desse ponto de vista, de maneira alguma. Lutei contra ele, com unhas e dentes, durante todo o tempo na faculdade."[46] Isso foi de 1957 até 1961. Então, houve o tempo no seminário (1961-1964). R.C. se lembra de como passou por aquelas "etapas dolorosas" em aprender e abraçar essa doutrina. Por meio de ensino persistente e fiel do Dr. Gerstner, ele chegou a aceitá-la. Ele ficou em

43 R.C. Sproul, *Chosen by God* (Wheaton, IL: Tyndale, 1986), 3.
44 Sproul, "Predestination: A Solemn Warning", 3.
45 Sproul, *Chosen by God,* 3.
46 Sproul, *Chosen by God,* 3.

um tipo de trégua intelectual com a doutrina. Como ele disse: "Tudo bem. Eu creio na doutrina, mas não tenho de gostar dela."[47] Mas logo o seu coração acompanhou a sua mente: "Uma vez que comecei a ver a persuasão da doutrina e suas implicações mais amplas, meus olhos foram abertos para a graciosidade da graça e para o grande conforto da soberania de Deus. Pouco a pouco, comecei a gostar da doutrina. Até que irrompeu em minha alma o fato de que a doutrina relevava a profundeza e as riquezas da misericórdia de Deus."[48] A luta pessoal de R.C. provavelmente lhe dava simpatia e paciência, quando procurava ajudar outros a entenderem-na e aceitarem-na.

A exposição de R.C. sobre a predestinação começa por observar que: "O que a predestinação significa, em sua forma mais elementar, é que o nosso destino final, céu ou inferno, é decidido por Deus não somente antes de chegarmos lá, mas também antes de nascermos."[49] Isso leva diretamente à soberania de Deus. R.C. fala a seus leitores sobre uma pequena brincadeira que ele fez uma vez com alunos em uma classe do seminário. Ele citou a Confissão de Fé de Westminster sobre a soberania de Deus:

> Desde toda a eternidade, Deus ordenou livre e imutavelmente, pelo mui sábio e santo conselho de sua vontade, tudo que acontece.

Em seguida, ele pediu que levantasse a mão qualquer um que discordava. Muitas mãos se ergueram. Então, ele perguntou: "Existe algum ateísta convicto nesta sala?" Nem uma mão se levantou. Em

47 Sproul, *Chosen by God*, 4.
48 Sproul, *Chosen by God*, 4-5.
49 Sproul, *Chosen by God*, 12.

seguida, R.C. disse: "Todos os que levantaram a mão à primeira pergunta deveriam ter levantado também à segunda pergunta."[50] Isso não foi bem recebido. Mas R.C. destacou que a soberania de Deus não é particularmente calvinista ou presbiteriana. Faz parte do teísmo; é "uma doutrina necessária do teísmo".[51] Como ele dizia: "Se Deus não é soberano, então Deus não é Deus."

Uma vez que R.C. argumenta no livro em favor da soberania e da predestinação, em seguida ele responde várias perguntas relacionadas. Uma pergunta é: por que Deus não salva todos? R.C. responde: "Não sei. Não tenho a menor ideia sobre por qual motivo Deus salva alguns mas não todos ... Uma coisa eu sei. Se agradou a Deus salvar alguns e não a todos, não há nada de errado nisso."[52] R.C. se contenta em deixar o assunto aí.

Outra pergunta é: e qual é o lugar da liberdade humana? R.C. responde com a apresentação do ensino bíblico sobre a nossa natureza corrupta e pecaminosa: "A nossa natureza é tão corrupta, o poder do pecado é tão grande, que, se Deus não fizer uma obra sobrenatural em nossa alma, nunca escolheremos a Cristo."[53] A nossa vontade nos coloca na direção oposta a Cristo. R.C. aprendeu das obras *Bondage of the Will* (Escravidão da Vontade) de Lutero, e *Freedom of the Will* (Liberdade da Vontade) de Edwards, a doutrina fundamental da fé reformada: que a regeneração precede a fé. Como R.C. explica: "Não cremos a fim de sermos nascidos de novo; somos nascidos de novo a fim de crermos."

Uma pergunta final que R.C. procura responder é: Deus é justo? Aqui, R.C. entra na discussão da predestinação dupla, o mesmo

50 Sproul, *Chosen by God*, 15.
51 Sproul, *Chosen by God*, 15.
52 Sproul, *Chosen by God*, 25.
53 Sproul, *Chosen by God*, 55.

assunto que ele abordou em seu ensaio no livro para Gerstner, em 1976. R.C. fala da predestinação dupla, eleição para a salvação e eleição para reprovação ou condenação como assimétrica, como sendo um relacionamento positivo-negativo. Na eleição, Deus escolhe ativamente seus eleitos. No decreto de reprovação, ele ignora os não eleitos. Agostinho falou da humanidade como a "massa pecaminosa de Adão". Dessa massa, Deus salva alguns. Isso é diferente de como a maioria das pessoas pensa normalmente. A maioria das pessoas pensa que a humanidade é neutra e que Deus salva alguns e envia, caprichosamente, outros para o inferno. R.C. contesta com a opinião de que todos são perdidos. Em seguida, ele diz:

> É assim que devemos entender a predestinação dupla. Deus concede misericórdia aos eleitos, por operar a fé no coração deles. Deus concede justiça aos réprobos por deixá-los em seu próprio pecado. Não há nenhuma simetria aqui. Um grupo recebe misericórdia. O outro recebe justiça. Nenhum é vítima de injustiça. Ninguém pode reclamar que há injustiça em Deus.[54]

R.C. termina *Eleitos de Deus* com uma discussão sobre a segurança de salvação. Na entrevista da *Tabletalk* feita para o lançamento do livro, R.C. concluiu entusiasticamente: "Não há nada que me dá mais segurança de minha salvação ou mais segurança em minha fé do que a doutrina de predestinação. Quando eu tenho dificuldade com essa doutrina, ouço Deus me dizer: 'Você é meu', e há um tremendo consolo nisso." Ele acrescenta: "Espero que meu livro ateste isso."[55]

54 Sproul, *Chosen by God*, 119.
55 Sproul, "Predestination: A Solemn Warning", 5

COMO A CORÇA

Um ano depois da publicação de *Eleitos de Deus*, R.C. publicou *One Holy Passion: The Consuming Thirst to Know God* (Uma Paixão Santa: A Sede Ardente de Conhecer a Deus).[56] Nesse livro, R.C. continua a oferecer exposições sobre o caráter de Deus. Porém, considera os atributos de Deus na perspectiva de perguntas, as perguntas difíceis e complexas, que pessoas fazem sobre Deus e a vida. Muitas das perguntas R.C. fazia a si mesmo.

O primeiro capítulo lembra a dolorosa perda de seu pai, quando R.C. ainda era um adolescente. Isso o deixou irado e perguntando: "Quem é você, Deus? E por que você faz as coisas que faz?"[57] R.C. achou a resposta nos encontros de Moisés com Deus. Em seguida, ele pergunta: "Quem fez você, Deus?" Isso não procedeu daquela situação de dor e raiva, mas suscitou realmente um problema intelectual complicado. Se Deus fez tudo, porque todo efeito tem uma causa, então ... quem ou o que fez Deus? R.C. responde por discutir um aspecto da natureza de Deus frequentemente negligenciado, a asseidade de Deus.

Esta palavra, *asseidade*, causava arrepios de alto a baixo na espinha de R.C. Poucos meses antes de morrer, perguntaram-lhe sobre o que ele escreveria se fosse capaz de escrever mais um livro. Sem hesitação, R.C. disse que escreveria um livro sobre a asseidade de Deus.[58] Em 1987, ele fora capaz de escrever um capítulo sobre o assunto.

---

56 Publicado originalmente por Thomas Nelson, este livro foi republicado como *The Character of God: Discovering the God Who Is* (Ann Arbor, MI: Servant, 1987) e novamente com esse mesmo título (Ventura, CA: Regal, 2004). Foi republicado de novo como *Enjoying God: Finding Hope in the Attributes of God* (Grand Rapids, MI: Baker, 2017).

57 R.C. Sproul, *One Holy Passion: The Consuming Thirst To Know God* (Nashville, TN: Thomas Nelson, 1987), 7.

58 Nichols com Sproul, entrevista pessoal, 20 de outubro de 2017.

> *Asseidade* significa que Deus existe por seu próprio poder. Somente ele é autoexistente. Asseidade, que significa "autoexistente", é a característica que o separa de todas as outras coisas. Deus é o único que pode dizer: "Eu sou o que sou."[59]

Nós não somos autoexistentes. R.C. comenta: "A vida é vivida entre dois hospitais."[60]

Então, o que aprendemos da autoexistência de Deus? Ou qual é o uso prático da doutrina da asseidade de Deus? Primeiramente, ela é a resposta para todos os nossos temores concernentes à fragilidade da vida. Vivemos, definhamos e morremos. Mas Deus é eterno e, por meio de seu Filho eterno, a morte — e toda a fragilidade de sermos humanos — é vencida e aniquilada. R.C. aponta para a obra e palavras confortadoras de Cristo: "Jesus é um salvador que tem poder, poder supremo, e ele detém o poder de ser em suas mãos. Suas palavras 'Não temas', não são palavras vazias. Não tenho nada a temer da morte."[61]

R.C. também ressalta como a asseidade se relaciona à nossa salvação. Deus produziu vida pelo poder de sua palavra. Deus também produz vida da morte. R.C. aprendeu a doutrina da asseidade da tradição clássica reformada, certamente; mas ele também a aprendeu de Paulo na "passagem crucial" de Atos 17:24-25 e 28:

> O Deus que fez o mundo e tudo o que nele existe, sendo ele Senhor do céu e da terra, não habita em santuários feitos por mãos humanas. Nem é servido por mãos humanas, como se

59 Sproul, *One Holy Passion*, 16.
60 Sproul, *One Holy Passion*, 18.
61 Sproul, *One Holy Passion*, 22.

> de alguma coisa precisasse; pois ele mesmo é quem a todos dá vida, respiração e tudo mais (...) pois nele vivemos, e nos movemos, e existimos.

A frase-chave é "como se de alguma coisa precisasse". Como autoexistente, Deus não precisa de nada. R.C. entende como Deus, sendo autoexistente, responde aos três principais enigmas que têm confundido filósofos e cientistas: vida, movimento e ser.[62] O Dr. Frankenstein, personagem fictício de Shelley, achava que podia criar vida. Mas somente Deus dá vida. "Nós nos movemos porque ele se move."[63] "Nós *somos* porque ele é."[64] R.C. conclui: "Somos pasmados pela grande diferença que existe entre os seres humanos e o Ser supremo."[65] A doutrina da asseidade causava arrepios em R.C.

Para cada capítulo desse livro, ele escolheu um salmo ou, pelo menos, um grande trecho de um salmo. Está inserido no meio de cada capítulo. Em um sentido, as discussões de R.C. sobre os atributos e caráter de Deus são apenas um comentário sobre os salmos.

Em 1988, pelo quarto ano em sequência, R.C. publicou um livro sobre a doutrina de Deus, *Pleasing God* (Agradando a Deus).[66] Esse livro está diretamente relacionado com *The Holiness of God* (A Santidade de Deus), por ligar a santificação — crescer em santidade na vida cristã — ao caráter de Deus, ou seja, à sua santidade.

A cópia de anúncio, na orelha da capa, chama atenção à pergunta urgente do livro: "'Como o homem imperfeito espera agradar a Deus?' Uma das respostas é simplesmente por lembrar que a vida

62 Sproul, *One Holy Passion*, 25.
63 Sproul, *One Holy Passion*, 25.
64 Sproul, *One Holy Passion*, 25.
65 Sproul, *One Holy Passion*, 25.
66 R.C. Sproul, *Pleasing God* (Wheaton, IL: Tyndale, 1988).

cristã é buscar a Deus: Buscar a Deus é um empreendimento vitalício. A busca por Deus é o que Jonathan Edwards chamou de 'o principal negócio da vida cristã'."[67]

R.C. foi muito enfático em dizer que, embora a salvação seja monergística — a obra somente de Deus — a santificação é uma realização cooperativa — a obra de Deus e do homem. Seu livro chama os cristãos a assumirem sua vocação: "Ser santificado envolve trabalho (...). Eu tenho de trabalhar, e Deus trabalhará."[68] Esse é o conselho de R.C. no começo do livro. Ele diz a mesma coisa no final. R.C. cita Hebreus 12.28-29: "Por isso, recebendo nós um reino inabalável, retenhamos a graça, pela qual sirvamos a Deus de modo agradável, com reverência e santo temor; porque o nosso Deus é fogo consumidor" (Hb 12.28-29). E oferece estas últimas sentenças do livro: "É para um fogo consumidor que vivemos. É a ele que nos esforçamos para agradar. É para ele que nos erguemos de novo após repetidas falhas. É ele que é o nosso destino."[69]

AMANDO UM DEUS SANTO

Em 1988, o Ministério Ligonier realizou sua primeira conferência nacional sobre o tema "Loving a Holy God" (Amando um Deus Santo). Os palestrantes foram J.I. Packer, Charles Colson, Jerry Bridges e R.C. Sproul. Essa primeira conferência foi realizada no Hilton Orlando/Altamonte Springs, bem ao lado da Interstate 4, uma viagem curta a partir da sede do Ministério Ligonier. A conferência tencionava abordar as perguntas: "Como podemos amar mais plenamente um

67 R.C. Sproul, *Pleasing God*, 31.
68 R.C. Sproul, *Pleasing God*, 227.
69 Sproul, *Pleasing God*, 234.

Deus que é santo, santo, santo?" e "Quais são as implicações práticas de como a santidade de Deus afeta sua vida?"[70]

Uma das implicações práticas dizia respeito ao sofrimento. Em fevereiro, logo depois de realizarem a primeira conferência nacional, R.C. filmou uma série de ensinos em vídeo. Isso não era algo novo para R.C. Ele estivera ensinando diante da câmera por mais de uma década. Mas o local era novo. A série foi filmada no MD Anderson Cancer Hospital, em Houston, Texas. Quando R.C. começou as palestras, ele disse: "Reconheço que na audiência desta noite temos médicos, temos equipe de funcionários e administração do hospital, temos clérigos distintos que estão presentes... Mas estou dirigindo estas palestras, antes de tudo, a pacientes e, em segundo lugar, a todos os amigos e a famílias dessas pessoas, que têm de enfrentar pessoalmente níveis de dor, incerteza e sofrimento profundos e, em muitos casos, a própria morte."[71]

R.C. levou os pacientes, seus familiares e amigos ao drama de Jó e a Cristo. Em última análise, R.C. os levou a Deus. Como R.C. escreveu no livro que acompanhou a série e foi publicado naquele mesmo ano, temos de "viver realmente a vida crendo que Deus é soberano e mantendo a nossa confiança nele, mesmo quando parece que a vida está fora de controle".[72]

R.C. também achou uma maneira de conectar, para crianças, a santidade de Deus e a doutrina de Deus. Seu primeiro livro infantil apareceu em 1996, *The King without a Shadow* (O Rei sem Sombra). O próprio neto de R.C., Ryan, tem um papel no livro, bem como o cachorro de Ryan, "Sir Winston" (sim, Winston era o

70 *Tabletalk*, vol. 11, December 1987, 6.

71 *Surprised by Suffering*, série de ensino, palestra 1, "Suffering a Case Study", 1988.

72 R.C. Sproul, *Surprised by Suffering: The Role of Pain and Death in the Christian Life* (Wheaton, IL: Tyndale, 1988), 38.

nome do cachorro). Ryan perguntou ao rei: "De onde as sombras vêm?"[73] O rei não sabia e, por isso, saiu à procura da resposta, o que o levou a um profeta. O profeta contou ao rei que tinha sombra sobre o Rei que não tinha sombra. "Ele não tem sombra porque é completamente santo", disse o profeta ao rei. O rei achou o menino e nomeou o cachorro como um cavaleiro: "Eu nomeio você, Sir Winston de Wingfield North". Depois, o rei disse a Ryan e ao cachorro o que tinha aprendido sobre "os mistérios das sombras".[74] Ele disse a Ryan: "Sombras vêm da luz. Esse grande Rei é ele mesmo a luz. Sua luz é mais brilhante do que o próprio sol." Quando o rei falou a Ryan que o grande Rei é santo, Ryan perguntou: "O que é isto, 'santo'?"

"Ser santo significa duas coisas", respondeu o rei que tinha sombra. "Primeiramente, ser santo significa ser maior do que qualquer coisa no mundo inteiro. Significa que Deus é diferente de nós. Ele é o mais elevado e o mais profundo de tudo. Mas isso não é tudo ... Ele é chamado santo porque é puro." E, depois, o rei que tem sombra acrescentou: "Todos os homens têm de prostar-se diante dele, em sua grande majestade."

Não há nenhum outro nome, no cristianismo dos séculos XX e XXI, mais associado à santidade de Deus do que o nome de R.C. Sproul. E por boa razão. Este capítulo examinou principalmente o período de quatro anos, de 1985 a 1989, e todas as maneiras pelas quais R.C. ensinou e escreveu sobre a santidade de Deus. Sem dúvida, esta ênfase pode ser vista muito antes de 1985. O ensino de R.C. se estende por todo o tempo anterior até 1967 e aos sermões sobre Uzá, até 1970 e as palestras em Saranac Lalke, até as muitas, muitas

73 R.C. Sproul, *The King without a Shadow*, ill. Liz Bonham (Elgin, IL: Chariot, 1996).

74 Sproul, *The King without a Shadow*.

vezes em que palestrou sobre a santidade no centro de estudo. A santidade de Deus aparece repetidas vezes nos temas da conferência Ligonier, começando em 1988 e continuando até ao século XXI.

Como R.C. disse sobre a sua experiência na faculdade: "Eu tive um despertamento para o conceito bíblico de Deus que moldou toda a minha vida depois daquilo."[75]

75 Nichols com Sproul, entrevista pessoal, 20 de outubro de 2017.

8
FIRMEZA

O evangelho é o verdadeiro poder de Deus para salvar.

R.C. SPROUL

Em sua cópia de *Three Treatises* (Três Tratados), de Lutero, o sublinhamento e a redação de notas marginais de R.C. foram intensos. Como seminarista e aluno de doutorado, ele estava lendo com um propósito específico e imediato: ser bem-sucedido no curso. Mas também estava tendo a primeira conversa intensa e abrangente com alguém que, embora separados por séculos, seria um bom amigo e um companheiro constante. R.C. disse francamente: "Sempre amei Lutero."[1] Os anos da vida de Lutero entre 1517 e 1521 foram repletos de drama. R.C. achou o período fascinante. Esses anos começam com Lutero fixando as 95 Teses na porta da igreja em Wittenberg e terminam com Lutero declarando: "Esta é a minha posição", em Worms. É um assunto de lendas. Mas, para R.C., esses momentos são mais do que curiosidade histórica. Eles moldaram sua identidade teológica e lhe deram firmeza.

1 "Sproul Memoirs", sessão 8, gravada em 2014, Ligonier Ministries, Sanford, Flórida.

RCS

R.C. tinha seu trabalho no Ministério Ligonier e seu ministério de escrever livros, fazer preleções e viajar. Algumas das viagens foram para Jackson, Mississippi, para ensinar como professor adjunto no Reformed Theological Seminary (RTS). Em 1982, ele foi designado professor de teologia, um cargo que manteve até 1989. Ele foi transferido de Jackson para Orlando e recebeu a tarefa de ser o primeiro deão acadêmico. O primeiro culto de formatura foi realizado no Maitland Sheraton, em Maitland, Flórida. Carl F.H. Henry falou para uma multidão de várias centenas. Scott R. Swain, o presidente do RTS Orlando na época, comentou: "[R.C.] foi tão instrumental em estabelecer o *campus* que alguns amigos do seminário se referiam involuntariamente ao RTS como 'RCS'".[2] Swain acrescentou que o RTS tinha suas matrículas aumentadas devido às conferências nacionais do Ministério Ligonier realizadas em Orlando. A Ligonier também empregou muitos dos alunos e casais do RTS no passar dos anos. O RTS também usou R.C. em muitos de seus anúncios. Ele era uma atração. Muitos pastores de denominações não presbiterianas se matricularam no programa de doutorado em ministério com o único propósito de terem aulas com R.C.

R.C. fez muitas amizades durante seu tempo no RTS, tanto em Orlando quanto em Jackson. Também teve encontros inesperados. Certa vez, quando estava em Jackson, gastou algum tempo no campo de golfe com o ator Gene Hackman. Hackman estava em Jackson filmando *Mississippi Burning* (*Mississippi em Chamas*), de 1988, e se uniu ao mesmo clube de golfe no qual R.C. jogava. Ambos estavam

2 Scott R. Swain, "In Memoriam R.C. Sproul, Preacher and Teacher of a Thrice-Holy God", December 14, 2017, Disponível em: https://rts.edu/news/news-orlando/in-memoriam-r-c-sproul-preacher-and-teacher-of-a-thrice-holy-god/. Acesso em: 14 jun.2022.

juntos quando um dos empregados do clube compartilhou a história de lutas de sua família no Sul segregado. Quando o filme apareceu nas telas, R.C. e Vesta foram vê-lo. Em um ponto do filme, em uma cena improvisada, Hackman contou a história exata que ele e R.C. tinham ouvido. R.C. quase não pôde acreditar que estava vendo aquilo acontecer no filme.

Ele fez amizades com os professores. Em Jackson, tornou-se amigo próximo de John R. de Witt. De Witt deixou Jackson para assumir o púlpito da Second Presbyterian Church em Memphis, Tennessee. A igreja esperava retirar R.C. da Ligonier, mas R.C. disse não e lhes disse que fariam muito bem se tivessem de Witt como pastor. R.C. também apreciava os alunos. Vesta ia com ele em todas as aulas. John Wingard, que obteve um PhD em filosofia e ensinou no Calvary College, Wheaton College e Covenant College, se lembra de como R.C. fazia uma pergunta aos alunos, e nenhum deles era capaz de respondê-la. Depois de pouco tempo, ele se voltava para Vesta, e ela daria a resposta.

Em Orlando, seus colegas de corpo docente eram Richard Pratt, um professor de Antigo Testamento, e seu ex-colega do Gordon College, Roger Nicole. Em 1991, o filósofo Ronald Nash se uniu a eles. Nash era outro daqueles apologistas da tradição clássica. E, de novo, R.C. apreciava os alunos.

Além de sua obra no RTS Orlando, ele também estava ocupado viajando e escrevendo. Durante uma de suas viagens a Chicago, no final dos anos 1980, conseguiu gastar uma boa quantidade de tempo com Mortimer Adler. Discutiram textos clássicos, filosofia e a arte de escrever. R.C. também fez muitas viagens a Washington DC nesses anos. Uma vez, ele e Colson se reuniram com William F. Buckley. R.C. também chegou a conhecer Jack Kemp. Kemp, um ex-jogador das ligas de futebol canadense e americana antes de se voltar para a política, tinha uma bola de futebol em seu escritório. Ele e R.C. falaram sobre futebol, enquanto discutiam política, ética e teologia. Certa vez, ficaram tão envolvidos em uma conversa que uma assistente foi enviada para interromper a conversa, porque o embaixador soviético ficara esperando por algum tempo.

R.C. chegou a conhecer Paul Simon, o senador democrata que vestia gravata borboleta, de Illinois, e almoçou com ele. Também chegou a conhecer Donald Hodel, secretário do interior no gabinete de Ronald Regan.

Essas relações com Washington resultaram de seu interesse permanente em ética, de seu tempo na diretoria da Prison Fellowship, de seu envolvimento com o movimento "Value of the Person" e de sua biografia de Wayne Alderson. Uma cópia do livro de Alderson chegou até às mãos de Richard Nixon. Nixon escreveu para R.C. para lhe dizer que estava levando o livro em um período de férias, que leria "com interesse" e que espalharia "a boa notícia".

O livro de Alderson foi publicado em 1980. A década de 1980 viu muitos livros procedentes da caneta de R.C. Um deles foi o que ele publicou em 1989, *Surprised by Suffering* (Surpreendido pelo Sofrimento), que acompanhou a série de ensinos que ele filmou no MD Anderson Cancer Center. Em 1990, R.C. publicou dois livros que, considerados ao lado de *A Santidade de Deus*, completavam sua abordagem da Trindade. *The Glory of Christ* (A Glória de Cristo) e *The Mystery of the Holy Spirit* (O Mistério do Espírito Santo) foram ambos publicados pela Tyndale. Nesse ano, R.C. também publicou um livro muito importante para ele: *Abortion: A Rational Look at na Emotional Issue* (Aborto: Uma Consideração Racional de um Problema Emocional). Publicado pela NavPress, R.C. ficou verdadeiramente triste com o fato de que esse livro não vendeu bem. Ele não ficou triste por razões egoístas, mas porque achou que poucos na igreja queriam falar sobre o detestável pecado do aborto.

Os escritos devocionais de R.C. sobre Romanos que aparecem na *Tabletalk*, em 1989, e seus devocionais sobre Lucas, que apareceram nas edições de 1990 da *Tabletalk*, foram publicados respectivamente como *Before the Face of God: Book I* (Ante a Face de Deus: Livro I) em 1992, e *Before the Face of God: Book II* (Ante a Face de Deus: Livro II) em 1993. E em 1993 ele publicou *Not a Chance* (Não um Acaso). Há uma história por trás.

O COSMOS POR ACASO

Em uma edição de 1988 da *Tabletalk*, R.C. publicou um artigo extenso sobre Carl Sagan, resenhando e respondendo o livro popular de Sagan, *Cosmos*, de 1980, que foi acompanhado de um documentário científico muito popular — *Cosmos: A Personal Journey* (Cosmos: Uma Viagem Pessoal). R.C. tinha uma elevada consideração por Sagan. Era impressionado com as credenciais acadêmicas de Sagan, mas o que mais impressionava R.C. era a maneira como Sagan, tão brilhante e convincentemente, se comunicava. R.C. falava de ser "profundamente impressionado pela obra [de Sagan]. Ele não somente manifesta um nível de erudição incomparável, mas também o combina com um estilo literário maravilhoso. O fato de que ele voltou sua caneta para a ficção é uma extensão adequada de seus abundantes dons literários."[3]

Embora Sagan fosse "o sumo sacerdote do materialismo cosmológico", R.C. o respeitava grandemente. Sagan era para a ciência o que R.C. era para a teologia. Sagan se comunicava não tanto com

3 *Tabletalk*, vol. 12, August 1985, 4.

os colegas cientistas, e sim com pessoas leigas, o homem comum. Ele era capaz de apresentar ideias complexas de uma maneira clara e simples, sem parecer simplista e sem distorção. R.C. sempre via isso como a característica singular de um grande professor. Você pode simplificar algo e pode, certamente, reduzir ideias ou argumentos complexos de uma maneira distorcida. O alvo de R.C. não era ensinar outros teólogos profissionais ou escrever para teólogos profissionais e colegas de ofício. R.C. amava teologia e não queria que isso fosse um clube exclusivo. Ele queria que os leigos fizessem parte da discussão. Isso era verdadeiro desde os dias em que o Centro de Estudo Vale Ligonier abriu pela primeira vez. Era verdadeiro desde o primeiro livro. E era verdadeiro desde a primeira conferência. R.C. viu isso em Sagan. Ele admirava isso em Sagan — embora discordasse veementemente de Sagan.

R.C. enviou uma carta a Sagan, que, por sua vez, respondeu. Isso levou a um tempo de correspondência entre os dois. R.C. continuava insistindo sobre uma pergunta para a qual Sagan não podia dar uma explicação adequada. O que havia antes de o cosmos começar? R.C. perguntou a Sagan: "O que aconteceu antes do Big Bang?" Sagan respondeu: "Não quero ir até esse ponto."

Tudo isso levou R.C. a escrever *Não Um Acaso,* em 1993. Ao apresentar R.C. na conferência nacional de 1994, Ravi Zacharias mencionou que a característica que distinguia R.C. era sua combinação de filosofia e teologia.[4] *Não um Acaso* proporcionou que essa combinação abordassem a história da ciência e cientistas sobre a questão crucial da origem do universo. No processo, R.C. retornou aos temas que ele tanto apreciava: o argumento cosmológico, as

4 Ravi Zacharias, Introduction of R.C. Sproul, "Who Is Our Commander?", Ligonier National Conference, Orlando, Florida, 1994.

"cinco vias" de Tomás de Aquino, especialmente o argumento de necessidade (ser necessário) e a doutrina da autoexistência (asseidade) e eternidade de Deus.[5] Em última análise, R.C. faz uma argumentação direta contra o naturalismo da ciência moderna. A teoria sustenta que antes do Big Bang não havia nada, o que significa que tudo veio à existência a partir do nada. R.C. viu isso como um absurdo evidente. Sustentar essa opinião, ele argumentou, não somente compromete a teologia, mas também a lógica e a própria ciência.

Além dos livros e do ensino no RTS, R.C. mantinha uma rigorosa agenda de viagens.

22 DE SETEMBRO DE 1993, 02H53MIN

Em setembro de 1993, R.C. e Vesta viajaram para Chattanooga, para preleções, e depois para Memphis. De Memphis pegaram o trem para New Orleans, onde tomaram o Sunset Limited em direção ao leste, para uma viagem durante a noite, de volta para a Flórida. Estavam em um vagão-dormitório, o último dos onze vagões do trem. Estavam dormindo quando o trem cruzou o pântano do Alabama a mais de 100 km/h. Momentos antes de o trem se aproximar da ponte sobre Big Bayou Canot, um comboio de barcaças, em meio a neblina, bateu em um dos suportes da ponte da ferrovia, empurrando os trilhos um metro para fora do alinhamento. O trem atingiu o desalinhamento de trilhos às 02h53min. As duas primeiras locomotivas voaram 45 metros no ar, batendo lá embaixo no barranco lamacento. Quando a primeira locomotiva chegou ao chão, a força desacoplou-a da segunda, que virou e em seguida explodiu. Passageiros que testemunharam isso falaram de chamas elevando-se a mais de 20 metros no ar. Quatro

5 R.C. Sproul, *Not a Chance: The Myth of Chance in Modern Science and Cosmology* (Grand Rapids, MI: Baker, 1993), ver esp. p. 167-92.

vagões caíram no pântano, dois deles submergidos nos mais de sete metros de água. O outros cinco vagões ficaram empoleirados precariamente na ponte. Membros da equipe ajudaram os passageiros, incluindo R.C. e Vesta, a desembarcarem daqueles cinco vagões que estavam sobre a ponte e os levaram em segurança para a traseira do trem. R.C. recorda o que viu:

> De onde estávamos, na traseira do trem, a cena diante de nós era quase surrealista. Neblina densa com nuvens de fumaça se erguia do pântano. As colunas de chamas ainda eram visíveis no lado direito do trem. Pude ver a luz de um holofote de um barco atravessando a neblina e a fumaça, e pude divisar a forma de vagões de trem protuberando da água em um ângulo estranho. Não tinha a menor ideia de que mais vagões estavam submersos por baixo deles. Dezenas de pessoas estavam se movimentando perto dos trens, muitas com cobertores. Eu não sabia quantas pessoas tinham sobrevivido à água, mas certamente eram mais de cinquenta. Nenhum de nós compreendia a gravidade total do momento. Não havia gritos de dor ou pânico entre os sobreviventes. Não havia nenhuma compreensão de quantas pessoas haviam morrido. E os que morreram sofreram a morte minutos depois do choque, presos nos vagões submersos.[6]

Cinco dos dezoito tripulantes morreram. Quarenta e dois dos duzentos e dois passageiros morreram. Foi, e continua sendo, o acidente mais trágico na história da Amtrak. Quando os Sprouls

6 R.C. Sproul, *The Invisible Hand: Do All Things Really Work for Good?* (Dallas: Word, 1996), 151-52.

chegaram de volta ao lar, em Orlando, havia uma equipe de câmeras e repórteres esperando por eles. Perguntaram a R.C.: "Por que você acha que sua vida foi poupada?" R.C. disse que não sabia e acrescentou: "Certamente experimentamos de novo a terna misericórdia de Deus e somos profundamente gratos por seu cuidado providencial."[7] R.C. relembrou o acidente de trem em seu livro de 1996 sobre a doutrina da providência, *The Invisible Hand* (A Mão Invisível). Ele terminou aquele livro com estas palavras: "A providência de Deus é a nossa fortaleza, o nosso escudo e a nosso grande recompensa. É o que dá coragem e perseverança aos seus santos."[8] Tudo na vida reverte à doutrina de Deus.

"EVANGÉLICOS E CATÓLICOS JUNTOS"

Além dos livros e de fazer palestras ao redor do país, R.C. planejava e falava nas conferências da Ligonier. A primeira conferência nacional da Ligonier foi realizada em 1988. Naqueles primeiros anos, os suspeitos usuais que apareciam na lista de preletores eram Chuck Colson e J.I. Packer. Eles eram amigos de R.C. Essas amizades seriam colocadas à prova.

As nuvens começaram a se formar na amizade com Colson, em 1991, quando Colson enviou a R.C. o manuscrito de seu livro *The Body: Being Light in Darkness* (O Corpo: Sendo Luz nas Trevas). Colson havia formado a prática de enviar todos os seus manuscritos a R.C., para revisão da teologia. Baseado no rascunho, R.C. ficou preocupado com o fato de que Colson "não entendia muito bem os problemas existentes na teologia católica romana".[9] R.C. até

7 Sproul, *The Invisible Hand*, 154-55.

8 Sproul, *The Invisible Hand*, 210.

9 "Sproul Memoirs", sessão 7, gravada em 2013, Ligonier Ministries, Sanford, Flórida.

enviou para Colson algumas fitas de uma série de ensino que ele tinha feito sobre o catolicismo romano. Colson ouviu as fitas, mas não fez mudanças no manuscrito. Foi o último manuscrito que ele enviou para R.C.

Nesse mesmo tempo, Colson havia feito amizade com Richard John Neuhaus. Neuhaus era um ministro luterano que ganhara atenção significativa por meio de seu livro de 1984, *The Naked Public Square* (A Praça Pública Desnudada). A praça de uma cidade da antiga Nova Inglaterra tinha uma igreja em um lado e a câmara municipal no outro lado, sendo a ênfase que a religião e a igreja institucional cumpriam um papel importante na vida pública. O secularismo e separatistas rígidos de igreja e estado desnudaram a praça pública por exilarem a religião da vida pública. Neuhaus defendia a presença de uma religião robusta na sociedade civil. Um sociedade civil depende totalmente disso.

Em 1990, Neuhaus deixou a igreja luterana e foi para a igreja católica. Continuou sua obra ativista em questões como bioética, eutanásia e aborto, questões muitos críticas nos anos 1990, em Washington DC e em toda a nação. Colson achou que Neuhaus era um cobeligerante magnífico. Francis Schaeffer tinha usado esse termo, "cobeligerante", na década anterior. *Cobeligerância* significa, como expressa o ditado, o inimigo de meu inimigo é meu amigo. O inimigo aqui é a cosmovisão e a ética do secularismo e naturalismo. O livro de Schaeffer de 1979, *Whatever Happened to the Human Race?* (O que Aconteceu com a Raça Humana?), escrito em parceria com C. Everett Koop, ganhou atenção considerável e deu motivo para que pessoas das mais variadas posições teológicas procurassem Schaeffer. Visto que Schaeffer batalhava contra a eutanásia, o aborto e a favor da dignidade humana e de assuntos em defesa da vida, ele achou uma causa comum com muitos teólogos católicos romanos. Eles, com Tomás de Aquino firmemente por trás, enfatizavam a teoria da lei natural e eram muito ativos ao redor de Washington DC em relação a esses mesmos assuntos. Francis Schaeffer achou que os riscos nesses assuntos de lei natural e graça comum eram tão elevados para a cultura, que uniu forças com eles.

Essa foi a primeira onda de cobeligerância. Não houve nenhuma discussão dos assuntos de graça salvadora; somente discussão de assuntos de graça comum. Schaeffer sabia onde se posicionava no que dizia respeito à doutrina de salvação e sabia também onde o catolicismo romano se posicionava — Deus o havia usado para converter muitos católicos romanos à descoberta da justificação somente pela fé. Mas, estritamente em assuntos de graça comum, evangélicos e católicos romanos poderiam ser cobeligerantes. De fato, o contexto mais amplo de Schaeffer cunhar o termo foi "cobeligerantes, não aliados". Você pode fazer campanha sobre um único assunto, como o aborto, sem ter de dizer coisa alguma sobre qualquer outro assunto. Foi assim que Schaeffer preferiu.

A segunda onda de cobeligerância foi além da graça comum e começou a pensar não em termos cobeligerantes, usando a linguagem de Schaeffer, mas em aliados. Essa foi a onda Colson-Neuhaus que finalizou no documento "Evangelicals and Catholics Together" (ECT – Evangélicos e Católicos Juntos), publicado em 29 março de 1994. O documento era primariamente obra de Colson e Neuhaus e, dentre os dois, Neuhaus era o teólogo mais significativamente treinado. Católicos romanos proeminentes também envolvidos em rascunhar a versão final incluem Peter Kreeft, Michael Novak, George Weigel e Avery Dulles. O lado evangélico incluía J.I. Packer, Bill Bright e Os Guiness — todos com variáveis graus de associação com R.C.

No entanto, R.C. não esperava por isso. Pouco antes do lançamento do ECT, ele tinha dito que a igreja evangélica estava em crise e que "estamos em guerra", se referindo a uma cultura de guerra, a qual estava fazendo investidas na igreja. Depois, ele acrescentou: "Nada me encoraja mais do que estar com homens e mulheres de valor. Quando a batalha fica sangrenta, quero Jim Pack (...) em minha trincheira."[10] Durante a sessão de perguntas e respostas, alguém perguntou a R.C. se ele e Packer já haviam discordado. R.C. não conseguiu pensar em uma única vez e, por isso, respondeu não.

R.C. estava em seu escritório temporário no vestiário do clube de campo do qual ele fazia parte. Como alguém que se levantava cedo, ele pegava uma rápida rodada de golfe quando o sol começava a aparecer. Depois, escrevia no vestiário, onde ocupava um canto inteiro e quatro boxes de armário de vestiário que continham seus livros. Sua secretária podia chamá-lo no telefone público. Muitos de seus livros de meados de 1980 em diante foram escritos de seu escritório no vestiário. Posteriormente, o clube remodelou o vestiário e eventualmente despejou R.C de seu canto. Ele foi, então, para a Steak'n Shake, aberta 24 horas por dia, para escrever. Fazia esboços de livros, rascunhava ideias de palestras e até escrevia cartas nas costas dos jogos americanos de papel da Steak'n Shake. Entretanto, em março de 1994, R.C. ainda estava usando seu escritório no vestiário do clube.

Joel Belz, da revista *World*, estava pronto para noticiar a história do ECT. Ele queria obter a opinião de R.C. sobre o documento. Mencionando que era a obra de Colson e Neuhaus, Belz telefonou para a secretária de R.C., que lhe deu o número do telefone público. Por telefone, Belz leu algumas das passagens principais do ECT para R.C. Era a primeira vez que R.C. ouvia sobre o documento. "Fiquei

10 Zacharias, "Who Is Our Commander?"

chocado", ele disse. E acrescentou: "Isso é uma traição da Reforma. Pior ainda, isso é uma traição do evangelho e uma traição de Cristo."[11]

R.C. ligou para Colson naquela tarde. Colson lhe disse que Packer tinha revisado o documento, achado aceitável e assinado. Isso era suficiente para Colson. Então, R.C. ligou para Packer e compartilhou com ele as falhas na declaração. R.C. se lembrava de que Packer respondera por dizer-lhe: "Sim, eu vejo o problema. Talvez eu não devesse tê-lo assinado." R.C. escreveu isso e disse a Packer que o transmitiria para Colson. Em seguida, R.C. telefonou de novo para Colson e leu os comentários que Packer acabara de fazer para ele. Colson não ficou satisfeito.

James Montegomery Boice, que ajudara a estabelecer a Alliance of Confessing Evangelicals (ACE - Aliança de Evangélicos Confessos), da qual Packer integrava o conselho, convocou uma reunião com Packer para discutir a justificação e, especificamente, a opinião de Packer sobre o ECT à luz da posição da ACE. Na reunião, Packer disse a Boice que a justificação pela fé é a parte secundária do evangelho. Boice disse não a isso, afirmando, em contrário, que a justificação é a parte crucial do evangelho.[12] Depois da reunião, Packer não permaneceu mais como membro do conselho da ACE.

Essas rupturas atraíram atenção significativa. Packer escreveu um editorial de duas páginas na revista *Christianity Today*, em dezembro de 1994, sob o título *Why I Signed It*? (Por que Eu o Assinei?).

Uma reunião a portas fechadas foi convocada, realizada no escritório de D. James Kennedy, na Coral Ridge Presbyterian Church, em Fort Lauderdale, Flórida. Estavam presentes R.C., John MacArthur,

11 "Sproul Memoirs", sessão 9, gravada em 2014, Ligonier Ministries, Sanford, Flórida.

12 R.C. Sproul relata esta conversa em *Faith Alone: The Evangelical Doctrine of Justification* (Grand Rapids, MI: Baker, 1995), 183.

Michel Horton, John Ankerberg e Kennedy, como não assinadores e críticos do ECT, e Bill Bright, Chuck Colson e Packer como seus defensores. Joseph Stowell e John Woodbridge auxiliaram como moderadores. Colson iniciou a reunião por enfatizar a necessidade de união, destacando a importância de permanecerem juntos como irmãos. R.C. fez observação sobre a crença de Colson na possibilidade de união entre evangélicos e católicos romanos, como defendido pelo ECT. Ele não compartilhava dessa crença, afirmando a importância da diferença, uma diferença que torna difícil a questão da unidade.

Em seguida, R.C. envolveu Packer na questão da justificação somente pela fé, afirmando que essa doutrina é essencial ao evangelho, enquanto Packer afirmava que ela é central. R.C. disse "essencial"; Paker disse "central". Todos que estavam ao redor da mesa afirmavam a justificação pela fé, mas nem todos diziam que ela era essencial.

Depois, a conversa se voltou para a imputação. De novo, R.C., MacArthur e Horton foram unânimes na posição de que a imputação é essencial à doutrina da justificação pela fé, em contrário do entendimento de infusão católico romano. O ECT deixou a imputação fora da conversa sobre o evangelho, o que R.C. disse não podia ter acontecido. No final, eles discordaram em todos esses pontos, mas ainda consideravam uns aos outros como irmãos. Foi relatado, porém, que tinham reconciliado todas as suas diferenças. R.C. descreveu todo o negócio como o tempo mais difícil de sua vida. Ele havia desfrutado verdadeiramente de amizade com Colson e apreciado genuinamente seu companheiro de trincheira Packer, mas o ECT custou essas duas amizades.

Ao mesmo tempo, R.C. estava reconsiderando seu tempo e função no Reformed Theological Seminary de Orlando, devido ao ritmo e às pressões da obra na Ligonier. Em 1994, o *campus* de Orlando do

RTS tinha cinco anos de idade e estava florescendo. R.C. achou que era tempo de mudar. Ele disse ao então presidente do RTS que se afastaria de sua função como professor, mas desejava continuar ensinando cursos de uma ou duas semanas no doutorado em ministério. O presidente do RTS lhe perguntou se a decisão tinha a ver com o ECT. Os outros professores do RTS não haviam assinado o documento, mas também não se manifestaram em oposição.

Em 1994, o RTS tinha um bom relacionamento com a Campus Crusade, que mudara sua sede para Orlando e dependia do RTS para treinar muitos de seus cooperadores. Bill Bright, presidente da Campus Crusade, era um participante visível e vocal no ECT, o que complicava as coisas. Além disso, a administração e o corpo docente do RTS não gostaram de ver a ruptura entre R.C. e Packer e ficaram preocupados com seus efeitos na comunidade reformada mais ampla. R.C. assegurou ao presidente que a decisão de se afastar não foi motivada pelo ECT. É claro que a hesitação do RTS em criticar o ECT não ajudou muito R.C. a achar resolução extra para continuar. Mas, de novo, ele garantiu ao presidente que a decisão era independente da controvérsia. Quando o presidente anunciou aos alunos e ao corpo docente do RTS que R.C. se afastaria, ele lhes disse que era por causa do ECT.[13]

A DOUTRINA AUSENTE

Nesse tempo, R.C. acreditava (e com o passar dos anos sua crença se tornou ainda mais forte e mais profunda) que o ECT foi um erro grave que causou danos sérios à missão do evangelho e teve um impacto negativo na igreja evangélica da América — e seus efeitos emergiram de novo durante a controvérsia da Nova Perspectiva sobre Paulo. A ruptura

13 "Sproul Memoirs", sessão 9.

de amizades foi uma coisa; dano ao evangelho foi outra. E isso foi o que entristeceu verdadeiramente R.C. Ele reagiu escrevendo um livro, *Faith Alone: The Evangelical Doctrine of Justification* (Somente a Fé: A Doutrina Evangélica da Justificação). R.C. comenta que o ECT declarou: "Evangélicos e católicos são irmãos e irmãs em Cristo. Não escolhemos uns aos outros, como não escolhemos Cristo. Ele nos escolheu e nos escolheu para sermos dele juntos."[14] R.C. observa: "É essa afirmação, tão central para o ECT, que provoca séria preocupação a respeito dos evangélicos que endossam esse documento e preocupação sobre o compromisso deles com o caráter essencial da justificação somente pela fé."[15]

R.C. também chama a atenção para esta afirmação e a lista subsequente do ECT:

> Notamos algumas das diferenças e discordâncias que têm de ser tratadas mais plena e cordialmente, a fim de fortalecermos entre nós um relacionamento de confiança em obediência à verdade. Entre os pontos de diferença em doutrina, culto, prática e piedade que são frequentemente entendidos como fatores que nos dividem estão estes:
>
> - A igreja como um parte integral do evangelho ou a igreja como uma consequência comunal do evangelho.
> - A igreja como a comunhão visível ou a comunhão invisível dos verdadeiros crentes.
> - A autoridade exclusiva da Escritura (*sola Scriptura*) ou a Escritura como interpretada autoritariamente na igreja.
> - A "liberdade de alma" do cristão individual ou o magistério (autoridade de ensino) da comunidade.

14 "Evangelicals and Catholics Together: The Christian Mission in the Third Millennium", 1994.

15 Sproul, *Faith Alone*, 31

- A igreja como congregação local ou comunhão universal.
- Ministério ordenado em sucessão apostólica ou o sacerdócio de todos os crentes.
- Sacramentos e ordenanças como símbolos da graça ou como meios de graça.
- A Ceia do Senhor como sacrifício eucarístico ou refeição memorial.
- Lembrança de Maria e dos santos ou devoção a Maria e aos santos.
- Batismo como sacramento de regeneração ou como testemunho da regeneração.

O fato curioso sobre a lista é que a justificação está ausente. R.C. comenta: "A lista não menciona, em nenhum ponto, a justificação somente pela fé. Na verdade, a justificação não está incluída de maneira alguma (a menos que esteja sugerida no assunto velado do sacerdotalismo)."[16]

Em seguida, R.C. faz a seguinte observação:

> A causa de Cristo é a causa e a missão da igreja, que é, antes de tudo, proclamar as boas novas de que "Deus estava em Cristo reconciliando consigo o mundo, não imputando aos homens as suas transgressões, e nos confiou a palavra da reconciliação" (2Co 5). Proclamar esse evangelho e sustentar a comunidade de fé, adoração e discipulado que é reunida por esse evangelho, essa é a primeira e principal responsabilidade da igreja. Todas as demais tarefas e responsabilidades da igreja são derivadas a missão do evangelho e direcionadas para ela.[17]

16 Sproul, *Faith Alone*, 41.

17 "Evangelicals and Catholics Together."

"O problema crucial permanece", observa R.C., "O que é o evangelho?". E continua: "Se Roma nega o *sola fide*, e, se o *sola fide* é um elemento essencial do evangelho, então, não importa a intenção dos autores, o ECT envolve uma traição silenciosa do evangelho."[18] Adiante, R.C. escreve: "Charles Colson está convencido de que os evangélicos que participaram do rascunho do ECT não cederam nada e não comprometeram o evangelho. Outros, incluindo eu mesmo, creem que o documento compromete seriamente o evangelho e negocia o próprio âmago do evangelicalismo histórico."[19] Depois, R.C. acrescenta: "A luz do evangelho bíblico é mais importante do que alianças históricas. É muito mais importante do que qualquer manifestação de cobeligerância em questões sociais ou políticas. O evangelho é o verdadeiro poder para salvar."[20] Perto do final do livro, R.C. diz que, como resultado do ECT, "velhas alianças ruíram e antigos aliados se tornaram oponentes".[21] Há muita coisa por trás dessas sentenças.

IMPUTACIONISTAS

Um ponto específico que é omitido nessa discussão da importante e ausente doutrina da justificação pela fé é a imputação. R.C. apreciava o fato de que Michael Horton usava a analogia dos biscoitos de gotas de chocolate para explicar a importância da imputação. Horton disse que, se você tiver todos os ingredientes para fazer os biscoitos, mas deixar fora as gotas de chocolate, você não tem biscoitos de gotas de chocolate. A imputação é para a doutrina de salvação o que as gotas de chocolate são para o biscoito de gotas de chocolate. A diferença

18 Sproul, *Faith Alone*, 44.
19 Sproul, *Faith Alone*, 47.
20 Sproul, *Faith Alone*, 48.
21 Sproul, *Faith Alone*, 183.

crucial entre o ponto de vista da Reforma sobre a justificação pela fé e o ponto de vista católico romano está totalmente ligada a duas coisas. Primeiramente, a palavra *sola*. Em segundo, a diferença entre imputação e infusão. Para nos ajudar a entender infusão, R.C. nos leva ao Concílio de Trento, sobre o qual ele estudou em profundidade com o Dr. Gerstner, enquanto esteve no seminário. R.C. nota que o capítulo 16 de Trento declara:

> Portanto, uma vez que o próprio Jesus Cristo, como o cabeça nos membros e como a videira na vinha (Jo 15.1s), infunde continuamente força aos justificados, força que sempre precede, acompanha e segue as boas obras deles e sem a qual elas não poderiam, de maneira alguma, ser agradáveis ou meritórias diante de Deus, temos de crer que nada mais está faltando aos justificados para impedi-los de serem considerados como tendo, por essas próprias obras feitas em Deus, satisfeito plenamente a lei divina, de acordo com o estado desta vida, e merecido verdadeiramente a vida eterna.[22]

A ideia é que nós somos "meritórios", diante de Deus, tanto por justificação quanto por infusão. A força de Cristo é infundida, ela nos enche, e, portanto, somos capacitados a fazer boas obras. Isso é salvação por cooperação. Deus trabalha e infunde em nós para fazermos boas obras. A salvação é pela fé *e* pelas obras, não *somente* pela fé.

A infusão diz respeito a cooperação. A imputação, por outro lado, é a obra de um só. Imputação é um termo de contabilidade. Significa colocar na conta de alguém. Há realmente uma imputação dupla. Nosso pecado é imputado a Cristo. Ele assume o nosso

22 Citado em Sproul, *Faith Alone*, 125.

pecado, dívida e penalidade. Em última análise, a nossa penalidade é a ira de Deus. A ira de Deus é derramada sobre Cristo, em vez de ser derramada sobre nós. Cristo suporta o golpe terrível da punição mais severa imaginável. Depois, Cristo nos dá sua justiça. Lutero falou da justiça como "justiça alheia", fora de nós. É *extra nos*, fora de e além de nós. Francis Turretin, um verdadeiro teólogo entre os favoritos de R.C., disse sobre a justificação:

> O evangelho ensina que o que não podia ser achado em nós e devia ser buscado em outro, não poderia ser achado em nenhum outro, senão em Cristo, o Deus-homem (*theanthropo*), que, tomando sobre si o ofício de garantia, satisfez muito plenamente a justiça de Deus, por meio de sua obediência perfeita e, assim, nos trouxe uma justiça eterna, que é o único meio de sermos justificados diante de Deus; a fim de que, cobertos e vestidos com essa veste, como se fosse de nosso primogênito (como Jacó), possamos obter, vivendo sob ela, a bênção eterna de nosso Pai celestial.[23]

Isto é o que o Cânone 11 do Concílio de Trento diz sobre a imputação: "Se alguém diz que os homens são justificados somente pela imputação da justiça de Cristo ou somente pela remissão dos pecados (...) que ele seja anátema." O Concílio de Trento amaldiçoou aqueles que se apegariam somente à justiça de Cristo para a salvação. A justiça de Cristo imputada é o fundamento de nossa salvação. Nessa afirmação, católicos romanos e evangélicos não estão juntos, e essa afirmação é o evangelho.

23 Citado em Sproul, *Faith Alone*, 103.

Perto do final do livro, R.C. destaca que o problema não é se "há cristãos salvos na igreja católica romana, crentes que se apegam ao Cristo bíblico, que creem no evangelho bíblico e confiam unicamente em Cristo para a sua salvação", pois "todos concordam que há".[24]

O problema é o conteúdo do evangelho. Qual é o evangelho que está sendo pregado e estabelecido nos padrões confessionais? Nisso, há um abismo enorme entre o catolicismo romano e o evangelicalismo semelhante à Reforma. Como consequência daquela reunião a portas fechadas no escritório de Kennedy, Michael Horton sugeriu o termo "imputacionista". A palavra "evangelicalismo" se tornara um tanto elástica e inclusiva, como se tornara a palavra cristão. "Imputacionista" aponta para o âmago da definição teológica daqueles que buscam proclamar um evangelho biblicamente fiel.

O biógrafo de J.I. Packer, Leland Ryken, sugere que o envolvimento de Packer no ECT aconteceu devido ao seu "ecumenismo".[25] Ryken também comenta que o ECT não foi a primeira vez que Packer esteve no outro lado de uma divisão. Em 1970, ele e D. Martyn Lloyd-Jones se dividiram por conta dos esforços ecumênicos anglo-católicos de Packer e sua contribuição para o livro *Growing into Union* (Crescendo em União).

Aqueles que se opuseram ao ECT estavam tão comprometidos com a unidade da igreja quanto aqueles que eram a favor do documento. A pergunta era: em que se centraliza a unidade? O Credo Niceno fala da "igreja santa, católica e apostólica". Essa última palavra, *apostólica*, é uma referência ao ensino dos apóstolos, que em outras palavras significa "o conteúdo do evangelho" — o que Paulo

24 Sproul, *Faith Alone*, 185-86.

25 Leland Ryken, *J. I. Packer: An Evangelical Life* (Wheaton, IL: Crossway, 2015), 408.

chamou de "o bom depósito" em 2 Timóteo 1-2. O *depositum fide* (depósito da fé) deveria ser ensinado, passado adiante, guardado e defendido (Jd 4).[26]

O batalhar pela "fé que uma vez por todas foi entregue aos santos" ocorreu em muitas controvérsias da igreja através dos séculos. Na igreja primitiva, as controvérsias e heresias se centralizaram na pessoa de Cristo: sua verdadeira humanidade, sua verdadeira deidade e a unidade de sua pessoa em duas naturezas. Quando a igreja debateu sobre essas doutrinas nos concílios de Niceia (325), Constantinopla (381) e Calcedônia (451), o ponto de vista ortodoxo emergiu. Depois do Credo de Calcedônia (ou seja, depois de 451), afirmar que Cristo é verdadeiramente homem e verdadeiramente Deus — duas naturezas em uma única pessoa (a união hipostática) — significava que você era biblicamente fiel e ortodoxo. Negar a fórmula de Calcedônia significava que você estava fora dos limites de unidade da igreja verdadeira. Ou, nas palavras da igreja primitiva, você era um herege.

Niceia e Calcedônia foram momentos esclarecedores do ensino da Bíblia — "todo o conselho de Deus" — sobre a pessoa de Cristo. A Reforma também foi um desses momentos esclarecedores. Teólogos falam do princípio formal e do princípio material da Reforma; ambos foram a divisão entre a igreja católica romana e aqueles que "protestaram". O princípio formal lida com a questão de autoridade. Os reformadores fincaram a bandeira no *sola Scriptura*, somente a Escritura é a autoridade da igreja. Roma respondeu formalmente em Trento, bem como nos debates com Lutero, por afirmar *scriptura et tradition*, a Escritura e a tradição como a autoridade. O princípio

26 A nota de comentário na *Bíblia de Estudo da Reforma*, diz em Judas 3: "Aqui 'fé' indica o conteúdo doutrinário da mensagem ensinada pelos apóstolos e sustentada em comum por todos os cristãos (...). O cristianismo inclui um corpo autoritário de crenças dado por Deus à igreja, por meio dos apóstolos."

material diz respeito ao evangelho. Os reformadores proclamaram o *sola fide,* somente a fé. Roma respondeu com *fide et opera,* fé e obras. Simplificando, os reformadores são definidos pela palavra *sola,* enquanto Roma é definida pela palavra *et.* Mas há um abismo enorme entre essas duas palavras e formulações.

Assim como pessoas que vivem após Calcedônia são definidas como parte da verdadeira igreja por afirmarem o Credo de Calcedônia, também aqueles que vivem após a Reforma devem, igualmente, tomar uma posição a favor de ou contra *sola Scriptura, sola fide, sola gratia, solus Christus* e *soli Deo gloria.* R.C. e os outros que estavam ao seu lado nesse campo de batalha acreditavam que a unidade tem de ser centrada no evangelho — em torno da pessoa e obra de Cristo —, conforme definido pelos antigos credos e pelos *solas* da Reforma. R.C. entendia isso como o teste decisivo da proclamação biblicamente fiel do evangelho, do ensino fiel de todo o conselho de Deus. Negar os credos antigos ou os *solas* significa trair o evangelho; minimizar os *solas* ou contorná-los é igualmente uma traição.[27]

R.C. ficou contente por trabalhar com Jim Boice e outros para redigir e promover a Declaração de Cambridge, em abril de 1996. Como um esforço para "resgatar a fé cristã histórica", esse documento foi escrito porque:

> Hoje a luz da Reforma tem sido ofuscada significativamente. A consequência é que a palavra "evangélico" se tornou tão inclusiva, que perdeu seu significado. Enfrentamos o perigo de perder a unidade que levou séculos para atingirmos. Por

27 Quando R.C. fundou o Reformation Bible College, ele escreveu votos para os membros do conselho administrativo e do corpo docente recitarem e subscreverem anualmente. Um dos votos é afirmar credos antigos (Credo dos Apóstolos, de Niceia e de Calcedônia), os cinco *solas* da Reforma e o consenso de confissões reformadas.

> causa desta crise e de nosso amor a Cristo, a seu evangelho e a sua igreja, nos esforçamos para afirmar novamente nosso compromisso com as verdades centrais da Reforma e do evangelicalismo histórico. Afirmamos essas verdades não por causa do seu papel em nossas tradições, mas porque cremos que elas são essenciais à Bíblia.[28]

A Declaração de Cambridge é uma reafirmação dos *solas* da Reforma. O documento se refere ao *sola fide* como "o principal artigo", afirmando:

> A justificação é somente pela graça, somente pela fé, por causa somente de Cristo. Esse é o artigo pelo qual a igreja permanece de pé ou cai. Hoje esse artigo é frequentemente ignorado, distorcido ou, às vezes, até negado pelos líderes, eruditos e pastores que afirmam ser evangélicos. Embora a natureza humana caída tenha sempre se recusado a reconhecer sua necessidade da justiça imputada de Cristo, a modernidade alimenta grandemente os fogos deste descontentamento com o evangelho bíblico. Temos permitido que esse descontentamento norteie a natureza de nosso ministério e do que estamos pregando (...).
>
> Reafirmamos que a justificação é somente pela graça, somente pela fé, por causa somente de Cristo. Na justificação, a justiça de Cristo é imputada a nós como a única satisfação possível da perfeita justiça de Deus.
>
> Negamos que a justificação descanse em qualquer mérito a ser achado em nós, ou nas bases de uma infusão da justiça de Cristo em nós, ou que uma instituição que afirma ser um igreja

28 "The Cambridge Declaration", April 20, 1996, Alliance of Confessing Evangelicals.

> que nega e condena *sola fide* possa ser reconhecida como uma igreja legítima.[29]

A Declaração de Cambridge foi motivada pelo ECT e outros desenvolvimentos na igreja evangélica americana. Foi o produto de um grupo de homens que se importavam profundamente com teologia e a identidade teológica da igreja. Às vezes, existe uma pressuposição de que aqueles que são norteados por teologia são menos interessados em unidade. Isso não é verdade em relação a R.C., Boice, MacArthur e outros que tomaram uma posição contra o ECT.

O fato não era que um lado estava a favor de unidade e o outro, a favor de divisão. Cada lado definia unidade de maneira diferente. Não houve dúvida de que R.C. pensava que o ECT tinha tudo a ver com os debates da Reforma. De fato, ele via o ECT como uma "mesma canção, segundo verso" de alguns daqueles debates. Ele dedicou um capítulo de *Faith Alone* (Somente a Fé) a Lutero, refazendo sua jornada desde a porta de Wittenberg até Worms.

O JAVALI SELVAGEM

Martinho Lutero fez a viagem de 500 quilômetros, de Wittenberg a Worms, de carroça, em 1521. À medida que passava pelas cidades e vilas da Saxônia, recebia saudações de herói. Isso mudou quando entrou em Worms, em 6 de abril. Seria Lutero *contra mundum*. Seus amigos apelaram para que ele não fosse, pois não confiavam no resultado. R.C. disse: "Sabe o que ele respondeu? 'Se há tantos demônios quanto há telhas vermelhas nos telhados desses prédios', ele disse, 'eu

29 "Cambridge Declaration."

irei."'[30] R.C. acrescentou: "Se você morasse lá, teria visto que todo telhado de casa era feito com telhas vermelhas."[31]

Lutero compareceu na Dieta de Worms, diante de Carlos V e outros dignitários, legados papais, oficiais da igreja e uma hoste de demônios, em 16 e 17 de abril de 1521. Foi no dia 17 que ele proferiu seu famoso discurso "Esta É a Minha Posição". O que levou Lutero a esse ponto no tempo e a esse lugar?

R.C. retorna a 1505 e à tempestade que enviou Lutero para o monastério. R.C. destaca: "Lutero sofria angústia incomum enquanto procurava desesperadamente paz para a sua alma."[32] Lutero usou a palavra alemã *anfechtungen* para expressar essas ansiedades e lutas profundas. Lutero pensava que Deus havia desencadeado aquela tempestade e raios com o propósito específico de tirar sua vida. R.C. comenta: "Em terror, ele clamou: 'Santa Ana, ajude-me! Eu me tornarei um monge'."[33] Como Roland Bainton observou humoristicamente em um dos livros favoritos de R.C., *Here I Stand: a Life of Martin Luther* (*Cativo à Palavra*), Deus cumpriu sua parte na barganha, e Lutero cumpriu a dele. No monastério, "cinco anos depois, Lutero sofreu outra crise espiritual; sua odisseia pessoal de fé atingiu seu nadir durante sua peregrinação a Roma, em 1510".[34] Definir o evento como "nadir" foi uma ironia intencional. Como um monge devoto, a peregrinação até Roma deveria ter sido o seu ápice. Em vez disso, foi o oposto.

30 "R.C. Sproul and Bainton's *Here I Stand*", *Open Book* podcast, May 17, 2018, season 1, episode 10.

31 Sproul, "R.C. Sproul and Bainton's *Here I Stand*."

32 Sproul, *Faith Alone*, 56.

33 Sproul, *Faith Alone*, 56.

34 Sproul, *Faith Alone*, 56.

Quando Lutero chegou à Cidade Santa, foi diretamente para a Escada Santa, os degraus sagrados que supostamente conduziam ao pretório de Pôncio Pilatos, levados para Roma por Constantino, o Grande, como um presente à sua mãe piedosa. Peregrinos subiam e desciam de joelhos, murmurando a oração do Pai Nosso e Ave Maria enquanto iam. Quando Lutero chegou ao topo dos degraus, ele disse: "Quem sabe se tudo isso é verdadeiro?"[35] Lutero estava completamente desiludido. Então, vieram os eventos de 1517, a pintura da Capela Sistina por Michelangelo, as indulgências vendidas por Tetzel (a fim de pagar a pintura da Capela Sistina, entre muitas outras coisas) e a confrontação com o papa Leão X. Entre sua viagem a Roma e 1517, Lutero estava ministrando palestras sobre os Salmos, Romanos, Gálatas e Hebreus e, depois, voltou a Romanos. R.C. observa: "Sua preparação para essas palestras contribuiu para a formação de seu pensamento sobre a justificação".[36]

R.C. usa a sua extensa citação de Lutero para mostrar que grande dificuldade acompanhou a "descoberta" de Lutero da justificação pela fé:

> Eu anelava intensamente entender a Epístola de Paulo aos Romanos, mas havia uma única expressão que se opunha a isso, "a justiça de Deus", porque ela parecia significar aquela justiça pela qual Deus é justo e lida de maneira justa em punir o injusto. Minha situação era tal que, embora fosse um monge impecável, estava diante de Deus como um pecador de consciência atribulada, e não tinha confiança de que meu mérito o aplacaria. Portanto, eu não amava um Deus justo e irado; mas, em vez

35 Martinho Lutero, citado em Sproul, *Faith Alone*, 56.

36 Sproul, *Faith Alone*, 56.

> disso, odiava-o e murmurava contra ele. Apesar disso, eu me apegava ao querido Paulo e tinha um grande anseio de saber o significado de seu escrito.
>
> Ponderei noite e dia até que vi a conexão entre a justiça de Deus e a afirmação de que "o justo viverá por sua fé". Então, eu compreendi que a justiça de Deus é aquela justiça pela qual, por meio da graça e pura misericórdia, Deus nos justifica pela fé. Por causa disso, eu me senti ser nascido de novo e haver entrado pelas portas abertas do paraíso. Toda a Escritura assumiu um novo significado e, embora antes a "justiça de Deus" houvesse me enchido de ódio, agora ela se tornara indizivelmente agradável em amor imenso. Esta passagem de Paulo se tornou para mim um portão para o céu.[37]

R.C. destaca que essa descoberta e essa maneira reformada de pensar sobre a justiça de Deus e sobre como alguém a recebe "colidem frontalmente" com a Igreja Católica Romana. A venda de indulgência por Tetzel (sem precedente, com toda a bênção e aprovação do papa Leão X) foi, como psicólogos diriam, a queixa principal. R.C. a chamou de "um comércio grosseiro".[38] A venda de indulgências não era nada mais do que vender perdão de pecados. Lutero não poderia ficar parado e assistir à sua igreja cometer uma atrocidade teológica tão grande. Ele escreveu noventa e cinco teses para distribuição, em latim, tencionando um debate com os teólogos da igreja. Fixou o documento nas portas da igreja do castelo em Wittenberg, provavelmente as portas mais famosas em toda a história.

37 Martinho Lutero, citado em Sproul, *Faith Alone*, 56-57.

38 Sproul, *Faith Alone*, 60.

No processo de desafiar a venda de indulgências de Tetzel, as Noventa e Cinco Teses suscitaram todos os tipos de perguntas a respeito de dogma e prática católicos romanos. As Noventa e Cinco Teses também colheram muitos leitores. Foram logo traduzidas para o alemão, por meio da prensa móvel, e "circularam por toda a Alemanha dentro de quase duas semanas".[39]

A fixação original das teses de Lutero ocorreu em 31 de outubro de 1517 e desencadeou uma série de eventos. Em abril de 1518, Lutero apresentou outro grupo de teses em Heidelberg. Em outubro de 1518, Lutero debateu com o cardeal Caetano. Depois, debateu com Johann Eck na disputa em Leipzig, em 1519. No outono de 1520, ele escreveu seus *Três Tratados*. A cópia de R.C. é intensamente marcada. Na margem do pequeno, mas poderoso, *Liberdade Cristã*, R.C. escreveu esta nota: "descoberta de incapacidade". Lutero escreveu: "Fé somente, sem obras, justifica, liberta e salva. Aqui devemos ressaltar que toda a Escritura de Deus é dividida em duas partes: mandamentos e promessas (...). [Os mandamentos] têm o propósito de ensinar o homem a conhecer a si mesmo. Que, por meio deles, o homem possa reconhecer sua incapacidade de fazer o bem e possa desesperar-se de sua própria incapacidade."[40]

Essas sentenças, sublinhadas fortemente por R.C., apresentam a ideia de Lutero de que a lei é um "pedagogo" que aponta para Cristo. Dizendo-o em termos existenciais, como Lutero disse, a lei nos faz desesperar de nossa incapacidade. Por isso, precisamos de uma justiça *extra nos*, fora de nós. Isso enfatiza, de novo, a necessidade da doutrina da imputação. Lutero foi o imputacionista original.

39 Sproul, *Faith Alone*, 61.

40 Martin Luther, *Three Treatises* (Philadelphia: Fortress Press, 1960), 282, usando a cópia pessoal de R.C.

Na bula papal que condenou Lutero, Leão X chamou Lutero de "um javali selvagem", que pisoteia o evangelho e ameaça a igreja. Pura ironia. Lutero foi condenado pela igreja por pregar o evangelho.

Tudo isso chegou a um ponto culminante em Worms. Em 16 de abril, Lutero fez sua primeira aparição. Ele foi exortado a renunciar seus livros e retratar-se de seu ensino. Lutero tinha esperado por um debate; mas, em vez disso, estava em julgamento. Pediu tempo para considerar. Foi-lhe dado um dia. R.C. revisita a história: "Naquela noite, sozinho no quarto, Lutero derramou sua alma em oração. Suas orações revelam a alma de um homem aterrorizado prostrado ante o seu Deus, buscando desesperadamente segurança e coragem para fazer a coisa certa. Foi o Getsêmani particular de Lutero."[41] R.C. diz mais: "Lutero chegou a Worms em temor e tremor. Certamente, houve ousadia e coragem. Mas foi uma coragem requerida pelo profundo temor que perseguia o homem."[42] R.C. admirava Lutero, perplexo com aquela mistura de coragem e temor nele. E anela ver a mesma coisa em si mesmo.

O dia seguinte chegou, 17 de abril de 1521. Fizeram uma única pergunta a Lutero: você se retratará? (*Revoco*, em latim). Em muitas palestras e sermões, essa palavra reverberou de R.C. em sua voz mais íntima. A essa única pergunta, Lutero expressou seu famoso discurso:

> Visto que Vossa Majestade e vossas senhorias pedem uma resposta simples, eu lhes darei uma resposta simples. A menos que eu seja convencido pelas Escrituras ou pela razão correta — pois não creio nem em papas, nem em concílios, porque eles têm errado e se contraditado frequentemente —, a menos que

41 Sproul, *Faith Alone*, 53.

42 Sproul, *Faith Alone*, 52.

> eu seja assim convencido, não posso, nem irei me retratar de coisa alguma, porque não seria correto nem seguro agir contra a consciência. Deus me ajude. Amém.[43]

Outras versões terminam com: "Essa é a minha posição. Não posso fazer o contrário. Deus me ajude. Amém".[44]

Vesta lembra vividamente a ocasião em que R.C. e ela guiaram uma excursão de estudo da Ligonier pela Alemanha de Lutero. Em Worms, o grupo foi ao lugar onde a Dieta de 1521 foi realizada. O prédio não existe mais, mas uma placa no chão celebra o local. R.C. parou e recitou de memória o discurso. Foi um daqueles momentos em que todos os presentes compreenderam a plena importância daquele lugar e tempo no século XVI, bem como no século XX, quando R.C. tomou sua posição em muitas ocasiões e em muitas situações em favor do evangelho não comprometido. Lutero não era um mero personagem histórico para R.C. Era um mentor, como o Dr. Gregory ou o Dr. Gerstner. Era um amigo, como Jim Boice ou John MacArthur. R.C. amava Lutero, "o javali selvagem", e apreciava especialmente o fato de que Worms não o abateu. Com R.C. diz: "O javali selvagem estava solto, nada haveria de pará-lo."[45]

NOVA GENEBRA

R.C. percebeu quanta influência o dispensacionalismo exercia na igreja do século XX e quão rapidamente havia se propagado. Quando viu isso, ele compreendeu que, dos fatores que causaram a rápida e ampla propagação, "o primeiro e principal foi a *Bíblia de Referência*

43 Sproul, *Faith Alone*, 54-55.

44 Ver Gordon Rupp, *Luther's Progress to the Diet of Worms* (New York: Harper & Row, 1964), 96-97.

45 Rupp, *Luther's Progress to the Diet of Worms*, 64.

Scofield".[46] Isso levou R.C. a reconhecer que uma Bíblia de estudo seria uma ferramenta estratégica para propagar a fé reformada, "para ajudar a influenciar pessoas em sua educação básica".[47] Embora a *Bíblia de Referência Scofield* tenha sido a motivação, não foi o modelo. Para servir de modelo, R.C. olhou para trás, (de novo) para os reformadores — mas desta vez, para a Genebra de Calvino. Uma vez que refugiados ingleses e escoceses foram em grande número para Genebra durante o reinado de Maria Sanguinária (1553-1558), Calvino os incentivou a achar trabalho e negócios enquanto estavam no exílio. Vários eruditos começaram a trabalhar em uma nova tradução da Bíblia. Essa Bíblia seria inovadora por duas razões. Primeiramente, era a primeira Bíblia em inglês a usar a divisão em versículos. O texto grego *Stephanus* (1546) usava divisões em versículos, mas nenhuma outra Bíblia em inglês usava. Em segundo, a Bíblia de Genebra tinha anotações no pé da página e, às vezes, nas margens laterais. Eram notas de estudo.

A *Bíblia de Genebra* foi, realmente, a primeira Bíblia de estudo. O Novo Testamento foi publicado em 1557, e a Bíblia completa em 1560. Embora fosse em inglês, e não em francês, era chamada a *Bíblia de Genebra* em honra à cidade da Reforma onde aqueles eruditos ingleses trabalharam. Era a Bíblia dos puritanos; a preferida, mas não o texto exclusivo para Shakespeare. Era a Bíblia que os peregrinos e os puritanos da Nova Inglaterra tinham. Foi a Bíblia mais popular, pelo menos durante algumas décadas, do que a versão King James de 1611. Teve influência.

R.C. tinha reunido uma excelente coleção de livros raros; entre eles, havia uma edição de 1609 da *Bíblia de Genebra*. Em 1995,

46 R.C. Sproul, "Remarks on the Fifth Anniversary of Reformation Bible College", 2015.

47 Sproul, "Remarks on the Fifth Anniversary".

R.C. serviu como o editor geral da *Nova Bíblia de Estudo de Genebra*, com o texto da Nova Versão King James, publicada pela Thomas Nelson. A *Nova Bíblia de Estudo de Genebra* tinha notas abrangentes, introduções de livros extensas e um significativo número de artigos teológicos, muitos deles escritos por J.I. Packer. As notas procediam de eruditos bíblicos reformados dos principais seminários e faculdades reformadas. James Boice, Edmund Clowney, Roger Nicole e Packer serviram como editores associados.

Durante o ano seguinte, 1996, R.C. lançou dois livros cujo alvo era uma audiência jovem: *Ultimate Issues* (Questões Cruciais) e *Choosing My Religion* (Escolhendo Minha Religião). Também filmou uma série de ensino, almejando novamente os jovens, para acompanhar os livros. Enfatizavam apologética, doutrina e o evangelho.

A CONTRIBUIÇÃO DE R.C. PARA A TRADIÇÃO CRISTÃ

Voltando a 1973 e chegando até aos anos 1980, R.C. estava no próprio centro da controvérsia sobre a inerrância e, com a ajuda de alguns outros, estava liderando a questão. O ICBI e a Declaração de Chicago seguiram a longa tradição de vincular a inerrância à inspiração. Isso quer dizer, a Bíblia é verdadeira porque é a Palavra de Deus. Em 1984, R.C. lançou *Classical Apologetics* (Apologética Clássica). O vocábulo "clássica" em apologética clássica é uma referência tanto aos argumentos clássicos em favor da existência de Deus quanto à tradição teísta clássica. O nome de R.C. está ligado inseparavelmente à posição de apologética clássica; e isso significa que R.C. estava tomando o seu lugar em uma fila extensa de teístas clássicos, que remonta ao passado e inclui Agostinho, Anselmo, Tomás de Aquino, Lutero, Calvino, Turretin, Edwards, Hodge e Warfield.

Se Deus demorar e a história da igreja continuar, o livro de R.C. que talvez venha a ocupar o lugar de proeminência entre os textos clássicos da história da igreja é *The Holiness of God* (A Santidade de Deus), de 1985. Como demonstramos antes, no capítulo 7, esse livro dá início a toda uma série de livros sobre a doutrina de Deus. Se houvesse apenas uma coisa que R.C. poderia ensinar às pessoas sobre Deus, isso seria que Deus é santo.

Porque Deus é santo, e nós não o somos, precisamos de uma justiça que é *extra nos*. Precisamos da justiça de um substituto aceitável que pode não somente suportar o cálice de Deus mas também satisfazer o padrão absoluto da pura justiça de Deus. Isso foi o que R.C. viu em jogo nas controvérsias dos anos 1990, sendo a principal delas o documento "Evangélicos e Católicos Juntos". R.C. é tão associado aos cinco *solas* da Reforma, à inerrância, à apologética clássica e ao teísmo clássico quanto a fazer brilhar um holofote sobre a santidade de Deus.

Todas essas ênfases e contribuições para a igreja e a tradição cristã remontam àquela questão crucial que impeliu R.C. a escrever todos esses livros, falar em todas as conferências e gravar todas as séries de ensino: pessoas, na igreja e na cultura, precisam saber quem Deus é.

Roland Bainton termina sua magnífica biografia de Lutero por conectar os *solas* à pessoa de Deus. Brainton escreve:

> O Deus de Lutero, como o Deus de Moisés, era o Deus que habita as nuvens de tempestade e cavalga nas asas do vento. Ao seu sinal, a terra treme; e as pessoas diante dele são como uma gota de água no balde. Ele é um Deus de majestade e poder, inescrutável, terrível, devastador e consumidor em sua ira.

> Mas o Deus Todo-Terrível é também o Todo-Misericordioso. "Como um pai se compadece de seus filhos, assim o SENHOR (...)". Mas como conheceremos isso? Em Cristo, somente em Cristo.[48]

Além dessas contribuições teológicas, há as contribuições das instituições que R.C. fundou e dirigiu. Sem dúvida, a principal entre elas é a Ligonier Ministries, fundada em 1º de agosto de 1971. Mas, à medida que o terceiro milênio se aproximava, R.C. se envolveria na fundação de mais duas instituições: uma igreja e uma faculdade.

48 Roland Bainton, *Here I Stand: A Life of Martin Luther* (New York: Abingdon-Cokesbury Press, 1950), 385-86.

9

ESPAÇO SANTO, TEMPO SANTO

Naquele tempo, em 1997, Deus fez algo que eu nunca conjecturei.

R.C. SPROUL

Durante os dias finais de março de 1996, R.C. e Vesta viajaram de volta a Ligonier, para o culto fúnebre de John Gerstner. Gerstner morrera em 24 de março, aos 81 anos de idade. Quatro dias depois, o culto foi realizado na Pioneer Presbyterian Church em Ligonier, Pensilvânia. David Kenyon era o pastor na época, o irmão de Wynn Kenyon, cuja ordenação serviu como catalisador para R.C. transferir suas credenciais para a PCA. Tanto David quanto Wynn participaram do culto, bem como David Williams. Williams fora para o Pittsburgh Theological Seminary a fim de ser um ministro. Ele não era convertido até que conheceu seu professor, o Dr. Gerstner, que o levou a Cristo. R.C. deu um testemunho a respeito do ministério de seu amado mentor. Você pode lembrar que R.C. chamava Gerstner de sua "corda salva-vidas" durante seus três anos no predominantemente liberal Pittsburgh

Theological Seminary. R.C. começou seu discurso de recordação por lamentar: "Nosso capitão caiu." De todos os relacionamentos que R.C. tinha com mentores e colegas, o relacionamento com Gerstner estava um nível acima. Tinham suas similaridades. Tinham suas diferenças. R.C. brilhava. Gerstner brilhava mais. Ambos eram profundamente cheios de paixão e compassivos. Ambos pensavam que Edwards era muito digno de ser lido. Ambos testemunharam, de perto e pessoalmente, a duplicidade e a nocividade do liberalismo. Ambos labutaram pela pureza da igreja e de seu culto. Ambos eram comprometidos com educação teológica. Ambos amavam a igreja local e a "santa igreja católica", nas palavras do Credo dos Apóstolos.

Enquanto estavam juntos no Vale Ligonier — que *lugar* aquele vale tinha de ser para sustentar esses dois homens — ambos estiveram na Pioneer Presbyterian Church. Imagine ter de pregar para R.C. apenas para descobrir que, se você tirasse os olhos dele, acabaria fixando-os nos de John Gerstner.

Quando os Sprouls foram para Orlando, ficaram na Orangewood Presbyterian Church. Em 1991, fizeram parte de um grupo que plantou a St. Paul's Presbyterian (PCA) em Winter Park, Flórida. R.C. escreveu uma peça para a nova igreja, *Saint Paul's Play*. Em sua típica letra cursiva em papel amarelo, a peça tinha cinco atos, completa com direções de palco. Paulo e Lucas eram os personagens principais, acompanhados de atores coadjuvantes. Começa com Lucas recordando a aventura que ele e Paulo tiveram em Éfeso. Termina com Paulo escrevendo sua segunda carta para Timóteo. As cortinas se fecham sobre Paulo, enquanto Lucas fica de pé no palco, para falar estas últimas linhas:

> Eu estive com ele naquele dia. Logo depois, o imperador Nero mandou executar Paulo por degolamento com espada. Hoje o apóstolo Paulo está adornado com uma coroa de justiça, que certamente será dada a todos os que amam o aparecimento de Cristo. O justo viverá pela fé.
> [As luzes do teatro são diminuídas. Lucas sai. As luzes retornam.][1]

Ao mesmo tempo que escrevia uma peça, R.C. aparecia diante de uma pequena audiência para suas sessões de ensino, geralmente oito vezes por semana. Essas sessões se tornaram episódios para séries de ensino produzidas pela Ligonier e para o programa de rádio *Renewing Your Mind.* Indo ao ar pela primeira vez em 1994, havia uma singularidade em *Renovando Sua Mente* no campo de rádio cristã. Não somente R.C. era calvinista e reformado, não somente ele falava sobre Aristóteles e Tomás de Aquino, não somente ele usava muito latim, mas também ele usava giz real em uma lousa real. Ele até desenvolveu um tipo de movimento de assinatura semelhante à do Zorro. Ele colocava de maneira enfática os pingos em cada "i" e as barras em cada "t". E terminava de maneira enfática uma sentença com um ponto final. E houve ocasiões em que, como um fluxo perfeito, ele tinha um "i" para colocar o pingo, um "t" para colocar a barra e um período para pontuar na lousa. E você podia ouvir o som do pingo no "i", da barra no "t" e do ponto final. O Zorro com um pedaço de giz deixando a sua marca indicadora.

Simplesmente soava diferente, o que R.C. dizia, como o dizia e como o escrevia com o giz. Era teatro da mente.

1 R.C. Sproul, "Saint Paul's Play", manuscrito não publicado, 1994.

PLANTADOR DE IGREJA

Para ajudá-lo, sempre havia um grupo de pelo menos 30 pessoas ao vivo, presentes no estúdio de gravação. Havia também um púlpito com algumas anotações para as quais ele nunca olhava. E havia a lousa. R.C. gastava muito tempo nesse estúdio. Estava produzindo uma série de ensino que foi lançada em *Renovando Sua Mente* e produzida como série de ensino com guias de estudo. Em 1997, o Ministério Ligonier lançou a ambiciosa série *Dust to Glory* (Do Pó à Glória). Em 57 palestras, essa série oferece "um panorama da verdade bíblica". R.C. a ensinou como a série mais importante que o Ministério Ligonier produziu. Segue toda a Bíblia, começando pela criação do homem, de um punhado de terra na criação original, até à transformação e glorificação nos novos céus e na nova terra. Estende-se de Gênesis a Apocalipse e toca em todos os pontos entre os dois livros. Como R.C. diz nas últimas linhas da última palestra: "Do pó à glória, isso é a história." R.C. apresenta a série de uma maneira que o ouvinte ou espectador possa conectar todos os episódios individuais do drama de redenção ao grande quadro; o ouvinte ou espectador pode ver como os todos os 66 livros da Bíblia se harmonizam.

Alguns dessa mesma audiência eram visitantes regulares da casa de Sproul para estudo bíblico. Um grupo de famílias dentro daquela audiência queria começar uma igreja. Eles se aproximaram de R.C., querendo que ele fosse o pastor. Ele se lembra de dizer-lhes: "Eu já tenho o meu trabalho."[2] E envolvia muito trabalho. Ainda que no passar dos anos a Ligonier houvesse contado com vários presidentes, diretores e administradores, R.C. estava servindo como presidente

2 "Sproul Memoirs", sessão 10, gravada em 2015, Ligonier Ministries, Sanford, Flórida.

nesse tempo, em 1997, e era, sem dúvida, o principal professor. O grupo insistiu. Enviaram uma carta para R.C.:

> Nós, abaixo assinados, com outras doze famílias, procuramos estabelecer uma igreja na região noroeste da Orlando metropolitana, uma igreja que é fiel à Confissão de Fé de Westminster e à teologia reformada. Tencionamos enfatizar a adoração centrada em Deus, pregação bíblica dinâmica e a alegria da comunhão cristã.
>
> Com essas características em mente, estamos convencidos de que você é o melhor homem para presidir como principal pastor de pregação. Depois de muita oração e conselho, estamos, por meio desta, transmitindo-lhe um chamado para ocupar esse cargo.

A carta é assinada por Guy Rizzo, David Buchman, Chuck Tovey e Walter Kerr. Como ressaltaram na carta, Saint Andrew's Chapel e R.C. eram uma combinação adequada. R.C. aceitou e assumiu o cargo.

Anos mais tarde, refletindo sobre esse momento, ele disse: "Naquele tempo, em 1997, Deus fez algo que eu nunca conjecturei: ele me colocou na posição de pregar semanalmente, como um líder de uma congregação de seu povo — St. Andrew's, em Sanford, Flórida."[3]

R.C. comentou: "Quando Deus me chamou para o ministério cristão de tempo integral, ele me chamou para a academia."[4] Ele servia ao povo de Deus dando palestras, principalmente. Depois, Deus o chamou para pregar semanalmente no púlpito. Tornou-se uma

3 R.C. Sproul, *Romans: St. Andrew's Expositional Commentary* (Wheaton, IL: Crossway, 2009), 11.
4 Sproul, *Romans*, 11.

verdadeira alegria para ele. "Cheguei a amar a responsabilidade do ministro local",[5] ele testemunhou. R.C. se tornou um plantador de igreja.

Saint Andrew's Chapel se reuniu primeiramente no estúdio de gravação. R.C. chamava-a de capela porque era pequena; e ele antecipou que deveria permanecer pequena. Vesta salientou que o nome Saint Andrew (Santo André) vinha do apóstolo e não do lendário campo de golfe Saint Andrew, na Escócia. Embora ele não fosse tão proeminente quanto os outros apóstolos, Vesta explicou por que seu nome foi escolhido: "André sempre estava trazendo pessoas a Cristo. Essa foi a razão por que quisemos chamá-la 'Capela de Santo André'."[6] André trouxe seu irmão, Pedro, a Cristo, e, de todos os apóstolos, o rapaz que tinha pães e peixes se aproximou de André.

O estúdio foi capaz de conter os frequentadores da igreja por cerca de um mês. Depois, eles se reuniram em um teatro. Em seguida, foi-lhes oferecido um grande espaço em uma escola particular em Sanford. Estiveram lá por dois anos. Visitantes acharam que reconheciam alguém no coro. Era Vesta. Ela estava cantando tão feliz quanto R.C. estava pregando. Crescendo a um número maior do que a Page School podia acomodar, eles compraram um lote de terra perto da Orange Boulevard, em Sanford, Flórida; lançaram os alicerces, começaram a construir e fizeram a dedicação do prédio em 2001. Por fora, era alvenaria com traços arquitetônicos como arcos e colunas. Dentro, um teto e vigas de madeira pintada chegam a um ápice no centro, acima de uma rosácea. Os lustres somavam-se à estrutura gótica. Logo a igreja cresceu além da capacidade desse santuário; e passaram a realizar dois cultos. Um dos membros, Jack, fora levado a Cristo por seu vizinho, Gary, um "André" da Saint Andrew. Jack se

5 Sproul, *Romans*, 11.

6 Stephen Nichols com Vesta Sproul, entrevista pessoal, 5 de setembro de 2018.

tornou membro da igreja e ajudava a servir biscoitos durante o tempo de comunhão. Desde os seus primeiros dias, a Saint Andrew's havia criado a prática de oferecer café, chá e biscoitos no tempo de comunhão entre os cultos. Sem dúvida, eles tinham biscoitos com gotas de chocolate. Jack dava a R.C. sua porção de biscoitos, entregando disfarçadamente, às vezes, um extra.

Mesmo com dois cultos, eles cresceram demais para a capacidade do santuário e das instalações. Ouviram do Condado de Seminole que haviam atingido o máximo da área impermeável por propriedade para o imóvel deles. Negaram-lhe autorização para uma expansão. Não lhes foi permitido, lembrou R.C., "acrescentar um único tijolo".[7] Enquanto isso, no outro lado da Orange Boulevard, margeando a Wayside Avenue, uma nova propriedade se tornou disponível. Tinha duas residências particulares em terrenos adjacentes. Uma parte do terreno não utilizado se tornaria o local da Saint Andrew's Chapel; a enorme casa hispânico-mediterrânea "estilo Flórida" abrigaria os escritórios de administração do Ministério Ligonier. Dois prédios anexos acomodariam os funcionários da Ligonier. Tudo que precisava ser feito no momento era construir o prédio da igreja.

PORTAS DE CARVALHO SOB UM ARCO GÓTICO

Uma catedral se erigiu da sujeira e da terra na Flórida central. Ela tem um campanário e um sino, com um carrilhão. Tem um caminho coberto, tanto em harmonia com o estilo gótico da catedral quanto para proteção das chuvas da Flórida. Tem quadrifólios e arcos, pilares, absides e colunas. Tem contrafortes e pináculos. As portas da frente são feitas de carvalho e instaladas sob um arco gótico. "A porta era feita de carvalho pesado com um arco gótico", diz uma sentença das primeiras

7 "Sproul Memoirs", sessão 10.

páginas de *The Holiness of God* (A Santidade de Deus), ao recordar sua caminhada de meia-noite e entrada na capela do Westminster College.[8] *Há o átrio, com vitrais na parede oeste. Logo os olhos da pessoa são atraídos a um grande estojo de madeira que exibe um rolo da Torá. De quase 400 anos, seu meticuloso texto escrito à mão está aberto em Êxodo 20, os Dez Mandamentos. O rolo da Torá foi um presente dado a R.C. para a igreja, mas precisavam de um lugar apropriado para exibi-lo. O átrio novo era esse lugar. Antes disso, estivera em uma caixa embaixo da cama de R.C. Tinha uma nota sobre ele, advertindo aos ladrões que o rolo não tinha nenhum valor monetário, porque eles certamente seriam pegos se tentassem roubá-lo.*

Está aberto propositalmente em Êxodo 20. A entrada é propositalmente no lado oeste. Logo você percebe que quase tudo no prédio— e o próprio prédio — é intencional. O átrio é mantido escuro antes dos cultos, e você passa pela Lei. Em seguida, você entra no santuário. A nave é flanqueada por corredores, separados por pilares e arcos, em cima dos quais está o trifório, sobre o qual está o clerestório. Estando na nave em forma de cruz, seus olhos são atraídos ao centro, ao enorme púlpito de madeira, e depois para o vitral acima dele, e ainda mais acima até ao teto elevado. A luz da manhã entra pelos vitrais. Das trevas do átrio, você chega à luz da nave. *Post tenebras lux*. Os visitantes param para assimilar tudo.

Os transeptos norte e sul têm um vitral rosáceo: um com um trono e o outro com uma coroa e um cetro, simbolizando o reino de Cristo. A abside, na parede oeste, por trás do coro e da plataforma, tem cinco vitrais. Paulo está no centro, ladeado por Mateus e Marcos e por Lucas e João. Há um órgão de tubos. Os pisos são de tijolo e

8 R.C. Sproul, *The Holiness of God* (1985; repr., Carol Stream, IL: Tyndale, 1998), 4.

pedra. O enorme púlpito de madeira tem degraus, com uma espiral suave no fundo para o pastor subir.

Tudo no prédio da Saint Andrew's Chapel é gótico medieval, exceto duas coisas. Um púlpito proeminente, em vez de um altar proeminente, é uma das exceções. E, no centro do púlpito, está gravada uma "Rosa de Lutero", que é a outra exceção. Esse era o símbolo de Lutero. Também pode ser achada nas formas esculpidas ao redor dos tubos montados nas paredes do coro. Saint Andrew's Chapel é o encontro de gótico medieval com teologia e pregação da Reforma. O próprio R.C. ficava extasiado com o lugar todo domingo. "Não posso crer que Deus fez isso", ele dizia.

R.C. disse, em certo tom de brincadeira: "Existem outros estilos de arquitetura, além do gótico. Mas não sei por que eles existem."

A placa da igreja diz: "Saint Andrew's Chapel, uma congregação reformada." Uma nota no *website* da igreja explica:

> Saint Andrew's foi fundada em 1997 como uma congregação independente na tradição reformada. Como tal, Saint Andrew's *não é filiada a uma denominação específica. Isso não significa que somos não denominacionais ou* interdenominacionais. Pelo contrário, Saint Andrew's é uma congregação independente por causa de nosso desejo de permanecer firmes na tradição reformada, sem a influência de governança denominacional. Apesar disso, nossos pastores são ministros ordenados na Presbyterian Church in America (PCA).

R.C. teve suas credenciais ministeriais durante todo o tempo em que pastoreou uma igreja independente. Não foi uma decisão estritamente sua. O grupo que queria começar a igreja e (gentilmente) chamou R.C. para ser o pastor deles se reuniu com representantes do presbitério. O grupo sentiu que os representantes, na época, estavam menos interessados na posição confessional e doutrinária da igreja e mais interessados em seu plano de negócios e visão. Isso lhes deu uma pausa. Reportaram isso a R.C. No final, decidiram não se unir à PCA e permanecerem independentes.

Mesmo contando com um santuário enorme, acrescentaram um segundo culto para atender a congregação crescente. Quando perguntaram a R.C. por que achava que tantas pessoas vinham a Saint Andrew's, ele respondeu: "Acho que uma das principais razões é que temos um culto de adoração clássico, que luta contra a tendência do culto contemporâneo que se tornou, mais ou menos, a norma em nossos dias. Temos uma liturgia clássica e muitas pessoas são atraídas a esse aspecto de nosso culto."[9]

LIMIAR

Na frente do boletim semanal da Saint Andrew's, acham-se estas palavras: "Atravessamos o limiar do secular para o sagrado, do comum para o incomum, do profano para o santo." A palavra *limiar* é uma palavra interessante. Física e literalmente, é a peça de metal ou madeira, ou de algum outro material, na base de uma porta. Você a atravessa para entrar em um prédio, sala ou espaço. Tem um significado mais profundo, usado em ocasiões importantes: "atingimos um limiar", alguém diria. Atravessar esse tipo de limiar significa entrar em um novo "espaço" importante. R.C. usa este último significado ao escrever em *The Holiness of God* (A Santidade de Deus): "Buscamos um limiar que nos leve além da fronteira do profano, para o sagrado."[10] Ele conti-

9 "Sproul Memoirs", sessão 10.

10 Sproul, *Holiness of God*, 249.

nua: "Mesmos nos confins de um universo fechado, pessoas buscam algum lugar que servirá como um ponto de acesso ao transcendente. Sentimos um vazio profundo que clama para ser cheio do santo. Anelamos por um lugar santo."[11] Moisés na sarça ardente, a escada de Jacó e todos os altares erigidos pelos santos do Antigo Testamento são limiares, entradas para o sagrado.[12]

Depois, R.C. volta sua atenção para a arquitetura da igreja e para essa noção de *limiar*. Ele fala dos estilos de arquitetura de igreja que são funcionais ou tem como alvo o conforto da audiência. Ele sente isso. "O que é frequentemente perdido nesses projetos funcionais de igreja é o profundo senso de *limiar*."[13] R.C. enfatiza que as "primeiras pessoas enchidas com o Espírito Santo foram artesãos e artífices que construíram e adornaram o templo, para que o povo pudesse adorar a Deus na beleza de sua santidade".[14]

R.C. fala de tudo isso como lugar sagrado. Em uma linha simplesmente bela, ele escreve: "A vida de cada um de nós é marcada por lugares sagrados que fomentamos em nossas memórias."[15] Esses são "lugares santos". Há também o "tempo santo".

Lugar e tempo sempre foram importantes para R.C., para seu entendimento de si mesmo, para sua análise dos tempos e para sua análise da igreja e da cultura. Sua coluna na *Tabletalk* intitulada *Right Now Counts Forever* (O Agora Mesmo é Importante para Sempre) almejava claramente a cosmovisão secular do "aqui e agora". Ele conecta os conceitos de espaço e tempo àquele outro

---

11 Sproul, *Holiness of God*, 249.

12 Sproul, *Holiness of God*, 249-55.

13 Sproul, *Holiness of God*, 256.

14 R.C. Sproul, sermão sobre Luke 21:1-22, "The Destruction of Jerusalem", Saint Andrew's Chapel, Sanford, Florida.

15 Sproul, *Holiness of God*, 258.

assunto mais importante para ele, santidade. Por isso, ele termina seu texto clássico, *A Santidade de Deus*, com o capítulo "Espaço Santo e Tempo Santo".

Espaço santo é o santuário. Tempo santo é o dia do Senhor. R.C. observa como Deus estabeleceu inicialmente o sétimo dia, o dia de descanso, como santo, como um dia separado. É curioso notar que, como parte da negação pragmática de todas as coisas religiosas, na sequência da Revolução Francesa, as autoridades tentaram ter uma semana de dez dias. Foi um esforço para remover o vestígio de um Dia do Senhor. Fracassou miseravelmente. Como R.C. diz, até a mais profana das pessoas reconhece a necessidade de uma pausa no ritmo da semana. R.C. comenta alegremente: "Os crentes observam tempo sagrado no contexto de adoração."[16]

R.C. dedicou sua coluna *Right Now Counts Forever* (O Agora Mesmo é Importante para Sempre) na edição da *Tabletalk* de dezembro de 1991 ao assunto de adoração. Ele discute como devemos ser instruídos pelos padrões do Antigo Testamento para a nossa adoração hoje. Ele defende forma e liturgia, ao mesmo tempo que reconhece o perigo do formalismo e liturgicalismo. Ele defende por dizer que o antídoto não é o abandono das coisas externas, da forma ou da liturgia; o antídoto é "comunicar o conteúdo que eles se destinam a transmitir; tem de haver instrução constante para que as pessoas entendam o significado deles". Depois, R.C. termina com isto:

> Precisamos de uma reforma do culto, uma nova descoberta do significado de formas clássicas. Não posso ser casual em adorar a Deus. Deus sem transcendência não é Deus, de maneira alguma. Existe realmente tal coisa como o Santo. O

16 Sproul, *Holiness of God*, 262.

> Santo é sagrado. É incomum. Nem sempre é fácil de apreender. Mas é relevante. Provoca adoração, o que é a essência de culto piedoso.[17]

Tão importante quanto enfatizar o santo, a experiência do santo na igreja, também era importante para R.C. que as pessoas de Saint Andrew's fossem amigáveis. Ele se lembrava de como um pastor, amigo deles, ao visitar Saint Andrew's, comentou para R.C. que o culto "era formal e agradável". R.C. labutou para vencer o sentimento de frieza que é, às vezes, associado ao culto mais formal e mais litúrgico. Ele explicou: "Queremos ser tão calorosos e amigáveis quanto pudermos, enquanto, ao mesmo tempo, mantemos um liturgia elevada que reflete a nossa visão de Deus."[18]

O santo invade o profano no espaço sagrado e no tempo sagrado. Saint Andrew's Chapel, dedicada em 2009, é a manifestação da visão delineada no último capítulo do livro clássico de 1985.

"PREGUE O DRAMA"

Adoração, incluindo o *design* do santuário — o *lugar* — é uma marca peculiar de Saint Andrew's. Também o é a ênfase em pregação, o ponto central do tempo sagrado gasto no Dia do Senhor. R.C. pregando em Saint Andrew's era como Calvino pregando em St. Pierre's, em Genebra, ou como Lutero na MarienKirche, em Wittenberg, ou como Edwards pregando na First Church, em Northampton, Massachusetts. Você pode ler *Institutes* (Institutas), de Calvino, pode ler *Bondage of the Will* (Escravidão da Vontade), de Lutero, pode ler *Freedom of the Will* (Liberdade da Vontade), de Edwards (e R.C. diria:

17 R.C. Sproul, "Worship: A Tale of Two Friends", *Tabletalk*, vol. 15, December 1991, 6.
18 Stephen Nichols com R.C. Sproul, entrevista pessoal, 7 de abril de 2017.

"Você *tem de* ler esses livros"); mas, se quer conhecer o coração de Lutero, ou de Calvino, ou de Edwards — se você quer ouvi-los aplicar sua teologia — então, leia os sermões deles.

Para o *podcast Open Book* (Livro Aberto), um dos dez ou mais livros que R.C. selecionou de sua biblioteca pessoal que o impactaram foi *Sermons on Galatians* (Sermões sobre Gálatas), bem como *Sermons on Ephesians* (Sermões sobre Efésios), de João Calvino. O volume de sermões sobre Gálatas na verdade não estava nas prateleiras de sua biblioteca — estava em sua escrivaninha. R.C. estava pregando sobre Gálatas nesse tempo e usando Calvino à medida que expunha a epístola de Paulo sobre a liberdade cristã. R.C. disse: "Os maiores teólogos da história eram pastores." E citou os suspeitos costumeiros: Agostinho, Anselmo, Lutero, Calvino, Edwards — acrescentando: "Esses foram os grandes gênios do mundo teológico. Todos eles eram pastores ... Quando eu os estudo, percebo que todos eles eram teólogos de categoria mundial mas também eram teólogos do campo de batalha. Levavam sua mensagem ao povo."[19] Por meio dos sermões deles que foram traduzidos e publicados, esses teólogos de campo de batalha ainda continuam levando a mensagem ao povo.

Perto do final de sua vida, perguntaram a R.C. o que ele gostaria de ser se pudesse voltar ao passado, viver de novo e fazer algo diferente. Ele disse que gostaria de ser um jogador de beisebol. Entretanto, quando escreveu seu romance, o personagem principal era um pregador. Ele poderia ter escrito a respeito de si mesmo em diferentes cenários. Escolheu escrever sobre si mesmo no cenário de púlpito. Servir ao povo de Deus, a igreja, era para R.C. um propósito e missão singular em sua vida.

---

19 "R.C. Sproul and Calvin's Galatians and Ephesians Sermons", *Open Book* podcast, June 30, 2017, session 1, episode 4.

Em 1996, a Ligonier Ministries celebrou seu vigésimo quinto aniversário. A edição de agosto da *Tabletalk* celebrava o passado e olhava para o que, se o Senhor permitisse, viria em seguida. R.C. dedicou sua coluna *Right Now Counts Forever* (O Agora Mesmo é Importante para Sempre), naquela edição, à pergunta "Por que a Ligonier?". R.C. tomou essa pergunta no sentido de qual é o propósito supremo da Ligonier, que R.C. sempre via como "ajudar a fortalecer a igreja por prover recursos para seu povo".[20] Ele termina a coluna, dizendo:

> [Ligonier] existe para ajudar a igreja e servir à igreja. Seu trabalho é ajudar a equipar os santos para o ministério. Nosso propósito atual diz: "Ajudar a despertar tantas pessoas quanto possível para a santidade de Deus em toda a sua plenitude." Alguém não pode ser despertado sem ver a igreja como o povo de Deus que é chamado a adorá-lo, servi-lo e obedecer-lhe. Adorar a Deus significa principalmente unir-se com o corpo coletivo. Servir a Deus e obedecer-lhe é servi-lo e obedecer-lhe por servir à sua igreja.[21]

Isso tanto expressa o propósito do Ministério Ligonier quanto comunica o propósito de R.C. Embora seja conhecido principalmente por seu serviço em um ministério de auxílio à igreja, ele experimentou um tempo de grande regozijo ao passar vinte anos (1997-2017) em um ministério de igreja local, pastoreando a congregação e pregando a Palavra em Saint Andrew's Chapel. R.C. testemunhou: "Sou eternamente grato a Deus porque ele achou apropriado me colocar nesse novo ministério, o ministério de um pregador."[22]

---

20 R.C. Sproul, "Why Ligonier?" *Tabletalk*, vol. 20, August 1996, 7.

21 Sproul, "Why Ligonier?," 7.

22 R.C. Sproul, "Series Preface", em *Romans: St. Andrew's Expositional Commentary* (Wheaton, IL: Crossway, 2009), 11.

Em um de seus cadernos de anotações pessoais, do início dos anos 1970, ele escreveu uma lista chamada "Chaves para a Renovação de Igreja". Número um era Pregação, que ele sublinhou duas vezes. Em seguida, acrescentou "... caminho de Deus". Durante todo o seu ministério em Saint Andrew's, R.C. enfatizou a pregação.

Do início de sua pregação ali e para frente, ele decidiu que pregaria livros inteiros da Bíblia. A igreja primitiva usava a expressão *lectio continua*, significando palestras ou exposições contínuas, para se referir a essa abordagem do estudo e pregação da Bíblia. R.C. comenta: "Esse método de pregação versículo por versículo sobre livros inteiros da Bíblia (em vez de escolher um novo tema a cada semana) tem sido atestado em toda a história da igreja como a única abordagem que garante que os crentes ouvirão todo o conselho de Deus. Por isso, comecei a pregar séries longas de mensagens em Saint Andrew's, expondo assim vários livros da Bíblia".[23]

Uma das suas primeiras séries foi sobre o evangelho de João; depois Atos, Romanos, Marcos, Filipenses, Mateus, 1 e 2 Pedro, 1 e 2 Samuel, Lucas e Efésios. Ele começou a pregar sobre Gálatas em 2015. E disse a congregação que orava para que Deus lhe desse força para terminar a série e acrescentou: "Então, orei para que fosse a mais longa série de sermões sobre o livro de Gálatas."

R.C. publicou algumas dessas séries de sermões como a *Série de Comentários Expositivos da Saint Andrew*. Os volumes de Romanos e João foram publicados em 2009, Atos em 2010, Marcos e 1-2 Pedro em 2011 e Mateus em 2013. Quando pregadores, especialmente aqueles que estavam começando, pediam a R.C. conselho sobre o que pregar, ele dizia: "Pregue livros." E acrescentava: "Assegure-se

23 R.C. Sproul, "R.C. Sproul on the St. Andrew's Expositional Commentary Series", Ligonier, March 31, 2010, https://www.ligonier.org/blog/rc-sproul-st-andrews-expositional-commentary-series/.

de que sua congregação conheça os evangelhos: você nunca pode dar Jesus demais às pessoas." Em seguida, ele prosseguia: "Assegure-se de incutir Romanos em seu povo." Também lembrava aos pastores que "o poder da Palavra é cumulativo".[24] É necessário tempo para crescer; mas, com o passar do tempo, a pregação consistente da Palavra terá não somente um efeito imediato mas também um efeito cumulativo.

Em uma noite inesperadamente fria, para a Flórida, em janeiro de 2014, R.C. falou a um grupo de pastores reunidos em Saint Andrew's Chapel para uma sessão de perguntas e respostas sobre pregação: "Quando eu fico desanimado, e isso realmente acontece, digo a mim mesmo que não é meu trabalho convencer; meu trabalho é pregar a Palavra e crer que Deus honrará sua Palavra."[25]

Embora R.C. houvesse ensinado esses livros antes, ou ensinado com base neles, a experiência de pregá-los era diferente de ensiná-los. Ele explica: "Eu sabia que, como um pregador, era responsável por explicar claramente a Palavra de Deus para os ouvintes e mostrar-lhes como deveriam viver à luz da Palavra."[26] Quando pregava, ele tinha como alvo entendimento e transformação. E pregava o texto. Ele explicou que " focalizava nos temas e ideias principais que formavam o 'grande quadro' da passagem que estava considerando". R.C. se prendia ao texto bíblico porque o texto bíblico é a Palavra de Deus. Ele comentou: "Acho que a maior fraqueza da igreja hoje é que nem um crente acredita que Deus investe seu poder na Bíblia. Todos estão procurando poder em um programa, em uma técnica, em qualquer coisa e tudo — exceto

24 R.C. Sproul, Question and Answer Session, January 29, 2014, Saint Andrew's Chapel, Sanford, Florida.

25 Sproul, Question and Answer Session, January 29, 2014.

26 Sproul, "R.C. Sproul on the St. Andrew's Expositional Commentary Series".

onde Deus o colocou, na sua Palavra."[27] R.C. afirmou claramente em um sermão sobre Romanos 1.8-17: "A loucura da pregação é o método que Deus escolheu para salvar o mundo. Essa é a razão por que Paulo disse que não se envergonhava. Ele queria pregar o evangelho porque o evangelho é o poder de Deus para a salvação."[28]

A Palavra de Deus tem não somente poder mas também drama. Há uma conexão entre o poder e o drama. Pregando sobre Mateus 6.13, R.C. observou que a palavra grega que significa poder é *dynamis*: "Dessa palavra, nós obtemos a nossa palavra *dinamite*. Quando você ouve a Palavra, e o Espírito leva-a até você, ela explode em sua alma."[29]

O fato de que a Palavra de Deus é o poder de Deus não é desculpa para um pastor não gastar tempo e energia aprimorando a arte de pregar. No seminário, o curso sobre pregação é chamado "homilética". Quando R.C. ensinava homilética, ele se esforçava para comunicar dois pontos que lhe eram muito importantes. Em primeiro lugar, não pregue a partir de um manuscrito. Às vezes, R.C. escrevia um esboço de sermão. Ele pegava um cartão 3x5 polegadas, virava-o no sentido de comprimento e escrevia uma lista de palavras ou frases. Isso era seu esboço. Às vezes, ele o escrevia e o deixava na sala da veste pastoral ou na mesa ao lado de sua cadeira na plataforma. Sem dúvida, cooperava para isso o fato de que ele tinha uma mente similar a um arquivo cheio de informações e sabia onde cada pasta ficava e o que estava em cada folha de papel. Ele havia lido muito e estudado profundamente, meditando no texto bíblico de sua desgastada *Bíblia de Referência Thompson* e em suas cópias sublinhadas, cheias de

27 R.C. Sproul, *The Prayer of The Lord* (Orlando, FL: Reformation Trust, 2009), 101.

28 Sproul, *Romans*, 33.

29 R.C. Sproul, *Matthew: St. Andrew's Expositional Commentary Series* (Wheaton, IL: Crossway, 2013), 176.

asteriscos e anotadas, de textos dos grandes clássicos teológicos. Ele tinha familiaridade com os conceitos teológicos que encontrava nos textos bíblicos sobre os quais pregava. Mas foi cedo em sua própria pregação que ele abandonou o fazer um manuscrito do sermão e se alegrava de haver abandonado.

A segunda coisa que era importante para ele e que dizia a seus alunos era isto: "Ache o drama no texto, depois pregue o drama." Pregar é uma forma de arte. O meio são as palavras. O argumento para isso é a própria Bíblia. A Bíblia está repleta de drama lindo, atraente, impressionante e persuasivo. Nosso Senhor contou histórias muitas vezes, R.C. comentava.

Ele oferecia seu próprio processo de preparação do sermão:

1. Ler, ler e ler o texto.
2. Achar o drama no texto.
3. Verificar os comentários sobre assuntos interpretativos ou controversos.
4. Pensar sobre o sermão durante toda a semana.
5. Pregá-lo.[30]

O quinto ponto é importante. R.C. era um orador original e criativo, nunca era o mesmo. Às vezes, ele repetia sermões, especialmente em várias conferências. Muitas vezes, realizadores de conferências e pastores em igrejas onde R.C. subia ao púlpito lhe pediam que pregasse sobre Uzá, ou sobre a prova de Abraão de sacrificar Isaque, ou sobre Isaías 6. Mas ele era pleno no momento em que pregava. O texto era novo para ele, não importando quantas vezes já houvesse pregado sobre o texto ou quantas vezes já houvesse contado a mesma

30 Sproul, Question and Answer Session, January 29, 2014.

anedota de Lutero ou a mesma anedota pessoal. Quando ele pregava sobre o texto, ele *o pregava realmente.*

No que diz respeito aos outros passos, R.C. explicou: "Meu procedimento normal em uma preparação de sermão é examinar o texto cuidadosamente, examiná-lo no grego, examiná-lo no latim e, depois, consultar quatro ou cinco comentários, para ver quais discernimentos posso obter de outros que já estudaram o texto."[31] E acrescentou que, se estivesse lidando com um assunto complexo no texto, examinaria pelo menos dez comentários.

Quando passava do estudo e preparação para a entrega do sermão, R.C. era um fã da concisão. Sempre apreciou a "navalha de Occam". Você não precisa multiplicar as entidades. Ele utilizava uma grande variedade de ilustrações. Filósofos, filmes clássicos (e, às vezes, filmes mais recentes), eventos históricos, os reformadores, música, economia, acontecimentos correntes — tudo isso aparecia nos sermões de R.C. Ele usava humor. Uma vez ele começou um sermão por dizer que havia mudado o texto que estava impresso no boletim. Ele disse: "Eu perguntei ao clero", significando os pastores auxiliares de Saint Andrew's, enquanto estavam na sala de vestes pastorais, "vocês sabem por que estou mudando o texto esta manhã? Eles disseram: 'Não'. Eu disse: 'Porque eu posso'." Quando derramou água batismal sobre a cabeça de Noah (Noé), seu neto, o menino começou a chorar. R.C. replicou: "Noah, de todas as pessoas, você é quem não deveria ter medo de um pouco de água." Era um humor amoroso.

Palestrantes podem falar sobre um assunto, mas comunicadores se conectam com a audiência. R.C. conseguia ir além da multidão e se conectava com o indivíduo. Ouvindo R.C. pregar, você podia se sentir como se ele estivesse falando direta e pessoalmente com você

31 Sproul, *Prayer of the Lord*, 97.

e sentia que ele estava apelando a você. R.C. queria que você fizesse algo a respeito do que ele estava dizendo — ou, melhor, do que o texto estava dizendo. "Não somente ouça a Palavra", ele dizia, "Pratique a Palavra". "Somos salvos para obras. Não devemos desperdiçar nossa vida nem por um segundo", ele exortava. Em um sermão da semana de Páscoa, sobre Zacarias 9, "Eis aí o teu Rei", R.C. falou sobre muitos que buscam "um reino corrompido, reinos que se deterioraram". Depois, vem um Rei, montando um jumento, trazendo alegria.

Ele podia criar uma frase admiravelmente clara, apropriada e memorável. Entendia que palavras têm timbre, e juntas têm melodia, harmonia. R.C. era um mestre de compasso e gesticulação. Ele falava: "Já se disse que é um pecado entediar as pessoas a partir do púlpito."[32] É a palavra de Deus que torna a pregação um chamado sublime e santo. R.C. era um comunicador.

"POR FAVOR, DEUS, O JIM NÃO."

De 1997 até 2000, R.C. estava ocupado em pregar todo domingo em Saint Andrew's, em produzir séries de ensino para *Renovando Sua Mente*, em escrever livros e conduzir o Ministério Ligonier. A mãe de Vesta também se mudara para viver com eles, que providenciaram cuidadores para ela. Nesse tempo, compraram uma segunda casa no lado oriental do lago Monroe, na Flórida. Chamavam-na de "o Rancho". Proporcionava um lugar para os Sprouls e os netos escaparem. Além disso, antes do "*bug* do milênio", R.C. queria estar preparado. O Rancho era autossuficiente, com um moinho de vento para gerar energia, galinhas, um jardim e, é claro, o lago — o que significava que jacarés podiam aparecer na propriedade de vez em quando.

32 Nichols com Sproul, entrevista pessoal, 7 de abril de 2017.

Em 21 de abril de 2000, Jim Boice ouviu de seus médicos a notícia de que tinha um câncer de fígado muito agressivo. Em oito semanas, o câncer tomou a vida dele. Ele morreu em 15 de junho. O culto memorial foi realizado na semana seguinte. R.C. disse no culto: "Aqui, tivemos um guerreiro valioso, um militante pela igreja em nossa época." Quando R.C. recebeu a notícia do diagnóstico do câncer de Jim, gastou algum tempo naquela manhã escrevendo uma carta para seu amigo. Escreveu a carta à mão e, depois, deu-a à sua fiel secretária, Maureen Buchman, para digitá-la. Boice era um amigo, colega e companheiro de batalha. R.C. sabia que podia contar com Boice. Eles se conheceram pela primeira vez, como R.C. lembra na carta, em 1968 ou 1969. O primeiro ano de Boice na Tenth Presbyterian Church foi 1968. Estiveram juntos nas trincheiras por meio do International Council on Biblical Inerrancy (ICBI - Conselho Internacional sobre Inerrância Bíblica) — inclusive lidando com algumas das personalidades interessantes no conselho — e estiveram juntos nas trincheiras durante a controvérsia "Evangélicos e Católicos Juntos".

Nos anos 1980 e 1990, R.C. exibia frequentemente sua personificação de Columbo. E podia fazê-lo muito bem. Boice era mais da escola preparatória. Eles eram caçoados como o Oscar e o Felix do mundo reformado. R.C. guardava, em seu escritório, uma foto de um Boice sério, de pé, no púlpito solene da Tenth Presbyterian Church, enquanto R.C. lhe dá um beijo na face, com seu característico sorriso largo e travesso. Eles riram juntos em muitas ocasiões. Viram o crescimento dos filhos um do outro. Suas esposas, Vesta e Linda, eram e são amigas — ambas viúvas agora.

A carta que R.C. escreveu está reproduzida na íntegra em seguida. Com ambos os gigantes já falecidos, parece apropriado que a carta tenha visualização pública. A maioria das pessoas vê as figuras públicas, as amizades, a camaradagem, à distância. Esta carta nos dá um *close-up*. Tem a afeição de R.C.; é profundamente teológica e tem um toque de humor, quando R.C. se refere a Donald Grey Barnhouse, que ocupou o púlpito décadas antes de Boice.

> Meu querido Jim,
>
> Lembro o dia (mas não o ano) em que o conheci pela primeira vez. Meu amigo Tim Couch estava nos visitando em Oreland, quando eu trabalhava na Conwell School of Theology, na Temple. Era 1968 ou 1969. Tim foi efusivo em nos falar sobre o seu amigo de Stony Brook que era o novo pastor na 10th Church. Nada era aceitável senão o levar-nos lá para conhecer você.
>
> Considero aquele dia um momento providencial de conexão que teria um impacto enorme em minha vida. Creio que naquele dia eu fui apresentado à verdadeira grandeza. Conheci um homem que é um vencedor nas coisas de Deus e que seria um encorajamento para mim, uma inspiração, um líder, um estadista e um guerreiro valente.
>
> Sou profundamente grato a Deus por presentear a sua igreja em nosso tempo com você. Sei que você pode não ter nenhum crédito pelos dons e talentos que ele lhe deu. Mas tenho visto o que você fez com esses dons em mais de trinta anos. Você os usou com disciplina incomum, com coragem resoluta, com um raro senso de humildade e com uma calma, mas feroz, paixão pela verdade.
>
> Sei que, sem um ato extraordinário da providência ... seus dias entre nós estão contados. Não me surpreende ouvir que você os está usando para terminar um livro e escrever hinos. Sem dúvida, isso é o que você estaria fazendo.

Antes de você nos deixar, quero que você saiba algo com certeza, algo que confio você já sabe em alguma medida. É isto: eu amo você profundamente, Jim. Amo você profundamente com uma afeição singular. Quando ouvi de sua enfermidade, foi como se um gigante ameaçador pegasse o meu coração e tentasse espremê-lo para tirar a vida dele. Fiquei confuso e assustado. Clamei: "Por favor, Deus, o Jim não — não o meu amado 'Jimmy', não posso suportar isso."

Mas essa oração, como ambos sabemos, é totalmente egoísta de minha parte. Agora a minha oração é que você seja levado rapidamente, nas asas de anjos, à presença imediata de Jesus. Que você veja a luz da face de Jesus e contemple a visão beatífica. Que você entre em seu descanso permanente, bem distante dos cuidados deste mundo — que você o ouça dizer: "Venha, meu amado, herde o reino do Pai, preparado para você desde a fundação do mundo." Suspeito também que, quando você o vir, ele sorria e diga: "Mas, afinal de contas, Jim, essa é a igreja do Dr. Barnhouse!"

Se eu não o vir antes de você partir, deixe-me dar-lhe adeus. Espere por mim lá. Farei o que puder para que sua obra continue aqui — seus livros, etc. Amor para Linda e as meninas.

Eu amo você,

R.C.

VIOLINO

Em 2001, o *Pittsburgh Tribune-Review* veiculou uma história sobre o "Reformador Populista", o "teólogo dinâmico", que "começou tudo em Stahlstown". Uma coluna lateral acompanhava o artigo sobre a opinião de Sproul em relação aos Steelers. O autor comenta: "Quando os residentes da Pensilvânia ocidental ouvem doutrinas complexas como a predestinação e tópicos como a vocação divina descritas com referência aos Steelers, eles podem crer que acharam a verdadeira religião." O autor do artigo ficou tão impressionado, que acrescentou: "Ele é quase tão habilidoso em falar sobre as provações e labutas de Kordell Stewart [armador] e do ataque dos Steelers, quanto é habilidoso nos cinco pontos do calvinismo." Isso é o comentarista esportivo R.C. Quanto ao R.C. "reformador popular" e "teólogo dinâmico", o artigo dá atenção ao humor de R.C., comentando que ele escreve uma palavra grega na lousa e, em seguida diz: "Eurípedes? Meu alfaiate diz: 'Euripides, Eumenides.'"[33]

O artigo destaca o aspecto contraintuitivo do ministério de ensino de R.C.: "O sucesso de Sproul tem resultado amplamente de ele dizer às pessoas o que elas não querem ouvir (...). Sproul expõe doutrinas como o pecado original e a depravação total, que se opõem completamente ao individualismo americano e à ênfase em autoestima da cultura moderna."[34] Em seu livro de 1997, *Grace Unknown: The Heart of Reformed Theology* (Graça Desconhecida: O Âmago da Teologia Reformada), R.C. comenta: "A teologia reformada é primeira e principalmente teocêntrica, em vez de antropocêntrica." E logo acrescenta: "Essa centralidade de Deus não diminui, de modo algum, o valor dos seres humanos." R.C. explica: "Tenho argumentado que a teologia reformada tem a opinião mais elevada possível sobre a humanidade. Porque temos uma opinião sublime a respeito de Deus, nos importamos muito com aquele que é criado à imagem

33 Lee Wolverton, "Populist Reformer", *Tribune-Review*, December 2, 2001.
34 Wolverton, "Populist Reformer".

dele (...), a teologia reformada mantém uma opinião elevada acerca do valor e dignidade dos seres humanos."[35]

R.C. enfatizava que ser criado à imagem de Deus tem duas implicações imediatas. A primeira é o valor e a dignidade de cada ser humano, mencionados antes. A segunda se relaciona ao que os teólogos se referem como os atributos comunicáveis de Deus. Os atributos incomunicáveis de Deus — asseidade, infinitude, eternidade, perfeição, o *omnis* (onipotência, onisciência, onipresença) — são todos exclusivos de Deus. Mas alguns dos atributos de Deus são comunicáveis, visto que, em certo grau, os seres humanos podem possuir e manifestá-los. Os atributos comunicáveis incluem amor, bondade, justiça, verdade e beleza, entre outros. Sócrates, por meio de Platão, falou sobre a busca do bem, o viver "a vida examinada", e a busca de verdade, justiça e beleza. Essa busca filosófica é, em última análise, teológica e pode ser rastreada até ao jardim do Éden, quando o Criador fez o homem à sua imagem; e, por isso, possuímos e manifestamos esses radiantes atributos comunicáveis de Deus. R.C. disse: "A experiência cristã madura e a igreja precisam ter todas as três: verdade, bondade e beleza."[36]

Isso era parte da razão pela qual R.C. acompanhou tão zelosamente o movimento Value of the Person nos anos 1970 e 1980. Seguir a bondade e a justiça é extremamente nobre. É a razão por que o abandono da verdade foi algo digno de ser confrontado. É a razão por que a teologia teocêntrica reformada, como R.C. argumentou, tem a respeito do homem a opinião mais elevada do que qualquer teologia, filosofia ou cosmovisão. Também explica por que R.C. era

35 R.C. Sproul, *Grace Unknown: The Heart of Reformed Theology* (Grand Rapids, MI: Baker, 1997), 25.

36 Stephen Nichols com R.C. e Vesta Sproul, entrevista pessoal, 26 de setembro de 2013.

tão fascinado com beleza — a beleza da natureza, a beleza de boa literatura, a beleza de pinturas dos mestres holandeses e a beleza do som do violino.

Em 2002, R.C. e Saint Andrew's Chapel fundaram o Conservatório de Música Saint Andrew's. É provável que ele tenha fundado o conservatório para que pudesse aprender a tocar violino. R.C. amava música, entendia música e queria intensamente tocar violino. Ele havia recebido aulas de piano quando era jovem e tocou piano durante toda a sua vida. Enquanto falava em uma conferência em San Diego, ele se deparou com um velho amigo, também um pianista talentoso, que produzia uma série de ensino de piano televisionada. Os dois acharam um piano em uma sala de ensaio do coro. R.C. lhe disse: "Ensine-me algumas coisas sobre o piano", acrescentando como ele amava tocar e amava aprender pequenas coisas e técnicas novas.[37] R.C. queria aprender uma nova coisa legal — como tocar violino.

Uma das primeiras professoras do conservatório era Olga Kolpakova. Nascida na Rússia, ela recebera seu MM em violino do Conservatório Tchaikovsky em Kiev e tocara por oito anos na Orquesta de Câmara de Kiev. Mais de uma vez, R.C. comentou de brincadeira que aprendera de Olga mais russo do que violino. Ele aprendeu "Nyet, nyet, nyet" de sua talentosa professora. Ela lhe mostrava como segurar o arco e como tocar uma nota. Ele não conseguia fazer corretamente. Ou, muito comumente, ele, segundo seu próprio testemunho, não tinha paciência. Queria correr antes de aprender a andar. Por isso, sua professora experiente lhe dizia: "Nyet".

Devemos, porém, explorar para ver se há mais na história. Em um sermão que R.C. pregou sobre Atos, ele se ofereceu como ilustração: "Quando eu tinha aulas de violino, minha professora perguntava:

37 Sproul, *Prayer of the Lord*, 1.

'Você praticou esta semana?' Eu respondia: 'Sim, professora.' Mas ela não levava a sério minha resposta. Pegava a minha mão e passava seus dedos em meus dedos, para ver se estavam calejados."[38] Nem sempre eles estavam calejados.

Mas R.C. persistiu. A certa altura, ele fez progresso. Olga disse: "Bravo." Ele respondeu: "Não, 'Bravíssimo'?" Ela replicou: "Nyet". R.C. tinha 66 anos quando pegou o violino. Só isso já o qualificaria para um "Bravo". Olga tocava, e continua a fazer isso, todo domingo de manhã na Saint Andrew's Chapel, como membro e maestra da Sinfonia de Saint Andrew's. Quando R.C. se sentava na cadeira do púlpito, esperando para pregar, você podia observar quão encantado ele ficava por ver Olga tocando, sem esforços, graciosa e lindamente.

O fato de que R.C. nem sempre era fiel em suas aulas de violino pode ser perdoado quando consideramos tudo o que ele fazia nos anos 2000.

DE PLATÃO A PAULO

De 12 a 22 de junho de 2003, R.C. liderou uma excursão da Ligonier pelas antigas cidades-estados da Grécia. Eles a anunciaram como a excursão "De Platão a Paulo". R.C. já vinha liderando excursões para a Ligonier desde os anos 1980. Houve excursões à Terra Santa, excursões à Inglaterra e Escócia e excursões pela Alemanha de Lutero e à Genebra de Calvino. R.C. e Vesta apreciavam totalmente essas excursões. Ele amava visitar esses lugares "sagrados" que foram cenários de momentos de grande coragem. Foram os campos de batalha da defesa e contenda pela fé no decorrer dos séculos. R.C. pregou do púlpito da Saint Pierre em Genebra, ou dos púlpitos em que Lutero pregara. R.C. e Vesta também desfrutavam do tempo com as pessoas

38 R.C. Sproul, *Acts: St. Andrew's Expositional Commentary Series* (Wheaton, IL: Crossway, 2010).

nas excursões. Amizades eram feitas durantes refeições juntos. A Ligonier também realizou cruzeiros de estudo pelo Caribe. Esse era um dos meios pelos quais a Ligonier, que alcançava dezenas de milhares cada ano, podia ter um impacto mais próximo e mais pessoal.

Além das excursões, a Ligonier mantinha um ritmo consistente de conferências, promovendo conferências regionais ao redor do evento maior da conferência nacional. Nesses anos, era típico R.C. falar três vezes na conferência nacional e participar de sessões de perguntas e respostas. R.C. era também requisitado para outras conferências ao redor do país.

Livros continuavam a fluir da caneta de R.C. para as folhas amarelas dos cadernos de anotações e para as gráficas. Cada ano via dois ou três novos livros de R.C., bem como dois ou três livros publicados anteriormente que eram atualizados, reorganizados e republicados. Alguns destaques de 2000 a 2005 incluem: *The Consequences of Ideas* (2000 - As Consequências de Ideias), *What's in the Bible* (2001 - O que Está na Bíblia), *Loved by God* (2001 - Amados por Deus), *Saved from What?* (2002 - Salvos do Quê?), *The Dark Side of Islam* (2003 - O Lado Sombrio do Islamismo), *Defending Your Faith* (2003 - Defendendo a Sua Fé) e *Scripture Alone* (2005 - Somente a Escritura). R.C. continuava com sua prática de escrever à mão, em letra cursiva, seus manuscritos em cadernos de anotação de folhas amarelas. Ele usou muitos desses cadernos. Muitos dos rascunhos estão impecáveis. Não há falsos começos, riscos e correções. Para alguns livros, como *Salvos do Quê?*, capítulos aparecem como se tivessem sido escritos de uma vez só, sentenças e parágrafos fluindo ininterruptamente desde o começo do capítulo até ao fim. Até as notas de rodapé eram reunidas em uma sequência diligente no final dessas páginas de manuscritos. A mente de R.C. era como uma armadilha de urso que prendia tudo que ele havia estudado e lido. E ele continuava a produzir séries de ensino e episódios do *Renovando Sua Mente.*

No entanto, por volta de 2005, R.C. precisou fazer ajustes em sua agenda. Ele teve um derrame. Levou realmente algum tempo para compreender que ele tivera um derrame, e dali para frente, mesmo quando parecia totalmente recuperado, houve alguns efeitos duradouros. Antes do derrame, ele podia ter ataques ocasionais de tontura. De 2005 em diante, porém, ele experimentava tonturas severas que podiam espiralar em vertigem. Além disso, ele experimentava fadiga. A família e os colegas do Ministério Ligonier começaram a compreender que o espaço físico e o tempo de R.C. precisavam ser protegidos. Se pessoas se aproximassem pelo lado esquerdo, por exemplo, isso poderia desengatilhar a tontura. Nas conferências Ligonier, ele tinha de controlar seu ritmo entre assinar livros, sessões de perguntas e respostas e ministrar palestras — bem como todas as reuniões secundárias e momentos em que falava na conferência. Poucas pessoas compreendiam a extensão de suas lutas físicas desde 2005 até o tempo de sua morte. Ele sempre fazia tudo parecer natural; e, quando era tempo de falar, o velho atleta assumia a postura de jogo. Havia ainda trabalho a ser feito.

A 35ª ASSEMBLEIA GERAL

Retornando a 1982, o erudito em Novo Testamento James D.G. Dunn cunhou uma expressão: a "Nova Perspectiva" sobre Paulo. A expressão se tornou popular no final dos anos 1990 e até à primeira década dos anos 2000 por meio de N.T. Wright, que era conhecido por Tom Wright quando publicava livros de nível popular. Ele fez uma incursão rápida e abrupta no evangelicalismo americano e até nos círculos reformados americanos. A "velha" perspectiva era a de Lutero e da

Reforma. O problema era, de novo, a doutrina da justificação. Muitos evangélicos se admiraram de como a nova perspectiva, tão evidentemente errada, pôde achar tão calorosa e agradável recepção. R.C. não se admirou. Ele viu nisso um resultado direto de "Evangélicos e Católicos Juntos". A conexão é que o ECT produziu a opinião de que a justificação somente pela fé e a discussão sobre a imputação não são essenciais à doutrina da salvação. Isso teve o efeito de enfraquecer o que antes era sustentado como o "xibolete" de ser um evangélico, alguém que crê no evangelho e o proclama.

Wright mudou a expressão "a justiça de Deus" para "fidelidade pactual de Deus". Compare a tradução de 2 Coríntios 5.21 da ESV com a tradução de Wright, *The New Testament for Everyone* (NTE - O Novo Testamento para Todos):

> ESV: Por nossa causa, ele fez ser pecado aquele que não conheceu pecado, para que nele pudéssemos nos tornar a justiça de Deus.

> NTE: O Messias não conheceu pecado, mas Deus o fez ser pecado em nosso favor, para que nele pudéssemos incorporar a fidelidade de Deus à aliança.

Enquanto a Nova Perspectiva sobre Paulo ricocheteava nos círculos evangélicos, ela se manifestou como o movimento da Visão Federal nos círculos reformados. Causou uma tempestade na Igreja Presbiteriana na América, a denominação de R.C. Uma comissão de estudo foi designada, e suas descobertas foram levadas à trigésima quinta Assembleia Geral, para um debate. A Assembleia Geral se reuniu de 12 a 14 de junho de 2007, em Memphis, Tennessee. R.C. participou.

Quando a moção foi apresentada à assembleia pelo moderador, para debate, vários presbíteros regentes e mestres se enfileiraram diante do microfone para falar. Eventualmente, os que estavam na fila notaram que R.C. esperava por sua vez. Eles se retiraram da fila e retornaram a seus assentos. E, assim, R.C. se viu sozinho no microfone, entregando este discurso:

> Sim, R.C. Sproul, do Presbitério da Flórida Central, falando contra a moção. Acho que todos nós somos cientes da avaliação de Lutero a respeito da doutrina da justificação, na qual ele diz que era o artigo sobre o qual a igreja fica de pé ou cai. Calvino acrescentou a isso: "É a dobradiça na qual todas as coisas giram." E, em nossos dias, temos enfrentado um ataque sem precedente contra o entendimento de *sola fide* da Reforma, em especial no ponto de negar a imputação, que, se vocês examinarem as declarações, percebem que é a questão proeminente deste relatório. E creio, pais e irmãos, que o reino de Deus não está em jogo aqui, mas acho que a pureza da Igreja Presbiteriana na América está; e não entendo — nem posso sondar — a hesitação sobre este assunto. Há muito em jogo aqui; estamos falando sobre o próprio *evangelho*, cavalheiros. E, se a Confissão de Westminster já não nos dá uma exposição fiel do evangelho, em que ponto podemos confiar em nossa Confissão? Parece-me que acrescentar estas pessoas à comissão, sobre as quais a nossa comissão anterior, cumprindo seu dever, averiguou que as opiniões delas não se conformavam à nossa confissão, é como pedir, em um tribunal, que os acusados se tornem membros do júri. Não faz nenhum sentido para mim.
>
> *Aplausos*

Moderador: Cavalheiros, moderação.

R.C.: Que vergonha, pais e irmãos, não lhes é permitido fazer o que acabaram de fazer.

Moderador: O que ele disse?

R.C.: Peço desculpas pela explosão inapropriada, mas correta, de aplausos.

Moderador: Bem, eu fui vencido nisso.

E isso foi o fim da discussão. Os presbiterianos vivem para fazer coisas "decentemente e em ordem", em especial em uma assembleia geral. Mas R.C. ajudou todos que ali estavam reunidos a reconhecerem o que estava em jogo. Como resultado do relatório da comissão de estudo, de muitos na assembleia geral e do discurso de R.C. que gerou aplausos, a Igreja Presbiteriana na América decidiu que a Visão Federal e a Nova Perspectiva sobre Paulo são proibidas na denominação.

Como no caso do ECT, a controvérsia em torno da Nova Perspectiva sobre Paulo e da Visão Federal ressaltou a importância da doutrina da justificação pela fé e a importância da imputação. Sem *sola fide*, não há evangelho. Sem a doutrina da imputação da justiça de Cristo, não há *sola fide*. R.C. dizia que a imputação era a "pedra de tropeço" na Reforma protestante no século XVI; e continuou sendo a pedra de tropeço em cada século desde então. "Se há qualquer única palavra que era responsável", R.C. comentou, "é esta palavra de imputação". R.C. estava presente — e assegurou-se de ser ouvido — na controvérsia sobre essa palavra no final do século XX, ou seja, ECT em 1994, e na controvérsia da Nova Perspectiva e Visão Federal no início do século XXI.[39]

39 R.C. Sproul, "Counted Righteous in Christ", Ligonier National Conference, 2008, Orlando, Florida.

R.C. tinha mais uma tempestade esperando por ele no final de 2007. D. James Kennedy faleceu em 5 de setembro de 2007. Ele não somente era o pastor da Coral Ridge Presbyterian Church e âncora do programa de rádio *Truths That Transform* (Verdades que Transformam), mas também fundou o Knox Theological Seminary em 1989. O seminário se reunia na Coral Ridge Presbyterian Church e estava sob os seus cuidados (até 2013). O Dr. Kennedy era o presidente. Em um momento, ele tentou cortejar R.C. para assumir a presidência. Eles tinham muito em comum, e R.C. apreciava o tempo com Kennedy. Em seus dias anteriores, Kennedy fora um instrutor de dança de salão. R.C. sempre podia contar com Kennedy para ajudá-lo a aprimorar seus movimentos. Por isso, quando Kennedy pediu a R.C. que presidisse o Knox Seminary, R.C. considerou o pedido. Ele escreveu uma lista de prós e contras. Os contras venceram. Além disso, Vesta estava ajudando R.C. a manter tomadas de decisões sábias e boas a respeito de suas próprias prioridades à luz das muitas oportunidades que apareciam diante dele.

Embora houvesse rejeitado a presidência, R.C. ensinava no Knox Seminary e servia no conselho administrativo. Depois da morte de Kennedy, R.C. ficou servindo como o presidente interino do conselho. Nesse tempo, irrompeu uma controvérsia que estivera sendo fermentada entre os professores. Quando R.C. viu Anne Kennedy, a viúva do Dr. Kennedy, em uma reunião, ela parecia visivelmente afetada por tudo. Ela disse a R.C. que havia lamentado a morte de seu marido; agora estava lamentando a morte do seminário.

Educação teológica era parte da vida de R.C. desde 1960, como aluno, ou professor, ou deão, ou professor visitante. Educação teológica de leigos era sua paixão, mas educação teológica formal não estava longe disso. Daquelas excursões sobre a Reforma pela Europa nos anos 2000, R.C. não podia se livrar de uma ideia que continuava retornando. Era uma ideia que se realizaria em 2011.

10
UMA NOVA REFORMA

"Entre a influência dos graduados da pequena universidade em Wittenberg e dos graduados da pequena Academia de Genebra, o mundo foi mudado."
R.C. SPROUL

R.C. dizia: "Não preciso nem fechar os olhos, posso vê-lo." Ele se referia a um momento em Genebra durante uma das excursões da Ligonier, quando esteve em frente ao Muro dos Reformadores. Estendendo-se por 100 metros de comprimento, o centro desse monumento exibe quatro estátuas muito maiores do que o tamanho real de João Calvino, William Farel, Theodoro Beza e John Knox. Parecem como se estivessem prestes a dar um passo para frente, esses titãs vestidos de roupas clericais e Bíblias na mão. Murais e mais estátuas flanqueiam os quatro valentes da Reforma à esquerda e à direita. O muro está construído no terrapleno que sobe para a cidade velha de Genebra. Além das figuras importantes e da muralha da cidade velha, é possível ver as pedras que antes formavam o prédio que era a Academia de Genebra.

Calvino começou a Academia de Genebra (hoje Universidade de Genebra) em 1559. As origens da Academia em Genebra remontam ao tempo de Calvino em Estrasburgo. Martin Bucer pregava em alemão na catedral, enquanto Calvino pastoreava duas congregações de refugiados de língua francesa. O próprio Calvino era um refugiado, exilado de Genebra. Mas isso é outra história. Enquanto residia em Estrasburgo, Calvino oferecia ensino teológico em sua casa. Alunos se reuniam enquanto ele ensinava Bíblia e teologia — não muito dissemelhante dos primeiros dias do Centro de Estudo Vale Ligonier.

A cidade de Genebra convidou Calvino a retornar, e ele retornou. Calvino centrou seus esforços em pregar e produzir reforma educacional e moral. O estabelecimento da academia era integral ao seu desejo para os genebrinos e às suas aspirações e alvo maiores para a longevidade e propagação da influência da Reforma. A academia em Genebra treinou um exército de ministros que saíram para a França e estabeleceram uma rede de igrejas subterrâneas. Alunos vieram de toda a Europa e pontos do leste, em direção à Rússia. Eram treinados por Calvino e depois saíam, levando consigo a teologia da Reforma. Alguns ficaram em Genebra e assumiram profissões. Outros ocuparam púlpitos nas cidades-estados suíças.

Isso era o que R.C. via nos olhos de sua mente. Ele não precisava nem fechar os olhos para vê-lo.

Calvino não era o único reformador comprometido com educação teológica. Quando Lutero foi para Wittenberg, para assumir sua posição como professor, em 1508, a Universidade de Wittenberg tinha apenas seis anos de existência. Frederico, o Sábio, o fundador da universidade, estava determinado a fazer de sua nova universidade uma das melhores na Alemanha, se não da Europa. Lutero era seu erudito-âncora. Isso foi uma década antes de Lutero fixar as Noventa e Cinco Teses, mas suas habilidades como erudito e comunicador — um verdadeiro mestre — eram evidentes. Depois da fixação das Noventa e Cinco Teses e da Dieta de Worms, alunos afluíram para Wittenberg, vindos de todos os cantos. Lutero os treinou e os enviou de volta às suas cidades e terras; e, como no caso dos alunos de Calvino, eles levavam consigo a teologia da Reforma. Frederico, o Sábio, fundou a universidade, mas era a universidade de Lutero.

As escolas em Wittenberg e Genebras eram como volantes da teologia da Reforma, a sua influência se difundia longe, ampla e profundamente. Lutero e Calvino tinham interesse em reformar não apenas suas respectivas cidades, Wittenberg e Genebra; tinham interesse na propagação da mensagem. Igualmente, não se contentavam em que o evangelho fosse descoberto apenas por sua geração. Eram igualmente preocupados com a geração seguinte. Eram mestres que preparavam a geração seguinte de mestres. R.C. comentou: "Entre a influência dos graduados da pequena universidade em Wittenberg e dos graduados da pequena Academia de Genebra, o mundo foi mudado."[1]

Quando R.C. disse que via a academia em Genebra, estava falando sério. Ele viu a percepção de Calvino de um lugar para educação teológica. E ficou mais impressionado com o fato de que nem a academia de Calvino nem a universidade de Lutero eram grandes ou tinham grande número de alunos, especialmente se comparadas às massas de alunos nas grandes universidades hoje. R.C. ligou isso à diferença entre treinar um pequeno grupo de tropas de elite e treinar

1 R.C. Sproul, "Remarks on the Fifth Anniversary of Reformation Bible College", September 2, 2016, Sanford, Florida.

o exército maior. Ele também gostava de estruturá-lo em referência a um dos grandes cineastas épicos de sua infância: "Isso não é o 'elenco inumerável' de Cecil B. DeMille." Ele tinha uma visão de uma escola pequena e íntima que prepararia alunos na tradição reformada clássica. Ele enviou um memorando e convocou uma reunião de alguns dos cooperados da Ligonier. O resultado disso foi o Reformation Bible College (RBC), que abriu as portas pela primeira vez no outono de 2011. Havia 50 alunos. Em cada aspecto, a faculdade refletia R.C., como visto no nome, no selo, no currículo e até no tamanho.

REFORMATION BIBLE COLLEGE

Começar uma faculdade bíblica não era um empreendimento inovador em 2011. R.C. estava atrasado cerca de um século. A primeira faculdade bíblica, embora no começo fossem institutos de um ou dois anos, foi o Moody Bible Institute, em Chicago, fundado em 1886. Em seguida, veio o Boston Missionary Training Institute, fundado em 1889. Essa instituição mudaria seu nome para Gordon College, onde R.C. ensinou de 1966 a 1968. Depois desses, muitos institutos bíblicos surgiram em todo o país e no Canadá.

Nos anos 1950, muitas dessas instituições haviam se tornado faculdades que outorgavam diplomas de quatro anos e mudaram seu nome de instituto para faculdade. Dos anos 1980 em diante, muitos deles também se transformaram em faculdades de artes liberais, reduzindo grandemente o número de créditos de teologia e Bíblia, e retirando a palavra *Bíblico* de seus nomes. O número de faculdades bíblicas tem estado em declínio desde esse tempo.

Voltando ao começo, a eclosão do movimento de instituto ou faculdade bíblica coincidiu com a propagação do dispensacionalismo. R.C. observou dois catalisadores que contribuíram para a propagação rápida do dispensacionalismo. O primeiro foi a Bíblia Scofield. R.C. observou que ela "decolou e se tornou um elemento básico de educação para os cristãos evangélicos na América". O segundo catalisador foi a proliferação de institutos bíblicos. De novo, R.C. observou: "Em um período de tempo muito curto, essas escolas graduaram muitas pessoas com influência suficiente para mudar todo o panorama do evangelicalismo."[2]

R.C. lembrou: "Eu tive um sonho que, de alguma maneira, seria capaz de produzir uma Bíblia de estudo reformada."[3] Como mencionado no capítulo 8, esse sonho se tornou verdadeiro com a publicação da *New Geneva Study Bible* (Nova Bíblia de Estudo de Genebra) em 1995. Mas, na realidade, todos os esforços de R.C. na Ligonier se referiam a disseminar a fé reformada, não somente por meio da Bíblia de estudo mas também por meio de todos os livros, séries de ensino, transmissões de rádio, excursões e conferências. Quando R.C. refletiu sobre todos esses esforços, ele comentou: "A joia da coroa da visão era, para mim, começar uma faculdade bíblica." Ele disse: "Estive envolvido na fundação do seminário RTS aqui em Orlando, e Vesta e eu procuramos membros de conselho administrativo para a Geneva School (Orlando, Flórida). Isso era parte do quadro geral do que queríamos realizar. Mas a coisa suprema era começar uma faculdade Bíblica que não seria grande, mas seria influente."[4]

O fato de que o Reformation Bible College era uma faculdade *bíblica* era intencional. Créditos de Bíblia e teologia predominariam no currículo. Também era intencional o fato de que era uma *faculdade*.

2 Sproul, "Remarks on the Fifth Anniversary".
3 Sproul, "Remarks on the Fifth Anniversary".
4 Sproul, "Remarks on the Fifth Anniversary".

R.C. ensinara não-graduados, graduados e alunos de doutorado. Parecia que não-graduados eram seus favoritos. Ele tinha descoberto por experiência que não-graduados eram mais responsivos tanto em sala de aula quanto fora dela. Seu plano de ensino para seu curso de teologia contemporânea no Gordon, para todo o semestre de outono de 1967, inclui esta nota em horas de ofício:

> O professor está disponível para consulta referente a problemas acadêmicos. Além disso, o professor sempre está disponível para gastar tempo com o aluno, de modo pessoal, a respeito de problemas espirituais ou outros. O aluno deve se sentir completamente livre em ter esses compromissos com o professor. Igualmente, gostaria de convidar pessoalmente qualquer aluno, que assim deseje, a assumir o compromisso de visitar-me em minha casa. O meu número de telefone residencial é 468-3458. Endereço: Woodside Road, 14, South Hamilton (ao lado da Linden).

Em seguida, ele lhes informa como seriam as discussões na aula:

> Gosto de uma atmosfera casual e informal na sala de aula. Questionamento e debate são bem-vindos. Espera-se que nenhum aluno hesite em fazer perguntas na aula. Perguntas dos alunos são o único barômetro (fora das provas) pelo qual o professor pode medir o grau de entendimento que a classe atingiu. Meu único pedido é que os alunos mantenham sua dignidade todas as vezes e manifestem um alto grau de cortesia dentro da sala de aula.

Sem dúvida, R.C. era interessado em comunicar conteúdo; mas, como essas notas de plano de aula mostram, ele queria assegurar-se de que os alunos estavam entendendo o que lhes era ensinado e estavam conectando à sua vida o que estavam aprendendo. R.C. se importava com os alunos.

R.C. fez uma distinção entre "aprendizes" e "discípulos". Discípulos e aprendizes, ambos aprendem. Mas, diferentemente dos aprendizes, discípulos obedecem. Discípulos são comprometidos com seguir os mandamentos, que têm primeiro de conhecer. R.C. se lembrou de que, ao começarem o Centro de Estudo Vale Ligonier, em 1971, ele queria discípulos e não aprendizes. Certa vez, ele falou em uma reunião da Ligonier: "Você não se gradua. Você é um discípulo por toda a vida." E acrescentou que discípulos, tendo sido persuadidos pela verdade do cristianismo, obedecem e vivem pelas verdades do cristianismo. O alvo de seu ensino, por meio da Ligonier, era produzir cristãos instruídos e fluentes que são apaixonados pela verdade e desejam vivê-la. O discipulado, em última análise, chama as pessoas à obediência a Cristo. Inicialmente, a Ligonier realizou esse ensino em um contexto de pessoa a pessoa no centro de estudo. Muitos, mas certamente não todos, que apareciam no centro de estudo eram alunos de faculdade. À medida que o ministério cresceu, o ensino e o discipulado assumiram outras formas e meios. R.C. viu a oportunidade que o Reformation Bible College apresentou para um retorno às raízes da Ligonier.[5] *Faith Talk*, a revista da WTLN, a estação de rádio cristã em Orlando, veiculou um artigo sobre a abertura do RBC. O artigo diz:

5 R.C. Sproul, "Disciple", Reformation Circle Event, October 22, 2016.

> O Reformation Bible College é a encapsulação de tudo que o Ministério Ligonier e o Dr. R.C. Sproul têm valorizado e defendido nestes 40 anos. É o desenvolvimento natural de décadas em que o Ministério Ligonier ensina os cristãos a pensarem crítica, profunda e obedientemente sobre cada aspecto da fé.[6]

Quando o Ministério Ligonier deixou o *campus* de Stahlstown, alguém levou consigo uma placa de madeira esculpida com a inscrição Centro de Estudo Vale Ligonier — em uma fonte característica dos anos 1970. Ficou guardada por anos. Quando a faculdade abriu seu primeiro prédio em 2011, aquela placa de madeira foi exibida proeminente no saguão. Com o RBC, o Ministério Ligonier estava de novo investindo em discipulado de pessoa a pessoa de alunos de faculdade. Quando fundou a faculdade, R.C. queria que ela fosse um lugar de aprendizado rigoroso e um lugar de discipulado.

A palavra final que devemos olhar no nome é a primeira palavra: *Reformation* (Reforma). Provavelmente não houve nenhum outro que apresentou Martinho Lutero, os cinco *solas* e a Reforma a mais pessoas do que R.C. O que ele realmente admirava e amava nos reformadores era todo o pacote de conteúdo deles, suas convicções e sua coragem. E eles eram comunicadores. À luz do plano humano, R.C. viu a Reforma se realizando por meio de um grupo de teólogos, "que redescobriram o evangelho e tiveram uma visão e zelo enérgicos pelo evangelho".[7] Sem dúvida, os líderes desse pequeno grupo foram Lutero e Calvino. R.C. continuou: "Eles eram, ambos, eruditos de primeira categoria; mas, além disso, tinham uma capacidade incomum de levar seu argumento às pessoas. Eram teólogos de campo de

6 "What Is Reformation Bible College All About?" *FaithTalk* (Winter 2011): 18-19.

7 Sproul, "Remarks on the Fifth Anniversary".

batalha e entendiam que estavam em uma guerra espiritual. Eles não somente instruíam; também mobilizavam tropas para a batalha."[8] Quando R.C. olhava para os reformadores, ele via exemplos daqueles que conheciam a fé, defendiam a fé e contendiam pela fé. Isso era o que R.C. queria para a faculdade.

POST TENEBRAS LUX

Em um dos cadernos de anotações particulares de R.C., há um lista extensa de expressões latinas. Entre elas:

soli Deo Gloria	glória somente a Deus
Deus pro nobis	Deus é por nós
judex aeternus	juiz eterno
ex lex	à parte da lei
fides viva	fé viva
fides caritate formata	fé formada pelo amor
simul justis et peccator	o mesmo tempo justo e pecador
finitum non capax infiniti	o finito não pode conter o infinito

E mais. Ele usava essas expressões e palavras latinas o tempo todo. Latim era a linguagem dos teólogos até meados do século XIX. R.C. gostava da precisão que as expressões latinas levavam ao debate teológico. Também gostava do drama contido em algumas das expressões. Isso é verdadeiro quanto a *post tenebras lux*, "depois das trevas, luz". É o lema da cidade de Genebra. Pode ser visto gravado amplamente ao redor de toda a cidade velha. A ideia de luz como uma metáfora da salvação é das páginas da própria Escritura. Como um lema da Reforma, ele serve para enfatizar a razão para a Reforma, em

8 Sproul, "Remarks on the Fifth Anniversary".

primeiro lugar. A Igreja Católica Romana havia se desviado e apostatado do verdadeiro *depositum fide*, a verdadeira tradição do depósito de fé, ensinado por Jesus aos apóstolos, gravado permanentemente nos evangelhos e nas epístolas que formam o Novo Testamento e, depois, ensinado a uma sucessão de homens *fiéis*. A Igreja Católica Romana (R.C. preferia chamá-la a "Comunhão Romana"), com o passar dos séculos, divergiu firmemente da tradição ortodoxa e obscureceu o próprio evangelho que deveria ser o âmago da missão e identidade da igreja.

Em *Are We Together?: A Protestant Analyzes Roman Catholicism* (Nós Estamos Juntos? Uma Análise Protestante do Catolicismo Romano), publicado em 2012, R.C. observa, retornando ao Concílio de Trento, que Roma afirmou a Escritura e a tradição como autoridade na igreja. No catolicismo romano, portanto, há duas fontes de autoridade.[9] Depois de examinar o fundamento de autoridade em seu livro, R.C. se volta à questão de justificação, a igreja, os sacramentos, o papado e Maria. Roma havia se afastado do ensino bíblico sobre todos esses assuntos no século XVI. O resultado? A igreja não era um lugar de luz e sim de trevas. A Reforma foi uma redescoberta, uma redescoberta da Palavra de Deus e, consequentemente, uma redescoberta do evangelho. *Post tenebras lux* — depois das trevas, luz.

R.C. usou a expressão no selo e no logotipo original do RBC. O logotipo também incluía três pilares ou colunas. Os pilares evocavam arquitetura clássica, que refletia a abordagem clássica do currículo e a ênfase da faculdade no teísmo clássico reformado. O fato de que há três pilares representa os três princípios essenciais de história, verdade e fé.

9 R.C. Sproul, *Are We Together?: A Protestant Analyzes Roman Catholicism* (Sanford, FL: Reformation Trust, 2012), 24-28.

Incidentalmente, esse não foi o único logotipo que R.C. elaborou. Sem dúvida, ele contribuiu para a ideia do logotipo da Ligonier. Além disso, enquanto era membro do conselho administrativo do ministério Prison Fellowship, de Colson, R.C. sugeriu a cana quebrada ou torcida de Isaías 42.3 para o logo deles.

O currículo do RBC foi idealizado por R.C. Sproul e reflete suas ênfases. É uma educação teológica rigorosa que se focaliza na Escritura, no contexto da fé cristã histórica, conforme expressa no consenso das confissões reformadas. O currículo oferece uma introdução completa de sete cursos de teologia sistemática, sete cursos de introdução bíblica e sete cursos de grandes obras. Cursos em teologia bíblica, hermenêutica, história da igreja, e, sem dúvida, apologética e filosofia completam o currículo. Embora R.C. tenha servido como chanceler, os currículos de vários cursos foram enviados a ele para revisão. Um dos cursos ao qual ele sempre dava atenção especial era filosofia moderna. R.C. pensava nesse curso como *um* dos mais importantes. Entendemos por que ao olhar para trás, para seu livro *The Consequences of Ideas* (As Consequências de Ideias), publicado em 2000. O subtítulo do livro é *Entendendo os Conceitos que Moldaram Nosso Mundo*. R.C. via esse livro como uma de suas contribuições mais importantes. O livro aborda os grandes filósofos da história, desde os pré-socráticos, Platão e Aristóteles, até aos filósofos do século XX. Muito importante ao longo do conteúdo é a discussão das opiniões desde Descartes até Kant. As sombras desses filósofos pairam sobre todos os aspectos da vida moderna, incluindo lei, ética, religião, ciência, conhecimento e verdade. Esses pensadores e suas ideias tiveram consequências graves, ou, usando uma palavra favorita e descritiva de R.C., eles tiveram e continuam tendo consequências "horríveis".

Em um anúncio para a faculdade, R.C. disse: "Alicerçar alunos de faculdade no que é bom, verdadeiro e belo, por meio das Escrituras, é uma das maneiras mais eficazes de podermos ganhar hoje, para Cristo, o terreno de amanhã". Essa citação resume tanto o currículo quanto os resultados educacionais da faculdade de R.C.

Há pouca dúvida a respeito de quão importante era a faculdade para R.C. Ele trabalhou para que ela existisse quando a sabedoria convencional teria parado. É claro que ele sempre gostava de seguir uma direção enquanto outros seguiam outra. Estava ensinando em emissoras de rádio cristãs sobre Aristóteles e as quatro causas diferentes — e conectando isso diretamente com o evangelho e a teologia. O Centro de Estudo Vale Ligonier era uma obra singular. Embora começar uma faculdade possa ter sido algo incomum, certamente não era alheio ao caráter de R.C.

A faculdade também lhe deu grande alegria. Ele me convidou para falar na formatura de 2012. Durante a formatura, estávamos sentados lado a lado no átrio da Saint Andrew's. Ele estava vendo o gaiteiro preparar sua "veste de guerra" e a gaita de foles. Depois, os alunos se enfileiraram para a procissão formal. R.C. irradiou alegria quando olhou para eles. Parecia ser vivificado, obtendo uma medida extra de energia apenas por vê-los. O que mais o extasiava era o potencial daquele pequeno grupo de cristãos bem instruídos e proficientes.

A NARRATIVA DE DECLÍNIO

Em seu livro *Everyone's a Theologian* (Somos Todos Teólogos), de 2014, R.C. lembra de ter sido convidado por uma famosa universidade cristã para se dirigir à administração e ao corpo docente em um discurso intitulado "O que é uma Universidade ou Faculdade Cristã?". Antes de proferir seu discurso, o deão o levou para uma volta na universidade. À semelhança do apóstolo Paulo, que percebeu uma inscrição enquanto andava pela cidade de Atenas, R.C. "notou esta inscrição em um grupo de portas de escritórios: 'Departamento de Religião'". Durante o discurso, ele perguntou aos professores se sempre fora chamado "Departamento de Religião". R.C. escreve: "Um membro mais velho do corpo docente respondeu que anos atrás o departamento era chamado 'Departamento de Teologia'".[10] R.C. continuou e explicou a diferença, comentando que religião tem sido tradicionalmente enquadrada na categoria mais ampla de sociologia ou antropologia na universidade, enquanto teologia é o estudo de Deus: "Há uma grande diferença entre estudar apreensões humanas da religião e estudar a natureza e o caráter de Deus mesmo. O primeiro é puramente natural em sua orientação. O segundo é sobrenatural, lidando com o que está além e acima das coisas deste mundo."[11]

Portanto, R.C. respondeu assim a pergunta que lhe foi apresentada:

> Pergunta: O que é uma verdadeira universidade ou faculdade cristã?
> Resposta: Uma verdadeira faculdade ou universidade cristã é comprometida com a premissa de que a verdade suprema é a verdade de Deus e de que ele é o fundamento e a fonte de todas as outras verdades. Tudo que aprendemos — economia, filosofia, biologia, matemática — tem de ser entendido à luz da realidade todo-abrangente do caráter de Deus.[12]

---

10 R.C. Sproul, *Everyone's a Theologian: An Introduction to Systematic Theology* (Sanford: FL: Reformation Trust, 2014), 3.

11 Sproul, *Everyone's a Theologian*, 3.

12 Sproul, *Everyone's a Theologian*, 3-4.

A "narrativa de declínio" é a história da apostasia. Infelizmente, a história da igreja está abarrotada de narrativas de declínio; incluem-se principalmente entre elas faculdades e universidades. Tipicamente, assim como a academia vai, a igreja vai e a cultura vai. Como o título do livro de R.C. declara, ideias têm consequências.[13]

R.C. apreciava o estudo da história da educação. Primeiramente, ela ensina uma história admoestatória. Harvard, fundada em 1636, em duas gerações se afastou de seus fundamentos, permitindo o "latitudinarianismo". A latitude dizia respeito à subscrição da Confissão de Fé de Westminster (1647) e da Plataforma de Cambridge (1648). O reverendo Timothy Edwards, um graduado de Harvard, decidiu enviar seu filho Jonathan à recém-estabelecida Yale (1703), em vez de correr o risco de enviá-lo para Harvard. Por volta dos anos 1750, Yale tinha se desviado, e Princeton emergiu como um pilar de ortodoxia. Posteriormente, o estudo de teologia foi mudado da Universidade de Princeton para o Princeton Theological Seminary, estabelecido em 1812. Três gerações depois, J. Gresham Machen deixou Princeton para fundar o Westminster Theological Seminary. O Westminster Theological Seminary, que se tornou o Pittsburgh Theological Seminary, era um baluarte de teologia ortodoxa nos anos 1880 e até às primeiras décadas do século XX. Quando R.C. chegou ao *campus* do Pittsburgh Theological Seminary, em 1961, ele era um dos poucos alunos conservadores, um Daniel em uma cova cheia de leões.

Isso é a narrativa de declínio. R.C. a conhecia muito bem.

Ele também viu a narrativa de declínio se manifestar em denominações, como a sua própria PCUSA. É por isso que R.C. se importava muito com precisão teológica para evitar "ambiguidade premeditada". Ambiguidade premeditada admite a latitude, torna possível que

13 R.C. Sproul, *Consequences of Ideas* (Wheaton, IL: Crossway, 2000).

pessoas apliquem significados diferentes à mesma palavra. R.C. viu essa dinâmica em operação no ECT, em 1994. Viu-a de novo na Declaração de Manhattan: Um Chamado da Consciência Cristã, em 2009. R.C. escreveu isto sobre a Declaração de Manhattan:

> A Declaração de Manhattan diz: "Os cristãos são herdeiros de uma tradição de 200 anos de proclamação da Palavra de Deus". Mas, a respeito de quais cristãos ela está falando? O documento se refere aos "ortodoxos [gregos], católicos e cristãos evangélicos". Além disso, o documento chama os cristãos a se unirem no "evangelho", "o evangelho da graça de preço elevado" e "o evangelho de nosso Senhor e Salvador Jesus Cristo" e diz que é nosso dever proclamar esse evangelho "a tempo e fora de tempo". Este documento confunde o evangelho e obscurece a distinção entre quem é e quem não é um cristão. Não creio que as igrejas Ortodoxa e Católica estejam pregando o mesmo evangelho que os evangélicos pregam.
>
> Por essas razões, não pude assinar a Declaração de Manhattan.[14]

R.C. incluiu muitas proteções, tantas quanto lhe foi possível, para tornar muito difícil a administração e professores futuros se desviarem das convicções do Reformation Bible College. Ele orou profundamente. Escreveu votos solenes para diretoria, administração e corpo docente que pudessem ser assinados e afirmados verbalmente todos os anos e queria que a faculdade fosse pequena. Queria que ela fosse pequena para que cada aluno conhecesse um ao outro e cuidasse um do outro. Também queria que fosse

14 Sproul, *Are We Together?*, 5.

pequena para que houvesse um corpo docente pequeno. R.C. tinha observado como corpos docentes maiores em outras faculdades e seminários cristãos viabilizavam facções e levavam a menos controle e supervisão. Ele queria um corpo docente pequeno que fosse comprometido com a teologia e com a visão e missões. Queria todas as proteções possíveis que impedissem sua faculdade de se tornar vítima de uma narrativa de declínio.

Mantê-la pequena não significava que R.C. não tinha expectativas elevadas, porque ele tinha. Entre os gigantes do passado que influenciaram R.C., estava J. Gresham Machen, Embora R.C. mencionasse Tomás de Aquino, Lutero, Calvino e Edwards muito mais do que Machen, o impacto de Machen foi profundo, especialmente no que diz respeito à faculdade. Machen esteve consistentemente no centro da tempestade, tomando uma posição em favor da verdade e da ortodoxia. Seu biógrafo e colega, Ned Stonehouse, chamava-o de "Valente pela Verdade", de *O Peregrino*, de John Bunyan. Quando Machen deixou o Princeton Theological Seminary, somente alguns alunos saíram com ele. A primeira turma de graduação era formada por pouco mais de doze alunos. Mas essa turma inicial e as pequenas turmas daqueles primeiros dias tiveram um impacto tremendo na igreja. R.C. fala de sentar-se e listar, em um pedaço de papel, "cem pessoas que eu sabia que eram líderes da fé reformada na América". Da lista de cem nomes, R.C. "podia rastrear as raízes de noventa e nove deles, de uma maneira ou de outra, até ao Westminster Theological Seminary que foi fundado por Machen".[15] Machen era um teólogo de campo de batalha que produziu uma geração de teólogos semelhantes. Isso certamente inspirou R.C., que foi honrado em

15 Sproul, "Remarks on the Fifth Anniversary".

receber um diploma honorário de doutor em teologia do Westminster Theological Seminary, em 24 de maio de 2012.

A declaração oficial de propósito do RBC expressa suscintamente as aspirações de R.C. para os formados da faculdade: "O propósito do Reformation Bible College é produzir alunos bem instruídos e fluentes que abraçam a Deus e sua santidade conforme ensinados na tradição reformada clássica."

DESPERTAMENTO

Embora houvesse aplicado seus esforços em fundar e começar o RBC entre os anos de 2011 e 2014, R.C. continuava sua agenda de pregação em Saint Andrew's, bem como a de escrever, falar e prover liderança à Ligonier. No outono de 2014, R.C. e Vesta lideraram uma excursão de estudo da Ligonier que cobria as origens do cristianismo americano. A excursão começou em Boston, seguiu pela Nova Inglaterra, desceu a Princeton, com um momento especial de visita ao sepulcro de Jonathan Edwards e, depois, para Filadélfia. Um dos lugares visitados na Nova Inglaterra foi a Old Smith Church, em Newburyport, Massachusetts. A igreja foi estabelecida em 1740, quando George Whitefield visitou pela primeira vez a cidade. Uma das pessoas convertidas pela pregação de Whitefield foi Jonathan Parsons, um ministro na Primeira Igreja Presbiteriana em Newburyport. Depois de sua conversão, a sua igreja não o quis mais. Ele, acompanhado de outros convertidos durante a pregação de Whitefield, estabeleceram a Old South Church. Construíram uma formidável casa de reuniões em 1756; o sino foi produzido pela Paul Revere & Son, de Boston.

Whitefield retornou em 1770. Pregou no sábado, 29 de setembro. Depois de pregar, uma multidão o seguiu até à casa em que estava hospedado. Insistiram em que pregasse para eles. Whitefield ficou de pé nos degraus e pregou para os que enchiam a sala, se espremiam na porta e ocupavam o jardim. Ele pregou até que a vela em sua mão se acabou. Ele se retirou para a cama. E morreu às seis horas da manhã no dia seguinte, domingo, 30 de setembro de 1770. O funeral foi realizado em 2 de outubro. Uma multidão, estimada em oitocentas pessoas enchia o santuário e as ruas adjacentes. Na vida e na morte, pessoas afluíam em grande número para Whitefield. Ele foi sepultado debaixo do púlpito da Old South Church.

Não havia um tempo de preleção agendado durante a visita à igreja. Fizemos um *tour* pelo prédio, visitamos o sepulcro, embarcamos no ônibus e seguimos para o próximo lugar. Mas, por um momento, o grupo ficou sentado nos bancos da igreja, e R.C. foi para frente e subiu ao púlpito. Ele começou a pregar um sermão improvisado. Começou com uma brincadeira. "Diz a lenda," falou R.C., "que pouco antes de Whitefield deixar a multidão reunida para ir descansar à noite, ele se voltou para as pessoas e disse que, um dia, um pregador viria de Orlando, na Flórida, para pregar aqui; mas, Whitefield trovejou, 'sobre o meu corpo morto!'"

Mudando de repente, R.C. citou Mateus 16.13-17 e começou um sermão. Falou de Jonathan Edwards e seu sermão "Uma Luz Divina e Sobrenatural", com base no mesmo texto bíblico de Mateus. O conhecimento de quem Cristo é, verdadeiramente, e do que Cristo fez, verdadeiramente, não é obtido por meios naturais, e sim por meios sobrenaturais. Edwards foi alguém que teve uma experiência pessoal de despertamento e trabalhou por pregar o evangelho para que outros fossem despertados. Em seguida, R.C. falou sobre a diferença entre grandes expositores ou grandes mestres e "pregadores ungidos". R.C. comentou que esses pregadores ungidos são joias raras da história da igreja. Nessa categoria, ele incluiu Martin Lloyd-Jones,

Charles Haddon Spurgeon, Jonathan Edwards e George Whitefield. R.C. comentou que já havia lido muitos sermões de cada um deles. E disse que eles tinham assuntos muitos semelhantes e interesses quase idênticos. Todos eles tinham experimentado pessoalmente a mesma visitação transformadora sobrenatural. Isso era o que eles pregavam. Também comentou que, embora tivessem permanecido sozinhos em seu tempo e lugar, não ficaram desanimados, nem se deixaram dissuadir. Não se preocuparam em ser politicamente corretos mas em serem teologicamente corretos, pregando para agradar a Deus e não ao homem. Todos eles assumiram os custos de sua posição e foram valentes em sua defesa do evangelho não comprometido. R.C. falava desses homens como se os conhecesse.

Essa "pregação ungida", R.C. disse, era o *animus* por trás do Grande Despertamento. Ele disse que não havia nenhuma voz poderosa o suficiente para despertar os mortos. Nenhuma voz humana. Mas uma voz divina, ouvida por meio da pregação fervorosa da Palavra, podia despertar os mortos. Todos aqueles homens pregaram visando à conversão, uma "visitação monergística e imediata do Espírito Santo", que acompanha a pregação fiel do evangelho. Deus decretou que sua Palavra tenha o poder de trazer vida dentre os mortos, trazer os mortos à vida.

R.C. continuou, ganhando força a cada sentença: "Cada geração precisa recuperar de novo a Palavra de Deus e confiar no seu poder novamente." Pessoas precisam do novo nascimento. Precisam ver a luz do evangelho, não mais cegas e nas trevas. Pessoas precisam ser despertadas.

Depois que R.C. terminou, voltou-se para os poucos degraus ao lado do púlpito e desceu. Por alguns momentos ninguém se moveu.[16]

Depois disso, R.C. falou bastante sobre despertamento. Ele testemunhou como isso o fizera pregar de maneira diferente, ser mais fervoroso em seu apelo de que pessoas se arrependam e creiam. O tema da Conferência Nacional Ligonier em 2015 foi "Depois das Trevas, Luz". R.C. ofereceu esta sentença para acompanhar o tema: "O povo de Deus tem de clamar por um avivamento e uma restauração da luz." Nesse ano, R.C. falou sobre Isaías 6: "Santo, Santo, Santo." Ele mencionou o sermão de Edwards e, depois, acrescentou:

> Seguindo isso, houve o que é chamado na Nova Inglaterra e na história americana de "O Grande Despertamento", no qual pessoa após pessoa foi despertada por Deus, o Espírito Santo. E esse despertamento realizado por Deus, o Espírito Santo, as removeu das trevas para a luz, por meio da luz divina e sobrenatural. Não a luz de um bulbo incandescente, não a luz de uma vela, não a luz do sol, nem a luz da lua. Essas são luzes naturais. A luz que traz despertamento é sobrenatural e é divina. Transmitida imediatamente à alma.
>
> Vocês sabem. Todos os dias, sem falhar nenhum, eu oro por um despertamento em favor da Saint Andrew's, onde eu pastoreio, em favor da igreja na América e da igreja ao redor do mundo, porque novas trevas caíram sobre o panorama dos países em que vivemos. E essa sombra imensa tem coberto

16 R.C. Sproul, Old South Church, Newburyport, Massachusetts, September 26, 2014. Das anotações feitas por Stephen J. Nichols. No meio do sermão de R.C., Chris Larson e eu olhamos um para o outro e, ambos, compreendemos que gostaríamos de ter registrado esse sermão improvisado.

a igreja, de muitas maneiras, e estamos retornando ao nosso estado natural que são as trevas.

Em seguida, R.C. mostrou a conexão com Isaías 6, o texto sobre o qual havia pregado muitas vezes:

> Por natureza, nós odiamos; odiamos a luz e amamos as trevas, porque nossas obras são más. Queremos viver em um estado de ocultação diante de Deus, embora a glória de Deus encha toda a terra. Fugimos dela, nos escondemos dela e preferimos as sombras em que estamos protegidos da luz que nos expõe e nos faz dizer: "Ai de mim!"
>
> No entanto, Isaías, em sua miséria, lamentando a respeito de sua boca impura, foi levado ao arrependimento que tinha um custo. Deus lidou com aquela boca impura. Ele ordenou que o anjo fosse ao altar e pegasse uma brasa viva, um carvão quente, com uma tenaz do altar, e a trouxesse, e a colocasse nos lábios — um das partes mais sensíveis do corpo humano — de seu profeta que estava tremendo abaixo dele.
>
> Não para torturá-lo, não para destruí-lo, não para puni-lo, mas para cauterizar seus lábios, para limpá-los, para curá-los. E, depois, enquanto os lábios do profeta estão sibilando na carne, ele ouve a voz de Adonai: "A quem enviarei, e quem há de ir por nós."
>
> E observe que Isaías não diz "eu estou bem aqui", indicando sua localização. Não é "estou aqui", mas "eis me aqui, envia-me a mim". É assim que pessoas respondem quando seus lábios foram purificados por um Deus santo. É assim que pessoas respondem quando uma luz divina e sobrenatural invadiu sua alma e as despertou da morte espiritual para a vida espiritual.

Depois, R.C. insere Edwards novamente:

> Ora, quando Edwards está pregando esse sermão sobre Mateus 16, ele tenta expandir-se sobre a importância dessa luz divina e sobrenatural, que traz uma pessoa à vida. O que é que o Espírito Santo faz quando nos visita com essa luz sobrenatural e imediata de Deus?
>
> Ele diz que a primeira coisa que a regeneração faz, ou o despertamento, ou a visitação do Espírito Santo, é mostrar-nos a verdade da Palavra de Deus (...) e, quando a Palavra é proclamada, o Espírito toma essa Palavra e usa-a para penetrar nosso coração e nossa alma, para que agora digamos: "Eu percebo isso. Eu entendo isso".
>
> Quando somos visitados por essa luz divina e sobrenatural, nossos olhos são abertos. E saímos das trevas e vemos a luz da Palavra de Deus que ilumina todo homem que vem ao mundo. E nós a vemos em sua veracidade.
>
> Mas Edwards foi além disso e afirmou que a luz divina e sobrenatural não é algo que simplesmente nos convence da verdade. Ela nos mostra duas outras coisas sobre a verdade e sobre Deus. Essa obra sobrenatural e imediata do Espírito Santo em nossa alma nos mostra a beleza da verdade (...).
>
> Essa verdade nos conquista com sua beleza. Toda palavra que procede da boca de Deus, até aquelas palavras que nos levam a dizer: "Ai de mim!", são palavras cheias de beleza, porque chegam até nós procedentes do autor da beleza.
>
> E, depois, Edwards vai mais além na sua análise dessa luz divina e sobrenatural, quando diz não somente que o Espírito nos desperta imediatamente para a verdade de Deus e de sua

> Palavra e para a beleza de Deus e de sua Palavra, mas também que essa luz nos convence da glória de Deus, vindo do hebraico que significa peso, substância, aquilo que é magnificente, majestoso, elevado e exaltado. Fora das trevas, a luz, a luz da verdade, a luz da beleza e a luz da glória de Deus, que é santo, santo, santo.[17]

O despertamento leva a conhecer, adorar, cultuar e ao desejo de expressar a beleza, a santidade e a glória de Deus em cântico. Há um precedente bíblico, ou seja, os Salmos. Há também um precedente na história da igreja.

GLÓRIA AO SANTO

Escrever hinos fez parte dos esforços reformadores de Martinho Lutero quase desde o começo. Lutero escreveu: "Ao lado da Palavra de Deus, a música merece a mais elevada apreciação."[18] Lutero escreveu seu primeiro hino em 1523. Depois daquele primeiro hino, Lutero reconheceu a necessidade de reformar o cantar da igreja. A teologia, a pregação e a liturgia da igreja — estavam todas em necessidade de uma reforma completa e abrangente. Lutero escreveu uma carta anunciando suas intenções e pedindo ajuda:

> Estou planejando, de acordo com o exemplo dos profetas e pais da antiguidade, criar salmos vernáculos, ou seja, hinos, para as pessoas comuns, de modo que a Palavra de Deus permaneça

17 R.C. Sproul, "Holy, Holy, Holy", 2015 Ligonier National Conference, Orlando, Florida.

18 Martin Luther, *Luther's Works*, vol. 53, *Liturgy and Hymns*, ed. Ulrich S. Leopold and Helmut T. Lehmann (Philadelphia: Fortress Press, 1984), 323.

> com o povo, por meio do canto. Portanto, estamos procurando poetas em todos os lugares.[19]

Por volta de 1524, o primeiro hinário em alemão saiu da prensa móvel. Tinha oito hinos, quatro compostos por Lutero e quatro compostos por dois "poetas" adicionais que Lutero tinha achado. Até ao final de sua vida, Lutero escreveu 38 hinos, sendo o principal deles "Castelo Forte", uma meditação de Lutero sobre o Salmo 46. Lutero, um músico capacitado, escreveu muitas melodias além de escrever as letras de seus hinos. Também colaborou com Johann Walter, o compositor de Frederico, o Sábio, em Wittenberg e Torgau. O resultado da colaboração transformou o culto da Alemanha e, posteriormente, inspirou Isaac Watts, nos anos 1700, a hinografia e a liturgia do mundo de fala inglesa.

R.C. escreveu seu primeiro hino em 1991, "Glory to the Holy One" ("Glória ao Santo"). Apareceu nas costas da segunda edição de *The Holiness of God* (A Santidade de Deus), relançado em 1998. O hino é uma meditação sobre Isaías 6, o refrão ecoa as palavras do profeta:

> "Santo, Santo, Santo"
> Clama o coro seráfico
> Glória, glória ao Santo
> Unam-se ao canto celestial.[20]

R.C. escreveu outro hino, tanto a letra quanto a melodia, "Come, Thou Savior, Spread Thy Table" ("Vem, Tu, Salvador, Prepara a Tua

19 Martin Luther, "December 1523", *The Annotated Luther*: vol. 4, *Pastoral Writings*, ed. Mary Jane Haemig (Minneapolis: Fortress, 2016), 153.

20 A letra original tinha "É o canto dos anjos", como a última linha. R.C. a mudou de uma declaração para um chamado à ação: "Unam-se ao canto celestial".

Mesa"), em 1992. Esse hino celebra a Ceia do Senhor. Em seu prefácio ao livro de Keith Mathison *Given for You: Reclaiming Calvin's Doctrine of the Lord's Supper* (Dado por Vós: Reafirmando a Doutrina de Calvino sobre a Ceia do Senhor), R.C. escreveu sobre a importância da Comunhão, dizendo: "Estou convencido de que, onde a ordenança da Ceia do Senhor é recebida levianamente, o povo do Senhor é gravemente empobrecido. Sem a Palavra e sem a ordenança, enfrentamos uma fome espiritual."[21] R.C. fala que a Ceia do Senhor está em eclipse. O primeiro verso do hino chama Cristo a vir e "alimentar tuas ovelhas desamparadas e famintas". E o refrão diz:

> Jesus, Jesus, te adoramos,
> Dádiva do Pão do céu;
> Jesus, Jesus, te adoramos,
> Mantém nosso espírito alimentado.

Outros hinos seguiram, incluindo "Clothed in Righteousness" ("Vestido de Justiça"), o hino de faculdade para o RBC. Depois, em 2014, R.C. começou uma colaboração com Jeff Lippencott. Lippencott é um compositor extremamente dotado e ganhador de prêmios, com vários prêmios da American Society of Composers, Authors e Publishers (ASCAP) e da Brodcast Music, Inc. (BMI) e indicações ao Emmy. Ele foi atraído à teologia de R.C. e impressionado pela habilidade lírica de R.C. Lippencott fez trilha sonora para filmes e séries de televisão e tem inúmeros projetos em seu currículo. Pela sugestão de Chris Larson, os dois decidiram trabalhar juntos para ver o que poderia resultar. O resultado foi um projeto de dois CDs de hinos:

21 R.C. Sproul, 'Foreword", em Keith Mathison, *Given for You: Reclaiming Calvin's Doctrine of the Lord's Supper* (Phillipsburg, NJ: P&R, 2002), x.

Glory to the Holy One (Glória ao Santo), lançado em 2015; e *Saints of Zion* (Santos de Sião), lançado em 2017.

O procedimento típico era que R.C. escrevia a letra e, depois, Lippencott escrevia a música. E assim foi, exceto em relação a "Highland Hymn". Jeff escreveu e compôs a melodia e, em uma visita à casa de R.C., tocou para ele e Vesta. R.C. foi à sua escrivaninha e, dez minutos depois, trouxe um pedaço de papel com a letra totalmente escrita. O começo do hino gravado tem os sons suaves de gaitas irlandesas elevando-se como as névoas sobre as Terras Altas escocesas. A canção é épica, semelhante ao tema de um filme. A letra celebra a grande verdade da visão beatífica descrita lindamente em 1 João 3.1-3, uma das passagens bíblicas favoritas de R.C. e Vesta. Em aumentos graduais o hino diz: "Nós o veremos face a face naquele dia." Lippencott comentou que esse hino é o ponto alto da história do projeto como um todo. Vesta disse: "É o nosso favorito."

Em consonância com o exemplo de Lutero em "Castelo Forte" como uma meditação sobre o Salmo 46, R.C. escreveu "The Secret Place" ("O Lugar Secreto"), baseado no Salmo 91. Em 25 de agosto de 2014, uma estreia privada aconteceu no Ministério Ligonier, para ouvir o projeto gravado antes de seu lançamento em 2015. Cerca de 20 ou mais pessoas se reuniram ao redor dos Sprouls e dos Lippencotts. Depois de cada hino, Jeff e R.C. ofereciam seus comentários, relembrando a escrita do hino ou algum momento da gravação. Mas depois que "The Secret Place" foi ouvido, ninguém falou. Repleto de figuras, a canção retrata a segurança de habitar à "sombra de nosso Rei poderoso". Os tons suaves do coro e os toques finais das notas do piano sozinho levam o hino contemplativo ao término. Beleza paira no ar.

O CD foi lançado em 2015 na Conferência Nacional Ligonier. Um concerto de estreia foi realizado na Saint Andrew's Chapel na quarta-feira, 18 de fevereiro de 2015. Na noite anterior, um concerto com uma orquestra completa e um coro completo foi realizado para um santuário vazio, exceto para a equipe de vídeo e som e para um casal sentado no final da bancada no corredor do centro, quatro fileiras para trás. Era R.C. e Vesta. Quando o concerto começou, ele colocou o braço ao redor dela. Ficaram sentados, em silêncio e alegria, durante todo o concerto. Vendo isso, alguém poderia pensar que R.C. não mediu esforços para escrever e produzir um álbum de hinos apenas para levar sua amada a um evento de um concerto particular. Talvez ele tenha feito isso.

Logo depois disso, R.C. sofreu outro derrame. Ficou ausente do púlpito e de suas visitas diárias à Ligonier durante os vários meses seguintes. Ele se recuperou; mas, o derrame, associado aos derrames anteriores e a doença pulmonar obstrutiva crônica (DPOC), teve o seu impacto. Poucos sabiam que grande luta era para R.C. pregar ou fazer palestras. Mas ele perseverou. Ainda havia trabalho a realizar.

R.C. tinha grandes preocupações com a falta de precisão e a superficialidade do pensamento sobre a pessoa e a obra de Cristo na igreja contemporânea. Quem Cristo é e o que ele fez são o evangelho; e a proclamação do evangelho é o próprio âmago e centro da missão da igreja. Isso o levou a escrever e lançar *A Palavra se Fez Carne: A Declaração do Ministério Ligonier sobre Cristologia*. Baseia-se tanto nos credos antigos quanto nas contribuições dos reformadores em expor o ensino bíblico sobre a pessoa e a obra de Cristo.

> Confessamos o mistério e a maravilha
> de Deus feito carne
> e nos regozijamos na nossa grande salvação
> por meio de Jesus Cristo nosso Senhor.

Com o Pai e o Espírito Santo,
o Filho criou todas as coisas,
sustenta todas as coisas,
e faz novas todas as coisas.
Verdadeiro Deus,
tornou-se verdadeiro homem,
duas naturezas em uma pessoa.

Nasceu da Virgem Maria
e viveu entre nós.
Foi crucificado, morto e sepultado,
ressuscitou ao terceiro dia,
subiu ao céu
e virá novamente
em glória e juízo.

Por nós,
Ele guardou a Lei,
expiou o pecado e satisfez a ira de Deus.
Ele levou nossos trapos imundos
e nos deu seu manto de justiça.

Ele é o nosso Profeta, Sacerdote e Rei,
edificando sua igreja,
intercedendo por nós,
e reinando sobre todas as coisas.

Jesus Cristo é o Senhor;
nós louvamos o seu santo Nome para sempre.
Amém.

A declaração foi escrita principalmente por R.C. Sproul e Stephen Nichols, com a colaboração dos professores membros do Ministério Ligonier e Chris Larson. A declaração também inclui vinte e seis artigos de afirmação e negação.[22] R.C. escreveu muitos deles. Os professores membros da Ligonier também contribuíram. Toda a série de artigos foi editada e revisada pelos Drs. Keith Mathison e John Tweeddale, do RBC, e pela equipe editorial no Ministério Ligonier.

Havia uma poesia associada a esse projeto. No começo do ministério público de R.C., ele fora um catalisador e um grande colaborador para a Declaração de Chicago sobre Inerrância Bíblica, e o principal escritor dos artigos de afirmação e negação que a acompanhavam. Nos anos finais de seu ministério, R.C. estava lá para servir à igreja como um catalisador para a Declaração sobre Cristologia.[23]

Quando Jeff Lippencott viu pela primeira vez a declaração, começou a trabalhar imediatamente em uma composição, que resultou em "The Word Made Flesh: A Christology Hymn" ("A Palavra se Fez Carne: Um Hino de Cristologia"). Seria lançado no segundo projeto de colaboração de hinos entre R.C. e Lippencott, *Saints of Zion* (Santos de Sião). Esse projeto inclui também *Psalm of the Shepherd* (Salmo do Pastor), sobre o Salmo 23. Enquanto R.C. lidava com sua enfermidade, ele achava grande conforto em ler e orar o Salmo 23. Na Conferência Nacional Ligonier em 2016, R.C. disse:

---

22 Nota do Editor: É possível acessar o documento completo em língua portuguesa no endereço: https://pt.ligonier.org/recursos/credos-e-confisso%CC%83es/o-verbo-se-fez-carne/ (acessado em agosto de 2022)

23 Quanto a uma conversa entre nós dois sobre a redação, o conteúdo e as esperanças para a declaração, ver Stephen Nichols e R.C. Sproul, "The Word Made Flesh: The Ligonier Statement on Christology", 2016 Ligonier National Conference, Orlando, Florida.

> Algumas semanas atrás, alguém me perguntou sobre os problemas de saúde com os quais tive de lidar nesse ano passado, e eu disse que me vi terminando as minhas orações recitando e orando o Salmo 23. Quão básico é isso? É elementar. "O Senhor é o meu Pastor; nada me faltará." E daqui vamos para os pastos verdejantes e as águas tranquilas, sendo guiados nas veredas da justiça por amor ao nome dele. Passamos por todo esse salmo glorioso e o que ele significa, existencial e pessoalmente, é que todo cristão tem um Salvador que comprou para nós a vida eterna — não existe nada melhor que isso, existe?[24]

TRANSIÇÕES

Desde o tempo em que R.C. completou sessenta anos, em 1999, o conselho administrativo discutiu planos de sucessão para o Ministério Ligonier. A primeira decisão a tomar foi se o Ministério Ligonier era ligado exclusivamente a R.C. ou ao ensino e à teologia que ele ensinava e defendia. O Ministério Ligonier cessaria suas atividades com a morte de R.C.? Ou, Deus permitindo, haveria continuidade? O conselho determinou que, embora a personalidade de R.C. fosse uma grande parte do Ministério Ligonier, a organização estava comprometida com o corpo de ensino que R.C. comunicava tão convincentemente. O conselho estava comprometido em levar adiante a missão e levar esse ensino à geração seguinte e a gerações posteriores, se Deus permitisse. Uma que vez a questão foi resolvida, a próxima pergunta envolvia como ou, mais exatamente, quem? Quem sucederia R.C.?

24 Nichols e Sproul, "The Word Made Flesh".

Quando o Centro de Estudo Vale Ligonier começou pela primeira vez, ele era uma comunhão de ensino. R.C. era o eixo da roda, mas não estava sozinho. Havia outros professores. O conselho decidiu repetir esse modelo. O presidente do Ministério Ligonier, Chris Larson, também ressaltou que: "O conselho sabia que seria impossível achar um homem a quem a tocha poderia ser passada. A realidade é que o Dr. Sproul é um dom singular da parte do Senhor."[25] Essa admissão exigiu que o conselho procurasse "homens que fossem dignos de confiança, capacitados em sua área e sábios".[26] Eles anunciaram que os quatro professores membros da Ligonier seriam o Drs. Robert Godfrey, Sinclair Ferguson, Steven Lawson e R.C. Sproul Jr.. Chris Larson acrescentou: "Esses quatro homens servirão como orientadores junto ao Dr. Sproul, ao conselho e à liderança principal, e serão mestres ativos em todos trabalhos do Ministério Ligonier."[27] O Dr. Stephen J. Nichols foi acrescentado como professor membro em maio de 2013. Em novembro de 2015, os Drs. R. Albert Mohler Jr. e Derek W.H. Thomas foram acrescentados. O Dr. Burk Parsons foi acrescentado em março de 2017.

Quando os quatro primeiros professores membros foram acrescentados, o *banner* do *website* do Ministério Ligonier mudou de "O Ministério de Ensino de R.C. Sproul" para "A Comunhão de Ensino de R.C. Sproul". Os professores da comunhão eram amigos de trincheira de R.C. nos anos finais de sua vida. Ele respeitava os dons e a coragem de cada um. Conhecia pessoalmente cada um deles e conhecia os seus ministérios. Apreciava a reputação de fidelidade e integridade deles. Também era muito importante para ele que os

25 Chris Larson, "The New Teaching Fellows of Ligonier Ministries", May 12, 2010, https://www.ligonier.org/blog/new-teaching-fellows-ligonier-ministries/.

26 Larson, "The New Teaching Fellows of Ligonier".

27 Larson, "The New Teaching Fellows of Ligonier".

professores da comunhão fossem comprometidos com a fé reformada, dispostos a defendê-la e corajosos para contender por ela. Ele queria "teólogos de campo de batalha" e comunicadores — todas as qualidades que ele admirava tanto em seus amados reformadores.

Refrear-se de nomear um único sucessor é, em si mesmo, uma atitude ousada. Poucos ministérios ou organizações cristãs têm se aventurado a tomar essa atitude. É sem precedente. A comunhão de ensino era parte do plano de sucessão. No Ministério Ligonier, Chris Larson estava servindo como presidente e, nos anos até à morte sua morte, R.C. transferiu a condução diária do ministério a Chris Larson. R.C. deu a Larson, então, próprio título — CEO; mas, reteve sua posição como *chairman* do conselho administrativo. No Reformation Bible College, o conselho designou Stephen Nichols para servir como o segundo presidente em 2014, enquanto R.C. foi designado chanceler e tinha assento no conselho. Na Saint Andrew's, R.C. e os presbíteros tornaram Burk Parsons co-pastor. Antes de ele morrer, a assembleia havia anunciado, com a bênção de R.C., que, ocorrendo o seu falecimento, o Dr. Parsons seria instituído como o pastor principal.

O plano de sucessão, que começou nos anos 2000, foi colocado em andamento até aos anos 2010. Vesta continua ativamente envolvida no ministério, como tem sido durante toda a vida. Ela tem o título de cofundadora. Está no escritório diariamente; sua caneta vermelha (ou, às vezes, azul; ou, às vezes, um lápis) passa sobre cada palavra impressa que sai do Ministério Ligonier. A filha de R.C., Sherrie Sproul Dorotiak, serve ao Ligonier como uma diretora de desenvolvimento. Tendo crescido com a *Tabletalk*, ela conhece muito bem a teologia de seu pai e conseguiu pegar seu senso de humor, seu sorriso e seu amor pelas pessoas.

Em 12 de dezembro de 2016, o Ministério Ligonier emitiu a seguinte declaração: "Na última sexta-feira, o conselho de diretores do Ministério Ligonier e do Reformation Bible College recebeu e confirmou a renúncia do Dr. R.C. Sproul Jr. Ele está se retirando de seus deveres no ministério e na faculdade por razões pessoais."[28]

Essas foram as transições que aconteceram nos anos 2010, preparando o ambiente para o que seria o ano final de R.C., 2017, o ano do aniversário de quinhentos anos da Reforma.

O LEGADO DE LUTERO

A primeira publicação de R.C. foi o artigo sobre Lutero no *Gordon Review*, em 1968. Um dos projetos finais em que ele trabalhou foi um livro de ensaios sobre Martinho Lutero publicado pela Reformation Trust, editora do Ministério Ligonier. R.C. teve a última palavra no livro de ensaios. Ele intitulou seu capítulo "Lutero e a Vida do Pastor-Teólogo". R.C. destaca como as Noventa e Cinco Teses, embora tencionassem um debate entre eruditos, foram provocadas por cuidados pastorais. A venda de indulgência por Tetzel resultou em um "engano de falso perdão" que "forçou Lutero não somente a questionar o assunto das indulgências, mas todo o sistema de salvação da igreja".[29] Depois, vieram as Noventa e Cinco Teses. Como R.C. disse: "A Reforma estava em andamento."[30]

Lutero tinha 33 anos de idade quando fixou as Noventa e Cinco Teses. Ele viveria outros 29 anos, morrendo aos 62 anos. No século XVI, a expectativa de vida estava abaixo dos 40 anos. Aqueles que

28 "A Statement Concerning Dr. R.C. Sproul Jr.", December 12, 2016, https://www.ligonier.org/updates/rc-sproul-jr/.

29 R.C. Sproul, "Luther and the Life of the Pastor-Theologian", em *The Legacy of Luther*, ed. R.C. Sproul e Stephen J. Nichols (Sanford, FL: Reformation Trust, 2016), 280-81.

30 Sproul, "Luther and the Life of the Pastor-Theologian", 281.

sobreviviam aos seus 60 anos eram propensos a ter gota, parasitas intestinais, perda de audição e vista, ter artrite e outros males. Lutero os tinha todos. Ele escreveu para um amigo, um mês antes de morrer: "Estou escrevendo como um homem velho, decrépito, letárgico, cansado, frio e, agora também, com visão em apenas um olho."[31] Lutero estava sentido a pressão dos anos e das lutas.

Quando 2017 começou, R.C. estava também sentido a pressão dos anos. Sua doença pulmonar obstrutiva crônica (DPOC) estava tendo consequências. Os efeitos da DPOC impactavam seu sono, o que impactava sua saúde. O inverno e a primavera foram difíceis. Na Conferência Nacional Ligonier, em março de 2017, com o tema "Os Próximos 500 Anos", R.C. participou de uma sessão de perguntas e respostas no primeiro dia. Depois, sentiu-se fatigado e incapaz de dar sua palestra, que estava agendada para sábado, como o final da conferência. O espírito estava disposto, mas o corpo estava fraco. Quando o verão chegou, R.C. melhorou em força e boa saúde. Estava jogando golfe novamente, pela primeira vez em anos. Aqueles que o conheciam bem comentaram que ele pareceu estar em melhor saúde durante o último verão e o início do outono de 2017 do que nos vários últimos anos. Ele não perdeu um domingo de pregação durante esse tempo. No meio de uma entrevista, seu telefone tocou. Era a loja no clube de campo, informando-lhe que seu taco de golfe havia chegado.

Tudo isso estava conduzindo ao mês de outubro de 2017, o mês do ano que continha os 500 anos de aniversário do dia em que Martinho Lutero fixou suas Noventa e Cinco Teses. R.C. tinha toda a expectativa de uma criança no Natal.

31 Martin Luther to Jacob Probst, January 17, 1546, em *Luther's Works*, vol. 50, *Letters* 3, ed. Gottfried G. Knodel e Helmut T. Lehmann (Philadelphia: Fortress Press, 1975), 284.

À medida que outubro se aproximava, R.C. ficava verdadeiramente empolgado a respeito da celebração no final do mês. O dia 31 de outubro de 2017 marcou o quingentésimo aniversário da fixação das Noventa Cinco Teses por Lutero. Uma atenção especial foi colocada na Reforma, um assunto que era muito querido por R.C. havia décadas. Quando R.C. publicou *The Holiness of God* (A Santidade de Deus), em 1985, ele o dedicou, naquele tempo, a seus dois netos:

> A Kaky e Ryan
> e à sua geração,
> que eles possam viver
> durante uma nova reforma

R.C. esperava, então, que a redescoberta da centralidade da santidade de Deus levasse a uma nova Reforma. Anelava por isso. R.C. nunca estudou o passado como alguém que visitava um museu. O passado não era curiosidade histórica. Pare ele, o passado servia para impulsioná-lo para o futuro. Ele estudou a Reforma e os despertamentos do passado porque anelava ver uma nova Reforma e um novo despertamento. Quando o Ministério Ligonier planejou a conferência nacional de 2017, que aconteceu no início de março, R.C. assegurou-se de que ela não seria apenas a respeito de olhar para trás. O tema da conferência era "Os Próximos 500 Anos". A conferência focalizaria em olhar para frente. O aniversário de 500 anos da Reforma era uma ocasião para celebrar o passado, mas era também uma ocasião para planejar e orar pelo futuro.

O que as pessoas ao redor dele não sabiam era que os meses de outubro e novembro seriam os seus últimos. Eles conteriam o seu último evento Reformation Circle, um tempo que ele sempre apreciava. Seu amigo Max Maclean ofereceu uma repetição dramática dos primeiros anos da vida de Lutero. R.C. falou sobre os momentos cruciais que levaram à Dieta de Worms.

UM MENDIGO QUE ACHOU PÃO

Outubro foi também o mês da última conferência do Ministério Ligonier para R.C., a Celebração dos 500 anos da Reforma. Foi realizada na Saint Andrew's Chapel e transmitida ao vivo. R.C. falou sobre o tópico "O que é o Evangelho?". Ele começou por chamar atenção para aspectos do evangelho: o conteúdo objetivo do evangelho e a apropriação subjetiva do evangelho. Em relação ao conteúdo objetivo, R.C. disse:

> O evangelho objetivo é simplesmente isto: é Jesus. Quem ele é e o que ele fez. Sua vida de obediência perfeita, impecabilidade, expiação vicária, sua ressurreição, sua ascensão ao céu, sua promessa de seu retorno.[32]

Quando nos voltamos à questão da apropriação subjetiva do evangelho, foi em torno disso que explodiu a controvérsia do século XVI. A questão era: como a vida de obediência de Cristo e a obra da morte de Cristo e seus benefícios são apropriadas por nós? R.C. foi ainda mais preciso: "No próprio âmago da disputa no século XVI estava a pergunta: qual é a causa instrumental de nossa justificação? Qual é o meio pelo qual a nossa salvação e a nossa justificação acontecem?" E continuou: "Roma era muito clara em sua

32 R.C. Sproul, "What Is the Gospel?", October 30, 2017, Reformation 500 Celebration, Sanford, Florida.

definição de qual era a causa instrumental da justificação. Achavam a causa instrumental da justificação nos sacramentos — os dois mais importantes, o sacramento do batismo, e depois, o sacramento da penitência."[33]

Em seguida, R.C. explicou a resposta da Reforma:

> Quando Lutero chegou ao seu entendimento de que a justificação é somente pela fé, a afirmação dos reformadores foi esta: a causa instrumental da justificação não está nos sacramentos, está na fé. A fé é o instrumento, de fato, o único instrumento pelo qual pessoas são justificadas. E essa foi a batalha. Esse foi o conflito entre Roma e os reformadores.[34]

R.C. acrescentou: "A justificação pela fé significa simplesmente que o instrumento de nossa justificação é que com fé, e pela fé, e por meio da fé, somos ligados a Jesus, de modo que tudo que ele é, e tudo que ele fez, é dado a nós. A justificação é somente por meio de Cristo. *Solus Christus*."[35]

Essa conferência foi também a última sessão de perguntas e respostas de R.C. Essas sessões eram famosas nas conferências Ligonier e as favoritas dos conferencistas. Chris Larson moderou a sessão, que incluiu R.C. e outros professores membros da Ligonier. Larson perguntou: "Em sua avaliação, que característica ou qualidade pessoal fez de Lutero um instrumento tão eficaz nas mãos de Deus para reformar a igreja?" R.C. respondeu:

---

33 R.C. Sproul, "What Is the Gospel?"
34 R.C. Sproul, "What Is the Gospel?"
35 R.C. Sproul, "What Is the Gospel?"

Ele foi o mendigo que descobriu onde podia achar pão. E contou para todos que quiseram ouvi-lo. Como pode um homem permanecer firme contra todo o mundo como ele o fez? E a única maneira de entender isso é retornar à sua luta pessoal com sua falta de segurança de salvação, com sua busca intensa por justificação na presença de um Deus santo, e encontrá-lo em seu total desespero. Veja, Lutero entendeu quem Lutero era. E esse é o nosso problema. Não entendemos quem Deus é e não entendemos quem nós somos. É como Isaías, no capítulo 6, quando ele viu o Senhor "em um alto e sublime trono". Ele diz repentinamente: "Opa, espere um minuto! Ai de mim! Tenho uma boca imunda, e não estou sozinho. Vivo com um povo de lábios impuros." Assim foi o despertamento dele para seu próprio pecado. Você não tinha de ensinar a Lutero que ele era um pecador. Ele foi um aluno brilhante de jurisprudência, da lei. Ele leu a lei de Deus. Examinou a si mesmo à luz da lei de Deus e se viu incapaz de salvar a si mesmo. E, quando ele provou o evangelho, sua alma foi incendiada. E ele disse: Não desistirei disso por ninguém no mundo inteiro. Provei o fruto do evangelho. E, se todos os demônios do inferno se opuserem a mim, eu lhes direi: "Essa é a minha posição."[36]

NAQUELE DIA

Depois desse evento e desse mês, R.C. esperava pelo que estava por vir. A faculdade estava atarefada em um projeto de construção, o

36 R.C. Sproul, da Sessão de Perguntas e Respostas, Reformation 500 Celebration, 30 de outubro de 2017, Sanford, Flórida.

qual abrigaria uma biblioteca, escritórios para os professores, salas de aula, centro de atividades estudantis e um espaçoso saguão. R.C. estava pensando na conferência nacional de 2018, cujo tema foi "Despertamento". R.C. o escolhera. Estava pensando na palestra que daria. Estava pensando nos livros que desejava escrever. Falava com todos sobre a importância da doutrina de Deus e sobre algumas das discursões correntes em torno desse assunto.

Ele pregou todos os domingos de novembro. Reduziu gradualmente o golfe e alguns projetos de escrita. Estava ocupado no estudo de Hebreus, o livro bíblico sobre o qual estava pregando, e lendo biografias. Estava trabalhando em um quebra-cabeças. Quando novembro acabou, R.C. pegou um resfriado. Na quarta e quinta-feira, sua condição piorou. Foi levado para o hospital no sábado, 2 de dezembro. Enquanto permaneceu no hospital, os médicos foram incapazes de conseguir que R.C. respirasse bem sozinho.

Em 14 de dezembro, Vesta, Sherrie e seu marido, Dennis, e alguns netos estavam reunidos ao redor da cama de R.C., no quarto. Ouviam o CD *Glória ao Santo*. O "Highland Hymn" começou a ser tocado. R.C. estava incapaz de falar, incapaz de apertar as mãos que agarravam as suas. Mas eles podiam ver movimentos tênues, como se R.C. estivesse lá, ouvindo, mas incapaz de responder. O "Highland Hymn" seguiu para a estrofe final:

> A visão da glória bendita
> Que a nossa alma anseia ver
> nos fará novos imediatamente
> E seremos como ele para sempre.

Em seguida, o refrão, uma vez final:

> Alaúdes cantarão
> Gaitistas tocarão
> Quando o virmos face a face
> Naquele dia.

Com a nota final, R.C. deu seu último suspiro.

11

DOXOLOGIA

A teologia leva a Deus.

TOMÁS DE AQUINO

Os acontecimentos finais da vida de R.C. pareceram fazer parte de um *script*. Sua conferência final do Ministério Ligonier foi sobre Lutero e a Reforma. Sua última sessão de perguntas e respostas terminou com uma resposta que incluía Lutero, o evangelho, Isaías 6, a santidade de Deus e as palavras "essa é a minha posição". Os seus dois últimos sermões foram exposições sobre a glória de Cristo e a grandeza da salvação (ver Apêndice 1). Sua sentença final em seu último sermão clama por despertamento. Seu último suspiro foi dado enquanto o "Highland Hymn" terminava no CD *player*, no quarto do hospital. Pura poesia.

Essa finalização estranha se estendeu até ao dia depois de sua morte e ao episódio de *Renewing Your Mind* (Renovando Sua Mente) em 15 de dezembro de 2017. Naquela semana, o programa estava transmitindo os últimos cinco episódios da épica série de ensino intitulada *Foundations* (Fundamentos). O último episódio, número 60, é "The Believer's Final Rest" ("O Descanso Final do Crente"). Eis como Lee Webb, apresentador de *Renewing Your Mind,* introduziu a transmissão:

> É devido à providência de Deus que estamos transmitindo este programa hoje sobre "O Descanso Final do Crente". Este programa esteve em nossa agenda de transmissões durante vários meses. E, quando o agendamos, não tínhamos a menor ideia de que estaríamos compartilhando com você a triste notícia de que nosso fundador e querido amigo Dr. R.C. Sproul foi para o lar, estar com o Senhor (...). Estamos lamentando a sua perda aqui no Ministério Ligonier, mas que conforto é saber que o Dr. Sproul está hoje — agora mesmo — desfrutando da presença de Cristo. Face a face. Está desfrutando da própria realidade que ele ensina nesta lição.[1]

Muitos se entristeceram com a notícia da morte de R.C. Lamentaram a perda de seu mestre. Entretanto, até mesmo em sua morte, ele estava instruindo seus amados alunos, ensinando-lhes como responder e reagir à sua própria morte.

No transcorrer do episódio, R.C. cita 1 João 3.1-3:

> Vede que grande amor nos tem concedido o Pai, a ponto de sermos chamados filhos de Deus; e, de fato, somos filhos de Deus. Por essa razão, o mundo não nos conhece, porquanto não o conheceu a ele mesmo. Amados, agora, somos filhos de Deus, e ainda não se manifestou o que haveremos de ser. Sabemos que,

1 Lee Webb, Introduction, "The Believer's Final Rest", *Renewing Your Mind* radio broadcast, December 15, 2017.

> quando ele se manifestar, seremos semelhantes a ele, porque haveremos de vê-lo como ele é. E a si mesmo se purifica todo aquele que nele tem esta esperança, assim como ele é puro.

Em seguida, ele explica:

> Esse texto, eu acho, é um dos textos escatológicos mais importantes, se não o texto escatológico mais importante, em todo o Novo Testamento, porque o que ele promete ao crente é o ápice da felicidade que ele desfrutará no céu, que se acha no que a teologia chama tecnicamente a "visio Dei" ou a visão beatífica. A primeira expressão, "visio Dei", significa apenas "a visão de Deus", que é chamada a visão beatífica.
>
> Por quê? Bem, talvez vocês não sejam familiarizados com a palavra "beatífica", mas são familiarizados com a palavra "bem-aventurança". As bem-aventuranças são aquelas afirmações registradas no Sermão do Monte, quando Jesus começa cada uma das bem-aventuranças com o oráculo profético de bênção. "Bem-aventurados os humildes de espírito. Bem-aventurados os pacificadores e os que têm fome e sede de justiça, e assim por diante." Isso é uma promessa de bem-aventurança, um grau de felicidade que transcende qualquer prazer ou qualquer tipo de felicidade terrena — quando Deus dá bem-aventurança à alma de uma pessoa, isso é o nível supremo de alegria, realização e felicidade que qualquer criatura pode receber. E essa bem-aventurança é o que está em vista aqui, quando falamos sobre a visão beatífica: uma visão que é tão maravilhosa, uma visão que é tão satisfatória, que traz em si mesma a plenitude da bênção.[2]

2 "The Believer's Final Rest."

R.C. anelava por esse "deleite de nossa alma", como Jonathan Edwards o expressou. Veremos a Deus "radiante com brilho puro e desvelado".[3] R.C. terminou com estas palavras:

> Por toda a eternidade, Deus estabeleceu este lugar, que é o fim e o destino de todo o seu povo. Não há nada melhor do que isso. E, de novo, toda aspiração, toda esperança e toda alegria pelas quais aguardamos estarão lá, e muito mais, nesse lugar maravilhoso. O nosso maior momento será o momento em que passaremos pela porta, deixaremos este mundo de lágrimas e tristeza, este vale de morte, e entraremos na presença do Cordeiro.

No dia anterior ao dia da transmissão desse programa, R.C. passou pela porta do aqui e agora para a eternidade e entrou em seu descanso. O professor morreu; o ensino, sobrevive. Isso é na terra. No céu, R.C. se uniu aos serafins, adorando aquele que está sentado no trono e ao Cordeiro, sobre o mar de vidro. Ele ainda está proclamando a santidade de Deus.

"Ó RARO"

Na sepultura de Ben Johnson (1572-1637), na Abadia de Westminster, está gravado apenas "Ó Raro". Isso poderia ser dito de R.C. John MacArthur elogiou R.C. como um amigo, como um defensor da fé e como "o maior reformador desta era".[4] Nas páginas da revista *World*, Joel Belz comentou:

3 "The Believer's Final Rest."

4 John MacArthur, "Eulogy", R.C. Sproul memorial service, December 20, 2017, Sanford, Florida.

> R.C. Sproul foi um erudito e comunicador com muitos e excelentes dons, cuja abordagem enfática nos direcionou a um compromisso mais profundo com a verdade do evangelho. Quem não pode se deleitar na compreensão magnífica de Sproul sobre a Escritura — bem como em seu estilo de ensino cativante? Ele era tão cuidadosamente delimitado pela Escritura como qualquer pregador que a maioria de nós já ouviu, embora dentro de suas delimitações, fosse um homem da Renascença plenamente liberto. É uma combinação que suponho que não verei novamente durante a minha vida.[5]

R.C. também foi elogiado no *USA Today*, no *Washington Post* e no seu amado *Pittsburgh Post-Gazette* de sua cidade natal. Foi elogiado e lembrado nos principais veículos de notícias, revistas e blogues cristãos. A Crossway, publicadora de muitos dos livros dele, pediu às pessoas que compartilhassem seu complemento à frase "Sou grato a R.C. Sproul porque ... ". Em poucos dias, eles tiveram mais de 17.000 respostas, de toda parte do mundo. E publicaram cinquenta das respostas em seu *website* em 19 de dezembro de 2017.[6] Eis algumas:

- "Ele desmistificou a teologia para mim." — de alguém em Gana.
- "Ele me ajudou a ter uma visão mais bíblica de Deus." — de alguém em Ohio.
- "Seu ministério me ensinou como amar a Deus." — de alguém em Novo México.

5 Joel Belz, "Sensible Teacher", *World*, January 20, 2018, 4.
6 "50 reasons We're Thankful for R.C. Sproul", December 19, 2017, Crossway, https://www.crossway.org/articles/50-reasons-were-thankful-for-r-c-sproul/.

- "Seu esforço incessante para pregar a Bíblia inerrante e as doutrinas da graça (...)." — de alguém na China.
- "Sua clareza. Até nos assuntos difíceis! Formidável!" — de alguém na Irlanda do Norte.
- "Ele foi fiel até ao fim." — de alguém na Escócia.

R.C. escreveu mais de cem livros, produziu centenas de horas de séries de ensino e deixou um tesouro de sermões. É citado no final de um filme de vampiros que estrela Christopher Walken (*The Addiction,* 1995 - O Vício). A citação: "Não somos pecadores porque pecamos; nós pecamos porque somos pecadores." Uma das suas citações apareceu em *Bartlett's Familiar Quotations*: "O pecado é traição cósmica."[7] Outra de suas citações deveria ter sido: "Não existe nenhuma molécula dissidente."

Há agradecimentos a R.C. nos encartes de um álbum da banda Van Halen. Ele também foi mencionado por Alice Cooper, em um concerto *Good Morning America* de 2010, nas ruas de Nova Iorque, como uma das influências e professores de Cooper. "Vince", como R.C. o chamava por seu verdadeiro nome, leu os livros de R.C. e uma vez frequentou uma conferência da Ligonier em San Diego. Depois da conferência, Cooper viu R.C. esperando para começar uma rodada de golfe, assim como ele. Não estavam programados para jogar juntos, mas Cooper perguntou se R.C. gostaria de jogar golfe com ele. O roqueiro chocante e o teólogo jogando golfe.

Foi a maneira como R.C. combinava as coisas que o tornou tão raro. A maneira como ele combinava ideias complexas com ensino claro. A maneira como ele combinava filosofia com teologia. A

7 Em *Bartlett's Familiar Quotations: A Collection of Passages, Phrases, and Proverbs Traced to Their Sources in Ancient and Modern Literature,* 17th ed. (Boston: Little, Brown, 2002).

maneira como ele podia entremear Aristóteles na apresentação do evangelho. Em uma reunião de Natal do Ministério Ligonier, ele deu uma palestra sobre a história da ciência que terminou por atrair os olhos de todos para o encarnado que estava deitado em uma manjedoura. Combinava um divertido senso de humor com uma visão solene de Deus. Sabia o que era tremer e regozijar-se. Seu círculo de amigos incluía os oradores públicos do mundo evangélico reformado e, na descrição do próprio R.C., os "pagãos" com quem ele jogava e almoçava no clube de golfe. Ambos os grupos de amigos falaram do "vazio" deixado quando ele morreu.

"Ó raro", ele era.

Pessoas eram atraídas ao ensino. R.C. queria que as pessoas tivessem uma visão de quem Deus é. Ele não queria que as pessoas tivessem uma visão de quem R.C. era. Apesar disso, o homem por trás do ensino é importante. Ao considerar o seu legado, consideramos primeiramente o homem.

O HOMEM

Conhecer R.C., a pessoa, envolve entender o papel da família em sua vida, seu senso de humor e amor ao sorriso, sua paixão, sua compaixão, sua natureza atenciosa e seus *hobbies*. Desde o tempo em que era pequeno e esperava no alto da McClellan Drive para acenar aos parentes que vinham para um jantar ou um feriado, R.C. amava a família. No Centro de Estudo Vale Ligonier, R.C. não somente convidava os alunos para a sala de aula; ele os convidava para estar com sua família, para a mesa de jantar. De fato, a própria "sala de aula", naqueles primeiros dias, era sua sala de estar. R.C. amava sua família, era generoso e cordial. Vesta disse como as pessoas, no passar dos anos, lhe agradeciam por compartilhar

R.C. com elas. Ela disse que a família nunca se sentiu como se ele estivesse sendo compartilhado. Disse que, quando ela ou os filhos precisavam dele, ele estava lá. Sem dúvida, sua agenda de viagens significou perder dias de aniversários e alguns daqueles momentos marcantes na vida de uma criança. A filha de R.C., Sherrie, disse em poucas palavras: "Eu tinha um pai tão afável, engraçado e amoroso, que era totalmente louco por mim."[8]

O senso de humor de R.C. é lendário. Al Mohler amava falar nas conferências com R.C. Não somente apreciava ouvir R.C. e se atualizar com seu amigo; Mohler sabia que a presença de R.C. no jantar de preletores significava que o tempo seria muito mais agradável, com muito mais sorrisos e piadas. Steven Lawson chamou R.C. de "o rei das piadas de uma única sentença". Outros tentavam igualar-se a ele, mas não conseguiam. Seu senso de humor era conhecido não somente por seu círculo de amigos e associados mas também por todos os alunos que o viram no passar dos anos. Ele contava piadas e amava ouvir piadas. Ele caçoava e amava ser caçoado. R.C. queria que víssemos a razão teológica. Somente aqueles que tiveram seus pecados perdoados e escaparam da ira de Deus podem conhecer verdadeira alegria na vida.

Tão evidente quanto o senso de humor de R.C., era a sua paixão. Quer fosse sua paixão por Deus e por santidade, ou por sua obra, ou por sua família, R.C. era, como Lutero, bem intenso. Como o velho marinheiro de Samuel Taylor Coleridge, que se sentiu compelido a deter pelo braço os convidados de um casamento e contar sua história, assim também R.C. foi compelido a contar sua história da santidade de Deus e do dom da justiça de Cristo. Essa paixão e motivação compeliam-no, até mesmo em seus setenta

8 Sherrie Sproul Dorotiak, "A Unique Perspective", *Tabletalk*, Special Issue, 2018, 13.

anos, quando seu corpo declinava. R.C. se expressou assim: "Devo a cada ser humano que conheço fazer tudo que eu puder para comunicar-lhes o evangelho."

Havia também compaixão. Vesta comentou: "Ele gostava das pessoas. Pensava que as pessoas eram interessantes e sabia que podia aprender delas. Eu apreciava especialmente o fato de que ele podia conversar com um operário de construção ou com o presidente de uma empresa da lista Fortune 500 e se sentir confortável em ambas as situações. Ele permanecia ele mesmo; não mudava entre duas personalidades em relação a como abordar as pessoas."[9] Guy Rizzo, um daqueles "pagãos" de clube de golfe que foi levado a Cristo por R.C., o conheceu por vinte anos. Ele disse que em todos esses anos R.C. "nunca agiu com ar de superioridade".[10] Aqueles que trabalhavam no Ministério Ligonier ou puderam trabalhar com R.C. em projetos expressavam quão bondoso o Senhor havia sido em lhes dar aquele tempo com R.C.

Finalmente, para entendermos o homem em relação à importância da família, seu senso de humor, sua paixão e sua compaixão, ver seus *hobbies* completa o quadro. Esportes, pintar e desenhar, ler biografias, assistir a filmes clássicos e contemporâneos, música — ouvir e tocar, piano e violino — e montar quebra-cabeças. Esses eram os *hobbies* de R.C. Isso para não falar por seu gosto em fazer dieta. Qualquer dieta popular que aparecesse podia provavelmente capturar R.C. A Dieta Scarsdale deu lugar à Atkins. Houve a "barriga de trigo". E, talvez, a favorita de R.C. de todos os tempos: bacon de peru.

No entanto, o *hobby* em que a maioria das pessoas pensa, ao lembrar-se de R.C., são os esportes. Na realidade, pode ser incorreto

9 Vesta Sproul, em Dorotiak, "A Unique Perspective", 13.

10 Guy Rizzo, "Eulogy", R.C. Sproul memorial service, December 20, 2017, Sanford, Florida.

referir-nos a esportes como um *hobby* de R.C. Durante os primeiros dezoitos anos de sua vida, os esportes predominaram. Eram os seus amados Pirates e Steelers em preto e dourado. Ele nunca esqueceu de ter assistido ao seu primeiro jogo de beisebol. Pirates 5, Reds 3. Era jogar beisebol no Mowry Park ou hóquei no "rinque de gelo" no reservatório. Tudo era esportes. Golfe começou no seminário e só terminou em novembro de 2017, cinquenta e cinco anos no campo de golfe. Destaques incluem seu *hole-in-one,* que foi um *hole-in-three.* Deu a tacada inicial em direção a um buraco por sobre um obstáculo de água. Ele balançou o corpo e bateu, e a bola acabou no lago. Tacada um. Recebeu a penalidade, e bateu novamente. Tacada dois. Olhando para o suporte da bola, ele balançou o corpo e bateu, a bola foi pela grama e caiu no buraco. Tacada três. É assim que se coloca a bola no buraco com uma tacada única que na verdade foi tripla. R.C. disse que um dos melhores dias de sua vida foi em 1985, no Gator Golf Day, um evento da Universidade da Flórida que junta grupos de quatro golfistas com um profissional. Naquele dia, R.C. jogou com seu velho amigo Wally Armstrong. O time de R.C. venceu, e R.C. superou todos eles em tacadas, até os profissionais. Quando R.C. jogava golfe, ele competia contra o campo, assim ele dizia.

Esportes eram, de muitas maneiras, mais do que um *hobby*. Ele transferiu o zelo e a determinação de atleta para a sua obra como teólogo. Quando R.C. falava, era um tempo de jogo, e ele estava preparado. Era o tipo de jogador que "dava tudo no campo". Assim era o seu ensino e o seu falar.

Arte foi um *hobby* por um tempo. Ele a apreciava, mas não apreciava a limpeza. Quando ele finalmente abandonou a pintura,

Vesta disse que não foi por falta do tempo ou inclinação; foi porque ele não tinha uma pia.[11]

Essa discursão sobre seus *hobbies* e personalidade mostra R.C. como uma pessoa real. George Grant explicou muito bem: "Seu caráter realista, despretensioso e entusiasta adornava seu gênio, com graça peculiar."[12] Grant comenta que essa foi a primeira impressão. E acrescenta: "Durante os trinta e cinco anos em que o conheci, essa primeira impressão foi reforçada cem vezes mais."[13]

Essa medida do homem também nos informa sobre o seu método.

O MÉTODO

R.C. valorizava precisão, comunicação clara, coragem, convicção e uma abordagem populista. Qualquer um que já tivesse dirigido para R.C. sabia que ele valorizava precisão. Ele nem precisava olhar para o velocímetro, pois sabia quando alguém estava dirigindo um ponto decimal acima do limite de velocidade. Talvez ele tenha aprendido precisão de seu pai contabilista ou de sua meticulosa mãe datilógrafa. Ou a aprendeu da precisão de passos dos presbíteros que iam à frente para a Ceia do Senhor em Pleasant Hills. Não aprendeu precisão teológica ali. Isso ele aprendeu de Gerstner e seus mestres do passado — Agostinho, Tomás de Aquino, Calvino, Turretin, Edwards, Hodge e Warfield. Esses eram teólogos cientistas. Tinham de ser precisos. O oposto de precisão é desleixo. No que diz respeito ao conhecimento de Deus e seu evangelho, não há lugar para desleixo. Outro oposto de precisão é a mais sutil "ambiguidade premeditada", contra a qual R.C. lutou durante toda a sua vida. A ambiguidade premeditada talvez seja

11 Stephen Nichols com Vesta Sproul, entrevista pessoal, 29 de outubro de 2018.

12 George Grant, "R.C. Sproul, 1939-2017", Grantian Florilegium blog, December 15, 2017.

13 Grant, "R.C. Sproul, 1939-2017".

uma ameaça muito maior do que um erro descarado. Naquela, se as pessoas baixarem a sua guarda, gotas sutis se tornam cachoeiras com o passar do tempo. R.C. valorizava a precisão.

Também valorizava a comunicação clara. Ele pegava o complexo e tornava-o claro e entendível, sem distorção. Tornava-o convincente. Ele era persuasivo.

Também valorizava a convicção e a coragem. Tinha um cartão em sua escrivaninha que dizia: "Pregue e ensine o que a Bíblia diz que é verdadeiro, não o que você quer a Bíblia diga que é verdadeiro." Isso era a fonte de sua coragem. Como um profeta da antiguidade ou um reformador do século XVI, R.C. tinha ousadia porque estava lindando com as palavras de Deus, os ensinos de Deus. Ele pregava "a palavra acima de todos os poderes terrenos". John MacArthur, seu companheiro de trincheira por muito tempo, disse: "A paixão que motivava R.C. era seu amor ao evangelho e seu zelo por garantir que a mensagem fosse proclamada sem comprometimento ou confusão."[14] Michael Horton disse: "R.C. não tinha muito tempo para covardes em questões de grande importância. Aquele grande filme *Tombstone* era exigido ser assistido por seus amigos."[15] Ele era coerente em sua coragem e convicção. Dizem que se pode saber o que um grande líder vai dizer sobre um assunto porque ele tem uma reputação de consistência permanente. Isso era verdadeiro quanto a R.C. Ele sustentou suas convicções com integridade durante a sua vida, ainda que se sentisse sozinho em um tiroteio do velho oeste.[16]

---

14 John MacArthur, "Comrades in Arms", *Tabletalk*, Special Issue, 2018, 52.

15 Michael Horton, "R.C. Sproul: In Memoriam", *White Horse Inn* blog, December 14, 2017, https://www.whitehorseinn.org/2017/12/r-c-sproul-in-memoriam/.

16 Nota do editor: O autor fez referênciao ao tiroteio O.K Coral, de Tombstone, de 1881.

Por fim, ele era populista. Podia se inclinar sobre o leitoril ou sobre o púlpito e, com seu amplo e caloroso sorriso, olhar nos seus olhos ainda que você estivesse em uma multidão de milhares. Estava olhando para você, falando com você, ensinando-o. Ele podia fazer o mesmo por meio da câmera de vídeo de uma série de ensino ou pelo rádio em uma transmissão de *Renewing Your Mind* (Renovando Sua Mente). Ele conectava. Isso explica por que muitos sentiram que perderam um amigo quando ouviram que R.C. havia morrido. Nunca o conheceram pessoalmente, mas sentiram como se o conhecessem. R.C. levava sua mensagem às pessoas porque isso era o que os reformadores faziam.

Andrew Pettegree faz este comentário sobre o reformador Lutero:

> Lutero era um escritor teológico culto e intencional. Ele escrevia latim requintado, e suas obras em latim estavam à altura de seus adversários. Mas foram seus escritos em alemão que redefiniram o debate teológico e moldaram sua audiência. A decisão de argumentar contra as indulgências com o *Sermão sobre Indulgência e Graça*, de 1518, foi, como vimos, momentosa; e esse sermão foi apenas a primeira de várias centenas de composições originais em alemão, muitas como este, breves, compactos e escritas com uma objetividade e clareza que eram uma revelação em si mesmas (...).
>
> Lutero chamou o povo alemão a se engajar em questões sérias de salvação e responsabilidade cristã, e eles responderam em números enormes. Em despertar o interesse deles, o meio — a escolha das palavras e do estilo por Lutero, a acessibilidade das ideias expressas de maneira breve,

> os sinais visuais dos panfletos com uma homogeneidade crescente — foi, em muitos aspectos, tão importante quanto a mensagem.[17]

Lutero levou a mensagem ao povo. Ele não os tratou com superioridade, mas se comunicou com eles de maneira clara e livre de tecnicalidades. Ele sabia que o povo precisava ouvir a verdade bem contada. Quando R.C. admirava Lutero por ser um reformador populista, isso era exatamente o que ele estava admirando. Esses elementos podem também ser achados na própria obra de R.C. Ele conhecia o poder de palavras e frases. Tornou ideias solenes acessíveis ao povo. Era um escritor teológico bem instruído e podia contestar ideias na academia. Mas foi diretamente ao povo.

As verdades da doutrina de Deus e das doutrinas da graça trouxeram luz das trevas, vida da morte. Precisão, clareza, convicção e mensagem populares de R.C. eram o método. O conteúdo pode ser visto em suas contribuições.

AS CONTRIBUIÇÕES

Dependendo de que tempo examinamos na vida de R.C., podemos ter uma resposta diferente no que diz respeito às suas contribuições para a igreja e para a tradição cristã. Se pensássemos em 1978, diríamos que a maior contribuição dele esteve na luta pela inerrância. Se pensássemos em 1994 ou na Declaração Cristológica de 2016, diríamos que a sua contribuição foi a justificação somente pela fé. Outros poderiam dizer que foi a apologética. Outros poderiam dizer que ele foi um dos poucos reformados que acharam Tomás de Aquino

17 Andrew Pettegree, *Brand Luther: 1517, Printing, and the Making of the Reformation* (New York: Penguin, 2015), 333-34.

recompensador. Outros, ainda, diriam que ninguém poderia falar sobre a ideia de causa de Aristóteles em um sermão intitulado "What Is the Gospel?" ("O que É o Evangelho?"). Quando outros ouviam dizer que a contribuição de R.C. foi filosofia ou inerrância, eles simplesmente não entendiam. Diriam que ele lembrou à igreja que Deus é santo. Tudo isso reflete aspectos do legado de R.C.

Suas contribuições incluem todas as seguintes:

INERRÂNCIA

R.C. plantou as semente do International Council on Biblical Inerrancy (ICBI - Conselho Internacional sobre Inerrância Bíblica). Ele foi o primeiro presidente do ICBI e um escritor significativo do material da ICBI. Antes e depois da Declaração de Chicago sobre Inerrância Bíblica, R.C. nunca vacilara quanto à doutrina da autoridade categórica da Escritura expressa na inspiração, inerrância e infalibilidade da Escritura.

APOLOGÉTICA CLÁSSICA

Na cópia de R.C. do volume 1 de *Institutes of Elenctic Theology* (Institutas da Teologia Elêntica), de Francis Turretin, ele escreveu:

> Que ele é
>
> O que ele é
>
> Quem ele é

Saber "que ele é" se refere à observação de Turretin: "Primeiramente, podemos saber que ele é (com respeito à existência) contra o ateísta."[18] A crença em Deus é racional e demonstrável. Como Turretin escreve na página seguinte: "A natureza prova o ser de Deus."[19] Turretin aprendeu isso de Tomás de Aquino, que o aprendeu de Aristóteles. Tomás e Turretin legaram-no a Edwards, que o legou a Hodge e Warfield, estes o legaram a Gerstner, que o legou a R.C. A teologia natural era essencial à apologética de R.C. Em sua conclusão de *The Consequences of Ideas* (As Consequências de Ideias), ele escreveu:

> Quando eu entro nos anos crepusculares de minha vida, estou convencido de que (...) precisamos reconstruir a síntese clássica pela qual a teologia natural liga a revelação especial da Escritura à revelação geral da natureza. Essa reconstrução poderia acabar com a guerra entre a ciência e a teologia. A pessoa inteligente poderia abraçar a natureza sem abraçar o naturalismo. Toda a vida, em sua unidade e diversidade, poderia ser vivida *coram Deo*, ante a face de Deus, sob a sua autoridade e para a sua glória.[20]

A teologia natural é rejeitada amplamente pelos pressuposicionalistas e pelo fideísmo. R.C. via ambos como perigosos, não somente para a apologética mas também para a expressão reformada clássica da doutrina de Deus. Ele se opôs ao pressuposicionalismo por este fazer concessões demais. R.C. era do campo de apologistas determinados. Se pessoas dissessem que havia contradições na Bíblia, ele se reuniria com elas e resolveria cada uma e todas as contradições nas quais elas

---

18 Francis Turretin, *Institutes of Elenctic Theology*, vol. 1, trans. Charles Musgrave Giger, ed. James T. Dennison Jr. (Phillipsburg, NJ: P&R, 1992), 169.

19 Turretin, *Institutes of Elenctic Theology*, 170.

20 R.C. Sproul, *The Consequences of Ideas: Understanding the Concepts That Shaped Our World* (Wheaton, IL: Crossway, 2000), 203.

poderiam pensar. Às vezes, quando elas não tinham mais objeções, ele lhes mostrava supostas contradições e passava a resolvê-las.

A SANTIDADE E A SOBERANIA DE DEUS

Os dois clássicos de R.C., publicados consecutivamente — *The Holiness of God* (1985 - A Santidade de Deus) e *Chosen by God* (1986 - Eleitos de Deus) — poderiam ser vistos como a apresentação de dois atributos, de santidade e soberania. Por um lado, eles o são. Ambos foram eclipsados e, durante as décadas de seu ministério, R.C. os enfatizava. Eram mais do que simplesmente dois atributos de Deus em uma extensa lista de outros atributos. Para R.C., eram duas maneiras de expressar fundamentalmente, de uma maneira palpável, o ser de Deus. Podemos voltar a Turretin, "o que Deus é", com respeito à sua natureza. Falaremos mais sobre isso adiante. Mas esses dois livros e esses dois temas reverberantes em todas as obras de R.C. são uma contribuição distinta e necessária. Deus é tratado muito levianamente nestes dias. O livro intitulado por Edward Welch expressa isso perspicazmente: *When People Are Big and God Is Small* (Quando Pessoas São Grandes e Deus É Pequeno).[21] Conhecer a Deus em sua santidade e soberania é o corretivo e inverte essa ordem.

A JUSTIFICAÇÃO SOMENTE PELA FÉ E A IMPUTAÇÃO

Embora as principais contribuições de R.C. sobre a justificação somente pela fé e a imputação estejam ligadas à controvérsia ao redor do documento "Evangelicals and Catholics Together" (ECT – "Evangélicos e Católicos Juntos"), em 1994, a ênfase dessa doutrina

21 Edward Welch, *When People Are Big and God Is Small: Overcoming Peer Pressure, Codependency, and the Fear of Man* (Phillipsburg, NJ: P&R, 1997).

pode ser vista nas décadas da obra de R.C. Ele comentou que o ECT foi "a parte mais dolorosa de toda a sua carreira".[22] O ECT causou divisão entre amigos; mas, para R.C., havia muito em jogo para comprometer ou ceder.

No monólogo de abertura, "1517", do CD *Glory to the Holy One* (Glória ao Santo), R.C. recorda a postura corajosa de Lutero em defesa da justificação somente pela fé e da imputação. Em seguida, R.C. declara: "Em cada geração, o evangelho tem de ser proclamado novamente, com a mesma ousadia, a mesma clareza e a mesma urgência que se manifestaram na Reforma do século XVI." Esse problema com o ECT estava completamente relacionado à clareza do evangelho. R.C. via o ECT como promovendo ambiguidade premeditada, o velho inimigo. No que diz respeito ao evangelho, a ambiguidade não funcionará. Somente a clareza. Erwin Lutzer testificou: "Não posso pensar em R.C. sem trazer à mente a justiça de Cristo."[23]

Ao pensar sobre o impacto da vida R.C. Sproul em sua própria vida e ministério, John Piper conecta as doutrinas da justificação e a doutrina de Deus:

> Para mim, foi esta fidelidade aos textos bíblicos e essa elevada visão da soberania e santidade de Deus que tornaram a luta de R.C. pela imputação da justiça de Cristo tão confiável e cativante. Quanto maior, mais central, mais soberano e mais santo Deus for aos nossos olhos, tanto mais claramente veremos nossa desesperada necessidade da justificação somente pela fé.[24]

22 R.C. Sproul, in Joel Belz, "Sensible Teacher", *World*, January 20, 2018, 4.

23 Erwin Lutzer, "In Loving Memory of R.C. Sproul: A Tribute", Moody Church Media, December 15, 2017.

24 John Piper, "An Unashamed Herald", *Tabletalk*, Special Issue, 2018, 64.

Todas essas contribuições remetem ao que ele disse tão claramente sobre si mesmo, identificando-se como um teísta clássico reformado. Ele acreditava que a teologia é para a vida. Acreditava que a teologia é, em última análise, doxologia. Conhecer a Deus é adorar a Deus. R.C. acreditava que Deus é santo. Nós somos pecaminosos. Jesus Cristo é o nosso sacrifício perfeito, que nos veste com sua justiça. R.C. acreditava em tudo isso e era apaixonado por tudo isso, que era a totalidade da ambição e obra de sua vida.

Relembrando a sua tese de bacharelado no Westminster College, R.C. intitulou sua coluna *Right Now Counts Forever* (O Agora Mesmo é Importante para Sempre) publicada na edição de agosto de 2011 da *Tabletalk* como *The Unholy Pursuit of God in Moby Dick* (A Busca Profana de Deus em Moby Dick). Ele começa exaltando o lugar do romance: "O grande romance americano foi escrito há mais de cento e cinquenta anos por Herman Melville. Esse romance, o único que não foi superado por nenhum outro, é *Moby Dick*." R.C. declara que a grandeza do romance deve ser achada em seu "simbolismo teológico incomparável". É um grande romance porque nos fala da maior narrativa épica, a história de Deus e o homem. R.C. acreditava que "a busca de Ahab para capturar a baleia não é uma busca correta de Deus, e sim uma tentativa fútil do homem natural em seu ódio contra Deus, para destruir a deidade onipotente." Depois, ele termina o artigo por contrastar a busca profana do Santo e com a busca santa — possível somente por "experimentarmos a doçura da grandeza reconciliadora". Os parágrafos finais de R.C. dizem:

> Creio que o capítulo mais importante já escrito em língua inglesa é o capítulo de Moby Dick intitulado "A Brancura da Baleia". Aqui, vemos novamente uma percepção do simbolismo

> profundo que Melville emprega em seu romance (...). Nesse capítulo, Melville escreve: "Mas, ainda que não tenhamos solucionado o encanto dessa brancura e aprendido por que ela apela com tanto poder à alma; e, mais estranho e mais portentoso — por que, como temos visto, ela é, ao mesmo tempo, o símbolo mais significativo das coisas espirituais, quer dizer, o próprio véu da Deidade cristã; mesmo assim, deve ser como é, o agente intensificador nas coisas que mais apelam à humanidade (...). Vocês ainda se admiram da perseguição feroz?"
>
> Se a baleia incorpora tudo que é simbolizado pela brancura — aquilo que é aterrorizante; aquilo que é puro; aquilo que é excelente; aquilo que é horrível e apavorante; aquilo que é misterioso e incompreensível — ela não incorpora aqueles traços que se acham na plenitude da perfeição no ser de Deus mesmo?
>
> Quem pode sobreviver à busca de um ser como esse, se a busca é norteada por hostilidade? Somente aqueles que experimentaram a doçura da graça reconciliadora podem olhar para o poder invencível, a soberania e a imutabilidade de um Deus transcendente e achar paz e não um ímpeto por vingança.[25]

Moby Dick conta em ficção o que Isaías 6 e a história de Uzá registra em fato — fato inspirado, inerrante, infalível e divinamente revelado.

Quando R.C. escreveu esse artigo para a *Tabletalk*, quarenta anos haviam se passado desde a sua tese de bacharelado. Desde 1961 — talvez você possa retornar à primeira conversão dele, em 1957, e à segunda conversão, em 1958 — até 2011, houve uma consistência inalterável com o tema que era central para R.C. E não parou de 2011

25 R.C. Sproul, "The Unholy Pursuit of God in *Moby Dick*", *Tabletalk*, August 2011.

até à sua morte em 2017. Desde a sua primeira leitura do Antigo Testamento, em setembro, outubro, novembro e dezembro de 1957, ele falava sobre o "Deus que age com seriedade". Esse era o Deus que ele estudava e anelava conhecer, o Deus que ele proclamava aos seus colegas de classe e à sua namorada, Vesta. Era o Deus que ele servia, amava e adorava. Nos meses de setembro, outubro, novembro e dezembro de 2017, R.C. ainda estava estudando e anelando conhecer mais sobre quem Deus é, proclamando quem Deus é, servindo, amando e adorando a Deus.

R.C. mudou de ideia sobre algumas coisas no decorrer de sua vida. Ele brincou certa vez dizendo que, em um momento ou outro, sustentava toda opinião escatológica possível. Ele mudou de ideia sobre o significado de "dia" em Gênesis 1. Mas ele nunca mudou de ideia sobre a doutrina de Deus, nunca "repensou" sua posição, nunca cedeu. Durante quase sessenta anos, ele disse uma única coisa: tudo se refere à doutrina de Deus. E aqui devemos entender que não era qualquer doutrina de Deus — era a doutrina de Deus conforme ensinada e afirmada na fé cristã ortodoxa histórica, que é também um sinônimo de tradição reformada clássica. A questão aqui é "a Divindade de Deus". Não é a visão superficial, casual e popular de Deus — que não satisfaz. E não é simplesmente uma visão elevada de Deus; é a visão mais elevada de Deus. Anselmo começou seu *Proslógio* com a palavra *humuncio,* "homem pequeno". Ele prosseguiu e chamou Deus de "aquele que é maior do que pode ser concebido". Pense em grande; Deus é ainda maior. Quando Agostinho escreveu suas magistrais *Confissões,* a primeira palavra é *Magnus,* "Grande és tu, Deus".

Isso leva ao âmago da teologia de R.C. e ao âmago de seu legado e contribuição. Para que o vejamos, precisamos de um contraste. Esse contraste aparece na agora famosa análise sociológica de Christian Smith e Melinda Lundquist Denton no livro *Soul Searching: The Religious and Spiritual Lives of America's Teenagers* (Sondagem da Alma: A Vida Espiritual e Religiosa dos Adolescentes da América), publicado em 2009 pela Oxford University Press. Filtrando entre resmas de pesquisa, eles concluíram que a visão de Deus dos adolescentes americanos poderia ser resumida como "deísmo terapêutico moralista", sendo Deus um cruzamento entre um "mordomo divino e um terapeuta cósmico". Isso é exatamente a visão superficial de Deus que levou Ahab à ruína. Mas não é exclusiva dos adolescentes americanos. É compartilhada por adultos na América e em outros lugares, dentro e fora da igreja. Isso é o que R.C. estava combatendo, lutando contra, em todas essas décadas. O ensino de R.C. era o antídoto para o deísmo terapêutico moralista — ou para qualquer visão que está aquém do retrato que Bíblia apresenta de seu Autor — um fogo consumidor, um turbilhão, resplandecente em glória, extraordinário em pureza e santidade. Como John Piper disse: "Este era o alvo de R.C.: um coração que é extasiado, humilhado e cativado pela grandeza e pureza transcendentes de Deus."[26]

Jared Wilson fala sobre a influência de *The Holiness of God* (A Santidade de Deus):

> Li essa obra influente pela primeira vez quando estava na faculdade. Sproul me levou a Rudolf Otto, e aprendi sobre a experiência *mysterium tremendum*, que ajudou a dar forma a todo o meu "temor e tremor" adolescente. O livro *The Holiness of God* pareceu apertar a tecla que destravou o que

26 John Piper, "An Unashamed Herald", 64.

> tornava Sproul tão abençoadamente diferente até dos mais bem falados "pregadores celebridades". Ele foi, sem dúvida, um homem que andou na graciosamente intrigante órbita do verdadeiro *numinous*.[27]

Wilson nos mostra um aspecto importante do legado de Sproul: seu impacto no movimento "Jovens, Incansáveis e Reformados". Collin Hansen cunhou essa expressão para uma matéria de capa da revista *Christianity Today*, de 22 de setembro de 2006, ampliada posteriormente na história de seu livro *Young, Restless, and Reformed: A Journalist's Journey with the New Calvinists* (Jovem, Incansável e Reformado: Uma Jornada de um Jornalista com os Novos Calvinistas). A jornada de Hansen envolve R.C. Ele menciona como, durante seu tempo na faculdade, "um aluno mais velho me levou para ouvir R.C. Sproul pregar. Eu não fui à procura de teologia reformada. Mas a teologia reformada me achou".[28] Hansen fala de adolescentes cristãos crescendo e aprendendo sobre o "colega Jesus", precisando aprender sobre "Deus, o Pai". E o aprenderam da fala de R.C. Mathew Barret fala sobre esta constelação de pessoas que instruiu e orientou "jovens, incansáveis e reformados": MacArthur, Mohler, Packer, Piper e Sproul. E acrescentou: "Foi Sproul quem fez você sentar à mesa para comer um banquete teológico." E continua: "Quer fosse a santidade de Deus, quer as doutrinas da graça, quer o *sola fide*, R.C. era prova de que, se não começarmos a pensar teologicamente, nosso cristianismo será como nada mais do que um balão cheio de ar. E ele era prova

27 Jared Wilson, "The Numinous and R.C. Sproul", The Gospel Coalition, December 15, 2017, Disponível em: https://www.thegospelcoalition.org/blogs/jared-c-wilson/numinous-r-c-sproul/. Acesso em: 17 jun.2022.

28 Collin Hansen, *Young, Restless, and Reformed: A Journalist's Journey with the New Calvinists* (Wheaton, IL: Crossway, 2008), 25.

de que isso poderia ser feito não somente na academia mas também nos bancos de igreja."[29] O movimento "Jovens, Incansáveis e Reformados" foi um testemunho dos longos labores de R.C. e outros. Durante décadas, eles plantaram as sementes da doutrina de Deus e as doutrinas da graça.

R.C. lia o Antigo e o Novo Testamento. Ele foi guiado por seus mestres fiéis a Agostinho, a Tomás de Aquino, a Calvino, a Turretin, a Edwards. O que ele achou nesses "Montes Everest" da história cristã é que todos eles "eram intoxicados com a grandeza de Deus". Quando recebeu o Jordan Award em 2007 pelas publicações durante seu tempo de vida, R.C. disse: "Eu queria ajudar as pessoas a resgatar os gigantes do passado." Ele achou que todos esses gigantes tinham uma "substância comum", ou seja, "um compromisso de alma intenso e apaixonado com a transcendente majestade de Deus. Isso era a mensagem que me cativava. Era o que eu queria comunicar por meio de meu ensino e meus escritos, mais do que qualquer outra coisa."[30]

Foi a mensagem que ele achou nos reformadores. Eis o que Roland Bainton disse sobre Lutero, unindo a ira de Deus e a obra de Cristo:

> No Senhor da vida, nascido na sujeira de um estábulo e morrendo como um malfeitor, sob a deserção e escárnio de homens, clamando a Deus e recebendo como resposta

29 Matthew Barrett, "We Are Theologians Because of R.C. Sproul", *Credo*, December 14, 2017, Disponível em: https://credomag.com/2017/12/we-are-theologians-because-of-r-c-sproul-matthew-barrett/. Acesso em: 17 jun.2022.

30 R.C. Sproul, vídeo preparado para o Jordan Lifetime Achievement Award de 2007, da Evangelical Christian Publishers Association (ECPA - Associação de Publicadores Cristãos Evangélicos).

> somente o tremor da terra e o escurecimento do sol, sendo até abandonado por Deus, e naquela hora tomando sobre si mesmo e aniquilando a nossa iniquidade, esmagando as hostes do inferno e revelando, na ira do Todo-Terrível, o amor que não nos abandonará. Lutero não mais tremeu ante o farfalho de uma folha levada pelo vento, e, em vez de clamar a Santa Ana, ele se declarou capaz de rir ante o trovão e os relâmpagos pontiagudos da tempestade. Isso foi o que o capacitou a proferir palavras como estas: "Esta é a minha posição. Não posso agir de outra maneira. Deus me ajude. Amem."[31]

Para que não esqueçamos o reformador de Genebra, na Conferência Nacional Ligonier em 2009, um ano que marcou os quinhentos anos de aniversário do nascimento de Calvino, R.C. fez um comentário sobre a observação de Calvino de que tendemos a manter os nossos olhos na terra, na horizontal. Mas, se os levantássemos em direção ao céu?[32] Isso é o que, em última análise, R.C. proclamou: levante seus olhos para o céu. Pense sobre quem Deus é. O quadro a seguir mostra as fontes de influência sobre R.C. A maneira específica pela qual ele expressava a "Bondade de Deus" era santidade. Ela estava ausente na cultura do deísta terapêutico moralista. Estava ausente em muitos sermões. Santidade era também um impulso brilhante, porque levava imediatamente à santificação. Devemos ser santos como Deus é santo. Nós, que já chegamos a conhecer o Deus três vezes santo, "Sanctus, Sanctus, Sanctus", devemos buscar a santificação continuamente. R.C.

31 Roland Bainton, *Here I Stand: A Life of Martin Luther* (New York: Abingdon-Cokesbury Press, 1950), 386.

32 R.C. Sproul, "I Am The Lord, There Is No Other", 2009 Ligonier National Conference, Orlando, Florida.

se importava com o que sabemos, mas queria que o que sabemos transforme o modo como vivemos. Em última análise, ele queria que o que sabemos transformasse vidas.

A santidade de Deus é a principal história da história de R.C. É o alvo para o qual toda flecha de sua vida foi atirada.[33] O quadro abaixo mostra algumas expressões cruciais da doutrina de Deus que R.C. aprendeu, ensinou e viveu, enquanto proclamou a santidade de Deus.

A Bondade de Deus

Fundamento bíblico

YHWH, Eu Sou, O Senhor

Sanctus, sanctus, sanctus

Santificado seja o teu nome

Tradição reformada clássica

Aliquod primum principium, primeiro princípio autonecessário

Ens perfectissimus, Ser mais perfeito

En se est, Ser em si mesmo (asseidade)

Mysterium tremendum, mistério transcendente que inspira temor

Tremendum, tremor, tremer

Jonathan Edwards

O ser com o ser supremo

33 Quando perguntei pela primeira vez a R.C., em 10 de março de 2013, se ele aceitaria que eu escrevesse esta biografia, ele concordou e disse imediatamente: "Meu amor pela santidade de Deus começou na faculdade." Ficou claro para mim que ele queria que a santidade de Deus fosse a principal história de sua história.

Herman Melville
A brancura da baleia (metaforicamente)

Negro espiritual
Tremer, tremer, tremer

Rudolf Otto
O *numinous* (pureza e poder absoluto invencível)

R.C. Sproul
Santidade

Essa teologia, o conhecimento de Deus, leva a doxologia, a adoração de Deus. R.C. disse que do Dr. G.C. Berkouwer ele aprendeu pela primeira vez que teologia é doxologia. Berkouwer o aprendeu de Tomás de Aquino. Teologia, disse Tomás, é ensinada por Deus, ensina sobre Deus e leva a Deus. Somos levados pelo estudo de Deus a adorá-lo. A beleza, a majestade e o esplendor de Deus exigem a nossa adoração. Salmo 27.4 declara:

> Uma coisa peço ao SENHOR, e a buscarei: que eu possa morar na Casa do Senhor todos os dias da minha vida, para contemplar a beleza do Senhor e meditar no seu templo.

R.C. queria assegurar-se de que não ignoremos a palavra *beleza*. Ele disse certa vez: "Sou impulsionado por beleza. Sou impulsionado por ordem, coerência, por excelência. Acho que Deus tem de ser extraordinariamente belo."[34] Nós nos unimos ao coro de serafins e declaramos: "Santo, Santo, Santo". Essa é a contribuição singular de R.C. Sproul, que o levou a muitas outras contribuições

34 R.C. Sproul, "Interview", *The Wittenburg Door*, vol. 79, June-July 1984, 13.

nas batalhas de inerrância nos anos 1970, apologética em face de secularismo galopante nos anos 1980, e justificação somente pela fé e imputação nos anos 1990. John MacArthur disse: "Onde havia uma batalha, R.C. estava lá."[35] Estava lá porque ele era, como seus heróis, extasiado com a majestade transcendente de Deus.

OS LIVROS

Como já mencionamos, em julho de 2007, R.C. recebeu o *Jordon Lifetime Achievement Award* da Evangelical Christian Publishers Association (Associação de Publicadores Cristãos Evangélicos). James Dobson comentou como os livros de R.C. mantinham "viva a chama da ortodoxia", acrescentando que seus escritos revelam e promovem um "compromisso com a fé cristã histórica".[36] Joni Eareckson Tada falou sobre como R.C. não somente podia tornar compreensíveis assuntos teológicos complicados mas podia também fazê-los ganhar vida. Vários líderes cristãos falaram sobre a influência dos livros de R.C., e, muito interessantemente, falaram sobre a influência de seus livros neles pessoalmente.

Dos seus mais de cem livros, R.C. identificava alguns que ele esperava que se tornassem úteis para a igreja, pela graça e vontade de Deus, nas décadas por vir. Havia os seus dois textos clássicos: *The Holiness of God* (1985 - A Santidade de Deus) e *Chosen by God* (1986 - Eleitos de Deus). Além desses, R.C. identificou *Not a Chance* (1994 - Não Um Acaso), *Classical Apologetics* (1984 - Apologética Clássica), *Truths We Confess* (Verdades que Confessamos - publicado como três volumes em 2006 e 2007, e depois revisado e publicado postumamente como

35 John MacArthur, "Eulogy".

36 James Dobson, Remarks on Awarding of ECPA Jordon Lifetime Achievement to R.C. Sproul, July 2007.

um único volume em 2019), *The Consequences of Ideas* (2000 - As Consequências de Ideias) e *Knowing Scripture* (1977 - Conhecendo a Escritura). Ele mencionou este último porque era sobre ensinar às pessoas como ler a Bíblia, tornando óbvia a sua importância.[37]

Vesta tem um lugar especial para os livros infantis de R.C. Ela explica a razão:

> R.C. sempre dizia: "Se você não entende profundamente o que está ensinando, então não pode simplificá-lo sem distorcê-lo." Quanto mais ele pensava sobre isso, tanto mais pensava que gostaria de escrever livros infantis. Sem dúvida, ter netos era parte disso. Ele também esperava que os pais que lessem os livros infantis pudessem entender melhor a Bíblia.[38]

Escrever era uma parte importante da vida profissional de R.C. desde o tempo em que ele publicou seu primeiro livro, *The Symbol* (O Símbolo), em 1973. Ele enchia página após página de cadernos de anotações de folhas amarelas que eram, depois, datilografadas por sua secretária e enviadas para uma variedade de publicadores. Muitos desses manuscritos têm capítulos inteiros escritos — sem edições, riscos ou falsos começos. Quando a Sra. Buchman enviou o manuscrito de *One Holy Passion* (Uma Paixão Santa) para Bruce Nygren, o editor de R.C. na Thomas Nelson, ela escreveu na carta de apresentação: "Este é um dia especial para mim — enviar-lhe o manuscrito de *One Holy Passion*, do Dr. Sproul. Espero que todos que o leiam se beneficiem dele, tanto quanto o fui ao datilografá-lo, lê-lo e relê-lo."[39]

37 Stephen Nichols com R.C. e Vesta Sproul, entrevista pessoal, 26 de setembro de 2013.

38 Vesta Sproul, "A Unique Perspective", 15.

39 Maureen Buchman para Bruce Nygren, 17 de julho de 1986.

Mesmo depois de sua morte, R.C. teve e continuará tendo livros publicados, assim como há séries de ensino e sermões que provavelmente continuarão a assumir forma de livro. Os escritos de R.C. eram simplesmente uma extensão de seu ensino. O alvo do seu ensino era que pessoas entendessem a Bíblia melhor e, consequentemente, tivessem conhecimento melhor de quem Deus é. Esse era o alvo de todos os seus livros, que, em última análise, por lê-los — quer o assunto fosse teologia, apologética, estudos bíblicos ou vida cristã — as pessoas acabariam com um melhor e mais profundo entendimento da Palavra de Deus e uma paixão mais intensa por ela e desejo por obedecer-lhe. Muitas pessoas chegaram a conhecer R.C. por duas maneiras básicas: por ouvi-lo no programa *Renewing Your Mind* ou por ler um de seus mais de cem livros. Quando pessoas liam ou ouviam R.C., ele queria que elas se encontrassem com Deus e o conhecessem.

AS INSTITUIÇÕES

Além de ser conhecido por seus livros, R.C. é conhecido como o fundador do Ministério Ligonier. Hoje, o ministério de ensino de Ligonier tem alcance internacional (com conselhos de administração nos Estados Unidos, Canadá e Reino Unido), produzindo materiais de ensino em vários formatos, em diversas línguas, distribuídos em uma variedade de mídias. R.C. começou o Ministério Ligonier com um orçamento de 85.000 dólares e um punhado de colaboradores em 1971. Em 2021, o quinquagésimo ano de aniversário, o número de colaboradores totalizava por volta de 125 empregados. As contribuições específicas de R.C. por meio do Ministério Ligonier incluem séries de ensino e episódios de ensino à distância mais robusto, a revista *Tabletalk*, o programa de rádio *Renewing Your Mind*, a *Bíblia de Estudo da Reforma* e conferências.

R.C. era um professor, e no âmago de sua obra há as muitas, muitas séries de ensino que ele produziu. Muitos de seus livros, mas certamente não todos, resultaram, direta ou indiretamente, do seu ensino. Seus comentários, extraídos das séries de sermões pregadas em Saint Andrew's, são uma exceção notável. Os episódios de *Renewing Your Mind* são séries de ensino. Desde o começo, o Ministério Ligonier empregou tecnologias novas para gravar e distribuir as séries de ensino. Atenção foi dada à qualidade. R.C. acreditava que a forma deveria refletir o conteúdo. Também acreditava que a forma não deveria distrair do ensino. Uma ênfase foi colocada em vídeo e som de alta qualidade — afinal de contas, você precisava ser capaz de ouvir as linhas definidas que eram traçadas na lousa.

O outro elemento do ensino de R.C. é que, com exceções menores aqui e ali, ele ensinava verdades atemporais. Evitava a "opinião provocativa" sobre o assunto do momento. Acreditava que o atemporal era o mais oportuno, o clássico era o mais urgente para o momento. Isso significa que muito do ensino de R.C. provavelmente continuará vivendo. Sem dúvida, o vídeo é ultrapassado, especialmente o cabelo, mas também o estilo de roupa. Remova isso, e o conteúdo é novo. Isso se tornou uma marca peculiar do ensino de Ligonier como um todo. Muito raramente o Ministério Ligonier se aventurava em assuntos do momento ou em uma notícia teológica do momento ou personalismos. R.C. acreditava que a teologia reformada clássica sempre tem algo significativo a dizer sobre qualquer situação da qual se torna ciente. As séries de ensino eram o coração e a alma da produtividade de R.C.

A *Tabletalk* começou como um boletim mensal de oito páginas, em 7 de maio de 1977. Era realmente quatro folhas de 14x21 centímetros e grampeadas no centro. Inicialmente era produzida todo mês. Depois, de 1980 até 1988, foi publicada de dois em dois meses, com muito mais conteúdo em cada edição. Em 1989, o formato mudou, mantendo artigos e anúncios de materiais e conferências do Ligonier, mas acrescentando devocionais, que terminavam com uma breve aplicação, referida como "Coram Deo", como viver diante de Deus. Ao longo de sua existência, a *Tabletalk* mudou para um formato menor e papel *glossy* colorido. Não é incomum leitores da *Tabletalk* emoldurarem suas capas, visto que alguns têm arte impressionante. Primordial entre eles, pode muito bem ser a arte contratada para a edição de agosto de 2011: um quadro de Moby Dick pintado por Lisel Jane Ashlock. A artista pintou uma edição muito maior que foi colocada atrás da escrivaninha de R.C. em seu escritório, na sede do Ministério Ligonier. R.C. manteve a sua coluna *Right Now Counts Forever* no decurso das décadas. Sua primeira coluna, no primeiro volume, em 7 de maio de 1977, foi "The Pepsi Generation" ("A Geração Pepsi"). A sua última coluna foi "The Problem of Forgiveness" ("O Problema do Perdão"), publicada postumamente na edição de fevereiro de 2018.

Renewing Your Mind foi ao ar em 1994. A terceira vez foi um encanto para R.C. e para as transmissões de rádio. Sua primeira transmissão fora na Pensilvânia ocidental, do Centro de Estudo Vale Ligonier. Era chamada de *The R. C. Sproul Study Hour* (A Hora de Estudo de R.C. Sproul). A segunda foi chamada de *Ask R.C.* (Pergunte a R.C.) e começou a ser transmitida em 1986. Hoje *Renewing Your Mind* é ouvido em estações de rádio ao redor dos Estados Unidos e do mundo, bem como na Internet. Testemunhos chegam ao.

Ligonier, de todos os tipos de pessoas e lugares, quanto ao impacto de *Renewing Your Mind.* Augustus Nicodemos Lopes foi um deles. Por uma década, ele serviu como chanceler na Universidade Presbiteriana Mackenzie, em São Paulo, uma universidade de mais de 35.000 alunos. Ele morava a 25 quilômetros da universidade, e todos os dias ele ia e voltava em sua Harley Davidson, ouvindo R.C. nos fones de ouvidos dentro de seu capacete: "O Dr. Sproul era meu companheiro na motocicleta diariamente."[40]

R.C. foi incluído no Hall da Fama da National Religious Broadcast (NRB) em 2016. No ano seguinte, ele falou nas sessões de palestras da Proclaim 17, a Conferência Internacional de Mídia da NBR em 2017, realizada na cidade em que ele morava, Orlando, na Flórida. É claro que R.C. falou sobre Lutero, a Escritura e a justificação, argumentando que a singularidade dos reformadores estava em enfatizarem como o ensino essencial *sola Scriptura* e *sola fide, somente* a Escritura e a justificação *somente* pela fé – R.C. colocou a ênfase em *somente.* Ele foi apresentado por Bob Lepine, do ministério FamilyLife. Em sua apresentação, Lepine lembrou a primeira vez em que ouviu R.C. no rádio ensinando sobre a santidade de Deus. Em seguida, ele comentou como R.C. também ensinava os grandes temas da Reforma, o evento que todos estavam celebrando em 2017. Lepine comentou que, por enfatizar esses temas da Reforma por mais de cinco décadas de ministério, R.C. "quase os reapresentou singularmente à igreja em nossa geração".[41] Em 2018, uma edição em espanhol, com Jose (Pepe) Mendoza como o tradutor, começou a ser transmitida

40 Augustus Nicodemus Lopes, "My Motorcycle Companion", *Tabletalk*, Special Issue, 2018, 49

41 Bob Lepine, "Introduction of R.C. Sproul", Proclaim 17, National Religious Broadcasters Convention, March 2, 2017, Orlando, Florida.

como *Renovando Tu Mente*, o elemento principal do alcance do Ministério Ligonier em língua espanhola.

R.C. via a *Bíblia de Estudo da Fé Reformada* como uma das principais iniciativas do Ministério Ligonier. Foi publicada primeiramente como *New Geneva Study Bible* (Nova Bíblia de Estudo de Genebra) em 1995. Foi relançada como *Reformation Study Bible* em 2005. Uma edição totalmente nova foi lançada em 2015. Essa nova edição tinha introduções de livros ampliadas e reescritas e notas textuais reformuladas, com um número significativo de notas acrescentadas. Os artigos teológicos da edição anterior foram substituídos por todo o novo material de R.C. Havia também 14 artigos extensos na parte final, escritos por vários eruditos reformados. Há também uma porção considerável dedicada aos credos, confissões e catecismo da igreja antiga e da Reforma. Contém mais de 2.500 páginas. R.C. supervisionou o projeto do começo até o fim.

R.C. gostava de dizer que, embora seja chamada a *Reformation Study Bible* (Bíblia de Estudo da Fé Reformada), a esperança era que ela servisse como um instrumento para Reforma do estudo da Bíblia. Em seus cadernos de anotações dos anos 1960 e início dos anos 1970, R.C. tinha muitos esboços e notas de ensino para vários cursos de estudo da Bíblia. Em muitas delas, ele começa com esta linha: "Não basta *ler* a Bíblia — *temos de estudar* a Bíblia." A edição condensada da *Bíblia de Estudo da Fé Reformada* foi produzida em inglês em 2017. Como parte dos esforços de alcance internacional do Ministério Ligonier, uma edição alemã da *RSB* foi lançada em 2017, a edição coreana em 2017, e edição espanhola em 2020. A edição em português foi publicada em coedição com o Ministério Fiel em 2021 e a edição em árabe está em andamento.

Havendo considerado brevemente as séries de ensino, a *Tabletalk*, o *Renewing Your Mind* e a *Reformation Study Bible*, resta-nos as conferências como a última contribuição específica de R.C. à igreja, por meio de sua obra no Ministério Ligonier. Conferências faziam parte do Ligonier desde os velhos dias do centro de estudo.

Conferências também fizeram parte do ministério de R.C. antes de ele começar o Ministério Ligonier. No fim de semana do Dia do Trabalho em 1965, R.C. falou na Conferência College Briefing, realizada no Centro de Conferência e Acampamento Ligonier, a apenas 19 quilômetros do futuro lugar do Centro de Estudo Vale Ligonier. A conferência foi realizada para reforçar alunos teológica e espiritualmente, à medida que voltavam (a maioria) para faculdades seculares. R.C. conheceu Tim Couch ali. Posteriormente, Couch se uniria com R.C. na equipe da Ligonier. Eles foram amigos durante toda a vida. Já comentamos quão significativo foi o ensino de R.C. na conferência da Young Life, em Saranac, no estado de Nova Iorque. Conferências eram mais do que apenas falar para as massas reunidas. Eram como reuniões de família para R.C. e Vesta, quando viam novos amigos e estabeleciam novos relacionamentos. Ele também acreditava que tempos concentrados de ensino confiável poderiam capacitar e encorar significativamente os crentes, enviando-os de volta às suas igrejas para servir. R.C. queria que as conferências corressem tranquilamente e garantissem que o ensino e outros períodos de ministério fossem livres de distrações. Outra vez, ele acreditava que a forma deveria refletir o conteúdo. Muita preparação acontecia na Ligonier até ao tempo de uma conferência e durante sua realização, para que os "alunos", como R.C. preferia chamá-los, focassem no ensino.

R.C. também apreciava o tempo com os vários preletores que iam às conferências. Refeições e tempos juntos eram deslumbrantes para ele, cheios de muito sorriso e um pouco de gozação. Um tempo de muita risada aconteceu quando Sinclair Ferguson lembrou um momento engraçado de um evento passado, quando preletores se reuniram uma noite para jantar. Enquanto comiam, Ferguson narrou a ocasião em que estava muito cansado e subiu para falar em uma conferência. Em seu cansaço, ele misturou a história da parábola do bom samaritano com a parábola do filho pródigo. Uma vez que começou a embaralhar os detalhes das duas parábolas, não conseguiu parar. Quando Ferguson recordou essa catástrofe de sermão e o momento horrivelmente embaraçador, R.C. não pôde parar de rir, gargalhando realmente. E logo ficou com dores. Steve Lawson estava presente e chamou seu irmão, um médico, que veio imediatamente. R.C. dera gargalhadas tão fortemente que tinha trincado uma costela.

Havia muito riso. Havia também muita oração e encorajamento. Joni Eareckson Tada, uma palestrante frequente na Conferência Ligonier, lembra um tempo de bondade de R.C. para com o marido dela:

> Quando eu estava lutando contra o estágio três de câncer em 2010, R.C. e Vesta oraram fervorosamente por mim e meu marido. Durante meu tratamento de quimioterapia, R.C. quis encorajar Ken em meio às incessantes rotinas de prestação de cuidado. Sabendo que Ken era um ávido pescador, R.C. mandou para meu fatigado marido uma vara G-Loomis Stream Dance, peso 5, de 10 pés. Era a melhor do mercado. Você deveria ter viso os olhos de Ken se alargarem com deleite e

> admiração quando abriu seu presente. Sempre valorizarei a prudência de R.C. com esse presente gracioso. Era o tipo de "coisa de homem" a fazer. Obviamente ele sabia o que revigoraria o coração de meu marido.[42]

Os cruzeiros de estudo eram outro aspecto. R.C. amava estar nos destinos do cruzeiro e andar nos passos de seus heróis. Também desfrutava o tempo com as pessoas durante as refeições e nos ônibus. R.C. alcançava milhares de pessoas com seus livros, transmissões e séries de ensino, mas nas excursões e nas conferências, podia ver alunos face a face.

Além do Ministério Ligonier, R.C. fundou duas outras instituições: Saint Andrew's Chapel e Reformation Bible College. A Saint Andrew's Chapel continua fielmente a obra começada por R.C. e aquele pequeno grupo de famílias. A igreja tem vários ministérios que servem à congregação, à Flórida central e além, por meio de esforços missionários. O Reformation Bible College oferece um bacharelado em teologia, com graduação em estudos bíblicos e história do pensamento cristão, um diploma de associado em teologia, um programa completo de graduação e o programa Foundation Year que leva a um certificado.

UMA NOITE DE VERÃO

R.C. podia olhar da janela de seu escritório, na sede do Ligonier, e ver a Saint Andrew's Chapel, à esquerda, e o Reformation Bible College, à direita. Ele amava isso. Essas eram as duas instituições que Deus usou R.C. para fundar — instituições que R.C. esperava que seriam fiéis e, Deus permitindo, continuariam a serviço da igreja, instituições que

42 Joni Eareckson Tada, "A Sacrifice of Praise", *Tabletalk*, Special Issue, 2018, 67.

proclamariam o evangelho, contenderiam pelo evangelho e o defenderiam. Todas as três — Ligonier, Saint Andrew's e RBC, rodeavam uma lagoa. A Flórida central era cheia de lagos e lagoas. Muitos deles, até mesmos os grandes, são rasos, provendo um lar perfeito para a população de répteis selvagens e pássaros exóticos da Flórida. Carvalhos de centenas de anos envoltos de musgo espanhol cobrem o campus, como o fazem as magnólias e as palmeiras que se estendem em direção ao céu ensolarado. Cercas de buxo e podocarpo, filodendros, arbustos e hibiscos completam o ambiente tropical.

A Flórida central é plana e ensolarada, muito diferente das faldas ondulantes dos Alleghenies da Pensilvânia ocidental. Lá é necessário coletar neve. Em vez disso, R.C. gostava de coletar luz solar. Ele gracejava a respeito da grama na Flórida, dizendo que tinha de gastar dinheiro para cultivar na Flórida central o que ele costumava matar na Pensilvânia ocidental. Sempre que os Sprouls iam para o norte, desfrutava pisar em grama de verdade.

R.C. e Vesta tiveram lares por breve tempo em lugares diferentes. Boston, Bussum na Holanda, Filadélfia, Cincinnati. Mas seus dois principais lares, os dois principais lugares, eram a Flórida central e a Pensilvânia ocidental. Ele não perdia invernos na Pensilvânia ocidental. Quando ficava (relativamente) frio na Flórida, ele dizia: "Se continuar assim, vou mudar para a Flórida." Mas é muito difícil competir com aquelas noites frescas de verão no Vale Ligonier.

Carvalhos, bordos, pinheiros enormes, castanhas, cedros e macieiras espalhadas pela propriedade, todos mantêm guarda ao redor do centro de estudo. A brisa fresca sopra do dome coberto de árvores acima da Casa de Pinho. Há um lago, uma rede de voleibol em uma quadra de grama e um campo de *softbol*. O sol de verão faz a sua longa descida sobre a Casa da Pedra.

Foi um dia cheio de palestras e ensino, conversas e refeições. Depois do jantar, quando o crepúsculo se estabelece, as pessoas caminham em fila para o campo de *softbol*. J. Alec Motyer está lá; estivera palestrando sobre Isaías. Um erudito bíblico irlandês e ex-vigário na Saint Luke's, em Hampstead, e na Christ Church, em Westbourne, ele é o diretor no Trinity College, em Bristol. Mas, nesse entardecer, está vestindo uma camiseta branca e jogando no campo, em uma encosta na Pensilvânia ocidental. Sua mente está em atividade, não em uma expressão hebraica, mas em como transferir as habilidades de críquete para o jogo de *softbol*. Também há um erudito em Novo Testamento lá. Ele poderia fazer exegese com o melhor deles, mas não é uma grande ameaça no campo de *softbol*. As pessoas que estão assistindo se perguntam se ele sabe mesmo se uma bola de *softbol* é empalhada ou inflada. Os funcionários do Ministério Ligonier e os alunos alternam os times. As crianças assistem por um momento, mas depois acham que seus próprios jogos são mais interessantes. É o tipo de entardecer que você acha que nunca acabará. E espera que nunca acabe.

R.C. está jogando beisebol. Está gritando apelidos: "Art, o Dardo, você perdeu essa!" Ele está gracejando, brincando, com um sorriso travesso e enorme, ao mesmo tempo que faz jogadas. Trabalhar, ensinar, discipular, cuidar, amar, orar, jogar, brincar, sorrir. Apenas um dia normal em Ligonier.

Mas ele está no campo de beisebol agora. Seus olhos percorrem os espectadores em suas cadeiras de jardim. Ele localiza Vesta e lhe dá uma piscada.

APÊNDICE 1

OS DOIS ÚLTIMOS SERMÕES DE R.C. SPROUL

"UM SALVADOR GLORIOSO" E "UMA GRANDE SALVAÇÃO"

"Eu oro, de todo o meu coração, que Deus desperte cada um de nós hoje para a doçura, a amabilidade e a glória do evangelho declarado por Cristo."
R.C. SPROUL, 26 DE NOVEMBRO DE 2017

O Dr. Sproul começou uma série de sermões sobre Hebreus no outono de 2017. Ele pregou o terceiro sermão da série, sobre Hebreus 1.6-14, em meados de novembro. Pregou o quarto sermão, sobre Hebreus 2.1-4, em 26 de novembro. Foi o seu último sermão.

Hebreus 1.6-14 entrelaça várias citações do Antigo Testamento extraídas, em geral, do livro de Salmos. Destacando como esses textos mostram a supremacia de Cristo, R.C. passa, em seguida, a uma discussão da eternidade e imutabilidade do Deus trino. Nesse sermão, R.C. aponta para a glória de Cristo em esplendor refulgente.

Em seu último sermão, sobre Hebreus 2.1-4, R.C. se voltou da pessoa de Cristo para a obra de Cristo. Apresentou a salvação em toda a sua simplicidade e beleza e usou todo o seu drama característico para fazer isso, até buscando uma ilustração em seu segundo romance favorito. Pintou um quadro de nossa circunstância terrível quando estamos sob a ira de Deus. Não há escape — exceto por meio da salvação somente em Cristo. R.C. exortou seus ouvintes a não negligenciarem essa grande salvação. Em sua sentença final, ele clamou por um despertamento.

Depois de haver pregado seu último sermão, em 26 de novembro, Vesta lhe disse em tom de brincadeira: "Você pode morrer agora, querido. Esse foi o melhor sermão que você já pregou." Ela quer, certamente, que o leitor saiba que ela e R.C. brincavam nesses termos muito frequentemente. Foi a maneira de ela dizer como o sermão, sobre Hebreus 2.1-4, condensava muito do que R.C. ensinara e vivera no decorrer de sua vida e ministério. Foi o seu apelo final.

Em frente às enormes portas de carvalho, sob um arco gótico, na entrada da Saint Andrew's, há um cemitério. R.C. sempre acreditara que uma igreja deveria ter um cemitério. Ele achava que um cemitério é uma poderosa lição objetiva para os congregantes, quando entravam e deixavam a igreja. R.C. está sepultado nesse cemitério. Há um lugar para Vesta ao lado dele. Em sua lápide, a família gravou:

> R.C. Sproul
>
> 13 de fevereiro de 1939
>
> 14 de dezembro de 2017
>
> Ele era um homem bondoso
>
> Redimido por um Salvador mais bondoso

Isso é a mensagem que ele proclamou em vida, a mensagem de redenção por um Salvador bondoso — e glorioso. Isso foi a mensagem que ele proclamou em seus dois sermões finais.[1]

UM SALVADOR GLORIOSO

> E, novamente, ao introduzir o Primogênito no mundo, diz: E todos os anjos de Deus o adorem. Ainda, quanto aos anjos, diz: Aquele que a seus anjos faz ventos, e a seus ministros, labareda de fogo; mas acerca do Filho: O teu trono, ó Deus, é para todo o sempre; e: Cetro de equidade é o cetro do seu reino. Amaste a justiça e odiaste a iniquidade; por isso, Deus, o teu Deus, te ungiu com o óleo de alegria como a nenhum dos teus companheiros. Ainda: No princípio, Senhor, lançaste os fundamentos da terra, e os céus são obra das tuas mãos; eles perecerão; tu, porém, permaneces; sim, todos eles envelhecerão qual veste; também, qual manto, os enrolarás, e, como vestes, serão igualmente mudados; tu, porém, és o mesmo, e os teus anos jamais terão fim. Ora, a qual dos anjos jamais disse: Assenta-te à minha direita, até que eu ponha os teus inimigos por estrado dos teus pés? Não são todos eles espíritos ministradores, enviados para serviço a favor dos que hão de herdar a salvação? (Hebreus 1.6-14).

Vamos orar: *De novo, nosso Pai e nosso Deus, somos tomados por nossa fragilidade, dificuldade e incapacidade de sondar as profundezas e riquezas disto, tua Palavra. Precisamos de ajuda não somente para pregá-la, mas também para ouvi-la. Precisamos da ajuda do teu Espírito Santo,*

1 Os sermões foram levemente editados, para publicação aqui, com a anuência da família Sproul.

que é o Espírito da verdade, para que ele derrame luz sobre este texto, para nosso entendimento. Porque te pedimos isso no nome de Jesus. Amém.

Eu amo a Bíblia, toda a Bíblia. Mas essa passagem específica é simplesmente gloriosa. A mensagem básica de Hebreus é a supremacia absoluta de Cristo, e isso é afirmado com muita clareza nesse texto. O versículo 6 declara: "E, novamente, ao introduzir o Primogênito no mundo, diz: E todos os anjos de Deus o adorem." Isso é, provavelmente, uma referência à natividade, quando o céu explodiu com a glória de Deus e um exército inteiro de anjos estava lá. As hostes celestiais estavam lá para saudar o nascimento do Salvador. Os anjos foram enviados não somente para anunciar o nascimento dele, mas também para liderar a adoração do Filho de Deus. Deus não chama pessoas a adorarem anjos, mas chama os anjos a adorarem seu Filho. Esse primeiro capítulo de Hebreus apresenta uma série de sete testemunhos referentes à supremacia de Jesus sobre os anjos, dos quais cinco são dos Salmos e dois são de outras partes do Antigo Testamento.

No versículo 7, o autor de Hebreus oferece o primeiro testemunho por citar o Salmo 104: "Fazes a teus anjos ventos e a seus ministros, labareda de fogo." Deus usa as forças elementares e os poderes da criação como seus mensageiros. Ele usa o vento. Ele usa o fogo para dar testemunho dele mesmo e trazer verdade a seu povo. No Antigo Testamento, há maneiras variadas pelas quais o fogo é usado para manifestar a presença de Deus. Moisés vê um arbusto que está em chamas, mas não se consume. Esse fogo indica a teofania, a própria presença de Deus. Em seguida, Deus chama Moisés a partir do fogo, e Moisés lidera seu povo no maior ato de redenção no Antigo Testamento, o êxodo. Depois, Moisés guia a multidão do povo de Deus pelo deserto e os guia por meio de uma coluna de nuvem de dia, e uma coluna de fogo à noite. Depois, em um momento dramático, Deus chama Moisés ao seu monte santo e diz a Moisés que consagre o povo e os faça passar por rituais de purificação. Ninguém ouse tocar esse monte, para que não morra. Então, eis que o monte está cheio de fumaça e fogo. O próprio monte tremia, quando Moisés subiu novamente, e os anjos receberam ordem de mediar a lei que foi dada a Moisés. Em todos esses momentos épicos, o fogo é mensageiro de Deus.

Posteriormente no Antigo Testamento, encontramos o profeta Elias, que havia provocado a ira de Jezabel. 1 Reis, capítulo 19, conta a história. Essa rainha perversa procurou Elias para destruí-lo. Elias fugiu e se refugiou, escondendo-se em uma caverna. Nesse tempo de ocultação, ele ficou deprimido e clamou: "Ó Senhor, eles destruíram o teu templo. Derribaram os teus altares. Quebraram a aliança." E sucumbiu ao que tem sido chamado de "a Síndrome de Elias". Ele se viu como sozinho em sua devoção a Deus e não podia suportar mais. Foi até à entrada da caverna, permaneceu lá e esperou Deus falar. O que aconteceu em seguida? Primeiramente, veio um vento forte, mas Deus não estava no vento. Depois, o Senhor enviou um terremoto. O Senhor não estava no terremoto. Depois, Deus enviou seu mensageiro de fogo, mas Deus não estava no fogo. Em vez disso, Deus falou ao seu profeta, nessa ocasião, por meio de uma voz branda e suave. Ele repreendeu seu profeta, declarando: "Elias, eu reservei para mim sete mil que não dobraram os joelhos para Baal. Pare com sua insensatez, você está clamando, reclamando e pensando que foi deixado sozinho." Elias saiu da caverna e voltou a servir como profeta de Deus. Quando a obra de Elias se completou na terra, Deus o levou para o céu em carros de fogo, impelidos por cavalos de fogo, subindo em um redemoinho (2 Reis 2.11). Vento e fogo foram mensageiros de Deus.

Quando Deus destruiu a terra com água, durante os dias de Noé, ele colocou seu arco no céu e fez uma aliança, dizendo: "Toda vez que você vir o arco-íris, lembre-se de que este é meu sinal, que coloquei no céu, de que não nunca destruirei novamente a terra com água." Quase duvidamos dessa promessa algumas semanas atrás com o vento e água que vieram sobre a Flórida central. Tão poderosos quanto os ventos do furacão Irma e de outros furacões que atingiram a Flórida, esses ventos vieram e se foram. Os ventos cessaram e, por fim, a água recuou.

Há outro fenômeno da natureza que experimentamos aqui na Flórida central. Os *experts* nos dizem que na Flórida central mais relâmpagos atingem a terra do em que todo o restante dos Estados Unidos continentais combinados. Toda vez que você vê aquele *flash* de relâmpago no céu, você pode ser lembrado desse fogo que Deus manifesta, comunicando sua soberania, sua majestade, sua onipotência. Em vez de ficarmos temerosos quando o trovão ruge e os relâmpagos fuzilam, devemos lembrar que nosso Deus é um fogo consumidor. Todas essas forças e poderes elementares da criação são mensageiros de Deus.

Ele continua e diz a Cristo (que é mais elevado do que o vento, mais elevado do que o fogo): "O teu trono, ó Deus" (Hebreus 1.8). Deus nunca se dirige aos anjos com o nome de Deus, mas ele fala aqui em antecipação da entronização do Rei messiânico. Cristo é o sujeito desse versículo. O autor de Hebreus usa o Salmo 45, que diz a respeito do Filho: "O teu trono, ó Deus, é para todo o sempre; cetro de equidade é o cetro do teu reino." No mundo antigo, havia símbolos de realeza e de monarquia. Alguns reis tinham vestes maravilhosas. Outros usavam coroas de ouro. Um dos símbolos convencionais de realeza era o cetro, o bastão que era segurado na mão do rei. Quando pessoas viam o rei levantar o cetro, deviam cair de joelhos e se curvar diante de sua autoridade e de sua majestade. Ora, Deus fala do cetro de seu Rei, o símbolo do reino de Cristo. "Teu cetro é um cetro de justiça."

Quantos monarcas poderiam gabar-se de um cetro de justiça? A história dos reis de Israel, no Antigo Testamento, é semelhante a uma galeria de retratos falados de criminosos. No decorrer de séculos de história, a história de reis, rainhas e imperadores está repleta de narrativas de derramamento de sangue, opressão e corrupção. O cetro do Rei dos reis é um cetro de justiça. Por que ele tem esse cetro? O salmista dá uma razão. A razão por que Jesus tem esse símbolo, esse cetro de justiça, é que ele amou a justiça e odiou a iniquidade. Nenhum governante na história do mundo jamais teve a afeição pela justiça que nosso Rei Jesus manifesta. Ele ama a justiça e abomina o mal e a impiedade. "Por isso, Deus, o teu Deus, te ungiu com o óleo de alegria como a nenhum dos teus companheiros" (Hebreus 1.9). Muitos comentadores acreditam que isso é uma referência ao momento da ascensão de Cristo à glória, a glória Shekina, ao céu, onde ele seria ungido como rei com o óleo de alegria, porque Deus ficou tão satisfeito e deleitado que consagrou seu Filho, seu único Filho, como nosso Rei.

Continuando esta série de testemunho, o autor de Hebreus emprega, em seguida, o Salmo 102, que celebra a obra divina de criação: "No princípio, Senhor, lançaste os fundamentos da terra, e os céus são obra das tuas mãos; eles perecerão; tu, porém, permaneces" (Hebreus 1.10-11a). Essas obras incríveis e admiráveis da natureza que Deus chamou à existência não permanecerão para sempre. Todas as coisas que são criadas, todas as criaturas grandes e pequenas, passam por um processo de geração e decadência. Somos criaturas que nascem, vivem, mudam, sofrem deterioração enquanto envelhecem e ganham enfermidades. "Eles [o céu e a terra] perecerão; tu, porém, permaneces; sim, todos eles envelhecerão qual veste" (Hebreus 1.11). Tenho um par de sapatos que possuo há 30 anos e fico admirado toda vez que olho para eles. Raramente eu os uso, mas olho para eles e digo: "Uau! Estas coisas ainda estão boas." A maioria de meus sapatos já se desgastou, e até mesmo aquele par de sapatos que tem durado por 30 anos não durará pela eternidade. Nossas roupas ficam velhas. Elas se estragam. Não se ajustam mais em nós como costumavam fazer; e, por isso, nós as descartamos. É assim que Deus descreve todo o universo. Ele será mudado, como os nossos sapatos e como as nossas roupas.

Estamos agora chegando a minha parte favorita de toda esta seção, porque esse texto fala sobre o ser eterno, infinito e imutável de Deus. Tudo se desgasta. Mas aqui está o que aprendemos sobre o Filho: "Tu, porém, és o mesmo, e os teus anos jamais terão fim" (Hebreus 1.12).

Tenho sido um estudante e professor de teologia por muitos, muitos anos. Amo estudar teologia. Tenho lido muitos, muitos livros sobre teologia. Tenho de dizer-lhes que um dos melhores livros que já li em toda a minha vida é um que li há poucos meses, chamado *All That Is in God* (Tudo que Há em Deus), escrito por James Dolezal. Embora seja um livro acadêmico e, para alguns, lê-lo seria um verdadeiro desafio, ele sonda as próprias profundezas do caráter e natureza de Deus. O professor Dolezal aborda uma crise que poucas pessoas deduziram que viria em nosso tempo. Isso não somente entre eruditos evangélicos mas também entre respeitáveis eruditos reformados; há uma negociação da imutabilidade de Deus. Estão dizendo que Deus é imutável em um sentido; mas, no minuto que Deus criou seres humanos, ele começou a estar em um relacionamento com seu povo que exige que ele mude. Eles estão dizendo que Deus é imutável e que ele também muda. Isso é uma contradição. Isso é errado. É idolatria. Deixem-me explicar.

O pecado fundamental, primordial da raça humana, como o apóstolo Paulo declara no primeiro capítulo de Romanos, é idolatria. O que é idolatria? É a troca da verdade sobre Deus por uma mentira, trocar a glória de Deus por uma mentira, servir e adorar a criatura em lugar do Criador, adorar coisas rastejantes, adorar totens, adorar o sol, adorar alguma forma de escultura feita por homem. Quando pensamos em idolatria, no que pensamos? Pensamos naquilo que é grosseiro e rude como estátuas cambaleantes e oscilantes, feitas por mãos humanas, às quais pessoas se prostram, com as quais falam e às quais dirigem orações. Olhamos para isso e dizemos "quanta tolice". Amados, a idolatria pode se tornar extremamente sofisticada quando nossos conceitos sobre Deus são levemente mudados e diminuídos da pureza de seu ser. Em sua essência — pense nisso por um minuto — Deus é *ser* puro, absoluto, inalterável. Afirmar algo diferente é idolatria.

Os filósofos antigos exploraram a realidade suprema muito atenta e profundamente. Eles chegaram à conclusão de que a diferença fundamental entre a realidade suprema e a realidade criada é uma diferença entre ser e tornar-se. O que isso significa? Tornar-se significa mudar. Toda coisa neste universo, como já mencionei, passa por mudança. Está se tornando. Até a Rocha do Gibraltar, se você examiná-la cuidadosamente, microscopicamente, verá que ela está sujeita a minúsculos elementos de erosão. Não há nada em todo este universo que seja criado e não esteja mudando. Tudo se encontra em um estado de tornar-se. Ora, o que acontece se você alterar seu conceito sobre Deus e disser que nele há um pouquinho de tornar-se? Ou se você disser que há leves maneiras em que Deus muda? Isso foi a intrusão da filosofia de processo, que entrou na academia e na cultura no século passado. Essa ideia de que Deus está se tornando também se infiltrou nos círculos evangélicos há alguns anos por meio da opinião chamada teísmo aberto. Tanto na filosofia de processo quanto no teísmo aberto, Deus é propenso a mudança. Mas, agora, no momento presente, esse pensamento errado sobre Deus penetrou até na comunidade reformada. O ensino é que Deus está mudando apenas levemente, mas não é assim tão descaradamente quanto na filosofia de processo ou no teísmo aberto. No entanto, amados, se acrescentamos um milímetro de tornar-se ao nosso conceito do Deus todo-poderoso, tornamos Deus em uma criatura. Não importa quão sofisticado seja esse pensamento, ele é totalmente idólatra. É uma idolatria que afeta severamente a essência do que é ser um cristão. Afeta severamente o porquê de estarmos reunidos aqui para adorar neste Dia do Senhor.

Por que estamos aqui neste domingo de manhã? Supõe-se que estamos reunidos aqui porque queremos adorar a Deus juntos. A razão por que queremos adorar a Deus é que ele é digno de nossa adoração. Somente ele é digno de nossa adoração, porque somente ele é eterno. Somente ele é infinito. Tudo mais, tudo mais, é finito. Tudo mais é dependente, derivado e mutável, mas Deus é de eternidade a eternidade. Não há sombra de mudança nele. Nunca devemos duvidar que um elemento de suas promessas falhará. Deus é seguro e certo. A ilimitada diferença entre eu, uma árvore ou o sol e Deus não é simplesmente que eu sou um ser humano e Deus é um ser supremo ou que ele é um ser de ordem mais elevada. Não, ele é ser, puro ser. Não "tornar-se". Não "mudar". Suas vestes nunca se desgastam.

Não ficamos alegres com o fato de que as vestes de justiça de nosso Rei nunca estão sujeitas à corrupção ou ao desgaste? Não ficamos alegres com o fato de que a veste de justiça que usamos, dada por nosso Salvador, durará para sempre? A sua veste de justiça é dada a nós pelo próprio Deus eterno e imutável. Você se pergunta por que fico tão empolgado com essa passagem? Ela traz arrepios à minha espinha. Quase todo dia eu mancho a camisa que estou usando. Vesta tem um apelido para mim: Mancha. As roupas de nosso Salvador não têm manchas. Você nunca terá necessidade de retirá-las e jogá-las fora.

O autor de Hebreus termina esta série de testemunhos com uma citação do Salmo 110: "A qual dos anjos jamais disse: Assenta-te à minha direita, até que eu ponha os teus inimigos por estrado dos teus pés?" (Hebreus 1.13). Sabemos que Deus não tem mão direita. Deus é um espírito. Quando as Escrituras falam de Cristo sentado à direita do Pai, estão falando de um lugar de proeminência. O convite de Cristo para sentar-se à direita do pai é também outra declaração da supremacia de Cristo sobre os anjos. Os anjos são seres magníficos que servem diante do trono de Deus. Os serafins cantam na presença de Deus o *Trisagion*: "Santo, santo, santo é o Senhor dos Exércitos." Os querubins e os serafins se prostram diante dele. Os anjos servem diante do próprio trono de Deus. Jesus ocupa o trono de Deus. O Salmo 110 é citado no Novo Testamento mais vezes do qualquer outra passagem do Antigo Testamento. E há uma razão para isso — o salmista está antecipando a ascensão final de Cristo e o seu sentar-se à direita de Deus. Nenhum anjo jamais ouviu essas palavras vindas dos lábios de Deus: "Assenta-te à minha direita, até que eu ponha os teus inimigos por estrado dos teus pés." Vemos novamente que Jesus é supremo. O autor de Hebreus colocou diante de nós esse testemunho da absoluta supremacia de Jesus, nosso Salvador e Rei.

Agora chegamos ao versículo final do capítulo 1, a pergunta retórica concernente aos anjos: "Não são todos eles espíritos ministradores, enviados para serviço a favor dos que hão de herdar a salvação?" (Hebreus 1.14). Os anjos não apenas servem a Deus. Não apenas servem a Cristo. Os anjos ministram a nós e ao nosso povo.

Vamos orar: *Senhor, agradeço-te por este testemunho incrível, a superioridade de Cristo sobre os anjos; por tua imutabilidade, nosso Deus, que és de eternidade a eternidade, que não mudas sob, por causa de ou pela influência de qualquer coisa e que és totalmente digno de nossa adoração agora e para sempre. Amém.*

UMA GRANDE SALVAÇÃO

> Por esta razão, importa que nos apeguemos, com mais firmeza, às verdades ouvidas, para que delas jamais nos desviemos. Se, pois, se tornou firme a palavra falada por meio de anjos, e toda transgressão ou desobediência recebeu justo castigo, como escaparemos nós, se negligenciarmos tão grande salvação? A qual, tendo sido anunciada inicialmente pelo Senhor, foi-nos depois confirmada pelos que a ouviram; dando Deus testemunho juntamente com eles, por sinais, prodígios e vários milagres e por distribuições do Espírito Santo, segundo a sua vontade (Hebreus 2.1-4).

Vocês notaram o "por esta razão" que dá início a esse texto? O autor de Hebreus está querendo chegar à perfeita união entre doutrina e prática. Se cremos nas coisas que ele declarou no primeiro capítulo, isso tem implicações radicais em como vivemos a nossa vida. Ele está começando a mostrar isso agora quando diz: "Por esta razão, importa que nos apeguemos." Há um pequeno problema gramatical nas palavras dessa tradução. O problema dessas palavras é que não é gramaticalmente certo se o autor está usando um comparativo ou um superlativo. E, por isso, eu prefiro dizer simplesmente que, por essa razão, temos de prestar a maior atenção possível ao que temos ouvido, para não nos desviarmos disso.

Pense na imagem de desviar-se. Algumas pessoas vão pescar em barcos, e não lançam a âncora ao fundo. Permite que o barco se mova com a correnteza e acabam se desviando. O lugar onde acabam parando pode ser problemático. A Escritura usa esse tipo de linguagem figurada em outra passagem que fala sobre uma âncora para a nossa alma, que é a esperança que temos em Cristo. Ele está dizendo: "Não se permitam desviar-se inutilmente do que vocês ouviram." Novamente, ele está falando sobre a maravilhosa comparação que é dada no capítulo 1 sobre a superioridade de Jesus sobre os anjos e sobre todas as coisas criadas. Vocês ouviram isso. Não se desviem dessas coisas; pelo contrário, prestem toda a atenção possível a elas. O versículo 2 diz: "A palavra falada por meio de anjos." O autor está se referindo de novo ao Antigo Testamento e à ideia sugerida em Deuteronômio 33 de a lei ter sido mediada pelos anjos. Quando Moisés recebeu a lei de Deus, havia miríades e miríades de anjos presentes naquela ocasião.

Por isso, ele diz: "Se, pois, se tornou firme a palavra falada por meio de anjos, e toda transgressão ou desobediência recebeu justo castigo" (Hebreu 2.2). A comparação continua. Se a lei que veio por meio de anjos foi ignorada pelo povo no Antigo Testamento e recebeu a justa retribuição, uma punição, quanto mais responsáveis somos nós por aquilo que recebemos diretamente de Cristo? Ora, amados, o tema central deste capítulo, ou pelo menos desta porção do capítulo, é o tema de escape. Quando pensamos em escape, pensamos em algum tipo de livramento de uma situação ameaçadora e urgente, como escapar de um sequestrador. Ou pensamos em soldados que estão cercados em batalha e acham um meio de se recuarem em segurança. Isso é um escape. Mas a ideia mais comum associada a escape é a de um aprisionamento, não apenas de qualquer prisão, mas daquelas prisões que são mais notoriamente inescapáveis, como a antiga condição de Alcatraz neste país, ou a Ilha do Diabo, ou a mais terrível de todas as prisões francesas, o Castelo de If.

Vocês lembram a história; é o meu segundo romance favorito. Edmond Dantes é acusado falsamente e condenado injustamente por um crime. É enviado para a prisão mais terrível, o Castelo de If. Lá ele sofreu por anos em confinamento solitário, até que um dia conheceu um prisioneiro, um sacerdote velho que estava lá havia décadas e gastara muito tempo tentando construir um túnel para escapar. Mas não fez seu cálculo corretamente e acabou escavando na cela de Dantes. Os dois se conheceram e ficaram amigos. O sacerdote velho se tornou o mentor e conselheiro de Dantes, mestre de ciências, filosofia e teologia. O sacerdote também falou a Dantes sobre o mapa que levava a um grande tesouro escondido sob as águas do mar. O sacerdote velho morreu na prisão. Por meio de uma extraordinária série de circunstâncias, a morte do sacerdote levou ao possível escape de Edmond Dantes do Castelo de If. Dantes achou o grande tesouro que financiou o restante de sua vida e seu pseudônimo se tornou o Conde de Monte Cristo.

Que história de escape essa é! Mas, embora as condições fossem terríveis e calamitosas no Castelo de If, há ainda um tipo de cativeiro maior e mais terrível. O autor de Hebreus fala de um escape desse cativeiro ao fazer a pergunta: "Como escaparemos nós, se negligenciarmos tão grande salvação?" Amados, isso é uma pergunta retórica. A resposta para a pergunta é simples. Como escaparemos nós, se negligenciarmos tão grande salvação? A resposta é: não podemos. Talvez alguém pudesse escapar de Alcatraz, ou da Ilha do Diabo, ou do Castelo de If. Mas a prisão da qual ninguém jamais escapa é o inferno. Não há rota de escape. Não se pode escavar o inferno. Não se pode escalar o inferno. Nenhum guarda pode ser subornado. A sentença não pode ser abrandada. Por isso, o autor de Hebreus está dizendo: "Vocês compreendem o que temos ouvido da Palavra de Deus mesmo sobre uma grande salvação?" Usamos essa palavra *salvação* o tempo todo na igreja. O que ela significa?

Quando alguém me diz: "Você é salvo?", a primeira pergunta que eu quero fazer é: "Salvo do quê?" A ideia de salvação sugere a ideia de algum tipo de escape ou livramento de uma circunstância terrível. No Novo Testamento, o verbo grego *sodzo* é usado em uma variedade de maneiras. Se alguém era salvo de uma enfermidade ameaçadora pelo toque de Jesus, como pessoas o foram no Novo Testamento, ele podia comentar: "A tua fé te salvou." Ele não está falando sobre salvação eterna. Está falando sobre o resgate de uma pessoa uma doença horrível. No Antigo Testamento, a palavra foi usada quando o povo de Israel saiu para a batalha e Deus agiu em favor deles e salvou seu povo. Ele os salvou de derrota militar. Isso foi um resgate de um perigo claro e presente. Esse verbo "salvar" é usado em todos os tipos de maneiras. Em quase todos os tempos do verbo grego, há um sentido de que fomos salvos, estávamos sendo salvos, somos salvos, estamos sendo salvos e seremos salvos. A salvação envolve todos esses diferentes tempos do verbo.

Há salvação no sentido geral que tem diversas aplicações. Mas, quando a Bíblia fala sobre salvação no sentido supremo, está falando do escape supremo da condição humana horrível e final. O que significa ser salvo? Conforme as Escrituras nos dizem, significa ser resgatado da ira que está por vir. Mas, como vocês sabem, há uma heresia perniciosa que diz: "Deus não fica irado". A ira de Deus, como somos ensinados em Romanos, é revelada para todo o mundo. "Mas estamos tranquilos em Sião. Não precisamos ter medo da ira de Deus porque temos sido informados repetidas vezes que Deus não fica bravo, Deus não se ira. Não precisamos nos preocupar com Deus. Deus vai salvar todos. Tudo que alguém precisa para ir ao céu é morrer." Desejo que todos que já morreram tenham ido para o céu, mas a Bíblia deixa abundantemente claro que isso não é verdade e que há um julgamento vindouro. A maior calamidade é ser sentenciado ao inferno. O Castelo de If é um *resort* de luxo comparado ao inferno.

O autor levanta a pergunta: como escaparemos? Se negligenciarmos essa salvação, amados, não há nenhum escape. A pergunta é esta: para quem o autor de Hebreus está falando? Ele diz: "Como escaparemos *nós*, se negligenciarmos tão grande salvação?" Não está falando para o pagão comum que passa pela vida, que não somente negligencia o evangelho de salvação mas também é totalmente desinteressado nele e pode ser abertamente hostil ao evangelho. Temos multidões de pessoas que vivem neste país e ao redor do mundo que rejeitam o evangelho, não apenas o negligenciam. O autor de Hebreus não está falando sobre essas pessoas. Ele usa o pronome *nós*. Está falando a nós. Como escaparemos nós se negligenciarmos tão grande salvação? De novo, a resposta para essa pergunta retórica é: não podemos e não escaparemos.

Vocês prestaram atenção ao começo da canção que as moças do coral cantaram nesta manhã? Permitam-me refrescar sua memória a respeito daquelas palavras. Ouçam o que elas cantaram: "Ó Deus, tu és o meu Deus, e anseio por ti. Todo o meu ser te deseja. Como uma terra árida, minha alma tem sede de ti. Deixa-me ver-te em teu santuário, e eu louvarei. E ficarei satisfeito enquanto eu viver." Quando ouvem essas palavras, elas se parecem com palavras que viriam de alguém que negligencia o evangelho? O que significa ser negligente? Negligenciar algo é ignorá-lo, não levá-lo a sério, certamente é não se dedicar resolutamente a ele. Alguém me fez uma pergunta há algumas semanas. Estávamos falando sobre diferentes congregações; e eu lhe disse quanto amava a congregação da Saint Andrew's. Eu disse: "É uma congregação fantástica." E ele me disse: "Quantas pessoas você acha que são realmente cristãos nessa congregação?" Eu respondi: "Eu não sei. Não posso sondar o coração das pessoas. Somente Deus pode fazer isso, mas sei que todo aquele que é um membro da igreja fez uma profissão de fé exterior. Portanto, 100 por cento de nosso povo professou a fé."

Em seguida, ele me perguntou: "Quantos você acha que a fizeram com verdade?" Eu respondi: "Eu não sei — 70 por cento, 80 por cento." Posso estar superestimando seriamente isso ou posso estar subestimando. Uma coisa que sei com certeza é que nem todo que está na congregação é um cristão. Como você sabe se é um cristão? Pode cantar as palavras desta canção? — "Ó Deus, tu és o meu Deus, e anseio por ti. Todo o meu ser te deseja." Como você pode ser um cristão e negligenciar tão grande salvação? A salvação não é suficiente? Talvez você pense que ela é boa. A salvação é boa, mas não é realmente grande. Você a negligencia? Eu não posso responder essa pergunta. Se você a negligencia e a trata com leviandade, isso provavelmente significa que você nunca foi convertido, que Deus nunca despertou ou vivificou sua alma da morte espiritual. Essa salvação é maravilhosa. Merece a nossa diligência, a nossa busca vigorosa. Certamente ela não merece ser negligenciada.

Talvez o autor de Hebreus tivesse em mente o que aconteceu no Antigo Testamento, quando o povo teve seu maior momento de salvação no êxodo. Eles eram escravos. Faraó não quis dar-lhe palha para fazerem seus tijolos, e foram brutalmente açoitados e aprisionados por Faraó. Eles clamaram, gemeram e oraram. Deus ouviu os gemidos de seu povo e enviou Moisés a Faraó para dizer-lhe: "Deixa meu povo ir!" O povo de Deus saiu, multidões de pessoas escapando do cativeiro. Eles chegaram a Migdol, diante do qual estava o mar, e atrás deles estavam os carros do Egito. Não havia escape. Parecia sem esperança. Então, o vento soprou e secou um caminho pelo meio do mar Vermelho, e Israel escapou.

Mas os carros de Faraó não escaparam. O cavalo e o cavaleiro foram lançados no mar. Isso foi uma grande salvação. Logo que o povo de Deus ficou livre dessa tirania, eles começaram a queixar-se do maná que Deus lhes provia. "Oh! Desejamos que estivéssemos de volta no Egito. Éramos escravos, mas tínhamos alho para comer, alhos silvestres e cebolas." Eles traíram a sua liberdade. O autor de Hebreus está pensando em como o povo de Israel, no Antigo Testamento, negligenciou e foi ingrato por sua salvação. Houve poucos que puderam chegar à terra prometida. Isso é onde estamos agora mesmo. Temos ouvido a Palavra de Deus. É uma mensagem de boas novas — não apenas boas novas, mas grandes novas; não apenas grandes novas, mas as maiores de todas as novas possíveis: aqueles que creem em Cristo serão salvos da ira que está por vir.

Como você pode negligenciar, antes de tudo, essas novas? Mas essa não é a pergunta que o autor está fazendo quando diz: "Como escaparemos nós?"

O interesse dele é como podemos negligenciar tão grande salvação que, "tendo sido anunciada inicialmente pelo Senhor, foi-nos depois confirmada pelos que a ouviram; dando Deus testemunho juntamente com eles, por sinais, prodígios e vários milagres e por distribuições do Espírito Santo, segundo a sua vontade" (Hebreus 2.3-4). Deus não pede que creiamos no seu evangelho dando um salto de fé no escuro, esperando que Jesus nos pegue. Nicodemos foi a Jesus à noite e lhe disse: "Rabi, sabemos que és Mestre vindo da parte de Deus; porque ninguém pode fazer estes sinais que tu fazes, se Deus não estiver com ele" (João 3.2). A teologia de Nicodemos era correta. Não tentamos provar a existência de Deus por meio de milagres. Não poderia haver milagres se primeiramente não entendêssemos que Deus existe. O propósito dos milagres não é provar a existência de Deus. O propósito de milagres é provar e atestar a verdade daqueles que estão proclamando o evangelho. Deus atestou Moisés por meio dos milagres. Ele atestou Jesus por meio de milagres. Ele atestou os apóstolos por meio de milagres, poderes, sinais, maravilhas e até mesmos os dons espirituais que foram dados à igreja, para mostrar a grande salvação que Deus anunciava ao mundo. Isso é as boas novas.

Jesus a proclamou para nós, não somente os anjos. Se negligenciarmos o que Jesus diz e o que Deus prova, então, retornamos ao tema. Não há escape. Amados, se vocês vêm à igreja todos os domingos, todos os domingos de sua vida, e à escola dominical toda semana de sua vida, ainda podem estar negligenciando essa grande salvação. O seu coração está fixo nela? Isso é o que estou perguntando. Não posso responder essa pergunta por vocês. Vocês sabem se estão negligenciando sua salvação. Não tenho de dizer-lhes isso. Posso apenas dizer-lhes as consequências se continuarem nessa negligência. Por isso, eu oro, de todo o meu coração, que Deus desperte cada um de nós hoje para a doçura, a amabilidade e a glória do evangelho declarado por Cristo.

Vamos orar: *Agradecemos-te, ó Jesus, por que tu és para nós o grande escape. Somos gratos pelo fato de que, por causa de ti e do que fizeste por nós, não temos nada a temer da ira que está por vir. Mas oramos, ó Deus, que alimentes a nossa alma, nos faça ter fome e sede de ti, como a corça anseia pelo córrego dos montes. Acende em nosso coração uma chama para que não te negligenciemos, mas, em vez disso, te busquemos com tudo que temos. Porque nós te pedimos em nome de Jesus. Amém.*

APÊNDICE 2

CRONOLOGIA DA VIDA DE R.C. SPROUL

13 de fevereiro de 1939.	Nascido de Robert Cecil e Mayre Ann (Yardis) Sproul, em Pleasant Hills, Pensilvânia.
1945.	Conhece o amor de sua vida, Vesta Ann Voorhis, enquanto está no primeiro ano escolar e ela, no segundo.
1957.	Entra no Westminster College, em New Wilmington, Pensilvânia, com bolsa de estudo para atletas.
Setembro de 1957.	Convertido durante seu ano de calouro.
1958.	Tem uma "segunda" conversão à santidade de Deus.
11 de junho de 1960.	Casa-se com Vesta Ann (Voorhis) Sproul.

1961. Recebe seu bacharelado em filosofia.

1961-1964. Entra no Pittsburgh Theological Seminary, em Pittsburgh, Pensilvânia. Estuda sob a orientação John Gerstner.

1964. Recebe o bacharelado em teologia.

1964-1965. Começa seus estudos de doutorado sob a supervisão de G.C. Berkouwer, na Universidade Livre, em Amsterdã.

18 de julho de 1965. Ordenado na Pleasant Hills Community Presbyterian Church (UPUSA), em Pleasant Hills, Pensilvânia.

1965-1966. Ensina filosofia e teologia em sua alma mater, Westminster College.

1966-1968. Ensina como professor assistente de estudos teológicos no Gordon College, em Whenham, Massachusetts.

1968-1969. Ensina como professor assistente de teologia filosófica na Conwell School of Theology (Filadélfia); ensina escola dominical para adultos na Oreland Presbyterian Church, em Oreland, Pensilvânia, despertando a visão para o que se tornaria o Centro de Estudo Vale Ligonier.

Junho de 1969. Recebe o Drs., grau de *doctorandus,* na Universidade Livre de Amsterdã.

1969-1971. Serve como pastor associado de evangelização, missões e teologia na College Hill Presbyterian Church (UPUSA), em Cincinnati, Ohio.

Verão de 1970. Fala na conferência da Young Life sobre a santidade de Deus, durante a qual tem uma conversa com Dora Hillman sobre um possível centro de estudo na área de Pittsburgh.

1º de agosto de 1971. Abre o Centro de Estudo Vale Ligonier, em Stahlstown, Pensilvânia.

1973. Publica o primeiro livro, *The Symbol: An Exposition of the Apostles' Creed* (O Símbolo: Uma Exposição do Credo dos Apóstolos).

1974. Produz a primeira série de ensino para videoteipe, *How to Study the Bible* (Como Estudar a Bíblia); realiza uma conferência sobre inerrância e publica a Declaração da Ligonier sobre Inerrância.

1975. Transfere suas credenciais de ministro para a Presbyterian Church in America (PCA).

1976. Recebe um doutorado honorário do Geneva College, em Beaver Falls, Pensilvânia.

6 de maio de 1977. Despacha pelo correio a primeira edição do *Tabletalk*, boletim com oito páginas e "ferramenta educacional".

1978. Desempenha um papel importante na Declaração de Chicago sobre Inerrância Bíblica; serve como presidente do International Council on Biblical Inerrancy (ICBI - Conselho Internacional sobre Inerrância Bíblica).

1980-1995. Serve como professor no Reformed Theological Seminary nos campi de Jackson, Mississippi, e Orlando, Flórida.

1984. Muda o Ministério Ligonier para Orlando, Flórida; publica *Classical Apologetics* (Apologética Clássica).

1985. Publica *The Holiness of God* (A Santidade de Deus).

1986. Publica *Chosen by God* (Eleitos de Deus).

1988. Realiza a primeira conferência anual Ligonier, com o tema "Amando um Deus Santo".

1993. Recebe doutorado honorário do Grove City College, em Grove City, Pensilvânia.

1994. Contende contra "Evangelicals and Catholics Together" (ECT - "Evangélicos e Católicos Juntos").

3 de outubro de 1994. Transmite o primeiro episódio do programa de rádio diário *Renewing Your Mind* (Renovando Sua Mente).

1996. Publica seu primeiro livro infantil, *The King without a Shadow* (O Rei sem Sombra).

20 de julho de 1997. Realiza o primeiro culto da Saint Andrew's Chapel nos estúdios da Ligonier.

Junho de 2007. Fala contra a Visão Federal na 35ª Assembleia Geral da PCA.

Julho de 2007. Recebe o *Jordon Award for Lifetime Achievement* da Evangelical Christian Publishers' Association (ECPA - Associação de Publicadores Cristãos Evangélicos).

2011. Funda o Reformation Bible College, em Sanford, Flórida.

2011-2014. Serve como primeiro presidente do Reformation Bible College.

2012. Recebe o doutorado honorário do Westminster Theological Seminary, em Glenside, Pensilvânia.

2015. Lança o primeiro CD, *Glory to the Holy One* (Glória ao Santo), em colaboração com Jeff Lippencott.

2016. Introduzido no National Religious Broadcasters Hall of Fame (Hall da Fama de Radialistas Religiosos Nacionais).

30 de outubro de 2017. Fala na "Celebração de 500 Anos da Reforma", realizada pelo Ministério Ligonier.

26 de novembro de 2017. Prega o último sermão na Saint Andrew's, sobre Hebreus 2.1-4.

14 de dezembro de 2017. Morre em Altamore Springs, Flórida.

20 de dezembro de 2017. Culto memorial realizado na Saint Andrew's Chapel.

APÊNDICE 3

LIVROS ESCRITOS POR R.C. SPROUL

1-2 Peter: An Expositional Commentary. Orlando, FL: Reformation Trust, 2019.

Comentário, versículo por versículo, sobre as epístolas de Pedro. Publicado anteriormente em 2011 como *1-2 Peter,* St. Andrew's Expositional Commentary (Crossway).
(Edição em português: Estudos Expositivos em 1 e 2 Pedro. São Paulo: Cultura Cristã, 2016.).

Abortion: A Rational Look at an Emotional Issue. Orlando, FL: Reformation Trust, 2010.

Provê respostas ponderadas e compassivas a perguntas difíceis que acompanham a interrupção da gravidez; esmera-se por uma abordagem factual e prudente, instruída por erudição bíblica cuidadosa. Publicado anteriormente em 1990 (NavPress).

Acts: An Expositional Commentary. Orlando, FL: Reformation Trust, 2019.

Explora importantes vocábulos e temas teológicos, envolvendo aplicação prática. Publicado anteriormente, em 2010, como *Acts,* St. Andrew's Expositional Commentary (Crossway).
(Edição em português: Estudos Expositivos em Atos. São Paulo: Cultura Cristã , 2019)

Are We Together? A Protestant Analyzes Roman Catholicism. Orlando, FL: Reformation Trust, 2012.

Uma afirmação das principais doutrinas do protestantismo em oposição ao ensino da Igreja Católica Romana. O livro é resultado de décadas de estudo que remontam a cursos de seminário de R.C. Sproul.

Barber Who Wanted to Pray, The. Wheaton, IL: Crossway, 2011.

Baseado em uma história verdadeira de um barbeiro e seu cliente famoso, Martinho Lutero. Um dos livros infantis de R.C., ensina as crianças a orarem de acordo com a Bíblia.

Basic Training. Grand Rapids, MI: Zondervan, 1982.

Uma visão geral de doutrina, por oferecer uma exposição do Credo dos Apóstolos. Publicado anteriormente como *The Symbol* (1973) e depois como *Renewing Your Mind* (1998) e como *What We Believe* (2015).

Before the Face of God: Book 1. Grand Rapids, MI: Baker, 1992.

Adaptado de devocionais da *Tabletalk* de 1989; considera o livro de Romanos, versículo por versículo, com 233 estudos diários e sugestões práticas para vivermos a fé.

Before the Face of God: Book 2. Grand Rapids, MI: Baker, 1993.

Adaptado de devocionais da *Tabletalk* de 1990; considera o livro de Lucas, versículo por versículo, com 260 estudos diários e sugestões práticas; explora a vida de Cristo e suas boas novas.

Before the Face of God: Book 3. Grand Rapids, MI: Baker, 1994.

Adaptado de devocionais da *Tabletalk* de 1991; examina o Antigo Testamento, com 250 estudos diários e conselhos práticos para o viver cristão; explora a história do povo de Deus e a obra de Deus.

Before the Face of God: Book 4. Grand Rapids, MI: Baker, 1996.

Adaptado de devocionais da *Tabletalk*; considera os livros de Efésios, Hebreus e Tiago, versículo por versículo.

Can I Trust the Bible? Sanford, FL: Reformation Trust, 2017.

Comentário a respeito da Declaração de Chicago sobre Inerrância Bíblica. Inclui o comentário, bem como o texto da Declaração de Chicago. Publicado anteriormente em 2009. Publicado anteriormente em 1980 e 1996 como *Explaining Inerrancy: A Commentary* (ICBI).

Character of God, The. Ventura, CA: Regal, 2003.

A busca do crente por conhecer a Deus, o Pai, é a base desse estudo dos atributos e características de Deus revelados na Bíblia. Publicado anteriormente em 1995 (Servant) e em 1987 como *One Holy Passion* (Thomas Nelson).

Choosing My Religion. Phillipsburg, NJ: P&R, 2005.

Destinado a adolescentes, esse livrete procura responder se há muitos caminhos para Deus ou apenas um. Publicado anteriormente em 1996 (Baker).

Chosen by God. Wheaton, IL: Tyndale, 1986.

A clássica doutrina reformada da graça eletiva de Deus discutida em seu contexto bíblico e filosófico.

(Edição em português: Eleitos de Deus. 4ª ed. São Paulo: Cultura Cristã, 2016)

Classical Apologetics. Com Arthur Lindsley e John Gerstner. Grand Rapids, MI: Zondervan, 1984.

Definindo apologética como a defesa racional da fé cristã, esse livro oferece uma apresentação completa do ponto de vista da apologética clássica e uma crítica extensiva do ponto de vista da apologética pressuposicional.

Consequences of Ideas, The: Understanding the Concepts That Shaped Our World. Wheaton, IL: Crossway, 2000.

Uma introdução às ideias que têm exercido influência duradoura; oferece uma análise da história da filosofia desde os filósofos pré-socráticos até Darwin, Freud e Sartre. Esse livro oferece uma abordagem acumulativa de muito do ensino e estudo de R.C. sobre a história da filosofia.

(Edição em português: Filosofia para Iniciantes. São Paulo: Edições Vida Nova, 2002.)

Dark Side of Islam, The. Wheaton, IL: Crossway, 2015.

Entrevista com um ex-muçulmano que explica aspectos pouco conhecidos do islamismo. Publicado anteriormente em 2003.

(Edição em português: O Outro Lado do Islã. Rio de Janeiro: CPAD, 2004.)

Defending Your Faith: An Introduction to Apologetics. Wheaton, IL: Crossway, 2003.

Uma introdução a apologética, a ciência de defender a fé cristã. Desenvolve o material que R.C. contribuiu para *Classical Apologetics.*

Discovering the God Who Is. Ventura, CA: Regal, 2008.

A busca do crente por conhecer a Deus, o Pai, é a base desse estudo dos atributos e características de Deus revelados na Bíblia. Publicado anteriormente como *One Holy Passion* (1987) e como *The Character of God* (2003).

Discovering the Intimate Marriage. Minneapolis: Bethany Fellowship, 1975.

Um entendimento cristão do casamento com ênfase especial no significado de intimidade.

Donkey Who Carried a King, The. Orlando, FL: Reformation Trust, 2012.

Esse livro infantil oferece uma perspectiva singular sobre os eventos da semana da paixão de Jesus e chama todos os crentes, jovens e velhos, a seguir os passos do Servo sofredor, para a glória de Deus.

(Edição em português: O Jumentinho que Carregou um Rei. São José dos Campos: Editora Fiel, 2017.)

Doubt and Assurance. Editado por R.C. Sproul. Grand Rapids, MI: Baker, 1993.

Adaptado de artigos publicados na *Tabletalk*; examina como dúvidas sobre a fé nos atacam e como a verdadeira segurança nos sustenta. Colaboradores incluem Steve Brown, John Gerstner, Roger Nichols, Os Guiness e outros.

Effective Prayer. Wheaton, IL: Tyndale, 1984.

Breve introdução à doutrina bíblica da oração — seu propósito, prática e poder.

Essential Truths of the Christian Faith. Wheaton, IL: Tyndale House, 1992.

Mais de cem palavras-chave teológicas são definidas aqui, em exposições breves que simplificam discursões teológicas complexas. É um alicerce para estudo teológico mais profundo. (Edição em português: Verdades Essenciais da Fé Cristã. 4ª ed. São Paulo: Cultura Cristã, 2010.)

Ethics and the Christian. Wheaton, IL: Tyndale, 1983.

Breve introdução ao assunto de ética cristã.

Everyone's a Theologian. Orlando, FL: Reformation Trust, 2014.

Examina as verdades básicas da fé cristã em linguagem não técnica. (Edição em português: Somos Todos Teólogos: uma Introdução à Teologia Sistemática. São José dos Campos: Editora Fiel, 2017.)

Explaining Inerrancy. Orlando, FL: Ligonier, 1996.

Comentário de R.C. a respeito da Declaração de Chicago sobre Inerrância Bíblica. Inclui o texto da Declaração de Chicago. Publicado anteriormente como *Explaining Inerrancy: A Commentary* (1980).

Faith Alone: The Evangelical Doctrine of Justification. Grand Rapids, MI: Baker, 2016.

Explora a doutrina da justificação somente pela fé. Uma resposta de R.C., ampla e na forma de livro, ao documento

"Evangélicos e Católicos Juntos" (1994). Esse livro oferece uma consideração acumulativa do ensino de R.C. sobre a teologia reformada e os *solas*. Publicado anteriormente, 1995.

Five Things Every Christian Needs to Grow, Revised and Expanded. Orlando, FL: Reformation Trust, 2008.

Identifica cincos dos "nutrientes" cruciais que promovem o crescimento espiritual: estudo da Bíblia, oração, adoração, serviço e mordomia. Publicado anteriormente em 2002 (W Publishing Group).

(Edição em português: Cinco Coisas que Todo Cristão Precisa para Crescer. Varginha: Editora Bom Pastor, 2018.)

Following Christ. Wheaton, IL: Tyndale, 1991.

Apresenta respostas de nosso único fundamento firme, Jesus Cristo. Publicado anteriormente como quatro livretes: *Who Is Jesus?; Effective Prayer; God's Will and The Christian; Ethics and the Christian* (1983-1984).

Getting the Gospel Right: The Tie That Binds Evangelicals Together. Grand Rapids, MI: Baker, 1999.

A resposta e comentário de R.C. Sproul sobre os documentos "O Dom da Salvação" (1998) e "O Evangelho de Jesus Cristo: Uma Celebração Evangélica" (1999).

Glory of Christ, The. Phillipsburg, NJ: P&R, 2003.

Embora tenha se humilhado como homem, a glória de Cristo brilha em pontos estratégicos na vida de Cristo. Desde o canto dos anjos "gloria ao Rei recém-nascido" até à promessa de seu retorno em nuvens de glória, Cristo nos deixa em temor e adoração. Publicado anteriormente em 1990 (Tyndale). (Edição em português: A Glória de Cristo: um encontro com a majestade do Senhor dos senhores. São Paulo: Cultura Cristã, 2004.)

God Is Holy and We're Not. Orlando, FL: Ligonier, 2014.
Versão abreviada de *The Holiness of God*, criada para evangelização na Copa do Mundo de 2014, no Brasil e publicada em português pela Editora Fiel sob o título *Deus é Santo! – como posso me aproximar dele?*, em 2014.

God's Inerrant Word: An International Symposium on the Trustworthiness of Scripture. Editado por John Warwick Montgomery. Minneapolis: Bethany Fellowship, 1975.
A publicação de ensaios apresentados na conferência da Ligonier sobre inerrância. R.C. Sproul serviu como o convocador da conferência e colaborador no livro.

God's Love. Colorado Springs, CO: David C. Cook, 2012.
Considera o amor de Deus, que acha expressão suprema em seu Filho. Examina vários paradoxos, entre os quais: um Deus amoroso e ódio divino e como o amor coexiste com a soberania de Deus.

God's Will and the Christian. Wheaton, IL: Tyndale, 1984.
Um livrete para aqueles que buscam descobrir a vontade de Deus, com um foco específico em escolhas pessoais, como profissão e casamento.

Gospel of God, The: An Exposition of Romans. Fearn, Ross-shire, Scotland: Christian Focus, 1999.

Comentário, versículo por versículo, de toda a epístola de Paulo à igreja em Roma. Publicado anteriormente, em 1994, como *Romans* (Christian Focus).

Grace Unknown: The Heart of Reformed Theology. Grand Rapids, MI: Baker, 1997.

Mostra que a teologia dos reformadores protestantes do século XVI é simplesmente um resumo exato e sistemático dos ensinos da Bíblia.

Growing in Holiness: Understanding God's Role and Yours. Grand Rapids, MI: Baker, 2000.

Publicado postumamente, esse livro é constituído de palestras de R.C. Sproul sobre a doutrina da santificação.

Holiness of God, The: Revised and Expanded. Wheaton, IL: Tyndale, 1998.

Explicação daquele que é, provavelmente, o atributo de Deus mais importante, porém menos entendido — a santidade. Publicado anteriormente em 1985.
(Edição em português: A Santidade de Deus. 2ª ed. São Paulo: Cultura Cristã, 2008.)

How Then Shall We Worship? Colorado Springs, CO: David C. Cook, 2013.

Examina os princípios bíblicos básicos de adoração; chama a igreja moderna a deixar a superficialidade para ter reverência para com o Deus vivo. Publicado anteriormente como *A Taste of Heaven* (2006).

Hunger for Significance, The. Phillipsburg, NJ: P&R, 2001.
Explora o significado e a importância da dignidade humana. Publicado anteriormente em 1983 e 1991 como *In Search of Dignity* (Regal).
(Edição em português: Em busca de significado: vendo a imagem de Deus no homem. São Paulo: Vida Nova, 2022.)

If There's a God, Why Are There Atheists?: Why Atheists Believe in Unbelief. Fearn, Ross-shire, Scotland: Christian Focus, 2018.
Analisa por que os homens rejeitam o Deus da Bíblia em favor de deidades menores. Publicado anteriormente em 1997 (Ligonier); publicado anteriormente em 1974 e 1988 como *The Psychology of Atheism* (Bethany Fellowship).
(Edição em português: Se Deus Existe, Por Que Existem Ateus? - a descrença e a fuga de Deus. São Paulo: Vida Nova, 2021.)

In the Presence of God. Nashville, TN: Word, 1999.
Leituras devocionais baseadas em quinze atributos de Deus.

In Search of Dignity. Ventura, CA: Regal, 1983.
Explora o significado e a importância da dignidade na vida de cada pessoa.

Intimate Marriage, The. Phillipsburg, NJ: P&R, 2003.
Um entendimento cristão do casamento, com ênfase especial no significado de intimidade. Publicado anteriormente em 1975 e 1986 como *Discovering the Intimate Marriage* (Tyndale).

Invisible Hand, The: Do All Things Really Work for Good? Phillipsburg, NJ: P&R, 2003.

Examina a doutrina da providência. Demonstra que os cristãos podem colocar toda a sua confiança em Deus, que opera todas as coisas para o bem daqueles que o amam. Publicado anteriormente em 1996 (Word).

(Edição em português: A Mão Invisível. São Paulo: Cultura Cristã, 2014.)

John: An Expositional Commentary. Orlando, FL: Reformation Trust, 2019.

Comentário, versículo por versículo sobre o evangelho de João. Publicado anteriormente em 2009.

Johnny Come Home. Ventura, CA: Regal, 1984.

Romance apresentando dois homens que escolheram dois caminhos completamente diferentes em sua vida. Ganhou o Angel Award de 1984.

King without a Shadow, The. Phillipsburg, NJ: P&R, 2001.

Livro infantil que enfatiza a santidade de Deus por meio de uma história simples de um menino e seu cachorro. O primeiro livro infantil de R.C. Sproul. Publicado anteriormente em 1996 (Chariot).

(Edição em português: O Rei sem Sombra. São Paulo: Cultura Cristã, 1996.)

Knight's Map, The. Orlando, FL: Reformation Trust, 2016.

Conto alegórico que ensina a confiabilidade e a fidelidade da Bíblia, por contar a história da busca corajosa de um cavaleiro para achar a Pérola de Grande Valor, guiado por um mapa antigo.

Knowing Scripture. Downers Grove, IL: InterVarsity Press, 2016.
Um guia básico de hermenêutica, a arte e ciência de interpretação. Publicado anteriormente em 1978.
(Edição em Português: O Conhecimento das Escrituras. 2ª ed. São Paulo: Cultura Cristã, 2018.)

Last Days according to Jesus, The. Grand Rapids, MI: Baker, 2015.
Respostas às céticas acusações de erro nas profecias de Cristo. Publicado anteriormente em 1998.
(Edição em português: Os Últimos Dias segundo Jesus. 2ª ed. São Paulo: Cultura Cristã, 2016.)

Legacy of Luther, The. Coeditado por Stephen J. Nichols. Orlando, FL: Reformation Trust, 2016.
Visão geral da vida, pensamento e legado do grande reformador, comemorando os quinhentos anos de aniversário da fixação das Noventa e Cinco Teses e apresentando contribuições de um distinto grupo de eruditos e pastores.
(Edição em português: O Legado de Lutero. Coeditado por Stephen J. Nichols. São José dos Campos: Editora Fiel, 2017.)

Lifeviews. Grand Rapids, MI: Revell, 1986.
Um guia para o entendimento das atitudes e ideias predominantes que moldam a nossa cultura.

Lightlings, The. Orlando, FL: Reformation Trust, 2006.
Um conto alegórico para crianças que expressa a essência da história bíblica de redenção. Uma raça de seres e brilhantes é uma figura da humanidade ao passarem por todos os estágios do drama bíblico.
(Edição em português: A Luz do Mundo. São José dos Campos: Editora Fiel, 2014.)

Loved by God. Nashville, TN: W Publishing Group, 2001.

Um estudo dos muitos aspectos do amor de Deus por seu povo. (Edição em português: Amados por Deus: o poderoso criador do universo realmente se preocupa comigo? São Paulo: Cultura Cristã, 2002.)

Making a Difference: Impacting Society as a Christian. Grand Rapids, MI: Baker, 2019.

Publicado anteriormente como *Lifeviews* (1986). (Edição em português: Faça a Diferença: o impacto do cristão na cultura e na sociedade. São Paulo: Vida Nova, 2021.)

Mark: An Expositional Commentary. Orlando, FL: Reformation Trust, 2019.

Um comentário expositivo, versículo por versículo, sobre o evangelho de Marcos. Publicado anteriormente em 2011 como *Mark*, St. Andrew's Expositional Commentary (Crossway).

Matthew: An Expositional Commentary. Orlando, FL: Reformation Trust, 2019.

Um comentário expositivo, versículo por versículo, sobre o evangelho de Mateus. Publicado anteriormente em 2013 como *Matthew*, St. Andrew's Expositional Commentary (Crossway). (Edição em português: Estudos Bíblicos Expositivos em Mateus. São Paulo: Cultura Cristã, 2018.)

Mighty Christ: Touching Glory. Fearn, Ross-shire, Scotland: Christian Focus, 1995.

Uma explicação introdutória do que a Bíblia ensina a respeito da pessoa e obra de Jesus Cristo.

Moses and the Burning Bush. Orlando, FL: Reformation Trust, 2018.
Adaptado da série de ensino do mesmo nome. Apresenta a doutrina de Deus com base na perspectiva do encontro de Moisés.

Mystery of the Holy Spirit, The. Orlando, FL: Reformation Trust, 2015.
Focaliza a oculta e invisível obra de regeneração do Espírito Santo na vida do crente. Publicado anteriormente em 1990 (Tyndale); publicado anteriormente em 2009 (Christian Focus).
(Edição em português: O Mistério do Espírito Santo. 3ª ed. São Paulo: Cultura Cristã, 2014.)

New Geneva Study Bible. Nashville, TN: Thomas Nelson, 1995.
Primeira Bíblia de estudo reformada desde a Bíblia de Genebra original, de 1560. Oferece auxílios de estudo, incluindo notas textuais, introduções aos livros e notas teológicas. R.C. Sproul serviu como editor geral do projeto e escreveu as notas para o livro de Tiago.

Not A Chance: God, Science, and the Revolt against Reason. Grand Rapids, MI: Baker, 2014.
Expõe a teoria do acaso sobre a origem do universo como um absurdo lógico e uma impossibilidade científica. Ajuda a defender a fé racional conta alternativas irracionais. Publicado anteriormente em 1994 (Baker).

Now, That's a Good Question. Wheaton, IL: Tyndale, 1996.
Adaptado de transcrições do programa de rádio *Ask R.C.* (Pergunte a R.C.), provê respostas sucintas para mais de 300 perguntas comuns.
(Edição em português: Boa Pergunta! São Paulo: Cultura Cristã, 1999.)

Objections Answered. Ventura, CA: Gospel Light-Regal, 1978.

Resposta a objeções comuns ao cristianismo, que foram coletadas por Evangelismo Explosivo. Também publicado como *Reason to Believe* (1978).

(Edição em português: Razão para Crer. 3ª ed. São Paulo: Mundo Cristão, 1997.)

One Holy Passion: The Consuming Thirst to Know God. Nashville, TN: Thomas Nelson, 1987.

A busca do crente por conhecer a Deus, o Pai, é a base desse estudo sobre atributos e características de Deus revelados na Bíblia.

Pleasing God. Colorado Springs, CO: David C. Cook, 2012.

Uma consideração detalhada do plano e caminho de Deus para a maturidade espiritual. O chamado do livro a vivermos a vida cristã está baseado na premissa de que conhecer a Deus nos leva a obedecer-lhe e desejar agradar-lhe. Publicado anteriormente em 1988 (Tyndale).

(Edição em português: Como Viver e Agradar a Deus. 3ª ed. São Paulo: Cultura Cristã, 2019.)

Prayer of the Lord, The. Orlando, FL: Reformation Trust, 2009.

Mostra que a oração-modelo que Jesus deu a seus discípulos é um tesouro de princípios para uma disciplina espiritual frequentemente negligenciada e mal compreendida. Mostra a quem os crentes devem orar, explica como devemos orar e o que devemos pedir em oração.

Priest with Dirty Clothes, The. Orlando, FL: Reformation Trust, 2011.
O segundo livro infantil de R.C. Sproul conta a história de um sacerdote coberto de lama que só poderia achar limpeza se a buscasse do Grande Príncipe. Ensina a doutrina da imputação de uma maneira que uma criança possa entender. Publicado anteriormente em 1997 (Tommy Nelson).
(Edição em português: O Sacerdote com a Roupa Suja. São Paulo: Cultura Cristã, 1997.)

Prince's Poison Cup, The. Orlando, FL: Reformation Trust, 2008.
Parte da série de livros destinados a apresentar verdades bíblicas para crianças. Essa obra foca na expiação, mostrando que Jesus teve de suportar a maldição do pecado a fim de redimir seu povo da morte espiritual deles.
(Edição em português: O Príncipe e a Taça de Veneno. São José dos Campos: Editora Fiel, 2015.)

Promises of God, The. Colorado Springs, CO: David C. Cook, 2013.
Explora o significado da aliança e considera as alianças específicas no Antigo e Novo Testamento, mostrando como Deus cumpre seu plano de redenção em e por meio de seu povo.

Psychology of Atheism, The. Minneapolis: Bethany Fellowship, 1974.
Analisa por que os homens rejeitam o Deus da Bíblia em favor de deidades menores.

Purpose of God, The: An Exposition of Ephesians. Fearn, Ross-shire, Scotland: Christian Focus, 2002.
Comentário, versículo por versículo, dos assuntos abordados por Paulo ao lidar com a igreja em Éfeso. Explora a mensagem

poderosa da escolha soberana de Deus e a importância da igreja para o crente. Publicado anteriormente em 1994 como *Ephesians* (Christian Focus).

Race of Faith, The. Orlando, FL: Reformation Trust, 2016.
Adaptação da série de ensino Treinamento Básico, criada para evangelização nos Jogos Olímpicos no Rio de Janeiro, em 2016, em um projeto feito em parceria com o Ministério Fiel, que publicou o livro sob o título "Corrida da Fé", em 2016.

Reason to Believe. Grand Rapids, MI: Zondervan, 2016.
Resposta a objeções comuns ao cristianismo. Publicado anteriormente em 1982; publicado anteriormente em 1978 como *Objections Answered* (Regal).

Reformation Study Bible (ESV). Orlando, FL: Ligonier, 2015.
Essa primeira Bíblia de estudo reformada desde a Bíblia de Genebra original, de 1560, provê auxílios de estudo, incluindo notas textuais, introduções aos livros, notas teológicas e mais. O Dr. Sproul serviu como editor geral do projeto e escreveu as notas para o livro de Tiago. Publicada anteriormente em 2005. (Publicada em portugês em coedição com a Editora Fiel, sob o título "Bíblia de Estudo da Fé Reformada", em 2021).

Reformation Study Bible (NKJV). Orlando, FL: Ligonier, 2016.
Edição atualizada, revisada e expandida da *Reformation Study Bible* (Bíblia de Estudo da Reforma) na Nova Versão King James. Publicada anteriormente em 1998 (Thomas Nelson) e em 1995 como a *New Geneva Study Bible* (Thomas Nelson).

Renewing Your Mind. Grand Rapids, MI: Baker, 1998.
Exposição do Credo dos Apóstolos. Publicado anteriormente como *The Symbol* (1973) e como *Basic Training* (1982).

Right Now Counts Forever. 4 vols. Orlando, FL: Reformation Trust, 2021.
Esses quatro volumes reproduzem as colunas de R.C. no *Tabletalk*, que abrangem 41 anos, de 1977 até 2018.

Romans: An Expositional Commentary. Orlando, FL: Reformation Trust, 2019.
Sessenta sermões sobre Romanos que R.C. Sproul pregou de 2005 a 2007, em Saint Andrew's Chapel. Publicado anteriormente como *Romans*, St. Andrew's Expositional Commentary (Crossway).
(Edição em português: Estudos Bíblicos Expositivos em Romanos. São Paulo: Cultura Cristã, 2011.)

Running the Race. Grand Rapids, MI: Baker, 2003.
Destinado a ajudar recém-graduados a enfrentar os problemas com os quais logo se depararão. Atualmente, esgotado.

Saved from What? Wheaton, IL: Crossway, 2002.
Explica a grande salvação proporcionada por meio da vida, morte e ressurreição de Cristo em favor de todos os que creem. Pergunta do que somos salvos, para que somos salvos e por meio de quem somos salvos.
(Edição em português: Salvo de Quê? – compreendendo o significado da salvação. São Paulo: Editora Vida, 2006.)

Scripture Alone: The Evangelical Doctrine. Phillipsburg, NJ: P&R, 2005.
Uma afirmação da doutrina protestante da Escritura, constituído dos artigos mais importantes de R.C. Sproul sobre o assunto, bem como de seu comentário sobre a Declaração de Chicago sobre Inerrância Bíblica.

Soli Deo Gloria: Essays in Reformed Theology. Editado por R.C. Sproul. Phillipsburg, NJ: Presbyterian & Reformed, 1976.
Livro em homenagem a John H. Gerstner. Inclui artigos escritos por Sproul, Cornelius Van Til, J. I. Packer, John Murray, John Warwick Montgomery, Roger Nicole e outros.

Soul's Quest for God, The. Phillipsburg, NJ: P&R, 2003.
Baseia-se em pessoas da Bíblia e da história da igreja para traçar o começo da busca na regeneração até à sua consumação no céu. Publicado anteriormente em 1993 (Tyndale).
(Edição em português: A Alma em busca de Deus. São Paulo: Eclesia, 1998.)

Stronger than Steel: The Wayne Alderson Story. San Francisco, CA: Harper & Row, 1980.
História da vida e obra de Wayne Alderson, o homem que neutralizou uma greve potencialmente explosiva numa siderúrgica da Pensilvânia, provendo assim um modelo para futuras negociações pacíficas entre operários e administradores.

Surprised by Suffering. Orlando, FL: Reformation Trust, 2014.
A obra soberana de Deus na vida de crentes que sofrem é considerada nesta análise compassiva do problema do sofrimento.

Publicado anteriormente em 1989 (Tyndale) e em 2009 (Reformation Trust).
(Edição em português: Surpreendido pelo Sofrimento. São Paulo: Cultura Cristã, 1998.)

Symbol, The: An Exposition of the Apostles' Creed. Phillipsburg, NJ: Presbyterian & Reformed, 1973.
O primeiro livro de R.C. Oferece uma discussão de doutrina por meio da exposição do Credo dos Apóstolos. Designado pela *Christianity Today* como um dos livros mais importantes publicados naquele ano.

Taste of Heaven, A. Orlando, FL: Reformation Trust, 2006.
Examina os componentes cruciais de oração, louvor e sacrifícios que Deus deu a seu povo no Antigo Testamento e mostra como princípios bíblicos podem guiar os adoradores contemporâneos.

Thy Brother's Keeper. Dallas: Word, 1992.
Um romance que apresenta dois homens que escolheram caminhos totalmente diferentes em sua vida. Ganhou o Angel Award em 1984. Publicado anteriormente como *Johnny Come Home* (1984; 1988).

Truth of the Cross, The. Orlando, FL: Reformation Trust, 2007.
Uma introdução abrangente à obra de expiação de Cristo.
(Edição em português: A Verdade da Cruz. São José dos Campos: Editora Fiel, 2011.)

Truths We Confess: A Layman's Guide to the Westminster Confession of Faith. Vol. 1, *The Triune God.* Phillipsburg, NJ: P&R, 2006.

Considera os capítulos 1 a 8 da Confissão de Fé de Westminster. Leva o leitor a um conhecimento mais profundo das doutrinas da graça e a um amor maior a essas doutrinas apresentadas na Palavra de Deus. Inclui a Escritura Sagrada, Deus e a Trindade, seu decreto, criação, providência, a queda no pecado, a aliança de Deus e Cristo, o Mediador.

Truths We Confess: A Layman's Guide to the Westminster Confession of Faith. Vol. 2, *Salvation and the Christian Life.* Phillipsburg, NJ: P&R, 2007.

Considera os capítulos 9 a 22 da Confissão de Fé de Westminster. Explica as doutrinas do livre-arbítrio, chamada eficaz, justificação, adoção, santificação, fé, arrependimento, boas obras, perseverança, segurança, lei de Deus, liberdade cristã, o descanso semanal e juramentos.

Truths We Confess: A Layman's Guide to the Westminster Confession of Faith. Vol. 3, The State, the Family, the Church, and Last Times. Phillipsburg, NJ: P&R, 2007.

Considera os capítulos 23-33 da Confissão de Fé de Westminster. Aborda os magistrados civis, casamento e divórcio, a igreja e a comunhão dos santos, o batismo e a Ceia do Senhor, governo eclesiástico, o julgamento final e a vida após a morte. Inclui também índice remissivo para os três volumes.

Truths We Confess: A Systematic Exposition of the Westminster Confession of Faith. Orlando, FL: Reformation Trust, 2019.

Uma revisão em único volume dos três volumes de *Truths We Confess: A Layman's Guide to the Westminster Confession of Faith*. Publicado em 2006-2007.

Ultimate Issues. Phillipsburg, NJ: P&R, 2005.

Aborda os problemas difíceis com os quais adultos jovens se deparam. Publicado anteriormente em 1996 (Baker).

Unexpected Jesus, The. Fearn, Ross-shire, Scotland: Christian Focus, 2011.

Uma explicação introdutória do que a Bíblia ensina a respeito da pessoa e obra de Jesus Cristo. Publicado anteriormente em 2005; publicado anteriormente como *Mighty Christ: Touching Glory* (1995)

Unseen Realities: Heaven, Hell, Angels and Demons. Fearn, Ross-shire, Scotland: Christian Focus, 2011.

Uma perspectiva bíblica sobre o céu, inferno, anjos e demônios e como essas quatro realidades impactam a vida diária.

Walk with God, A: An Exposition of Luke. Fearn, Ross-shire, Scotland: Christian Focus, 1999.

Estudos devocionais sobre Cristo baseados no livro de Lucas.

What Is Reformed Theology? Grand Rapids, MI: Baker, 2005.

Mostra que a teologia dos reformadores protestantes do século XVI é simplesmente um resumo exato e sistemático dos ensinos da Bíblia. Publicado anteriormente em 1997 como *Grace Unknown* (Baker).

(Edição em português: O que é Teologia Reformada. São Paulo: Cultura Cristã, 2009)

What We Believe. Grand Rapids, MI: Baker, 2015.

Publicado anteriormente como *The Symbol* (1973), como *Basic Training* (1982) e como *Renewing Your Mind* (1998).

What's in the Bible: The Story of God through Time and Eternity. Com Robert Wolgemuth. Nashville, TN: Word, 2001.

Mostra como a empolgante história da Bíblia se harmoniza numa narrativa coesa, ajudando a pessoa leiga a ler toda a Bíblia com grande satisfação.

When Worlds Collide. Wheaton, IL: Crossway, 2002.

Considera a presença de Deus em meio a tragédia e explora como Deus tem operado providencialmente na história em referência aos assuntos de sofrimento, guerra e paz.

Who Is Jesus? Orlando, FL: Reformation Trust, 2017.

Breve consideração do que a Bíblia ensina sobre a pessoa de Jesus Cristo. Essa nova edição contém excertos de *Everyone's a Theologian*. Publicado anteriormente em 1983 (Tyndale); publicado anteriormente em 1991 como parte de *Following Christ* (1991); publicado anteriormente em 2009 (Reformation Trust).

Willing to Believe: Understanding the Role of the Human Will in Salvation. Grand Rapids, MI: Baker, 2018.

Argumenta em favor de um retorno à doutrina bíblica da soberania de Deus na salvação, oferecendo razões históricas, bíblicas e lógicas para a rejeição da posição do "livre-arbítrio" sustentada comumente em nossos dias. Publicado anteriormente em 1997 (Baker).

Work of Christ, The. Colorado Springs, CO: David C. Cook, 2018.

Explica a importância teológica dos eventos cruciais na vida e ministério de Jesus, desde seu nascimento e batismo até à sua ascensão e segunda vinda. Publicado anteriormente em 2012. (Edição em português: A Obra de Cristo. Santa Bárbara d'Oeste: Z3 Editora, 2014.)

APÊNDICE 4

TÍTULOS DA SÉRIE DE LIVRETES QUESTÕES CRUCIAIS[1]

ESCRITOS POR R.C. SPROUL

A oração muda as coisas?

As pessoas são basicamente boas?

Como a lei de Deus se aplica a mim?

Como devo viver neste mundo?

Como devo pensar sobre o dinheiro?

Como posso ser abençoado?

Como posso desenvolver uma consciência cristã?

Como posso ter um relacionamento correto com Deus?

Deus controla tudo?

Deus existe?

Estes são os últimos dias?

O que as parábolas de Jesus significam?

O que posso fazer com minha culpa?

---

1 Nota do Editor: Esta série completa é publicada em português pela Editora Fiel.

O que é a Ceia do Senhor?
O que é a Grande Comissão?
O que é a igreja?
O que é a Trindade?
O que é arrependimento?
O que é fé?
O que é o batismo?
O que é a predestinação?
O que podemos saber sobre Deus?
O que posso fazer com a minha culpa?
O que significa ser nascido de novo?
Por que devo me unir a uma igreja?
Posso conhecer a vontade de Deus?
Posso crer na Bíblia?
Posso perder minha salvação?
Posso ter alegria em minha vida?
Posso saber se sou salvo?
Qual é a relação entre Igreja e Estado?
Quem é Jesus?
Quem é o Espírito Santo?

APÊNDICE 5

TEMAS DA CONFERÊNCIA NACIONAL LIGONIER E TÍTULOS DE PALESTRAS DO DR. R.C. SPROUL

Data	Título da Conferência e de Palestras do Dr. Sproul da Conferência
1988	Amando um Deus Santo
1989	Somente paixão santa
1994	O cristão e a sociedade: guerra de mundos
	"Quem é o nosso comandante?"
	"Qual é a nossa responsabilidade?"
1995	Defendo a fé em um mundo sem fé
	"Uma razão para crer"
	"Uma razão para ser"
	"Uma razão para humildade"
1996	A soberania de Deus
	"Haja: a soberania de Deus sobre o nada"
	"Se o Pai não trouxer: a soberania de Deus sobre a alma"

1997 Verdades essenciais da fé cristã

“Batismo infantil”

“A aliança”

“Soli Deo Gloria”

1998 Amor maravilhoso

“Deus é amor”

“Amor maravilhoso”

1999 O fim? Achando esperança no labirinto do milênio

“O estado intermediário, céu e inferno”

2000 Transtornando o mundo

“Cristo crucificado”

“Transtornando o mundo”

“O banquete celestial”

2001 Santidade

“O como Profeta, Sacerdote e Rei”

“Uma visão santa”

“Adorando um Deus Santo”

2002 Guerra sobre a Palavra

“Uma cana quebrada”

“Isso significa guerra!”

“A aliança”

2003 O poder e a glória

“A glória de Deus”

“A glória de Deus por meio do homem”

“Contemplando a glória de Deus”

2004 Um retrato de Deus

“Antes do princípio: a asseidade de Deus”

“Ontem, hoje e amanhã: a imutabilidade de Deus”

2005 5 chaves para o crescimento espiritual
"Como estudar a Bíblia"
"Como ser um bom mordomo"
2006 Comprados por preço
"Desafios do casamento íntimo"
"Única igreja santa, católica e apostólica"
"O destino da igreja"
2007 Contendendo pela verdade
"A tarefa de apologética"
"A ressurreição de Cristo"
2008 Evangelização de acordo com Jesus
"Sola Fide"
"Considerados justos em Cristo"
2009 A santidade de Deus
"Eu sou o Senhor, não há outro"
"Um fogo consumidor"
2010 Perguntas difíceis que os cristãos enfrentam
"O que é o mal e de onde veio?"
"Podemos desfrutar o céu sabendo que nossos amados estão no inferno?"
2011 Luz e fogo: uma paixão pela santidade de Deus
"Defendendo a fé"
"Vestidos de justiça"
2012 A mente cristã
"Você ficou louco?"
"Ame o Senhor com toda a sua mente?"
2013 Nenhum comprometimento
"Os artigos pelos quais a igreja se mantém de pé ou cai"
"Nenhum comprometimento, nenhuma rendição"

2014 Vencendo o mundo
"A finalidade e o propósito do mundo"

2015 Depois das trevas, luz
"Santo, Santo, Santo"

2016 O Evangelho
"O verbo encarnado: a declaração da Ligonier sobre cristologia"
"O poder transformador do Evangelho"

2017 Os próximos 500 anos
(Incapaz de falar devido à enfermidade)

APÊNDICE 6

SÉRIES DE ENSINO[2] MINISTRADAS POR R.C. SPROUL

Título	Ano
Holiness of God (A Santidade de Deus)	1975
Titles of Jesus (Títulos de Jesus)	1975
Understanding Ethics (Entendendo Ética)	1975
Themes from Ephesians (Temas de Efésios)	1978
Themes in Apologetics (Temas em Apologética)	1980
Doctrine of Sin (Doutrina do Pecado)	1980
Contemporary Theology (Teologia Contemporânea)	1980

2 Nota do Editor: Algumas dessas séries podem ser encontradas com legendas em português na plataforma digital de ensino do Ministério Fiel "Curso Fiel de Liderança" (CFL).

Economics (Economia)	1983
Developing Christian Character (Desenvolvendo o Caráter Cristão)	1983
Themes from Genesis (Temas de Gênesis)	1983
Themes from Romans (Temas de Romanos)	1985
Christian Worldview (Cosmovisão Cristã)	1985
God We Worship (O Deus que Adoramos)	1985
Basic Training (Treinamento Básico)	1985
Silencing the Devil (Silenciando o Diabo)	1985
Making Tough Moral Decisions (Tomando Decisões Morais Difíceis)	1985
Classical Apologetics (Apologética Clássica)	1985
Chosen by God (Escolhidos por Deus)	1985
Themes from Hebrews (Temas de Hebreus)	1986
Themes from James (Temas de Tiago)	1986
Holy Spirit (O Espírito Santo)	1986
Building a Christian Conscience (Edificando Uma Consciência Cristã)	1986
Your Christ Is Too Small (Seu Cristo É Muito Pequeno)	1986
Choosing My Religion (Escolhendo Minha Religião)	1987

Objections Answered (Objeções Respondidas)	1987
Holiness of God (A Santidade de Deus)	1987
Questions Answered (Perguntas Respondidas)	1987
Great Men and Women of the Bible (Grandes Homens e Mulheres da Bíblia)	1987
Born Again (Nascido de Novo)	1988
Surprised by Suffering (Surpreendido pelo Sofrimento)	1988
Pleasing God (Agradando a Deus)	1989
Cross of Christ (A Cruz de Cristo)	1989
Shattered Image (Imagem Despedaçada)	1989
Intimate Marriage (Casamento Íntimo)	1990
Authority of Scripture (A Autoridade da Escritura)	1990
Majesty of Christ (A Majestade de Cristo)	1990
Hath God Said? (Deus Falou?)	1990
Abortion (Aborto)	1990
Handout Apologetics (Apologética Compartilhada)	1990
Providence of God (A Providência de Deus)	1990
Blueprint for Thinking (Método para Pensar)	1992
Battle for Our Minds (Batalha por Nossa Mente)	1992
Communion of Saints (A Comunhão dos Santos)	1992

Ultimate Issues (Assuntos Cruciais)	1994
Face to Face with Jesus (Face a Face com Jesus)	1995
Classic Collection (Coleção Clássica)	1996
Creation or Chaos? (Criação ou Caos?)	1996
What Is Reformed Theology? (O que É Teologia Reformada)	1997
Dust to Glory (Do Pó à Glória)	1997
Consequences of Ideas (As Consequências de Ideias)	1998
Last Days According to Jesus (Os Últimos Dias de Acordo com Jesus)	1998
Dealing with Difficult Problems (Lidando com Problemas Difíceis)	1999
Willing to Believe (Disposição para Crer)	1999
Foundations: A Systematic Theology (Fundamentos: Uma Teologia Sistemática)	1999
Prayer (Oração)	1999
Psalm 51 (Salmo 51)	2000
Fear and Trembling (Temor e Tremor)	2000
Just War (Guerra Justa)	2001
Preachers and Preaching (Pregadores e Pregação)	2001
Kingdom Feast (Banquete do Reino)	2001

When Worlds Collide (Quando Mundos Colidem)	2001
Defending Your Faith (Defendendo Sua Fé)	2001
Loved by God (Amados por Deus)	2001
Mystery of the Trinity (O Mistério da Trindade)	2002
God Alone (Somente Deus)	2002
The Cross and the Crescent (A Cruz e o Crescente)	2002
Angels and Demons (Anjos e Demônios)	2002
Knowing Christ: The I Am Sayings of Jesus (Conhecendo a Cristo: Afirmações "Eu sou" de Jesus)	2002
Assurance of Salvation (Segurança de Salvação)	2002
Promise Keeper (Cumpridor de Promessa)	2003
Recovering the Beauty of the Arts (Resgatando a Beleza das Artes)	2003
What Did Jesus Do?: Understanding the Work of Christ (O que Jesus Fez? Entendendo a Obra de Cristo)	2010
Luther and the Reformation (Lutero e a Reforma)	2011
Moses and the Burning Bush (Moisés e a Sarça Ardente)	2011
Parables of Jesus (Parábolas de Jesus)	2012
Justified by Faith Alone (Justificados Somente pela Fé)	2015

APÊNDICE 7

TÍTULOS DE SÉRIES DE SERMÕES SELECIONADAS

PREGADAS POR R.C. SPROUL EM SAINT ANDREW'S CHAPEL

Título da Série	**Número de Sermões**
O evangelho de Marcos	62
O evangelho de Mateus	129
O livro de Romanos	59
1 e 2 Pedro	34
1 e 2 Samuel	68
O evangelho de João	57
O livro de Atos	63
Nomes de Deus	6
Filipenses	?
O evangelho de Lucas	113
Efésios	19
Gálatas	?
Hebreus 1.1-2.4	4

OBSERVAÇÃO SOBRE AS FONTES

Alguém poderia quase escrever uma biografia do Dr. R.C. Sproul tendo como base as histórias pessoais que ele conta em seus mais de cem livros. Consultei esse material. Além disso, tivemos sessões de entrevista com ele dedicadas exclusivamente à biografia. Essas sessões aconteceram em sua casa, em Sanford, nas seguintes datas em 2017: 24 de março, 7 de abril, 12 de maio, 26 de maio, 23 de junho, 8 de setembro, 13 de outubro e 20 de outubro. Também entrevistei o Dr. Sproul a respeito de livros que o influenciaram, para o *Open Book podcast*, que foi ao ar em 2018. Todas as entrevistas foram gravadas em 2017, nas seguintes datas: 13 de janeiro (três episódios), 30 de junho (três episódios) e 13 de outubro (quatro episódios). Também entrevistei Vesta Sproul para a biografia nas seguintes datas em 2018: 1º de maio, 5 de setembro, 19 de setembro e 29 de outubro. Vesta forneceu graciosamente fotografias, cartas e recordações. Além disso, passei muitos momentos com os Sprouls em eventos, conferências e passeios do Ministério Ligonier e compartilhei com eles muitos almoços e jantares. Tenho arquivos cheios de programas de conferência, menus de banquetes, guardanapos, uma infinidade de blocos de notas de hotel — tudo com anotações rabiscadas de anedotas de R.C. e histórias que ele contou. São lembranças queridas.

Também consultei as primeiras edições da *Tabletalk*, repletas de detalhes sobre a vida e o contexto histórico das pessoas e do lugar do Centro de Estudo Vale Ligonier. Tendo crescido a uns 30 km do centro de estudos, falo a língua, até mesmo o sotaque, da Pensilvânia ocidental.

Tive acesso à biblioteca pessoal do Dr. Sproul, refazendo seus passos por meio das fontes que o influenciaram e lendo (com deleite) suas anotações nas margens dos livros. Também conversei com pessoas que o conheciam havia décadas e o conheciam melhor. Tive acesso aos seus cadernos de anotações dos anos 1960 e início dos anos 1970. Esforcei-me para ouvir não exatamente tudo que ele disse porém muito disso. Também usei material das sessões de recordações que o Ministério Ligonier gravou, dez no total, de 2010 a 2015.

Sou grato a Vesta, Sherrie Sproul Dorotiak, Maureen Buchman e Chris Larson, por proverem tanto informações quanto suas recordações pessoais. Archie Parrish, velho amigo de R.C., foi outra fonte. Eu o entrevistei em sua casa, em Atlanta, em 11 de julho de 2019. Archie se juntou ao seu amigo e às hostes celestiais três meses depois. No final do nosso tempo juntos, Archie, o guerreiro de oração, perguntou se ele poderia orar pelo livro. Apresento esta oração aqui em favor deste livro, agora que está publicado, e de você, o leitor e amigo de R.C.:

> Pai,
>
> Olhar para trás e refletir sobre alguns de teus magníficos atos por meio do teu servo R.C. Sproul é uma experiência agridoce. É doce por causa de tantas coisas incríveis que tu nos permitiste fazer juntos e coisas que me permitiste vê-lo fazer. É pessoalmente um pouco amargo, porque ele já não está aqui. Mas eu não gostaria que ele voltasse da glória, por nada.

Tu nos mostras com clareza que a nossa mente não pode nem começar a imaginar o que é a vida na glória. Mas sabemos que é maravilhosa; é estar contigo. E sabemos que isso é o que ele está experimentando agora mesmo. Oro que, enquanto Stephen trabalha neste livro, tu guies sua mão, sua mente, cada frase, cada palavra.

Usa este livro como instrumento para inspirar outros a serem ousados, a avançarem, a confiarem em ti, para fazeres, por meio deles, o que não podem fazer sozinhos. Vivemos em tempos desesperados. Precisamos de um novo derramamento e avivamento do teu Espírito Santo. Usa este livro como um instrumento para isso, por amor a Cristo.

Amém.

Archie Parrish, 11 de julho de 2019

MINISTÉRIO LIGONIER

O Ministério Ligonier é uma organização internacional de discipulado cristão, fundada pelo Dr. R.C. Sproul, em 1971, com o intuito de proclamar, ensinar e defender a santidade de Deus em sua totalidade para o maior número de pessoas possível.

Motivado pela Grande Comissão, o Ministério Ligonier compartilha globalmente recursos em formatos impressos e digitais. Livros, artigos e cursos têm sido traduzidos ou dublados para mais de quarenta línguas. Nosso alvo é apoiar a igreja de Jesus Cristo, ajudando cristãos a compreenderem, viverem e compartilharem o que creem.

FIEL
MINISTÉRIO

O Ministério Fiel visa apoiar a igreja de Deus, fornecendo conteúdo fiel às Escrituras através de conferências, cursos teológicos, literatura, ministério Adote um Pastor e conteúdo online gratuito.

Disponibilizamos em nosso site centenas de recursos, como vídeos de pregações e conferências, artigos, e-books, audiolivros, blog e muito mais. Lá também é possível assinar nosso informativo e se tornar parte da comunidade Fiel, recebendo acesso a esses e outros materiais, além de promoções exclusivas.

Visite nosso site

www.ministeriofiel.com.br

Esta obra foi composta em Arno Pro Regular 13, e impressa
na Promove Artes Gráficas sobre o papel Apergaminhado 75g/m²,
para Editora Fiel, em Setembro de 2022.